Die geheimnisvolle Welt der

HELENA PETROVNA

BLAVATSKY

Die geheimnisvolle Welt der

HELENA PETROVNA
BLAVATSKY

zusammengestellt von
DANIEL CALDWELL

EDITION
ADYAR

Übersetzung aus dem Amerikanischen:
Dr. Edith Zorn
Copyright © 2000 Quest Books, Wheaton, USA
© 1991 by Daniel H. Caldwell
Originaltitel: *The Esoteric World of Madame Blavatsky*

Deutsche Ausgabe © Edition Adyar im Aquamarin Verlag,
Grafing, 2003
1. Auflage 2003

Umschlaggestaltung: Annette Wagner
Druck: Bercker • Kevelaer

ISBN 3-89427-235-X

Inhalt

VORWORT

In diesem Buch wird die Lebensgeschichte von H. P. Blavatsky zum ersten Mal mit den Worten ihrer Zeitgenossen wiedergegeben. Obwohl es sich nicht im eigentlichen Sinne um eine Biographie handelt, schildert es das ereignisreiche Leben der Madame Blavatsky besonders im Hinblick auf die „esoterische Welt", in der sie lebte. Die Erinnerungen ihrer Verwandten, Bekannten, Freunde, Mitarbeiter und Feinde zeichnen ein lebendiges Bild dieser Persönlichkeit und versetzen den Leser in das historische Umfeld ihrer Zeit.

Zu den in chronologischer Folge aufgeführten Erzählungen gehören:

- ◆ Bemerkenswerte Äußerungen über HPB
- ◆ Erinnerungen, die einen Einblick in ihren rätselhaften Charakter gewähren
- ◆ Humorvolle und witzige Ereignisse
- ◆ Berichte über ihre übersinnlichen Fähigkeiten
- ◆ Beschreibungen von Begegnungen mit ihren Meistern

Jedes Kapitel beginnt mit einem kurzen Überblick über die jeweilige Lebensperiode von HPB, über die berichtet wird. Den einzelnen Erzählungen sind die Nennung des Verfassers, der Zeit und des Ortes vorangestellt. Die biographischen Angaben über die Autoren finden sich am Schluss des Buches unter dem Titel „Biographische Notizen". Die Rechtschreibung und Zeichensetzung der von den ursprünglichen Vorlagen übernommenen Erzählungen wurden dem heutigen Stand entsprechend korrigiert. Die Schreibweise der Namen entspricht derjenigen, die HPB in *Collected Writings* (Band 1 bis 15) verwendete. Material, das für den unmittelbaren Bericht bedeutungslos ist, wurde weggelassen. Die ursprünglichen Texte können jedoch den bibliographischen Hinweisen entnommen werden. Erläuterungen des Herausgebers stehen in eckigen Klammern.

Ich möchte dieses Buch Walter A. Carrithers, Jr. (1924-1994), dem Verfasser des *Nachrufs* in: The *„Hodgson Report"* on *Madame Blavatsky* und *The Truth about Madame Blavatsky* widmen. Walter bestärkte mich stets in meinen theosophischen Studien und Blavatsky-Untersuchungen.

Mein besonderer Dank gilt John Algeo, Mary Lessie Caldwell, David M. Dunkle und Michelle B. Graye für ihre Hilfe und ihre Unterstützung bei diesem Buch.

Auch den folgenden Menschen möchte ich meine Dankbarkeit zum Ausdruck bringen, die mir bei meinen Nachforschungen über das Leben von Madame Blavatsky geholfen haben: Dorothy Abbenhouse, Anita Atkins, Geoffrey A. Barborka, John Cooper, Ted G. Davy, Boris de Zirkoff, Dara Eklund, Caren M. Elin, Victor A. Endersby, Michael Freeman, Michael Gomes, Virginia G. Hanson, Jerry Hejka-Ekins, Grace F. Knoche, Mary J. Schneider Kokochak, George E. Linton, Joy Mills, Lakshmi Narayan, Ernest Pelletier, Rogelle Pelletier, David Pratt, Leslie Price, David Reigle, Richard Robb, Carmen Small, W. Emmett Small, J.J. Spierenburg, Leona Sterba, Joan Sutcliffe, Dallas TenBroeck, Will Thackara, Gregory Tillett, Elisabeth Trumpler, John Van Mater, Kirby Van Mater, Henry Van Thiel und Maikka Van Thiel.

Fragen oder Kommentare bezüglich der Thematik dieses Buchs richten Sie bitte an folgende Adresse:

Daniel H. Caldwell
P. O. Box 1844
Tucson, Arizona 85702
USA

Helena de Fadejew (HPBs Mutter)

Kapitel 1

RUSSLAND
1831-1849

Helena Petrovna von Hahn wurde am 12. August 1831 als Tochter von Oberst Peter von Hahn und Helena de Fadejew, einer namhaften Romanschriftstellerin, in Ekaterinoslav, einer Stadt am Dnjepr, in Südrussland, geboren. Mütterlicherseits war sie die Enkelin der begabten Prinzessin Helena Dolgorukov, einer bekannten Botanikerin und Schriftstellerin. Nach dem frühen Tod ihrer Mutter, im Jahre 1842, wurde Helena in das Haus ihrer Großeltern mütterlicherseits nach Saratov gebracht, wo ihr Großvater als Regierungspräsident wirkte.

Helena war ein außergewöhnliches Kind, das sich bereits sehr früh bewusst war, dass es sich von allen anderen in seiner Umgebung unterschied. Sie verfügte über gewisse übersinnliche Kräfte, was ihre Familie und ihre Freunde verwirrte. Sie konnte keine Autorität ertragen, war aber gleichzeitig überaus einfühlsam und in vieler Hinsicht begabt. Die kluge Rednerin, talentierte Klavierspielerin und Künstlerin ritt unerschrocken halb wilde Pferde und stand immer in enger Verbindung zur Natur. In sehr jungen Jahren fühlte sie sich einem Leben des Dienens hingegeben und war sich einer bestimmten Führung und eines besonderen Schutzes bewusst.

Mit knapp achtzehn Jahren heiratete sie aus einer Laune rebellischer Unabhängigkeit heraus und wahrscheinlich mit dem Plan, sich von ihrer Umgebung zu befreien, Nikifor V. Blavatsky, den in seinen mittleren Jahren stehenden Vizegouverneur der Provinz Eriwan. Die Ehe selbst bedeutete ihr nichts und wurde niemals vollzogen.

1A. Die Geburt von Helena Petrovna von Hahn, am 12. August 1831 in Ekaterinoslav (Südrussland)

[Sinnett 1886, 18-20]

Der Säugling [Helena Petrovna] wurde in der Nacht [vom 11. auf den 12. August 1831] geboren – schwach und anscheinend kein Bürger dieser Welt. Daher musste eine eilige Taufe erfolgen, damit das Kind nicht mit der Erbsünde starb. Die russisch-orthodoxe Taufzeremonie wird mit allem Drum und Dran begangen, den brennenden dünnen Wachskerzen, den Taufpaten und Taufpatinnen, und alle Anwesenden und Beteiligten sind während des gesamten Ablaufs mit geweihten Wachskerzen ausgestattet. Außerdem müssen alle stehen und dürfen sich nicht, wie in der römisch-katholischen oder protestantischen Kirche, während des Gottesdienstes setzen. Der für diese Zeremonie gewählte Raum in der Villa der Familie war sehr groß, aber die Schar der Gläubigen, die unbedingt daran teilnehmen wollte, noch größer. Hinter dem in der Mitte des Raumes amtierenden Priester und seinen Assistenten in ihren goldenen Roben und langen Haaren standen die drei Taufpatenpaare und die gesamte Dienerschaft. Die Tante des Babys – nur wenige Jahre älter als ihre vierundzwanzig Stunden alte Nichte – befand sich in Vertretung einer abwesenden Verwandten in der ersten Reihe. Unruhig und ermüdet vom langen Stehen, ließ sich das Kind, von den Älteren unbeobachtet, auf dem Boden nieder und wurde an jenem heißen Tag in dem überfüllten Raum wahrscheinlich schläfrig. Die Zeremonie neigte sich ihrem Ende entgegen. Die Paten waren gerade dabei, dem Bösen und seinen Taten abzuschwören, was in der griechischen Kirche durch ein dreimaliges Anspucken des unsichtbaren Feindes unterstrichen wird, als die kleine Dame, die mit ihrer brennenden Kerze zu Füßen der Menge spielte, die langen, fließenden Gewänder des Priesters versehentlich in Brand steckte. Sofort entstand ein Feuer, bei dem mehrere Personen – hauptsächlich der alte Priester – ernsthafte Verbrennungen erlitten. Den abergläubischen Überzeugungen des orthodoxen Russland zufolge, war dies [ein] böses Omen; und der unschuldige Anlass – die zukünftige Madame Blavatsky – war von diesem Tag an in den Augen der ganzen Stadt zu einem ereignisreichen und schwierigen Leben verurteilt.

1B. Vera P. de Zhelihowsky (HPBs Schwester)
1842-1846, Saratov, Russland
(wo HPBs Grosseltern mütterlicherseits lebten)

[zusammengestellt von Zhelihowsky 1894-5, 203, 204, 205; und Sinnett 1886, 30-35, 37-39]

Helena war ein besonderes Kind und zog von frühester Jugend an die Aufmerksamkeit aller auf sich, mit denen sie in Berührung kam. Ihr Wesen widersetzte sich der von ihren Lehrern geforderten Routine; sie rebellierte gegen jegliche Disziplin und anerkannte keinen Herrn, nur ihr eigenen guten Willen und ihren persönlichen Geschmack. Sie war wählerisch, originell und manchmal geradezu anmaßend.

Die sterbende Mutter erfasste bereits die Zukunft ihrer erst elfjährigen ältesten Tochter und meinte: „Nun gut! Vielleicht ist es das Beste, dass ich sterbe, damit ich nicht mit ansehen muss, was aus Helena wird! Eines weiß ich mit Sicherheit; ihr Leben wird nicht so sein wie das anderer Frauen; sie wird viel leiden müssen!!"

Nach dem Tode unserer Mutter zogen wir zu deren Eltern. Das große Landhaus in Saratov, in dem wir wohnten, war ein riesiges altes Gebäude mit vielen unterirdischen Gängen, langen verlassenen Korridoren, Türmchen und höchst unheimlichen Winkeln und Ecken. Es glich eher einer verfallenen mittelalterlichen Burg als einem Bauwerk aus dem vergangenen Jahrhundert. Der Mann, der das Anwesen verwaltet hatte, war für seine Grausamkeit und Gewalt bekannt gewesen. Es gab viele aufregende Geschichten über sein wildes und herrisches Temperament und die unglückseligen Diener, die er zu Tode geprügelt und monatelang in dunklen unterirdischen Verließen eingekerkert hatte. In unseren Köpfen schwirrten die Erzählungen von den Geistern der gemarterten Diener, die während der Nacht in ihren Ketten umherwanderten, und andere Geschichten, die uns Kinder vor Furcht erstarren ließen, wenn wir einen dunklen Raum oder Gang durchqueren mussten. Man hatte uns erlaubt, im Schutze eines halben Dutzend männlicher Bediensteter und einer Menge Fackeln und Laternen jene Ehrfurcht erregenden „Katakomben" zu erforschen. Helena pflegte sich weder mit einem einzigen noch mit einem zweiten Besuch zufriedenzugeben. Sie hatte den unheimlichen Bereich als sicheren Zufluchtsort gewählt, um ihren Unterricht zu vermeiden. Es dauerte sehr lange, bis ihr Geheimnis entdeckt wurde, und jedesmal, wenn man sie vermisste, wurde eine Abordnung kräftiger Diener losgeschickt, um nach ihr zu suchen. In einer Ecke hatte sie unter einem mit Eisen vergitterten Fenster alte, zerbrochene Stühle und Tische bis hoch in das Gewölbe aufgetürmt. Dort versteckte sie sich gewöhnlich stundenlang und las ein Buch, genannt die „Weisheit des Salomon", in dem alle bekannten Überlieferungen zu finden waren. Ein oder zwei Mal konnte man sie in den feuchten unterirdischen Gängen fast nicht ausfindig machen, da sie sich in ihrem Bemühen, nicht entdeckt zu werden, in dem Labyrinth verlaufen hatte. Sie war in solchen Fällen weder eingeschüchtert noch zeigte sie Reue, da sie, wie sie uns versicherte, niemals alleine, sondern immer in der Gesellschaft von „Wesen" war, die sie ihre kleinen „Buckeligen" und Spielgefährten nannte.

Äußerst leicht erregbar und empfindsam, sprach sie laut und schlafwandelte oft. Man fand sie dann an den entlegensten Orten und trug sie fest schlafend in ihr Bett zurück. Sie war kaum zwölf Jahre alt, als man sie eines Nachts in ihrem Zimmer vermisste. Es wurde Alarm geschlagen, und die Suche begann. Schließlich fand man sie einem der langen unterirdischen Gänge auf und ab laufen, offensichtlich vertieft in ein Gespräch mit jemandem, den außer ihr niemand sah. Sie war das seltsamste Mädchen, das man je gesehen hatte und das zwei unterschiedliche Naturen in sich trug, so dass man glaubte, es seien zwei Wesen in ein und demselben Körper; ein boshaftes, streitsüchtiges und halsstarriges, in jeder Hinsicht ungraziöses Geschöpf; das andere mystisch und metaphysisch veranlagt. Es gab keinen Schuljungen, der unzähmbarer gewesen wäre oder unvorstellbarere und wagemutigere Streiche im Sinn gehabt hätte als sie. War der Anfall, Unruhe zu stiften, vorüber, hätte sich kein alter Gelehrter seinen Studien eifriger widmen können, als sie es tat, und man konnte sie nicht dazu bewegen, ihre Bücher aufzugeben, die sie Tag und Nacht verschlang, solange der Impuls anhielt. Die umfangreiche Bibliothek ihrer Großeltern schien dann ihre Begierde kaum zu befriedigen.

Die Einbildungskraft oder das, was man heutzutage darunter versteht, entwickelte sich in meiner Schwester Helena von frühester Kindheit an in ungewöhnlicher Weise. Manchmal erzählte sie uns jüngeren Kindern und selbst den älteren mit der Selbstsicherheit und Überzeugung eines Augenzeugen und als jemand, der wusste, wovon er sprach, stundenlang die un-

Vera P. de Zhelihowsky (HPBs Schwester)

glaublichsten Geschichten. Als Kind versetzten sie ihre eigenen Vorstellungen immer wieder in panische Angst, obwohl sie ansonsten wagemutig und furchtlos war. Sie fühlte sich von den, wie sie es nannte, „schrecklich funkelnden Augen" verfolgt, die für alle anderen unsichtbar blieben und die sie völlig harmlosen, leblosen Gegenständen zuordnete; eine Vorstellung, die den Zuschauern recht lächerlich erschien. Sie selbst pflegte bei solchen Visionen ihre Augen fest geschlossen zu halten und verzweifelt schreiend davon zu laufen, um sich vor den gespenstischen Blicken, die Möbel- oder Kleidungsstücke auf sie warfen, zu verstecken, wodurch sie den gesamten Haushalt ängstigte. Bei anderen Gelegenheiten wurde sie von Lachanfällen geschüttelt, die sie mit den lustigen Streichen ihrer unsichtbaren Freunde erklärte. Trotz verschlossener Türen wurde Helena mehrmals während der Nachtstunden in jenen dunklen Räumen in halbbewusstem Zustand gefunden, manchmal fest schlafend und unfähig zu erklären, wie sie aus unserem gemeinsamen Schlafzimmer dort oben auf das letzte Stockwerk gelangt war.

15

Auch tagsüber verschwand sie in der gleichen geheimnisvollen Weise. Man suchte sie, rief nach ihr und entdeckte sie oft in großen Schmerzen in den einsamsten Winkeln. Einmal fand man sie auf dem dunklen Dachboden mitten unter den Taubennestern, umgeben von Hunderten von diesen Vögeln. Sie „legte sie schlafen" (nach den Vorschriften, die in „Salomons Weisheit" gelehrt wurden), wie sie erklärte. Und tatsächlich, man fand Tauben, die zwar nicht schliefen aber unfähig waren, sich zu bewegen, wie betäubt in ihrem Schoß liegen.

Für sie schien die gesamte Natur von einem geheimnisvollen Eigenleben beseelt zu sein. Sie vernahm die Stimme jedes Gegenstands und jeder Form, organisch oder anorganisch, und erhob den Anspruch auf Bewusstsein und Leben nicht nur für irgendwelche geheimnisvollen, nur ihr sichtbaren und hörbaren Kräfte, die alle anderen als leeren Raum betrachteten, sondern sogar für sichtbare, aber leblose Dinge wie Kieselsteine, Erdhügel und modernde, phosphoreszierende Holzstücke.

Einige Kilometer von der Villa des Gouverneurs entfernt lag ein Feld, ein ausgedehnter, sandiger Landstrich, der wohl einmal der Grund eines Meeres oder eines riesigen Sees gewesen war, da es in seinem Boden die versteinerten Überreste von Fischen, Muscheln und den Zähnen irgendwelcher (uns) unbekannter Ungeheuer gab. Die meisten dieser Relikte waren mit der Zeit zerbrochen und auseinander gerissen, aber man konnte oft verschieden große Steine mit den Abdrücken von Fischen, Pflanzen und Tieren finden, die es heute nicht mehr gibt, deren vorsintflutliche Existenz sich jedoch nicht leugnen ließ. Helena erzählte uns Kindern und Schulmädchen unzählige unglaubliche und beeindruckende Geschichten. Ich sehe sie noch vor mir, wie sie lang ausgestreckt auf dem Boden lag, ihr Kinn in die Handflächen gestützt, die Ellbogen tief in dem weichen Sand vergraben und uns laut vor sich hin träumend von ihren Visionen erzählte, die für sie ebenso klar, lebendig und greifbar zu sein schienen wie das wirkliche Leben. Wie lebendig sie die vergangenen Auseinandersetzungen und Kämpfe auf dem Fleck, auf dem sie lag, schilderte und uns versicherte, alles zu sehen; und wie genau sie mit ihrem Finger die fantastischen Gestalten der längst gestorbenen Seeungeheuer in den Sand zeichnete und uns die Farben der Fauna und Flora jener toten Regionen nahezu sehen ließ. Während wir begierig ihren Schilderungen von den lieblichen blauen Wellen, in denen sich die Sonnenstrahlen widerspiegelten, die in den Regenbogenfarben auf dem goldenen Sand des Meeres-

grunds spielten, von den Korallenriffen und Tropfsteinhöhlen und dem see-
grünen Gras, in dem die zarten Anemonen leuchten, lauschten, galoppierte
unsere Vorstellung mit ihrer Fantasie davon, und wir vergaßen völlig die
Wirklichkeit der Gegenwart. Später redete sie niemals mehr so, wie sie es in
ihrer Kindheit und als junges Mädchen getan hatte. Der Strom ihrer Bered-
samkeit war ausgetrocknet und die Quelle ihrer Inspiration schien versiegt
zu sein! Sie besaß eine ungeheure Kraft, ihre Zuhörerschaft mitzureißen und
diese, wenn auch nur verschwommen, das sehen zu lassen, was sie selbst sah.
Einmal jagte sie uns einen fürchterlichen Schrecken ein. Wir waren gerade in
eine Märchenwelt versetzt worden, als sie in ihrer Erzählung unvermittelt
von der Vergangenheits- in die Gegenwartsform überging und uns aufforderte, uns vorzustellen, dass alles, was sie über die kühlen blauen Wellen mit
ihrer dichten Bevölkerung geschildert hatte, um uns herum war, nur bislang
unsichtbar und nicht greifbar. „Bloße Einbildung! Ein Wunder!", meinte sie,
„plötzlich öffnet sich die Erde, die Luft um uns verdichtet sich und wird

Nadjeschda A. de Fadejew (HPBs Tante)

17

wieder zu Ozeanwellen. Seht, seht…dort, sie tauchen schon auf und bewegen sich. Wir sind von Wasser umgeben, inmitten der Geheimnisse und Wunder einer Unterseewelt!"

Sie war vom Sand aufgesprungen und sprach mit einer solchen Überzeugungskraft, dass ihre Stimme wirklich erstaunt und erschrocken klang und ihr kindliches Gesicht wilde Freude und Entsetzen zugleich ausdrückte. Als sie dann plötzlich ihre Augen mit beiden Händen verdeckte, wie sie dies in ihrer Aufregung gewöhnlich tat, fiel sie in den Sand nieder und schrie mit greller Stimme: „Da ist die Welle…sie ist gekommen!…Das Meer, das Meer, wir ertrinken!" Wir ließen uns alle mit dem Gesicht in den Sand fallen und schrien ebenso verzweifelt und völlig überzeugt, dass das Meer uns verschlungen hatte und es uns nicht mehr gab.

1C. NADJESCHDA A. DE FADEJEW (HPBS TANTE) 1831-1849, RUSSLAND

[Sinnett 1886, 26-28]

Von frühester Kindheit an war sie anders als jede andere Person. Sehr lebendig und hoch begabt, voller Humor und bemerkenswert wagemutig, versetzte sie jeden mit ihrer eigenwilligen und entschiedenen Handlungsweise in Erstaunen. So entschloss sie sich in einer ärgerlichen Anwandlung sehr früh und kurz nach ihrer Eheschließung dazu, ihre Heimat zu verlassen, ohne das Wissen ihrer Verwandten oder ihres Mannes, der leider in keiner Hinsicht zu ihr passte und mehr als dreimal so alt war wie sie. Ihr ruheloses und leicht erregbares Temperament verleitete sie zu den unerhörtesten und unmädchenhaftesten Streichen. Ihr – besonders in jenen Tagen – unerklärlicher Zug zu den Toten und ihre gleichzeitige Furcht davor; ihre leidenschaftliche Liebe und Neugierde in Bezug auf alles Unbekannte und Geheimnisvolle, Verworrene und Fantastische; und vor allem ihr Verlangen nach unabhängigem und freiem Handeln – eine Begierde, die nichts und niemand bezwingen konnte – all das, verbunden mit einer Fülle von Vorstellungskraft und wunderbarem Einfühlungsvermögen, hätte ihre Freunde aufmerken lassen sollen, dass es sich um ein außergewöhnliches Geschöpf handelte, das mit ebenso außergewöhnlichen Mitteln im Zaum zu halten war. Der leiseste Widerspruch löste

18

einen leidenschaftlichen Ausbruch, oft sogar einen Anfall aus. Wenn sie alleine war und sich niemand in ihrer Nähe befand, um ihre Handlungsfreiheit einzuschränken, keine Hand, die ihre natürlichen Impulse niederdrückte und dadurch ihre innewohnende Kampfbereitschaft entfachte, verbrachte sie Stunden und Tage damit, ruhig zu sich selbst zu sprechen, wie die Leute annahmen, und ganz allein in irgendeiner dunklen Ecke wunderbare Geschichten von Reisen zu strahlenden Sternen und in andere Welten zu erzählen, die ihre Erzieherin als „gottloses Geschwätz" bezeichnete. Sobald diese ihr aber einen bestimmten Auftrag gab, dies oder das zu tun, war ihr erster Impuls, nicht zu gehorchen. Es genügte, ihr etwas zu verbieten, dass sie es trotzdem tat, mochte da kommen, was es wollte. Ihr Kindermädchen glaubte ernstlich, wie viele andere Familienmitglieder auch, dass das Kind „die sieben Geister der Rebellion" besaß. Sie war eine Plage für ihre Erzieherinnen, denn es gelang ihnen niemals, den resoluten Willen zu beugen oder ihr unbezähmbares, widerspenstiges und furchtloses Wesen, außer durch Freundlichkeit, zu beeinflussen.

In ihrer Kindheit verwöhnt durch die Schmeichelei der Dienerschaft und die liebevolle Zuneigung von Verwandten, die dem „armen, mutterlosen Kind" alles verziehen – rebellierte ihr eigenwilliges Temperament später in ihrer Mädchenzeit offen gegen die gesellschaftlichen Anforderungen. Sie gab weder vor, die öffentliche Meinung zu achten, noch fürchtete sie diese. Als Fünfzehnjährige pflegte sie noch immer jedes Kosakenpferd auf einem Männersattel zu reiten, so wie sie dies als Zehnjährige getan hatte. Sie beugte sich niemandem und wich vor keinem Vorurteil und keiner feststehenden Tradition zurück. Sie setzte sich über alles und jeden hinweg. Wie in ihrer Kindheit galt ihre ganze Sympathie und Zuneigung den Leuten der unteren Klasse. Sie hatte immer lieber mit den Kindern der Dienerschaft als mit denen ihresgleichen gespielt, und man musste ständig auf sie aufpassen, aus Angst, sie könnte davonlaufen und sich mit zerlumpten Straßenjungen anfreunden. Auch in ihrem späteren Leben fühlte sie sich stets zu Leuten von geringerem Stand hingezogen und begegnete dem „Adel", dem sie durch ihre Geburt angehörte, mit offener Gleichgültigkeit.

19

1D. NADJESCHDA A. DE FADEJEW
FRÜHLING UND SOMMER 1849 (RUSSLAND)

[Sinnett 1886, 54-55]

[Helena] kümmerte sich nicht darum, ob sie heiraten sollte oder nicht. Ihre Erzieherin hatte sie nur eines Tages herausgefordert, irgendeinen Mann zu finden, der sie im Hinblick auf ihr Temperament und ihre Veranlagung heiraten würde. Höhnend hatte die Erzieherin gemeint, dass selbst der alte Mann [Nikifor V. Blavatsky], den sie so hässlich gefunden, ihn ausgelacht und „einen federlosen Raben" genannt hatte – dass selbst er sie als Ehefrau ablehnen würde. Das genügte. Drei Tage danach brachte sie ihn dazu, um ihre Hand anzuhalten. Doch dann, erschrocken über das, was sie getan hatte, versuchte sie, ihrer scherzenden Annahme seiner Bitte zu entfliehen. Aber es war zu spät. Daher der schicksalhafte Schritt. Alles, was sie wusste und verstand – doch *zu spät* – war, dass sie einen *Herrn*, aus dem sie sich nichts machte, den sie sogar hasste, angenommen hatte und jetzt gezwungen wurde, einzuwilligen in einen Mann, an den sie durch das staatliche Gesetz mit Händen und Füßen gebunden war. Ein „großes Entsetzen" überfiel sie, wie sie später erklärte. Ihr gesamtes Wesen wurde nur von einem einzigen, brennenden, unaufhörlichen und unwiderstehlichen Verlangen erfasst, das sie sozusagen bei der Hand nahm und sie zwang, instinktiv zu handeln, so als ob sie vor einer tödlichen Gefahr davonlaufen müsste, um ihr Leben zu retten. Man hatte sich sehr bemüht, ihr den Ernst der Ehe, ihre zukünftigen Verpflichtungen und ihren Pflichten gegenüber ihrem *Ehemann* und dem Eheleben klar vor Augen zu führen. Einige Stunden später hörte sie am Altar den Priester zu ihr sprechen: „Du sollst deinen Ehemann ehren und ihm gehorchen." Bei diesem verhassten Wort „du sollst" schoss eine ärgerliche Röte in ihr junges Gesicht, das dann totenbleich wurde. Man konnte hören, wie sie durch zusammengepresste Zähne murrend antwortete: „Ich *soll* gewiss nicht."

Und gewiss hat sie es nicht. Umgehend nahm sie das Gesetz und ihre Zukunft in die eigene Hand und verließ ihren „Ehemann" für immer, ohne ihm überhaupt die Gelegenheit geboten zu haben, jemals an sie als seine *Ehefrau* zu denken.

So verließ Mme. Blavatsky mit Siebzehn ihr Land und verbrachte zehn Jahre in fremden, weit entlegenen Orten in Zentralasien, Indien, Südamerika, Afrika und Osteuropa.

H.P. Blavatsky in ihrer Jugendzeit

Kapitel 2

REISEN UM DIE WELT UND
WIEDER ZURÜCK NACH RUSSLAND
1849-1865

Einige Monate nach ihrer Heirat floh Helena aus Russland und bereiste ausgiebig die Türkei, Ägypten und Griechenland. Ihr Vater finanzierte die Reisen.

An ihrem zwanzigsten Geburtstag, im Jahre 1851, begegnete sie in London jener Gestalt, die sie in ihren übersinnlichen Visionen bereits seit ihrer Kindheit kannte – einen Eingeweihten des Ostens, der den Rajputen angehörte, den Mahatma Morya oder M, wie er in späteren Jahren bei den Theosophen hieß. Er erzählte ihr von der Arbeit, die vor ihr lag, und von diesem Augenblick an vertraute sie sich vollkommen seiner Führung an.

Zu einem späteren Zeitpunkt desselben Jahres brach Helena nach Kanada auf, und nach abenteuerlichen Reisen durch verschiedene Teile der Vereinigten Staaten, Mexiko, Südamerika und Westindien reiste sie über das Kap der guten Hoffnung und Sri Lanka 1852 nach Indien. Ihr erster Versuch, Tibet zu betreten, schlug fehl. Über Java kehrte sie 1853 nach England zurück. Im Sommer 1854 ging sie wieder nach Amerika und überquerte die Rockies mit einer Karawane von Emigranten, wahrscheinlich in einem Planwagen.

Ende 1855 reiste sie über Japan und die Malakkastraße nach Indien. Auf dieser Reise gelang es ihr, über Kaschmir und Ladakh Tibet zu erreichen, wo ein Teil ihrer esoterischen Ausbildung mit dem Meister stattfand. 1858 hielt sie sich in Frankreich und Deutschland auf, kehrte im Spätherbst desselben Jahres nach Russland zurück und blieb kurze Zeit bei ihrer Schwester Vera in Pskow. Von 1860 bis 1865 bereiste sie den Kaukasus und lebte dort. Eine

schwere körperliche und seelische Krise versetzte sie in die Lage, vollkommene Herrschaft über ihre übersinnlichen Kräfte zu erlangen.

2A. GRÄFIN CONSTANZE WACHTMEISTER
1851, LONDON

[Wachtmeister 1893, 56-7]

In ihrer Kindheit hatte [Madame Blavatsky] oft eine Astralform neben sich
gesehen, die immer in Augenblicken der Gefahr zu kommen schien und sie
im entscheidenden Moment rettete. HPB betrachtete diese Astralgestalt bald

Gräfin Constanze Wachtmeister

als ihren Schutzengel und fühlte, dass sie unter seinem Schutz und seiner Führung stand.

Als sie im Jahre 1851 in London eines Tages spazierenging, erblickte sie zu ihrer Überraschung auf der Straße einen hochgewachsenen Hindu in Begleitung einiger indischer Prinzen. Sofort erkannte sie in ihm dieselbe Person, die sie auf der Astralebene gesehen hatte. Ihr erster Impuls war, zu ihm zu eilen und mit ihm zu sprechen. Er aber gab ihr ein Zeichen, sich nicht zu bewegen, und sie blieb wie gebannt stehen, während er weiterging. Am folgenden Tag bummelte sie durch den Hyde Park, um alleine sein und über ihr ungewöhnliches Erlebnis nachdenken zu können. Als sie aufschaute, bemerkte sie dieselbe Gestalt auf sich zukommen, und dann erzählte ihr Meister, dass er in einer besonderen Mission mit den indischen Prinzen nach London gekommen war und er ihr persönlich begegnen wollte, da er ihrer Mitarbeit in einer bestimmten Sache bedurfte. Dann sprach er von der Bildung der Theosophischen Gesellschaft und beauftragte sie mit deren Gründung. Er vermittelte ihr einen flüchtigen Einblick in all die Schwierigkeiten, denen sie sich zu unterziehen hatte und eröffnete ihr auch, dass sie sich drei Jahre lang in Tibet aufhalten sollte, um für diese schwierige Aufgabe vorbereitet zu werden. HPB beschloss, dieser Aufforderung nachzukommen und verließ kurze Zeit später London, um nach Indien zu reisen.

2B. VERA P. DE ZHELIHOWSKY
WEIHNACHTSTAG 1858 – FRÜHLING 1859, PSKOW, RUSSLAND

[Zusammengestellt von Zhelihowsky 1894-5, 205-6
und Sinnett 1886, 86, 87-91]

Madame Blavatsky kehrte [1858] nach Russland zurück. Zunächst ließ sie sich bei uns in Pskow nieder. Wir hatten sie erst in einigen Wochen erwartet, doch merkwürdigerweise sprang ich sofort auf, als es an der Tür klingelte, denn ich wusste, sie war angekommen. Wie der Zufall es wollte, fand an jenem Abend im Hause meines Schwiegervaters, in dem ich lebte, eine Party statt. Es war die Hochzeitsfeier seiner Tochter. Die Gäste hatten Platz genommen, und die Türglocke läutete unentwegt. Dennoch war ich sicher, dass sie es war. Zum Erstaunen der Anwesenden erhob ich mich eilig von der

Hochzeitstafel und rannte, um die Tür zu öffnen, da ich nicht wollte, dass die Diener mir zuvor kamen.

Voller Freude umarmten wir uns und vergaßen für einen Augenblick die seltsamen Umstände. Ich führte sie sofort in mein Zimmer hinauf und war schon an diesem Abend davon überzeugt, dass meine Schwester seltsame Kräfte erlangt hatte. Im Wachen und Schlafen war sie beständig von geheimnisvollen Bewegungen, seltsamen Geräuschen und kleinen Klopfzeichen umgeben, die von allen Seiten kamen – von den Möbeln und Fensterscheiben, von der Decke, vom Fußboden und von den Wänden. Sie waren sehr deutlich und schienen obendrein intelligent zu sein; einmal und dreimal für „ja" und zweimal für „nein".

Meine Schwester bat mich, ihnen eine mentale Frage zu stellen. Ich fragte sie etwas, das nur ich wissen konnte. Ich sagte das Alphabet auf, und die Antwort, die ich erhielt, stimmte haargenau, was mich in Erstaunen versetzte. Ich hatte oft vom Klopfen der Geister gehört, aber bis dahin niemals die Gelegenheit gehabt, ihr Wissen zu prüfen.

Bald sprach die ganze Stadt über die „Wunder", von denen Madame Blavatsky umgeben war. Die nicht nur intelligenten, sondern auch hellsehenden Antworten dieser unsichtbaren Kräfte, die ohne offensichtliches Eingreifen ihrerseits Tag und Nacht rund um sie her am Werk waren, riefen in den Köpfen der Neugierigen größeres Erstaunen und mehr Bewunderung hervor als die Bewegung unbelebter Gegenstände, die anscheinend Gewicht gewannen oder verloren, ein Phänomen, das sie bewirkte, indem sie bloß ihre Augen auf das gewählte Objekt heftete.

Es ist unmöglich, auch nur einen Teil dessen in Einzelheiten wiederzugeben, was sich an derartigen Phänomenen bei uns in Pskow ereignet hat, während Mme. Blavatsky zu Besuch war.

Wie es gewöhnlich der Fall ist, betrachteten diejenigen, die ihr am nächsten standen, ihre übersinnlichen Kräfte höchst misstrauisch. Ihr Bruder Leonid und ihr Vater wehrten sich am hartnäckigsten gegen einen Beweis, bis die Zweifel des Bruders durch den folgenden Vorfall stark erschüttert wurden.

Das Wohnzimmer war voller Besucher. Einige beschäftigten sich mit Musik, andere mit Karten, die meisten aber wie gewöhnlich mit Phänomenen. Leonid wanderte gelangweilt durch den Raum und beobachtete alles und jeden. Er blieb hinter dem Stuhl seiner Schwester stehen und hörte zu, wie sie von einigen Personen berichtete, die sich als Medien bezeichneten und denen es gelang, leichte Gegenstände so schwer zu machen, dass man sie unmöglich hochheben konnte, während andere, von Natur aus schwere Objekte, auffallend leicht wurden.

„Willst du damit sagen, dass du das kannst?", bemerkte der junge Mann ironisch zu seiner Schwester.

„Medien können es, und ich habe es auch gelegentlich gemacht; für einen Erfolg kann ich nicht immer garantieren", erwiderte Mme. Blavatsky kühl.

„Aber würdest du es versuchen?", fragte jemand im Raum, und sofort baten sie alle darum.

„Ich werde es versuchen", meinte sie, „denkt aber bitte daran, ich verspreche nichts. Ich werde meine Aufmerksamkeit einfach auf diesen Schachtisch heften und es versuchen. Wer ein Experiment durchführen will, der soll den Tisch jetzt hochheben und dann *wieder*, nachdem ich mich darauf konzentriert habe."

„Nachdem du dich darauf konzentriert hast?", ließ sich eine Stimme vernehmen. „Und was dann? Soll das heißen, dass du den Tisch überhaupt nicht berührst?"

„Warum sollte ich ihn berühren?", erwiderte Mme. Blavatsky mit einem stillen Lächeln.

Auf diese ungewöhnliche Bestätigung hin ging ein junger Mann entschlossen zu dem kleinen Schachtisch und hob ihn hoch, als sei er eine Feder.

„Gut", meinte sie. „Lasse ihn jetzt bitte in Ruhe und tritt zurück."

Er gehorchte sofort, und tiefes Schweigen erfasste die Gruppe. Den Atem anhaltend, beobachteten alle genau, was Mme. Blavatsky als Nächstes unternehmen würde. Doch anscheinend tat sie nichts. Sie heftete bloß ihre großen blauen Augen auf den Schachtisch und starrte ihn an. Ohne ihren Blick davon abzuwenden, forderte sie dann den jungen Mann mit einer Handbewegung schweigend auf, ihn zu entfernen. Er ging darauf zu und ergriff ihn mit großer Zuversicht an den Beinen. Der Tisch *ließ sich nicht bewegen!*

Dann versuchte er es mit beiden Händen. Der Tisch stand da, als hätte man ihn am Boden festgenagelt.

Der junge Mann kniete nieder und bemühte sich, ihn mit aller Kraft und unter zusätzlichem Einsatz seiner breiten Schultern empor zu heben. Vor lauter Anstrengung lief er rot an, doch alles vergebens. Der Tisch schien im Teppich verwurzelt zu sein und bewegte sich nicht. Man klatschte begeistert in die Hände. Der junge Mann blickte völlig verwirrt drein und trat zur Seite.

In napoleonischer Art verschränkte er seine Arme und meinte nur: „Nun, das ist ein gelungener Scherz."

„In der Tat, das ist es!", echote Leonid.

Es hatte ihn der Verdacht beschlichen, dass der junge Besucher in geheimer Verschwörung mit seiner Schwester zusammenarbeitete und sie zum Narren hielt.

„Kann ich es auch einmal versuchen?", fragte er sie unvermittelt.

„Bitte, mein Lieber", erwiderte sie lachend.

Ihr Bruder ging daraufhin lächelnd auf den kleinen Tisch zu und ergriff ihn mit seinem muskulösen Arm am Bein. Sein Lächeln erstarb plötzlich, und sein Gesicht nahm den Ausdruck stummer Verblüffung an. Er trat ein wenig zurück und untersuchte noch einmal sehr sorgfältig den ihm wohlbekannten Schachtisch. Dann versetzte er ihm einen heftigen Stoß, aber der kleine Tisch rührte sich nicht einmal von der Stelle.

Plötzlich legte er seinen schweren Brustkorb auf die Platte, umfasste den Tisch mit beiden Armen und versuchte, ihn zu schütteln. Das Holz krachte, der Tisch gab aber nicht nach. Seine drei Füße schienen im Fußboden verschraubt zu sein. Leonid Hahn gab auf, wandte sich von diesem undankbaren Unterfangen ab, trat zur Seite und rief stirnrunzelnd nur diese beiden Worte aus: „Wie seltsam!", während er seine Augen mit dem Ausdruck großen Erstaunens von dem Tisch zu seiner Schwester gleiten ließ.

Die laute Debatte hatte unterdessen die Aufmerksamkeit mehrerer Gäste angezogen, die aus dem Wohnzimmer zu uns herüber strömten. Viele von ihnen, alt und jung, versuchten, den widerspenstigen kleinen Schachtisch hochzuheben oder ihn wenigstens ein bißchen zu bewegen. Es gelang ihnen ebenso wenig wie uns anderen.

Da sie die Verblüffung ihres Bruders bemerkte und vielleicht seine Zweifel endgültig zerstreuen wollte, wandte sich Mme. Blavatsky mit ihrem unbekümmerten Lachen an ihn und meinte: „Versuche, den Tisch jetzt noch einmal hoch zu heben!"

Unwillig näherte sich Leonid dem kleinen Ding, ergriff es wieder am Bein und hätte beim Hochziehen aufgrund der sinnlosen Anstrengung beinahe seinen Arm ausgerenkt. Der Tisch ließ sich diesmal wie eine Feder empor heben!

2c. Vera P. de Zhelihowsky
Frühling 1859, St. Petersburg, Russland

[Sinnett 1886, 91-97]

Mme. Blavatsky verließ Pskow in Begleitung ihres Vaters und ihrer Schwester. Sie waren nach St. Petersburg gekommen und lebten in einem Hotel. Ihre Vormittage waren mit Geschäften ausgefüllt und ihre Nachmittage und Abende mit Besuchen oder dem Empfang von Gästen; für Phänomene oder auch nur ihre Erwähnung blieb keine Zeit.

Eines Abends empfingen sie den Besuch von zwei alten Freunden ihres Vaters. Die beiden alten Herrn, Baron M...und der bekannte K....zeigten großes Interesse am modernen Spiritismus und waren natürlich begierig, etwas davon zu sehen.

Nach einigen gelungenen Erscheinungen brachten die beiden Besucher ihr großes Entzücken und ihr Erstaunen zum Ausdruck und wussten nicht, was sie zu den Kräften von Mme. Blavatsky sagen sollten. Sie konnten die Gleichgültigkeit ihres Vaters, mit der er solchen Manifestationen gegenüberstand, weder verstehen noch erklären. Da saß er nun und legte seine *„grande patience"* [ein Kartenspiel], während sich um ihn herum derartig wunderbare Phänomene ereigneten. Ins Gebet genommen, entgegnete er, es sei alles nur Quatsch und er wolle nichts von dem Unsinn hören und fügte hinzu, es sei eine Beschäftigung, die ernsthafter Menschen wohl kaum würdig wäre. Die Zurückweisung ließ die beiden alten Herrn unbeeindruckt. Im Gegenteil, sie bestanden darauf, dass Oberst Hahn um der alten Freundschaft willen einen Versuch unternahm, bevor er die Bedeutung oder zumindest die Möglichkeit der Phänomene seiner Tochter vollkommen abstritt. Sie baten ihn, die *Intelligenzen* und deren Kraft zu überprüfen. In einem anderen Zimmer sollte er ein Wort aufschreiben, das den anderen verborgen blieb und das die Klopfzeichen wiederholen sollten. Wahrscheinlich eher in der Hoffnung eines Fehlschlags, der ihm die Gelegenheit bieten würde, seine Freunde auszulachen, als aus dem Wunsch heraus, nachzugeben, willigte er schließlich ein. Er ließ seine Karten liegen, ging in das angrenzende Zimmer, schrieb ein Wort auf ein Stück Papier, steckte es in die Tasche, kehrte zu seiner *Patience* zurück, wartete schweigend und lachte in seinen grauen Bart.

„Nun, unsere Auseinandersetzung wird sich in wenigen Augenblicken entschieden haben", meinte K... . „Was wirst du aber sagen, alter Freund, wenn das Wort, das du aufgeschrieben hast, richtig wiederholt wird? Wirst du dich in einem solchen Fall nicht genötigt sehen, zu glauben?"

„Wie ich reagieren werde, falls das Wort richtig geraten wird, weiß ich noch nicht", erwiderte er skeptisch. „Eines kann ich jedoch sagen, von dem Moment an, in dem man mich an euren angeblichen Spiritismus mit seinen Phänomenen glauben macht, werde ich bereit sein, an die Existenz des Teufels, von Zauberern und Hexen zu glauben – an das gesamte Drum und Dran, kurz, an den Aberglauben der alten Weiber; und seid darauf vorbereitet, mir einen Platz in der Irrenanstalt zu besorgen."

Nach dieser Äußerung wandte er sich erneut seiner *Patience* zu und achtete nicht weiter auf die Vorgänge. Er war ein alter „Voltairianer", wie man die Positivisten, die an nichts glauben, in Russland nennt. Wir aber, die wir stark an dem Experiment interessiert waren, begannen auf die lauten und pausenlosen Klopfzeichen zu hören, die von einem Tablett herrührten, das eigens zu diesem Zweck gebracht worden war.

Die jüngere Schwester wiederholte das Alphabet, der alte General schrieb die Buchstaben nieder, während Mme. Blavatsky nichts tat – so hatte es jedenfalls den Anschein.

Aufgrund der Klopfzeichen und des Alphabets erhielten wir ein Wort, das aber derartig seltsam, so grotesk absurd war, dass keinerlei Zusammenhang zu dem zu bestehen schien, was ihr Vater hätte aufschreiben können, so dass wir uns zweifelnd anschauten, ob wir es laut vorlesen sollten, da wir irgendeinen komplizierten Satz erwartet hatten. Auf unsere Frage hin, ob das alles war, wurden die Klopfzeichen heftiger, um es zu bestätigen. Wir hatten mehrere Dreifachschläge erhalten, was nach unserem Code bedeutete – Ja! Ja, ja, ja!!!

Unsere Aufregung und unser Geflüster bemerkend, schaute Madame Blavatskys Vater über seine Brillengläser zu uns herüber und fragte:

„Nun! Habt ihr eine Antwort? Es muss wirklich etwas sehr Schwieriges und Tiefgreifendes sein!"

In seinen Schnurrbart lachend, erhob er sich und kam auf uns zu.

„Wir haben nur *ein einziges* Wort erhalten."

„Und wie heißt es?"

„Zaitchik!"

Bei diesem Wort die ungeheure Veränderung im Gesichtsausdruck des alten Mannes zu beobachten, war bemerkenswert. Er wurde leichenblass.

Seine Brille mit zitternder Hand zurecht rückend, griff er nach dem Zettel und meinte hastig: „Lasst mich sehen! Gebt ihn mir. Stimmt das wirklich?"

Er nahm den Zettel und las mit sehr aufgeregter Stimme – „Zaitchik. Ja, Zaitchik; es stimmt. Höchst seltsam!"

Schweigend zog er das Stück Papier aus der Tasche, auf das er im Nebenzimmer geschrieben hatte und reichte es seiner Tochter und den Gästen.

Es standen die Frage und die Antwort darauf:

„Wie lautet der Name meines Lieblingspferds im Krieg, das ich während meines ersten türkischen Feldzugs ritt?" Und darunter in Klammern: („Zaitchik").

Das einzelne Wort *Zaitchik* zeigte eine ungeheure Wirkung auf den alten Herrn. Sobald er erkannt hatte, dass an den Behauptungen seiner ältesten Tochter tatsächlich *etwas* daran war und es sich keineswegs um Betrug oder Manipulation handelte, genügte die Überzeugung dieser Tatsache, dass er sich mit dem ganzen Eifer eines glühenden Forschers in den Bereich der Phänomene stürzte, wie dies häufig bei unverbesserlichen Skeptikern der Fall ist. Sobald er glaubte, zweifelte er selbstverständlich auch nicht mehr an seiner Vernunft.

Diese eine richtige Antwort, die Mme. Blavatsky ihrem Vater gab, ließ ihn leidenschaftlich gerne mit den Kräften seiner Tochter experimentieren.

2D. Vera P. de Zhelihowsky
1859-1865, Rugovedo, Tiflis und andere Orte des Kaukasus, Russland

[Sinnett 1886, 115-6, 134-5, 143, 146-51, 150, 152]

Zu Beginn des Jahres 1859 lebte Mme. Blavatsky mit ihrem Vater und ihrer Schwester in einem Landhaus in Rugodevo.

[Aber] das stille Leben, das die Schwestern in Rugodevo führten, fand durch die furchtbare Krankheit der Mme. Blavatsky ein jähes Ende. Jahre zuvor, vielleicht auf ihren einsamen Reisen durch die Steppen Asiens, hatte sie sich eine beachtliche Wunde zugezogen. Wir haben nie erfahren, wie es geschehen war. Diese tiefe Wunde klaffte jedenfalls bisweilen wieder auf, und sie litt furchtbare Qualen, oft begleitet von Krämpfen und einer totenähnlichen Trance. Der Zustand dauerte drei bis vier Tage, und dann pflegte die Wunde ebenso rasch wieder zu heilen, wie sie aufgebrochen war, ohne eine sichtbare Spur zu hinterlassen, so als habe eine unsichtbare Hand sie geschlossen. Die geängstigte Familie wusste mit dieser Seltsamkeit zunächst nichts anzufangen, und in ihrer großen Verzweiflung und Furcht schickte man nach einem Arzt. Er war jedoch keine große Hilfe, und das weniger, weil er nichts von der Chirurgie verstand, sondern aufgrund eines bemerkenswerten Phänomens, das ihn nahezu machtlos und im blanken Entsetzen vor dem, was er beobachtete, handeln ließ. Kaum hatte er die Wunde der Patientin untersucht, die völlig bewusstlos vor ihm lag, als er plötzlich eine große, dunkle Hand zwischen seiner eigenen und der Wunde sah, die er gerade einölen wollte. Die klaffende Wunde lag in der Nähe des Herzens, und die Hand bewegte sich mehrmals langsam vom Hals zur Taille hinunter. Sein Entsetzen wuchs, als es im Zimmer plötzlich schrecklich zu lärmen anfing. Es war ein solcher Wirrwarr an Geräuschen und Tönen, der von der Decke, dem Fußboden, den Fensterscheiben und jedem Möbelstück in der Wohnung kam, dass er dringend darum bat, man möge ihn mit der bewusstlosen Patientin nicht im Zimmer allein lassen.

Im Frühjahr 1860 verließen die beiden Schwestern Rugodevo und besuchten ihre Großeltern im Kaukasus, die sie seit vielen Jahren nicht mehr gesehen hatten. Die dreiwöchige Reise nach Tiflis wurde in der Postkutsche [unternommen]. Mme. Blavatsky hielt sich knapp zwei Jahre in Tiflis und insgesamt gut drei Jahre im Kaukasus auf. Während des letzten Jahres reiste sie durch Imeretien und Mingrelien in Georgien und an der Schwarzmeerküste entlang.

Unterdessen wurden ihre übersinnlichen Kräfte nicht schwächer, sondern täglich stärker, und sie schien schließlich jede Art der Manifestation ihrem unmittelbaren Willen unterwerfen zu können. Das ganze Land sprach von ihr. Der abergläubische Adel betrachtete sie sehr bald als Magierin, und die Leute kamen von weither, um sie bezüglich ihrer privaten Angelegenheiten um Rat zu fragen. Sie hatte die Kommunikation durch Klopfzeichen bereits seit geraumer Zeit aufgegeben und zog es vor, den Leuten entweder verbal oder durch direktes Schreiben zu antworten – eine schnellere und zufriedenstellendere Methode. Dabei schien sie manchmal mit weit geöffneten Augen in eine Art Koma oder magnetischen Schlaf zu verfallen, obwohl auch dann ihre Hand nicht aufhörte, sich zu bewegen und weiter schrieb. Die auf diese

Weise erfolgten Antworten waren selten unbefriedigend. Für gewöhnlich versetzte sie die Fragesteller in Erstaunen – Freunde und Feinde.

Unterdessen erstarben nach und nach die in ihrer Gegenwart vereinzelt auftretenden Phänomene. Sie tauchten nur noch selten auf, waren aber immer höchst ungewöhnlich, wie das folgende Beispiel zeigt.

Es muss jedoch darauf hingewiesen werden, dass Mme. Blavatsky einige Monate vor diesem Ereignis sehr schwer erkrankte. Kein Arzt konnte ihre Krankheit verstehen. Kurz nach deren Ausbruch begann sie, „ein Doppelleben zu führen", wie sie ihren Freunden wiederholt erklärte. Sie beschrieb diesen Zustand mit folgenden Worten: „Wenn man mich beim Namen rief, öffnete ich die Augen und war ich selbst, in jeder Hinsicht meine eigene Persönlichkeit. Sobald man mich alleine ließ, glitt ich in den üblichen Traumzustand zurück und wurde *jemand anders*. Ich fieberte ein wenig, was mich langsam aber sicher verzehrte. Ich verspürte überhaupt keinen Appetit, schließlich tagelang keinen Hunger und berührte oft eine Woche lang keine Nahrung und nahm höchstens ein wenig Wasser zu mir, so dass ich nach vier Monaten einem lebendigen Skelett glich. Wenn ich durch den Klang meines jetzigen Namens, den jemand aussprach, in meinem anderen *Selbst* in der Unterhaltung, die ich während jenes Zustands gerade führte, unterbrochen wurde – nehmen wir an, mitten in einem Satz, den ich sprach oder den jene sagten, die zu diesem Zeitpunkt bei meinem zweiten *ich* waren – und meine Augen öffnete, pflegte ich die an mich gestellte Frage sehr vernünftig zu beantworten und verstand alles, denn ich redete niemals im Fieberwahn. Sobald ich die Augen wieder schloss, wurde der Satz genau an der Stelle, an dem Wort oder sogar halben Wort, an der er unterbrochen worden war, von meinem anderen Selbst fortgeführt. War ich wach und *ich selbst*, erinnerte ich mich genau daran, wer ich in meiner zweiten Eigenschaft war, gewesen war und was ich getan hatte. Als die *andere* Persönlichkeit besaß ich nicht die geringste Ahnung, um wen es sich bei Mme. Blavatsky handelte. Ich befand mich in einem fernen Land, eine von meinem Ich völlig unterschiedliche Individualität, die in keinerlei Beziehung zu meinem tatsächlichen Leben stand."

So analysierte Mme. Blavatsky ihren damaligen Zustand. Zu jenem Zeitpunkt wohnte sie in Ozurgety, einer Militärsiedlung in Mingrelien, wo sie ein Haus gekauft hatte. In dieser kleinen Stadt, die einsam in den Wäldern lag, gab es damals weder richtige Straßen noch Verkehrsmittel. Der einzige Arzt am Ort, ein Militärchirurg, wusste mit ihren Symptomen nichts anzufangen. Da sie körperlich sichtlich verfiel, verfrachtete er sie zu ihren Freunden nach Tiflis. Sie war zu schwach, um reiten zu können, und ein Transport im Wagen schien zu gefährlich zu sein. Daher schickte man sie, begleitet von vier einheimischen Dienern, die nach ihr schauen sollten, in einem Boot nach Kutais. Die Flussfahrt dauerte vier Tage.

Die Reise in dem einsamen Boot auf dem schmalen, von uralten Wäldern gesäumten Fluss muss sehr unsicher gewesen sein.

Der kleine, kaum befahrbare Strom diente als Transportweg. Als sie die enge Fahrrinne, die sich durch die steilen Waldhänge grub, entlang glitten, wurden die Diener in drei aufeinander folgenden Nächten von panischer Angst erfasst. Sie schwörten, sie hätten ihre Herrin aus dem Boot und in Richtung der Wälder schweben gesehen, während ihr Körper auf dem Bett im Boot ausgestreckt da lag. Zweimal rannten die Männer, die das Boot im Schlepptau hatten, schreiend vor Entsetzen davon, als sie die „Gestalt" erblickten. Hätte es nicht einen treuen alten Diener gegeben, der sich um sie kümmerte, wäre das Boot mit der Patientin mitten im Fluss zurückgelassen worden. Am letzten Abend behauptete der Diener, zwei Gestalten gesehen zu haben, während die dritte – seine leibhaftige Herrin, vor seinen Augen im Schlaf lag. Unmittelbar nach ihrer Ankunft in Kutais, wo eine entfernte Verwandte von Mme. Blavatsky lebte, verließen sie die Diener und kehrten niemals mehr zurück. Nur der alte Butler blieb.

Unter den schwierigsten Umständen transportierte man sie weiter nach Tiflis. Die Familie sandte ihr einen Freund mit dem Wagen entgegen. Sie schien im Sterben zu liegen, als man sie in das Haus ihrer Freunde brachte.

Noch sehr schwach und mager betrat sie eines Nachmittags das Zimmer ihrer Tante N. A. de Fadejew. Man unterhielt sich kurz, als sie sich erschöpft und schläfrig fühlte und die Tante ihr anbot, sich auf dem Sofa auszuruhen. Kaum hatte ihr Kopf das Kissen berührt, da verfiel sie in einen tiefen Schlaf. Die Tante nahm still ihre Schreibtätigkeit wieder auf, die sie unterbrochen hatte, um sich mit ihrer Nichte zu unterhalten. Plötzlich vernahm sie hinter ihrem Stuhl leise, aber durchaus hörbare Schritte. Rasch wandte sie den Kopf, um nach dem Eindringling zu sehen, denn sie wollte nicht, dass man Mme. Blavatsky störte. Das Zimmer war leer! Niemand außer ihr und ihrer schlafenden Nichte war anwesend. Trotzdem vernahm sie immer noch deutliche Schritte, als ob eine schwere Person leise auftreten würde, wobei der Fußboden bisweilen knarrte. Die Schritte näherten sich dem Sofa und hielten plötzlich inne. Dann vernahm sie stärkere Geräusche, so als flüstere jemand neben Mme. Blavatsky, und bald darauf sah sie, wie sich ein Buch, das auf einem Tisch neben dem Sofa lag, öffnete und wie von unsichtbarer Hand vor und zurück geblättert wurde. Ein anderes Buch wurde vom Regal genommen und flog in die gleiche Richtung.

Mehr erstaunt als geängstigt – denn jeder im Hause war an derartige Vorkommnisse gewöhnt – erhob sich N. A. de Fadejew aus ihrem Sessel, um die Nichte in der Hoffnung aufzuwecken, dem Phänomen ein Ende zu bereiten. In diesem Augenblick bewegte sich ein schwerer Sessel vom anderen Ende des Zimmers rumpelnd auf das Sofa zu. Das Geräusch weckte Mme. Blavatsky auf. Sie fragte die unsichtbare Wesenheit, was los sei. Ein kurzes Flüstern, und alles versank in tiefem Schweigen. An diesem Abend geschah nichts mehr dergleichen.

Unmittelbar nach ihrer völligen Genesung verließ sie den Kaukasus und reiste nach Italien. Vor ihrer Abreise [1865] schien sich die Art ihrer Kräfte vollkommen geändert zu haben. Zu welchem Zeitpunkt dies geschehen war, lässt sich nicht genau bestimmen, da sie sich aufgrund der weiten Entfernung unserer Beobachtung entzog und nur selten darüber redete – und das nur, wenn sie ausdrücklich darauf angesprochen wurde und in unserem Briefwechsel die Frage beantwortete. Wir erachten ihre Aussage bezüglich ihrer Kräfte als wahr, wenn sie schreibt: „Jetzt [1865] werde ich niemals mehr äußeren Einflüssen unterworfen sein." *Nicht HPB fiel von dieser Zeit an „Einflüssen" zum Opfer, die eine weniger starke Natur mit Sicherheit besiegt hätten, sondern sie war es, die solche Einflüsse – gleichgültig welcher Art – ihrem Willen unterwarf.*

H. P. Blavatsky um 1875

Kapitel 3

WEITERE WELTREISEN
1865-1873

Im Herbst 1865 verließ Helena Blavatsky Russland wieder und bereiste den Balkan, Griechenland, Ägypten, Syrien, Italien und verschiedene andere Gebiete. 1869 reiste sie über Indien nach Tibet. Auf dieser Reise begegnete HPB dem Meister Koot Hoomi (KH) zum ersten Mal und verweilte in seinem Haus in Klein Tibet. Ende 1870 hielt sie sich wieder in Zypern und Griechenland auf. Am 4. Juli 1871 erlitt sie auf der Seereise nach Ägypten in der Nähe der Insel Spetsai Schiffbruch. Vor dem Ertrinken gerettet, fuhr sie nach Kairo und versuchte dort eine *Société Spirite* zu gründen, die bald scheiterte. Nach weiteren Reisen durch den Mittleren Osten kehrte sie im Juli 1872 nach Russland zurück und blieb kurze Zeit bei ihren Verwandten in Odessa. Im Frühjahr 1873 wurde Helena von ihrem Lehrer aufgefordert, nach Paris zu gehen und später nach New York.

3A. NADJESCHDA A. DE FADEJEW
11. NOVEMBER 1870
ODESSA, RUSSLAND

[Theosophische Gesellschaft 1885, 94-5]

[Der im Folgenden angesprochene Brief des Meisters Koot Hoomi wird in den Archiven der Theosophischen Gesellschaft Adyar in Madras (Indien) aufbewahrt. Ein mit Erläuterungen versehenes Faksimile dieses Briefs findet sich in C. Jinarajadasas *Letters from the Masters of Wisdom*, Teil II.]

Ich [werde] erzählen, was mir im Zusammenhang mit einer bestimmten Notiz widerfuhr, die mich in höchst ungewöhnlicher Weise erreichte, als meine Nichte auf der anderen Seite der Welt war und keine Seele wusste, wo sie sich aufhielt – was uns zutiefst bekümmerte. Alle unsere Nachforschungen waren im Sande verlaufen. Wir hielten sie schon fast für tot, als ich – ungefähr 1870 – einen Brief von jemandem erhielt, den ihr, soviel ich weiß, Kouth-humi [Koot Hoomi] nennt. Er wurde mir auf sehr unverständliche und mysteriöse Weise von einem asiatisch aussehenden Boten überbracht, *der dann vor meinen eigenen Augen verschwand.* Dieser Brief bat mich, mir keine Sorgen zu machen, da sie sich in Sicherheit befand.

Vor Jahren hatte meine Nichte mit mir über [jene Mahatmas] ausführlich gesprochen. Sie schrieb mir, dass sie einigen von ihnen wieder begegnet war und ihre Verbindung zu ihnen erneuert hatte, noch bevor sie die [*Entschleierte*] *Isis* verfasste. Wenn ich, die ich stets eine glühende Christin gewesen bin und immer zu bleiben hoffe, an die Existenz dieser Männer glaube – auch wenn ich mich weigere, ihnen alle Wunder zuzuschreiben – warum sollten andere nicht auch an sie glauben? Zumindest die Existenz eines Mannes *kann ich bezeugen.* Wer außer einem der erwähnten Adepten hätte mir denn diesen Brief schreiben können, um mir in einem Moment, in dem ich einen solchen Trost am Dringendsten benötigte, eine solche Gewissheit zu geben? *Es trifft zu, dass ich diese Handschrift nicht kenne,* aber die Art und Weise, in der mir dieser Brief überbracht wurde, war so unglaublich, dass er nur von einem Adepten der esoterischen Wissenschaft stammen konnte. Er verhieß mir die Rückkehr meiner Nichte – und die Verheißung erfüllte sich.

Der Brief von KH an Nadjeschda de Fadejew von 1870

An die ehrenwerte,
gnädige Frau Nadyéjda Andréewna Fadeew,
Odessa.

Es besteht kein Grund für die ehrenwerten Verwandten der Mme. Blavatsky, sich in irgendeiner Hinsicht zu sorgen. Ihre Tochter und Nichte hat diese Welt nicht verlassen. Sie lebt und wünscht, dass ihre Lieben wissen, dass es ihr gut geht und sie sich in der fernen, von ihr selbst gewählten, unbekannten Einsiedelei sehr glücklich fühlt. Sie ist ernstlich krank gewesen, jetzt ist sie es nicht mehr; denn unter dem Schutz des Lord Sangyas hat sie ergebene Freunde gefunden, die sich ihr körperlich und geistig annehmen. Die Damen des Hauses sollten sich daher entspannen. Bevor achtzehn Neumonde aufgegangen sind, wird sie zu ihrer Familie zurückkehren.

39

3B. VERA P. DE ZHELIHOWSKY
OKTOBER 1871 – APRIL 1872, ÄGYPTEN

[Sinnett 1886, 158-63, 167-8, mit Zusätzen und Korrekturen der ursprünglichen Englischübersetzung von Veras Bericht in den Adyar-Archiven.]

1871 schrieb Mme. Blavatsky aus Kairo, um ihren Freunden mitzuteilen, dass sie soeben aus Indien zurückgekehrt und in der Nähe von [Spetsai, einer griechischen Insel im Golf von Nauplia] schiffbrüchig geworden war. Sie hatte beschlossen, zur Erforschung von Medien und Erscheinungsbildern entsprechend den Theorien und der Philosophie von Allan Kardec* eine *Société Spirite* zu gründen, da sie keine Möglichkeit sah, den Leuten Gelegenheit zu geben, selbst zu erkennen, wie falsch sie lagen.

Sie gedachte zuerst, einer bereits bestehenden und allgemein angenommenen Lehre freien Lauf zu lassen und dann, wenn das Publikum erkannte, dass diese zu nichts führte, ihre persönlichen Erklärungen anzubringen. Um dies zu erreichen, war sie nach ihrer eigenen Aussage bereit, sich jeglicher Mühe zu unterziehen – sogar sich vorübergehend als ein hilfloses Medium betrachten zu lassen. „Sie wissen es nicht besser, und es schadet mir nicht – denn ich werde ihnen sehr bald den Unterschied zwischen einem passiven Medium und einem aktiv tätigen Menschen zeigen", erklärte sie.

Einige Wochen später traf ein weiterer Brief ein. In diesem brachte sie ihre Abscheu vor dem Unternehmen zum Ausdruck, das völlig fehlgeschlagen war. Anscheinend hatte sie mit der Bitte um ein Medium nach England und Frankreich geschrieben, aber ohne Erfolg. Aus heller Verzweiflung umgab sie sich daraufhin mit Amateurmedien – französischen Spiritistinnen.

„Sie stehlen der Gesellschaft das Geld", schrieb sie, „sie trinken wie Schwämme, und ich ertappte sie dabei, wie sie unsere Mitglieder, die kommen, um die Phänomene zu untersuchen, durch falsche Manifestationen in unverschämtester Weise betrügen. Es gab sehr unangenehme Szenen mit einigen Personen, die mich allein für das Ganze verantwortlich machten. Ich ordnete daher an, dass man ihnen ihre Mitgliedschaftsgebühren zurückerstattete, und

---

*[Allan Kardec (1804-1869) war der Vater des Spiritismus in Frankreich. In seinem berühmtesten, 1856 zum ersten Mal veröffentlichten Werk, *Le Livre des Esprits*, entwickelte er eine Theorie über das Leben und Schicksal des Menschen, in der die Lehre von der „Reinkarnation" einen wesentlichen Stellenwert einnimmt. – DHC]

ich selbst werde für die Miete der Räumlichkeiten und Möbel aufkommen. Meine ausgezeichnete *Société Spirite* hat keine zwei Wochen überstanden – sie gleicht einem Ruinenhaufen – majestätisch, aber ebenso vielsagend wie die Gräber der Pharaonen. Um die Komödie mit einem Drama zu krönen, wurde ich beinahe von einem Verrückten erschossen – einem griechischen Angestellten, der bei den beiden einzigen öffentlichen Séancen, die wir abhielten, zugegen und vermutlich von einem schrecklichen Spuk erfasst worden war."

Sie brach jede Beziehung zu den „Medien" ab, schloss ihre *Société* und lebte dann in Boulak, in der Nähe des Museums. Die Skeptiker, die die *Société* aus reiner Neugierde besucht und den Fehlschlag miterlebt hatten, schlugen Kapital daraus. Sie machten sich über die Vorstellung auftretender Phänomene lustig und taten sie rundweg als Schwindel und Scharlatanerie ab. Die Wahrheit dementsprechend verdrehend, gingen sie sogar so weit zu behaupten, Mme. Blavatsky hätte nicht die Medien und die Ausgaben der Gesellschaft bezahlt, sondern sie selbst wäre bezahlt worden und hätte Gauklertricks als echte Phänomene ausgegeben. Die Märchen und Gerüchte ihrer Feinde, denen es an jeglicher Grundlage fehlte, hinderten sie nicht daran, ihre Studien fortzusetzen und jedem aufrichtig Suchenden die ungewöhnliche Kraft ihrer Hellsichtigkeit und Hellhörigkeit als *Tatsachen* unter Beweis zu stellen, die mit bloßen physischen Manifestationen, die sie unbestreitbar beherrschte, nichts zu tun hatten.

Ein Herr G. Yakovlef, der sich damals gerade in Ägypten aufhielt, schrieb seinen Freunden begeistert über Mme. Blavatsky. In einem Brief, den wir besitzen, heißt es: „Sie ist ein Wunder, ein unergründliches Geheimnis. Was sie bewirkt, ist einfach unglaublich. Einmal zeigte ich ihr ein geschlossenes Medaillon, das das Bild einer Person und das Haar einer anderen enthielt, einen in Moskau angefertigten Gegenstand, der erst seit einigen Monaten in meinem Besitz war und von dem kaum jemand etwas wusste. Ohne ihn zu berühren, meinte sie: „Oh, es ist das Bild ihrer Patin und das Haar ihrer Kusine. Sie leben beide nicht mehr." Und dann fuhr sie fort, sie zu beschreiben, als hätte sie diese vor Augen. Wie sie das nur wissen konnte!"

Im weiteren Verlauf des Briefes erzählte er von seinem Besuch bei [Mme. Blavatsky] in ihrem Hotel in Alexandria. Sie saßen auf einem Sofa und unterhielten sich. Vor ihnen stand ein kleiner Teetisch, auf den der Kellner für Herrn Yakovlef eine Flasche Likör, etwas Wein, ein kleines Weinglas und einen Becher gestellt hatte. Als er das gefüllte [Weinglas] an den Mund führte, zerbrach es ohne ersichtlichen Grund in seiner Hand. Sie lachte hoch erfreut auf und bemerkte, sie verabscheue Likör und Wein und könne Leute, die sich dessen allzu ungehindert bedienten, kaum ausstehen.

„Sie wollen doch damit nicht andeuten, dass sie es gewesen sind, die mein Weinglas zerbrach? Es ist reiner Zufall; das Glas ist sehr dünn und hatte vielleicht schon einen Sprung, und ich habe es nur zu kräftig angefasst!" Ich schwindelte absichtlich, denn es war mir gerade durch den Kopf gegangen, wie seltsam die ganze Angelegenheit doch zu sein schien, da es sich um ein dickes, kräftiges Glas handelte. Aber ich wollte etwas aus ihr herausholen.

Sie blickte mich sehr ernst an, und ihre Augen blitzten. „Wetten, dass ich es noch einmal mache?", fragte sie.

„Gut, wir versuchen es auf der Stelle. Wenn es ihnen gelingt, werde ich der Erste sein, der sie als wahre Zauberkünstlerin verkünden wird. Wenn nicht, werden wir uns morgen im Konsulat so recht über sie und ihre Geister amüsieren." Mit diesen Worten füllte ich den Becher halb mit Wein und führte ihn zum Mund. Sobald meine Lippen ihn berührten, fühlte ich, wie er zwischen meinen Fingern zersprang. Meine Hand blutete. Instinktiv hatte ich versucht, den Becher fest zusammenzuhalten, als ich spürte, dass er meinem Zugriff entglitt. Dabei verletzte ich mich an einem der Splitter.

Verärgert über den Misserfolg ihrer spiritistischen Gesellschaft, trat Mme. Blavatsky bald darauf ihre Heimreise an, die sie über Palästina führte und auf der sie mit ihren russischen Freunden Palmyra [eine uralte syrische Stadt] und einige andere Ruinen besuchte. Ende 1872 traf sie, wie üblich ohne Vorankündigung, in Odessa ein und überraschte ihre Familie.

3C. EMMA COULOMB
1872, KAIRO, ÄGYPTEN

[Coulomb 1884, 3-4]

Im Jahre 1872 ging ich gedankenverloren in Kairo durch eine Straße mit Namen „Sekke el Ghamma el harmar" – „die Straße der roten Moschee" – als etwas an mir vorbei huschte, das mich aufschauen ließ. Ich erblickte eine Dame. „Wer ist diese Dame?", fragte ich einen Vorübergehenden. „Sie ist jene russische Spiritistin, die die Toten herbeiruft, damit sie Fragen beantworten." Das war eine freudige Nachricht, denn ich trauerte gerade zutiefst über den Verlust meines geliebten einzigen Bruders, der vor Kurzem gestorben war. Die Vorstellung, seine Stimme hören zu können, bedeutete für mich himmlisches Glück. Man erklärte mir, ich könne den Sekretär (ein Grieche, den ich kannte) ihrer spiritistischen Gesellschaft bitten, mich ihr vorzustellen. Ich lernte sie kennen und fand sie sehr interessant und klug. Mein erster Versuch mit den Geistern blieb erfolglos; außer ein paar Klopfzeichen hörte und sah ich nichts. Der Sekretär, dem ich meine Enttäuschung zum Ausdruck brachte, meinte, die Geister erschienen nicht gerne in einem Raum, der nicht gereinigt und nur für diesen besonderen Zweck benutzt worden wäre. Ich solle in einigen Tagen wiederkommen, da werde ich Wunder erleben, da sie ein kleines Zimmer vorbereiteten, das allein Séancen vorbehalten sei. Ich schaute mir die Kammer an. Alle vier Wände und die Zimmerdecke waren im Abstand von einigen Zentimetern von der Wand mit rotem Tuch verhängt. Unwissend, wie ich war, dachte ich an nichts Böses. Ich rief wieder an, als der Raum fertig war und fand zu meiner großen Überraschung in dem Zimmer keine freundlichen Geister, die Fragen beantworten sollten. Es war erfüllt von durchaus *lebendigen* Leuten, die in höchst beleidigender Weise auf die Gründerin der Gesellschaft schimpften und behaupteten, sie habe ihr Geld genommen und mit so etwas zurückgelassen. Dabei wiesen sie auf den Spalt zwischen der Wand und dem Tuch, wo noch mehrere Schnüre herunter hingen, an denen ein langer, mit Baumwolle ausgestopfter Handschuh durch die Decke gezogen worden war, der die Hand und den Arm irgendeines Geistes darstellen sollte. Ich verließ diese feuerrote Menge, die bereit war, sie niederzuschlagen, wenn sie zurückkam. Als ich ihr später wieder begegnete, fragte ich sie, warum sie so etwas getan hätte. Sie gab mir zur Antwort, es sei Madame Sebire (die bei Madame Blavatsky wohnte) gewesen, weshalb ich die Angelegenheit fallen ließ. Ich sah, dass sie sehr unglücklich war. Am folgenden Tag rief ich sie an. Unsere Bekanntschaft blieb bestehen, solange sie sich in diesem Land aufhielt.

Meines Wissens wohnte Madame Blavatsky während ihres Aufenthalts in Kairo niemals in einem Hotel. Ich habe sie in drei verschiedenen Wohnungen gesehen. Die erste befand sich in „Sekke el Ghamma el harmar", die zweite in „Abdeen" und die dritte in „Kantara el dick". In „Abdeen" hatte sie ihr Appartement der Öffentlichkeit zugänglich gemacht, die ihre Geister um

Rat fragen wollte. Dort hatte sich das Fiasko mit der Hand und dem Arm ereignet.

[Dann] brach sie nach Russland auf.

3D. Gräfin Lydia A. de Pashkov
Frühling 1872, Libanon

[Pashkov 1878]

Auf meiner Reise zwischen Baalbek und dem Fluss Orontes begegnete ich in der Wüste einer Karawane. Es war Mme. Blavatsky. Wir kampierten zusammen. Zwischen dem Libanon und den Anti-Libanon [Bergen] erhob sich in der Nähe des Dorfes Dair Mar Maroon ein riesiges Denkmal. Niemand vermochte seine Inschriften zu entziffern. Ich wusste, dass Mme. Blavatsky mit Hilfe ihrer Geister seltsame Dinge zuwege brachte und bat sie herauszufinden, was das Monument bedeutete.

Wir warteten bis zum Einbruch der Nacht. Sie zeichnete einen Kreis, in dessen Mitte wir traten. Wir machten ein Feuer und warfen eine Menge Weihrauch hinein. Dann sprach sie viele Zaubersprüche. Daraufhin entzündeten wir noch mehr Weihrauch. Mit ihrem Zauberstab wies sie auf das Monument, und wir sahen einen riesigen weißen Feuerball darauf. In der Nähe stand ein Maulbeerbaum, übersät von kleinen Flammen. Die Schakale näherten sich und heulten in der Dunkelheit. Wir verbrannten noch mehr Weihrauch. Dann befahl Mme. Blavatsky dem Geist jener Person, für die das Denkmal errichtet worden war, zu erscheinen. Bald darauf erhob sich eine Dunstwolke, die das fahle Mondlicht verdunkelte. Wir warfen erneut Weihrauch in das Feuer. Die Wolke nahm die undeutliche Gestalt eines alten bärtigen Mannes an, und es schien so, als ob aus weiter Ferne eine Stimme aus diesem Bild erklang. Das Monument war einmal der Altar eines längst verschwundenen Tempels gewesen. Er war für einen Gott errichtet worden, der vor langer Zeit in eine andere Welt ging. „Wer bist du?", fragte Mme. Blavatsky. „Ich bin Hiero, einer der Priester jenes Tempels", erwiderte die Stimme. Dann forderte sie ihn auf, uns den Ort zu zeigen, wie er einmal ausgesehen hatte, als der Tempel noch stand. Er verneigte sich, und einen Augenblick lang wurde uns ein flüchtiger Einblick auf den Tempel und eine riesige Stadt gewährt, die jene Ebene, so weit das Auge reichte, ausfüllte.

Dann war alles verschwunden, und das Bild verblasste. Wir zündeten große Feuer an, um die Schakale abzuwehren und legten uns schlafen.

H. P. Blavatsky, 1875

Kapitel 4

NEW YORK UND CHITTENDEN
1873 – April 1875

H. P. Blavatsky war zweiundvierzig Jahre alt und in vollem Besitz ihrer zahlreichen und höchst ungewöhnlichen geistigen und esoterischen Fähigkeiten, als sie in New York eintraf. In den Augen der Mahatmas war sie das beste verfügbare Werkzeug für die Arbeit, mit der sie sich befassten, nämlich der Welt eine neue, kurz umrissene Darstellung der uralten *Theosophia* zu geben, „die im Laufe der Zeitalter erworbene, von Generationen von Sehern geprüfte und bestätigte Weisheit", jene Urwahrheit, von der sich große und kleine Religionen abzweigen. Ihre Aufgabe bestand darin, einerseits die eingefahrenen Überzeugungen und Dogmen der christlichen Theologie und andererseits die ebenso dogmatische, materialistische Sichtweise der Wissenschaft ihrer Zeit herauszufordern. In dieser zweifachen mentalen Untermauerung war kurz zuvor ein Riss entstanden. Der Spiritismus, der damals Amerika erfasste, hatte dazu geführt. Um Helenas eigene Worte zu zitieren: „Man schickte mich, um die Phänomene und ihre Wirklichkeit zu beweisen und den Irrtum der spiritistischen Theorie der Geister darzulegen."

Im Oktober 1874 brachten ihre Lehrer sie mit Oberst Henry Steel Olcott in Kontakt, einem Mann von hohem Verdienst, der im Bürgerkrieg beachtlichen Ruhm erworben und der U.S. Regierung ausgezeichnete Dienste geleistet hatte und der zu diesem Zeitpunkt in New York als Jurist tätig war. Es verband sie bald eine enge Freundschaft, und durch HPB veränderten sich seine Einstellung zum Spiritismus und seine Kenntnisse über die Esoterik des Ostens grundlegend.

4A. ANNA BALLARD
JULI 1873, NEW YORK CITY

[Olcott 1895, 1:21-2]

Meine Bekanntschaft mit Mme. Blavatsky reicht bis zum Juli 1873 zurück, etwa eine Woche nach ihrer Ankunft in New York. Damals arbeitete ich als Reporterin bei der *New York Sun* und sollte einen Artikel über eine russische Person schreiben. Im Laufe meiner Nachforschungen berichtete mir meine Freundin von der Ankunft dieser russischen Dame. Mit meinem Besuch bei ihr begann eine jahrelange Bekanntschaft. Bei unserem ersten Interview gestand sie mir, dass sie bis am Vorabend ihrer Abreise keine Ahnung davon hatte, Paris zu verlassen und mit dem Schiff nach Amerika zu reisen. Aber warum sie kam und wer sie zu dieser Reise getrieben hatte, das erwähnte sie nicht. Ich erinnere mich noch genau, wie sie mit einem Anflug der Begeisterung meinte: „Ich bin in Tibet gewesen." Ich konnte nicht herausfinden, warum sie dieser Reise eine solch große Bedeutung beimaß, stärker als allen anderen Reisen durch Ägypten, Indien und den übrigen Länder, von denen sie mir erzählte, aber sie sprach mit einer besonderen Betonung und Lebhaftigkeit davon.

4B. ELIZABETH G. K. HOLT
AUGUST 1873 – JUNI 1874, NEW YORK CITY

[Holt 1931]

Für anständige Arbeiterinnen mit geringem Einkommen war es schwierig, eine passende Wohnmöglichkeit zu finden. Daher wagte eine Gruppe von etwa vierzig Frauen das Experiment des Zusammenlebens. Sie mieteten ein neues Mietshaus in der Madison Street 222. In dieser Straße gab es kleine zweistöckige Häuser, die von ihren Eigentümern bewohnt wurden, welche sehr stolz auf ihre schattenspendenden Bäume waren und ihre vor- und rückwärtig gelegenen Gärten pflegten.

Meine Mutter und ich hatten den Sommer 1873 in Saratoga verbracht. Um rechtzeitig zum Schulanfang zurück zu sein, wurde ich im August nach Hause in die Madison Straße geschickt, wo eine Freundin auf mich aufpassen sollte. Dort begegnete ich Mme. Blavatsky. Sie bewohnte ein Zimmer im zweiten Stock, wo meine Freundin ein Doppelzimmer neben ihr hatte, und die beiden Nachbarinnen verkehrten sehr freundschaftlich miteinander. In dieser Wohngemeinschaft kannten sich alle untereinander. Ein Zimmer neben der Eingangstür diente als gemeinsamer Wohnraum oder Büro, als Treffpunkt für Mitglieder und als Ort, an dem die Post und Nachrichten bearbeitet wurden.

Mme. Blavatsky saß einen großen Teil ihrer Zeit im Büro, jedoch selten allein. Sie war wie ein Magnet, der alle anzog. Jeden Tag sah ich sie dort sitzen, ihre Zigaretten drehen und unaufhörlich rauchen. Um ihren Hals hing ein auffallender Tabaksbeutel, der Kopf eines Pelztieres. Sie war gewiss eine ungewöhnliche Gestalt. Ich denke, sie war größer, als sie aussah; sie war so breit. Sie besaß ein breites Gesicht und breite Schultern; ihr hellbraunes Haar kräuselte sich wie das eines Negers. Ihr gesamtes Erscheinungsbild vermittelte die Vorstellung von Macht.

Madame verwies oft auf ihr Leben in Paris. Später demonstrierte sie ihre künstlerische Fähigkeit. Ich besaß ein Klavier, auf dem sie bisweilen spielte, gewöhnlich weil irgendjemand sie dazu gedrängt hatte.

Leuten, die sie darum baten, beschrieb sie ihr vergangenes Leben, und diese Berichte mussten genau gewesen sein, denn sie hinterließen einen tiefen Eindruck. Ich habe niemals gehört, dass sie ihnen ihre Zukunft erzählte. Man betrachtete sie als Spiritistin, obwohl ich sie es selbst niemals sagen hörte. Als meine Freundin, Fräulein Parker, Madame bat, sie mit ihrer verstorbenen Mutter in Kontakt zu bringen, meinte Madame, dies sei unmöglich, da diese mit höheren Dingen beschäftigt und außer Reichweite sei. Die Geister, über die sie ständig sprach, waren die *Diaki,* übermütige kleine Wesen, offensichtlich das Gegenstück zu den Elfen der irischen Folklore, und ihrer Beschreibung nach mit Sicherheit nicht menschlicher Natur.

Ich habe Madame niemals als Lehrerin für ethisches Verhalten betrachtet. Sie war einfach zu leicht erregbar; wenn irgendetwas schiefging, konnte sie ihre Meinung über andere mit einer solchen Heftigkeit zum Ausdruck bringen, dass es beunruhigend wirkte.

In geistiger und körperlicher Not wandte man sich instinktiv an sie, denn man spürte ihre Furchtlosigkeit und Ungezwungenheit, ihre tiefe Weisheit und große Erfahrung und ihr von Herzen kommendes Wohlwollen – ihre Sympathie mit den sozial Schwächeren.

Ich erinnere mich an einen solchen Vorfall. Unerwünschte Leute begannen in unsere Straße zu ziehen, und die Nachbarschaft veränderte sich rasch. Eines Abends wurde eines unserer jungen Mädchen, das spät von der Arbeit heimkehrte, verfolgt und in große Angst versetzt. Atemlos ließ sie sich im Büro auf einen Stuhl fallen. Madame war sofort interessiert und brachte sehr heftig ihre Abneigung zum Ausdruck. Schließlich zog sie aus den Falten ihres Kleides ein Messer hervor (ich glaube, sie benutzte es zum Tabakschneiden, aber es war groß genug, um als Verteidigungswaffe zu dienen) und meinte, sie trage dieses für jeden Mann, der sie belästigen wollte, bei sich.

Zu jener Zeit hatte Madame große Geldsorgen. Sie erhielt kein Geld von ihrem Vater in Russland mehr und war fast mittellos. Einige der eher konservativen Mitbewohner meinten, sie sei wohl doch eine Abenteurerin, und der Wunsch nach Geld sei zu erwarten gewesen. Meine Freundin, Fräulein Parker, die sie mit zum russischen Konsul nahm, versicherte mir aber, dass sie tatsächlich eine russische Gräfin war, der Konsul ihre Familie kannte und versprochen hatte, alles zu unternehmen, um mit dieser Verbindung aufzunehmen und den Grund für die Schwierigkeit herauszufinden. An dieser Stelle möchte ich vorwegnehmen, dass die Verzögerung ihrer Einkünfte auf den Tod des Vaters zurückzuführen waren und es einiger Zeit bedurfte, bis die Angelegenheit geregelt wurde.

In ihrem Privatzimmer stand ein langer Tisch, und ich sah sie tagelang, wenn nicht wochenlang unaufhörlich Seite um Seite an einem Manuskript schreiben.

Kurz danach und immer noch ohne Einkünfte begegnete Madame einer französischen Dame, einer Witwe, deren Namen ich vergessen habe, mit der sie sich eng anfreundete.

Diese wohnte damals ein wenig von uns entfernt in der Henry Street. Sie bot HPB an, in ihr Haus zu ziehen, bis sich ihre finanzielle Lage gebessert hatte. Madame nahm dieses Angebot an und verließ unser Haus. Viele von unseren Leuten, insbesondere Fräulein Parker, blieben in enger Verbindung mit ihr.

Kurz darauf erhielt Madame Geld aus Russland und zog an die nordöstliche Ecke der 14. Straße und 4th Avenue. Es war ein sehr anspruchsloses Haus mit einer Bar im Untergeschoss und den beiden möblierten Obergeschossen. Fräulein Parker nahm mich mit zu diesem Haus. Dort fand ich Madame in einem ärmlich ausgestatteten Raum im oberen Stockwerk vor; es gab ein Feldbett, und daneben stand auf einem Tisch ein Schränkchen mit drei Schubladen.

Madame war sehr aufgeregt. Zuvor hatte es an diesem Tag ein Feuer in ihrem Zimmer gegeben. Sie behauptete, es sei absichtlich gelegt worden, um sie zu bestehlen. Nachdem das Feuer gelöscht worden war und die Feuerwehrleute und die Neugierigen sie verlassen hatten, stellte sie fest, dass ihre wertvolle Uhr mit der Kette fehlte. Als sie sich bei ihrem Vermieter, dem Eigentümer der Bar, beschwerte, gab er ihr zu verstehen, sie hätte niemals eine Uhr besessen. Sie erzählte uns, sie habe „Sie" gebeten, ihr irgendeinen Beweis zu geben, mit dem sie ihren Vermieter davon überzeugen konnte, dass sie tatsächlich ihr Eigentum verloren hatte. Sofort erschien vor ihr ein Stück Papier, das, abgesehen von einigen weißen Flecken in der Größe und Form der Uhr und Kette, völlig grau vom Rauch war, was darauf hindeutete, das Uhr und Kette von dem Papier genommen wurden, nachdem das Feuer dieses geschwärzt hatte und so die weißen Flecken hinterließ.

Ich hatte immer gehört, dass die Leute, die sie umgaben, erklärten, dieses „Sie" und „Ihnen" beziehe sich auf ihre „geistigen Führer"; natürlich nahm ich an, sie sprach von ihnen. Ich wusste nichts über Esoterik.

Mein Besuch bei HPB war das letzte Mal, dass ich sie sah.

4C. HANNAH M. WOLFF
1874, NEW YORK CITY

[Wolff 1891]

Es gibt eine solche Vielfalt an Meinungen über diese bemerkenswerte und berüchtigte Frau; und die verschiedenartigen Artikel, die über sie veröffentlicht wurden, bilden ein solch seltsames Kaleidoskop, dass ich versucht bin, meinen Anteil zu der Farbigkeit beizutragen, die schließlich das Urteil über sie bestimmen wird.

Dass es sich um eine Frau mit starken intellektuellen Fähigkeiten und einer Vielfalt an Talenten handelte, lässt sich nicht leugnen. Sie hatte eine gründliche Erziehung genossen, war weit gereist und fast krankhaft abenteuerlustig, kannte weder körperliche noch moralische Furcht und beobachtete scharf, was sie durchlebte oder was um sie herum vor sich ging. Sie besaß die wunderbare Eigenschaft, sich an ihr Umfeld anzupassen und wusste „im Überfluß zu leben und Not zu erleiden". Es bereitete ihr große Freude, ihrer Umgebung intellektuell in irgendeiner Weise überlegen zu sein, besonders hoch geistige Männer zu überragen. Sie unternahm alles Erdenkliche, um sie hinters Licht zu führen und sie dann zu verspotten und zu verhöhnen, wenn es ihr gelungen war.

Anfang 1874 sah ich sie zum ersten Mal im Arbeiterinnenheim in der Elisabethstrasse in New York, das ich als Zeitungsreporterin beruflich aufsuchte. Als ich das Zimmer der Frau [Fräulein M.], die zu unserer Belegschaft gehörte und die ich interviewen sollte, betrat (sie teilte es mit vier anderen Frauen], entdeckte ich auf dem nackten Fußboden, halb sitzend, halb liegend, eine spärlich bekleidete und, wie ich damals dachte, sehr dumme und unsympathische Frau, die mir als Madame Blavatsky vorgestellt wurde. Sie war recht stämmig, aber noch nicht so plump wie in späteren Jahren. Ihr Teint, der in ihrer Jugend hell gewesen sein musste, zeigte sich schlaff, blass und schmutzig; ihre Augen wirkten mit dem unwiderstehlichen Zauber ihrer graublauen Tiefen anziehend und eigentümlich; aber sie waren in keiner Weise schön, wie sie von manchen beschrieben wurden. Ihre Nase glich einer Katastrophe, ein Fels, ein Anhängsel, das dem Gebrauch diente, nicht der Verschönerung, und ihr kraftloser Mund wirkte animalisch. Sie besaß eine feine, intellektuelle Kopfform, und ihr Haar war das Eigentümlichste, das ich je gesehen habe. Sehr dick und nicht lang, war es auf dem Hinterkopf zusammengeknotet. Die Seltsamkeit bestand darin, dass es, obwohl von blonder Farbe, in seiner Beschaffenheit dem Haar eines Negers entsprach. Es war weich, fein und hell, aber wollig.

Nachdem ich mein Interview mit Fräulein M. beendet hatte, verwickelte mich Madame Blavatsky, die in ihrer Stellung und äußerst nachlässigen Haltung auf dem Fußboden verharrte, in eine Unterhaltung. Sie hatte unser Gespräch sehr aufmerksam verfolgt und dabei mit ungeheurer Geschwindigkeit eine Zigarette nach der anderen gerollt und geraucht. Sie schien sich brennend für die Lage der Frauen, die in diesem Lande bei der Presse arbeiteten, zu interessieren, und im Laufe des Gesprächs, das sich zwischen uns entspann, wechselte meine Rolle als Fragende zu der der Befragten. Ich gab ihr alle Informationen, die ich besaß. Ich verließ das Zimmer mit dem Gefühl, einer gebildeten, intellektuellen Frau begegnet zu sein, die über hervorragende Fähigkeiten der Unterhaltung verfügte und die nicht mehr

Gespür für Anstand oder ein Gefühl für natürliche Bescheidenheit besaß als eine sich auf dem Boden herumlümmelnde Katze oder ein daliegender Hund.

Im Laufe unserer Unterhaltung erklärte sie mir, dass sie sich aus wirtschaftlichen Gründen in dem Arbeiterinnenheim aufhielt. Ein Monat oder sechs Wochen später traf ich sie im Vorzimmer einer der Frauentagungen. Sie meinte, sie habe eine große Geldsumme aus Russland erhalten und lebe nun in einem teuren Hotel auf der 4th Avenue, nahe der 23. Straße. Bei dieser Gelegenheit lud sie etwa ein halbes Dutzend Damen zum Lunch ein und erzählte mir, dass jede Rechnung fünf Dollar betrug. Ich glaube, wenn sie über die Mittel verfügte, ging sie verschwenderisch damit um. War ihre Geldbörse leer, zog sie sich in bescheidene Räumlichkeiten zurück und lebte genügsam. Sie war verschwenderisch, nicht großzügig; üppig, aber nicht mildtätig. Sie hatte es niemals nötig, in beengten Verhältnissen zu leben, denn sie besaß eine gewandte Feder und vermochte, wenn sie angespornt wurde, die anschaulichsten Skizzen der russischen oder anderer, ihr vertrauter Gesellschaften, hinzuwerfen und zu verkaufen. Es war nicht ungewöhnlich, dass sie für solche Szenen, die sie in wenigen Minuten malte, wenn sie dazu in der Laune war, dreißig, vierzig oder fünfzig Dollar erhielt.

Zwei oder drei Monate nach unserer ersten Begegnung erzählte sie einer mir nahestehenden Freundin, einer glühenden Spiritistin, von ihrem Wunsch, irgendwelchen spiritistischen Vorträgen beizuwohnen, um deren Phänomene und Philosophie zu studieren, derer sie unkundig zu sein beteuerte. Frau W. nahm sie mit zu einem Vortrag, den E. V. Wilson gab, der als Trance-Sprecher und Medium bekannt war. Gegen Ende des Vortrags unterzog er sie, ihrer eigenen Äußerung nach, einer höchst bemerkenswerten Prüfung, und sie gab Herrn W. zu verstehen, dass es sich dabei um ihre erste Erfahrung solcher Art handelte. Von diesem Zeitpunkt an behauptete sie, und andere schlossen sich dieser Behauptung an, sie habe bereits Jahre zuvor spiritistische Phänomene nicht nur untersucht, sondern sich auch bemüht, in Konstantinopel eine Art spiritistischer Organisation zu gründen. Ich weiß nicht, welche ihrer Aussagen der Wahrheit entsprach. Ich weiß nur, was sie uns erzählte. Sie erklärte jedoch, sie sei sich seit Jahren seltsamer und eigentümlicher psychischer Gaben und Erfahrungen bewusst, die sich wohl am besten mit der spiritistischen Hypothese der Medialität erklären ließen.

In jener Zeit hatte sie es sich angewöhnt, einfach bei mir vorbeizuschauen und mir von ihren Reisen, über esoterische Phänomene und dergleichen zu erzählen. Angeblich hatte sie neben Garibaldi gekämpft, aber es gelang mir nicht, sie bei diesem Thema festzuhalten, um einen kurzen oder klaren Einblick in ihre Abenteuer als Soldat zu gewinnen. Sie zeigte mir die Narbe ihrer Wunde, die angeblich von einem Säbel stammte. Jemand aus ihrem russischen Bekanntenkreis erklärte mir, die Narbe sei eine von vielen, die ihren Körper übersäten und die von einer Knute herrührten, mit der sie geprügelt wurde, weil sie sich der Mittäterschaft mit den Nihilisten schuldig gemacht hatte. Falls dies zutraf, fragte ich mich, warum sie mir nicht davon erzählt hatte, da sie wusste, dass ich große Sympathie für diese Klasse Russlands hegte, obwohl ich einige ihrer Methoden nicht billigte. Wenn sie über ihre Erlebnisse im Osten berichtete, erwähnte sie niemals, ob sie sich mit dem Buddhismus befasst hatte.

Es war von Anfang an ersichtlich, dass sie eine starke Raucherin war und oft, wie sie selbst sagte, ein Pfund Tabak am Tag verbrauchte. Bald wurde mir klar, dass sie auch süchtig nach Haschisch war. Sie versuchte mehrere Male, mich dazu zu bringen, mich selbst von der Wirkung zu überzeugen. Sie meinte, sie hätte Opium geraucht, seine Visionen gesehen und seine Träume geträumt, dass sich die Glückseligkeit beim Rauchen von Haschisch im Vergleich dazu aber wie der Himmel zur Hölle gestaltete. Ihrer Meinung nach gab es nichts Besseres, die Vorstellungskraft zu wecken und zu beleben.

Im Laufe der vier oder mehr Monate, in denen ich mich mit ihr unterhielt, erwähnte sie niemals die Theosophie. Ich hielt diese immer für einen nachträglichen Einfall ihres schöpferischen Gehirns, der einigen ihrer spiritistischen Erlebnisse und ihrem Spiel mit der zumindest teilweise gefälschten Medialität entsprungen war. Bald nach ihrer Teilnahme an dem Vortrag von E. V. Wilson versicherte sie ihm, dass sich eine neue und einzigartige esoterische Kraft in ihr entwickelt habe. In einem Kasten oder einer Schublade verschlossene Fotografien in ihrem Besitz wurden ohne menschliches Dazutun farbig. Sie bat Herrn W., sich einige Beispiele in ihrer Wohnung anzuschauen und lud auch mich dazu ein.

Inzwischen hatte sie die große Geldsumme aus Russland bereits ausgegeben und war in ein billigeres Quartier in der Innenstadt umgezogen. Sie teilte sich die Wohnung mit einer Gruppe von eher künstlerisch veranlagten Journalisten, zwei Herren und einer Dame. Ein Raum von angemessener Größe diente als eine Art Speisezimmer, von dem aus man in die Schlafzimmer gehen konnte. Neben einem kleinen Esstisch gab es einige Stühle und eine altmodische Kommode, die auch als Anrichte benutzt wurde. Sie stand direkt gegenüber der Tür zu einem kleinen Schlafzimmer, in dem Madame Blavatsky wohnte. Die Bilder lagen in einer der drei kleinen Schubladen oben auf der Kommode. Sie zeigte sie uns und meinte, die Farbgebung vollziehe sich hauptsächlich in der Nacht, wenn sich die Natur in einem verneinenden Zustand befinde.

Ich lernte die drei jungen Journalisten, die die anderen Räume bewohnten, kennen und erfuhr, dass sie, den esoterischen Kräften der Madame Blavatsky misstrauend, dem Geist, der in der Nacht wirken sollte, aufgelauert hatten. Er manifestierte sich in Gestalt von Madame Blavatsky im Nachthemd, bewaffnet mit Lampe, Farbe und Pinseln, huschte durch das Zimmer, zog die Bilder aus der Schublade und bearbeitete sie eilig eines nach dem anderen, bis sie soweit fertiggestellt waren, wie es bei einer Sitzung möglich war.

Etwa um diese Zeit suchte sie mich auf und bat mich als Herausgeberin für einige in Englisch verfasste Schriften zu wirken, indem ich sie grammatikalisch berichtigte, da sie in dieser Sprache nicht ausreichend bewandert wäre. Auf meine Frage nach dem Inhalt entgegnete sie, es handelte sich um eine lustige, satirische Kritik an der Regierung der Vereinigten Staaten. Ich wagte einzuwerfen, man könne dies als vermessen betrachten für eine Frau, die erst so kurze Zeit in diesem Land lebte und kaum einen Einblick in seine Institutionen besaß, um eine solch scharfe Kritik zu äußern. Sie schrie mich nieder und erklärte, ich solle es erst lesen, bevor ich es verurteilte. Sie ging mit dem Hinweis, die Manuskripte in einigen Tagen vorbeizubringen.

Zwischenzeitlich traf ich Frau Y., die die Wohnung mit ihr teilte, und erzählte ihr von dem Angebot. Sie blickte mich seltsam an und meinte: „Lassen sie es mich wissen, wenn sie das Manuskript erhalten haben, und ich werde ihnen dann auch einen Vorschlag machen. Fangen sie nicht eher an, als bis ich sie gesehen habe."

Nach einigen Tagen trafen die unfertigen Manuskripte bei mir ein. Ich benachrichtigte Frau Y. Sie kam unverzüglich zu mir.

„Nun", meinte sie, „ich möchte, dass sie mit mir nach Brooklyn zu dem Haus kommen, in dem das Ganze geschrieben wurde, als Madame als Gast dieser Leute, die ebenfalls Russen sind, weilte."

Herr und Frau ... waren sehr gebildete und charmante Leute. Frau Y.

erzählte unseren Gastgebern, dass Madame B. mich gebeten hatte, ihre Arbeit über unsere Regierung herauszugeben.

„Hat sie ihnen gesagt, es sei neu?", fragte er.

„Gewiss", erwiderte ich. „Sie behauptet, es handele sich um ihre persönliche Meinung über unsere Regierung, die sie als Satire zum Ausdruck gebracht habe."

„Nun", entgegnete er, ein Buch aus dem Regal in seiner Nähe ziehend, „der Teil, den sie haben, wurde aus diesem Band übersetzt. Den zweiten Band lieh sie sich aus, als sie uns verließ und hat ihn bis jetzt noch nicht zurückgegeben."

Das Buch war von einem bedeutenden russischen Humoristen geschrieben, dessen Name mir entfallen ist. Herr…meinte: „Wenn sie mir auf dem Manuskript, das sie haben, folgen wollen, werde ich einige Abschnitte aus dem Buch übersetzen."

Das Manuskript entpuppte sich als eine fast wörtliche Übersetzung, wobei „Russland" durch „Vereinigte Staaten" und „Zar" durch „Präsident" ersetzt und gewisse andere notwendige Veränderungen und Angleichungen vorgenommen worden waren. Die von Madame als Original ausgegebene Arbeit war kompletter Diebstahl.

Als ich das Manuskript mit einer kurzen Begründung für meine Ablehnung zurücksandte, erhielt ich keine Antwort. Später traf ich sie zufällig und brachte das Thema zur Sprache. Verächtlich meinte sie, da die Amerikaner die russische Literatur ohnehin nicht kennen würden, hätte sie nichts dabei gefunden. Damit war meine persönliche Bekanntschaft mit der Begründerin und der Hohepriesterin der Theosophie beendet.

4D. HENRY S. OLCOTT
OKTOBER 1874, CHITTENDEN, VERMONT

[Olcott 1895, 1:1-10]

Im Juli 1874 saß ich eines Tages in meiner Kanzlei und dachte über einen schwierigen Fall nach, zu dem ich von der Stadtbehörde von New York City verpflichtet worden war, als mir einfiel, dass ich der spiritistischen Bewegung seit Jahren keine Beachtung geschenkt hatte. Bei einem Händler um die

Ecke kaufte ich eine Ausgabe von *Banner of Light*. Darin las ich einen Bericht über die unglaublichsten Phänomene, nämlich die Verdichtung von Schattengestalten, die angeblich einige Kilometer von New York entfernt in einem Bauernhaus in der Gemeinde Chittenden in Vermont erschienen. Ich erkannte sofort, dass es sich dabei um die wichtigste Wahrheit in der modernen Physik handelte, falls es tatsächlich zutraf, dass Besucher verstorbene Verwandte, denen es gelang, ihren Körper und ihre Kleidung in verdichteter, sichtbarer und fühlbarer Weise vorübergehend wiederherzustellen, sehen und sogar berühren und mit ihnen sprechen konnten. Ich beschloss, mich selbst davon zu überzeugen. Drei oder vier Tage blieb ich dort und fand die Geschichte bestätigt. Dann kehrte ich nach New York zurück. Ich schrieb einen Bericht über meine Beobachtungen an die *New York Sun*, der fast durch die ganze Welt ging. Der Herausgeber des *New York Daily Graphic* schlug mir vor, für ihn nach Chittenden zurückzukehren, und zwar in Begleitung eines Künstlers, der meinen Anweisungen zufolge Skizzen anfertigen und die Angelegenheit sorgfältig untersuchen sollte. Die Sache interessierte mich so sehr, dass ich Vorkehrungen für mein Büro traf und am 17. September wieder im „Eddy Homestead", wie das Haus nach dem Namen der Familie, die es besaß und bewohnte, genannt wurde, eintraf. Ich blieb in dem geheimnisvollen Haus, das von Geistern umgeben war, und erlebte etwa zwölf Wochen lang jeden Tag die ungewöhnlichsten Dinge. Unterdessen erschienen zweimal wöchentlich im *Daily Graphic* meine Briefe über die „Eddy-Geister", versehen mit Skizzen von Geistern, die der Künstler, Herr Kappes, und ich selbst sowie jeder der manchmal bis zu vierzig Anwesenden im „Séance-Raum" sahen. Die Veröffentlichung dieser Briefe zog Madame Blavatsky nach Chittenden und brachte uns zusammen.

Ich erinnere mich an unsere erste Begegnung, als sei es gestern gewesen. Es war ein sonniger Tag, so dass selbst das düstere Bauernhaus freundlich aussah. Es steht inmitten einer lieblichen Landschaft in einem Tal, das von Grashängen eingerahmt wird, die sich hoch hinauf in bewaldete Berge verlieren. Es war die Zeit des „Altweibersommers", wenn ein bläulicher Dunst das Land einhüllt und ein früher Frost die Blätter der Buchen, Ulmen und des Ahorn in ein Gemisch aus Gold und Karmesinrot verwandelt hat, das der Landschaft ein Bild verleiht, als seien überall königliche Gobelins hinein gehängt worden.

Die Hauptmahlzeit bei Eddys gab es mittags, und von der Eingangstür des kahlen, ungemütlichen Speisezimmers aus sahen Kappes und ich HPB zum ersten Mal. Sie war kurz vor Mittag mit einer französisch-kanadischen Dame eingetroffen. Beide saßen am Tisch, als wir eintraten. Meine Augen fielen als Erstes auf ein scharlachrotes Garibaldi-Hemd, das in lebhaftem Kontrast zu den dumpfen Farben der Umgebung stand. Ihr Haar glich einem dicken blonden Mopp; kaum schulterlang, stand es ihr vom Kopf ab, seidenweich und bis zum Ansatz gekräuselt wie das Fell eines Cotswold Mutterschafs. Dies und das rote Hemd erregten meine Aufmerksamkeit, ehe ich ihre Gesichtszüge wahrnahm. Es war ein mächtiges Kalmückengesicht, das auf Kraft, Bildung und Herrschsucht deutete und in einem eben solchen seltsamen Gegensatz zu den üblichen Gesichtern im Raum stand wie ihr rotes Gewand zu den grauen und weißen Tönen der Wände und des Holzwerks und der langweiligen Kleidung der übrigen Gäste.

Alle möglichen wunderlichen Leute gingen bei Eddys unablässig ein und aus, um die medialen Phänomene zu sehen, und beim Anblick dieser exzentrischen Dame fiel mir nur auf, dass sie wohl auch dazu gehörte. An der Türschwelle stehen bleibend, flüsterte ich Kappes zu: „Du meine Güte, schau dir diesen Typ an!" Ich durchquerte den Raum und setzte mich ihr direkt gegenüber, um mich meiner Lieblingsbeschäftigung zu widmen, das heißt, Leute zu studieren. Die beiden Damen unterhielten sich in Französisch, ohne bedeutungsvolle Bemerkungen zu machen. Nach dem Essen gingen sie hinaus, und Madame Blavatsky rollte sich eine Zigarette. Ich bot ihr Feuer an, um eine Unterhaltung beginnen zu können. Da ich sie in Französisch angesprochen hatte, führten wir unser Gespräch in dieser Sprache.

Sie fragte mich, wie lange ich bereits dort sei und was ich von den Phänomenen hielt. Ich erfuhr, dass sie selbst an solchen Dingen sehr interessiert und aufgrund der Briefe im *Daily Graphic* nach Chittenden gekommen war. Das öffentliche Interesse wuchs so stark, dass man manchmal eine Stunde nach Veröffentlichung des Blatts kein Exemplar mehr an den Zeitungsständen finden konnte und sie für die letzte Ausgabe einen Dollar bezahlt hatte. „Ich zögerte, hierher zu kommen", gestand sie, „denn ich fürchtete, diesem Oberst Olcott zu begegnen." „Warum sollten sie Angst vor ihm haben?", erwiderte ich. „Oh, ich fürchte, er könnte über mich in seinem Blatt schreiben." Ich beruhigte sie und erklärte, sie könne versichert sein, dass Oberst Olcott sie nicht in seinen Briefen erwähnen würde, es sei denn, sie wünschte es. Daraufhin stellte ich mich vor.

Wir freundeten uns sofort an. Jeder hatte das Gefühl, derselben gesellschaftlichen Welt anzugehören, Weltbürger und Freidenker zu sein und einander näher zu stehen als dem Rest der Gemeinschaft. Es war die Stimme gemeinsamer Sympathie für den höheren geistigen Aspekt des Menschen und der Natur, die gegenseitige Anziehung zweier Seelen, nicht zweier Geschlechter.

Wir gingen spazieren und unterhielten uns über die Eddy-Phänomene und diejenigen anderer Länder. Ich stellte fest, dass sie weit gereist war und viele okkulte Dinge und Adepten der esoterischen Wissenschaft gesehen hatte, aber zunächst erwähnte sie nichts von der Existenz der Weisen im Himalaya oder ihren eigenen Kräften. Sie sprach von der materialistischen Neigung des amerikanischen Spiritismus, der in Phänomenen schwelgte und der Philosophie verhältnismäßig gleichgültig gegenüber stand. Sie besaß eine anmutige und gewinnende Art. Ihre kritischen Bemerkungen über die Männer und verschiedene Sachverhalte waren originell und witzig. Meine persönlichen Gedanken in Bezug auf die geistigen Dinge interessierten sie ganz besonders, und sie brachte ihre Freude darüber zum Ausdruck, dass ich instinktiv auf derselben Linie lag, die sie verfolgt hatte. Ihre Ansichten klangen weniger wie die einer Mystikerin des Ostens als vielmehr wie die einer gebildeten Spiritistin. Was mich betraf, so wusste ich damals sozusagen nichts über die östliche Philosophie, worüber sie zunächst schwieg.

Die Séancen von William Eddy, dem Hauptmedium der Familie, fanden jeden Abend in einem großen Saal im oberen Stockwerk über dem Speisezimmer und der Küche statt. Am äußeren Ende befand sich eine kleine Kammer, in der William Eddy gewöhnlich saß und auf die Phänomene wartete. Er vermochte sie anscheinend nicht zu beherrschen, sondern saß nur da und wartete auf ihr vereinzeltes Auftreten. Die Kammer lag in völligem Dunkel, da eine Decke den Eingang verhängte. Kurz nachdem William sie betreten hatte, wurde sie beiseite geschoben, und die Gestalt eines Verstorbenen, eines Mannes, einer Frau oder eines Kindes, kam hervor, der sich vorübergehend verdichtet hatte und stofflich wurde, im nächsten Augenblick aber wieder in das Nichts oder die Unsichtbarkeit zerfiel. Manchmal konnten die Anwesenden zuschauen, wie sie sich auflösten.

Bis zu dem Zeitpunkt, in dem HPB die Szene betrat, waren es Indianer, Amerikaner oder Europäer gewesen, die den Besuchern ähnlich sahen. Am ersten Abend ihres Aufenthalts erschienen Geister anderer Nationalitäten. Es gab einen jungen georgischen Diener aus dem Kaukasus, einen muselmanischen Kaufmann aus Tiflis, ein russisches Dorfmädchen und andere. Das Erscheinen solcher Gestalten in dem Séance-Zimmer dieser armen, sozusagen analphabetischen Bauern aus Vermont, die sich weder Theaterkulissen leisten konnten noch die Erfahrung besaßen, sie aufzustellen, noch über den Raum verfügten, Gebrauch von ihnen zu machen, lieferten jedem Augenzeugen den Beweis, dass die Erscheinungen echt waren. Gleichzeitig ließen sie erkennen, dass Madame Blavatsky eine seltsame Anziehungskraft zu eigen war, diese Bilder dem *Kamaloka*, wie die Asiaten es nennen, zu entlocken. Erst sehr viel später erfuhr ich, dass sie diese aus eigener meisterhafter Kraft hervorgerufen hatte.

HPB tat ihr Bestes, um die Bedeutung der Phänomene von William Eddy als Beweis für die intelligente Kontrolle eines Mediums durch Geister in Frage zu stellen, indem sie erklärte, dass es sich im Falle ihrer Echtheit um das dem Körper des Mediums entweichende Doppel, das sich in andere Erscheinungsformen kleidete, handeln müsste. Ich glaubte ihr nicht. Ich stellte dem entgegen, dass die Gestalten hinsichtlich ihrer Größe, Masse und ihres Aussehens zu unterschiedlich seien, um eine Maskerade von William Eddy sein zu können. Sie mussten das sein, was sie zu sein schienen, nämlich die Geister der Toten. Unsere Streitgespräche verliefen damals bisweilen recht heftig, denn ich hatte mich bislang nicht näher mit der Frage der Formbarkeit des menschlichen Doppels befasst, um den Sinn ihrer Hinweise zu erkennen, während mir die östliche Vorstellung der *Maya* völlig fremd war. Es gelang mir, wie sie mir sagte, sie von meiner Einstellung zu überzeugen, nicht einfach alles zu glauben und beharrlich an einem Wissen festzuhalten, das man sich angeeignet hatte oder glaubte, es sich angeeignet zu haben. Wir wurden jeden Tag bessere Freunde, und als der Zeitpunkt für sie gekommen war, Chittenden zu verlassen, hatte sie von mir den Spitznamen „Jack" angenommen, mit dem sie von New York aus ihre Briefe an mich unterschrieb. Wir schieden als gute Freunde, die ihre Freundschaft, die so angenehm begonnen hatte, wahrscheinlich aufrecht erhalten würden.

4E. HENRY S. OLCOTT
NOVEMBER 1874 – APRIL 1875
NEW YORK CITY UND PHILADELPHIA
PENNSYLVANIA

[Olcott 1895, 1:10-117, 40-2]

Nachdem ich meine Untersuchungen [in Chittenden, in Vermont] beendet hatte, kehrte ich im November 1874 nach New York zurück und besuchte [HPB] in ihrer Unterkunft am Irving Place 46. Dort hielt sie einige Sitzungen mit Tischerücken, Klopfzeichen und so etwas wie das Buchstabieren von Botschaften ab, die hauptsächlich von einem unsichtbaren Wesen stammten, das sich „John King" nannte. Damals glaubte ich, es sei tatsächlich John King, denn seine Persönlichkeit hatte sich mir durchaus bewiesen. Nachdem ich aber gesehen habe, was HPB auf dem Gebiet der Illusionen (zum Beispiel durch Hypnose) und der Beherrschung von Elementalen vermochte, bin ich heute überzeugt, dass „John King" ein schelmisches Elemental war, das sie zum Zwecke meiner Erziehung wie eine Marionette handhabte und einsetzte. Die Phänomene waren echt, doch sie wurden nicht von einem verstorbenen *Menschen*geist ausgeführt. Monatelang hielt sie die Täuschung aufrecht, und ich beobachtete eine Anzahl von Phänomenen des angeblichen John King.

Nach meiner Ankunft in ihrem Haus in Philadelphia führte HPB ein Experiment mit mir durch. Mit und ohne Berührung der Tische verrückte sie diese für mich, indem sie laute und leise Klopfzeichen machte – wobei sie ihre Hand einige Zentimeter über der Tischplatte hielt oder auf meiner flach auf dem Tisch liegenden Hand ruhen ließ – und mir von dem angeblichen John King Botschaften übermittelte, die ich entsprechend der dem Alphabet zugeordneten Klopfzeichen zu Papier brachte. Einige dieser Mitteilungen, die an Dritte gerichtet waren, schienen es wert zu sein, sie aufzubewahren, so dass ich eines Tages auf meinem Weg zu ihr ein Protokollheft kaufte und es ihr zeigte. Sie saß, als ich ihr meine Absicht erklärte, während ich stand. Ohne das Heft zu berühren oder irgendeine geheimnisvolle Geste oder Bewegung zu machen, bat sie mich, es in meine Brusttasche zu stecken. Nach einer Weile forderte sie mich auf, es wieder herauszunehmen und hineinzuschauen. Auf dem ersten, weiß linierten Blatt stand mit Bleistift geschrieben:

John King
Henry de Morgan
Sein Buch
Am vierten des vierten Monats im Jahre 1875

Darunter die Zeichnung eines Rosenkreuzerschmucks; über dem Bogen der mit Edelsteinen besetzten Krone das Wort SCHICKSAL; darunter ihr Name „Helena", gefolgt von etwas, das wie 99 aussieht, ein Fleck und dann ein einfaches + [etc.]. Das Heft liegt vor mir, während ich die Zeichnung beschreibe. Bemerkenswert an diesem Beispiel der Psychodynamik ist die Tatsache, dass außer mir niemand das Heft berührte, nachdem es gekauft wurde. Ich trug es in meiner Tasche, bis ich es HPB aus einiger Entfernung zeigte, in meine Weste steckte und kurz danach auf ihre Bitte hin wieder herauszog. Unterdessen waren Worte und Zeichnung mit Bleistift rasch auf das Papier geworfen worden. Der höchst seltsame und individuelle Schriftzug gleicht nicht der Handschrift von HPB, wohl aber allen geschriebenen Mitteilungen von „John King". HPB, die die Kraft der Materialisation besaß, muss die Bilder der Wörter in dieser speziellen Schreibweise von ihrem Geist auf das Papier übertragen haben, oder ein anderer, der diese Kunst beherrschte, war in derselben Weise vorgegangen – die Worte und die Zeichnung wurden zunächst geistig vorgestellt und dann manifestiert, das heißt, auf dem Papier sichtbar gemacht, als seien sie mit Bleistift geschrieben oder gezeichnet worden.

Nach und nach erzählte mir HPB von der Existenz der östlichen Adepten und ihrer Kräfte und lieferte mir mittels zahlreicher Phänomene den Beweis, dass sie selbst die geistigen Kräfte der Natur beherrschte.

H. P. Blavatsky um 1876 oder 1877

Kapitel 5

NEW YORK UND ITHAKA
DIE "ENTSCHLEIERTE ISIS" WIRD GESCHRIEBEN
August – Oktober 1875

Die allgemeine Reaktion auf HPB bestand in dem Interesse an den „Wundern", die sie zu vollbringen vermochte und dem Wunsch nach unglaublichen Phänomenen. Sie begann, einen Kreis von Menschen um sich zu versammeln, die sich für den Spiritismus und das Übersinnliche interessierten. Zu Letzteren gehörte Hiram Corson, ein bekannter Professor an der Cornell Universität, in dessen Haus sich HPB im Herbst 1875 für einige Wochen aufhielt und an der *Entschleierten Isis* arbeitete.

Corson war Spiritist und hoffte durch HPB Verbindung zu seiner Tochter aufnehmen zu können, die als Teenager gestorben war. HPB's Ablehnung überraschte ihn, aber sein Interesse an dem Fantastischen wurde zufriedengestellt, indem er ihre Arbeit an der *Isis* verfolgte, die lange Zitate aus Büchern enthielt, die es nicht in seiner Bibliothek und, wie er glaubte, nicht in Amerika gab. Er schrieb, dass sie ihm erklärt hatte, die Originalwerke „auf einer anderen Ebene der objektiven Existenz" zu sehen und einfach aufschrieb, was vor ihr auftauchte. Corsons Sohn, Eugene, veröffentlichte später einen Band über den Schriftwechsel mit HPB.

William Quan Judge

5A. WILLIAM Q. JUDGE
AUGUST 1875-1878, NEW YORK CITY

[Sinnett 1886, 186-99]

Ich begegnete H. P. Blavatsky zum ersten Mal, als sie am Irving Place in New York City wohnte. Ihre Suite umfasste mehrere Räume, die nach vorne auf den Irving Place blickten und nach hinten auf den Garten. Mein erster Besuch fand an einem Abend statt, und ich sah sie dort inmitten einer großen Anzahl von Leuten stehen, die stets von ihrer Gegenwart angezogen wurden. Man unterhielt sich in verschiedenen Sprachen, und Mme. Blavatsky, die offensichtlich in einem russischen Gespräch vertieft war, drehte sich plötzlich um und warf in englischer Sprache eine Bemerkung in eine Diskussion, die einige Leute über ein völlig anderes Thema führten. Dies bedeutete keine Schwierigkeit für sie, denn sie griff die russische Unterhaltung an der Stelle wieder auf, an der sie diese unterbrochen hatte.

66

Es wurde viel an jenem Abend gesprochen, das meine Aufmerksamkeit gefangen nahm und meine Vorstellungskraft fesselte. Sie las meine geheimen Gedanken und kannte meine Privatangelegenheiten. Ungefragt und mit Sicherheit ohne die Möglichkeit besessen zu haben, Nachforschungen über mich anzustellen, wies sie in einer Weise auf mehrere private und seltsame Umstände hin, die mir sofort zeigten, dass sie über genaue Kenntnisse in Bezug auf meine Familie, meine Vergangenheit, meine Umgebung und meine persönlichen Eigenarten verfügte.

Am folgenden Tag wollte ich ein Experiment mit Mme. Blavatsky unternehmen. Ich ließ einen alten Skarabäus, den sie niemals gesehen hatte, einpacken und durch den Angestellten eines Freundes mit der Post an sie schicken. Ich hatte das Paket weder berührt noch wusste ich, wann es aufgegeben worden war. Als ich sie zum Wochenende ein zweites Mal besuchte, dankte sie mir bei der Begrüßung für den Skarabäus. Ich gab vor, von nichts zu wissen. Sie aber meinte, es sei sinnlos zu leugnen und erzählte mir, auf welche Weise ich ihn geschickt und wann der Angestellte ihn aufgegeben hatte. Ich hatte zu niemandem darüber gesprochen.

Bald nach unserer Begegnung zog sie in die vierunddreißigste Straße, wo ich sie oft besuchte. In diesen Räumen hörte ich das Klopfen der Möbel, Gläser, Spiegel, Fenster und Wände, das gewöhnlich die dunklen „spiritistischen" Séancen begleitete. Bei ihr aber tauchten sie im Hellen auf und niemals ohne ihre Aufforderung. Wenn sie ihnen Einhalt gebot, herrschte sofort Stille. Sie bewiesen auch eine gewisse Intelligenz und wechselten von schwach zu stark, von zahlreich zu vereinzelt, so wie sie es verlangte.

In der 34. Straße blieb sie nur einige Wochen wohnen und zog dann in die 47. Straße.

Nachdem sie sich dort eingerichtet hatte und wie gewöhnlich von morgens bis abends von allen möglichen Besuchern umgeben wurde, geschahen weiterhin seltsame Dinge – ungewöhnliche Anblicke und Laute. Ich habe manchen Abend dort gesessen und im hellen Gaslicht große leuchtende Kugeln über die Möbel kriechen oder von Punkt zu Punkt hüpfen gesehen, während wunderschöne hohe Glockentöne immer wieder im Raum erklangen. Diese Töne ahmten oft das Klavier oder die Tonleiter nach, die ich selbst oder irgendeine andere Person pfiff. Unterdessen saß H. P. Blavatsky unbeteiligt da und las oder schrieb an der „Entschleierten Isis".

Oft geschah es, dass sich Botschaften oder Sätze manifestierten, und ich möchte von einer solchen Manifestation berichten, die sich unter meiner eigenen Hand und vor meinen eigenen Augen in einer Weise vollzog, dass sie für mich unanfechtbar ist.

Eines nachmittags, gegen vier Uhr, las ich in einem Buch, das gerade ein Freund von Oberst Olcott gebracht hatte. Ich saß gut einen Meter von H. P. Blavatsky entfernt, die gerade eifrig schrieb. Die Titelseite des Buchs hatte ich aufmerksam gelesen, der genaue Titel aber war mir entfallen. Ich wusste, dass auf dem Einband kein einziges Wort geschrieben stand. Als ich den ersten Abschnitt zu lesen begann, hörte ich eine Glocke erklingen, schaute auf und sah, dass Mme. Blavatsky mich intensiv beobachtete.

„Welches Buch lesen sie?", fragte sie mich.

Ich blätterte zur Titelseite zurück und wollte den Namen gerade laut vorlesen, als mein Blick auf eine Nachricht fiel, die mit Tinte oben auf der Seite, die kurz zuvor leer gewesen war, geschrieben stand. Sie umfasste sieben Zeilen und enthielt eine Warnung in Bezug auf das Buch. Die Tinte war noch feucht. Ich bin ganz sicher, dass nichts geschrieben stand, als ich das Buch in die Hand nahm. Jeder Gegenstand, der auf geheimnisvolle Weise durch den Raum getragen oder auf übernatürlichem Wege durch die Luft herein kam, war für einen kürzeren oder längeren Zeitraum von einem eigenartigen, aber angenehmen Duft umgeben. Er war unterschiedlich. Einmal duftete es nach Sandelholz mit Rosenöl, ein anderes Mal nach irgendeinem unbekannten östlichen Parfüm, oder er glich dem Weihrauch, den man in Tempeln verwendet. Eines Tages fragte sie mich, ob ich noch einmal das Parfüm riechen möchte. Als ich es eifrig bejahte, nahm sie mein Taschentuch und hielt es eine Weile in der Hand, bevor sie es mir zurückgab. Es duftete stark nach dem wohl bekannten Parfüm. Um mir zu beweisen, dass ihre Hände rein waren, durfte ich sie untersuchen. Nichts deutete auf irgendeinen Geruch hin. Als ich mich davon überzeugt hatte, bemerkte ich, wie von der einen Hand ein besonders intensiver Duft ausging, während die andere Wellen von Weihrauch ausströmte.

Eines Abends beeilte ich mich, eine Zeichnung, die ich angefertigt hatte, zu kopieren und suchte auf dem Tisch nach einem Papiergewicht, um damit die Rückseite zu reiben, damit die überschüssige Kohle auf ein sauberes Blatt Papier übertragen wurde.

Als ich suchte, hörte ich jemanden den Vorschlag machen, die weiche Rundung eines Löffelrückens zu nehmen. Ich stand auf und wollte in der

Küche am Ende des Gangs einen Löffel holen. Mme. Blavatsky meinte: „Warten sie, es ist nicht nötig, dorthin zu gehen; einen Augenblick." Ich blieb an der Tür stehen; sie saß in ihrem Sessel und hob die linke Hand. In diesem Moment flog ein großer Suppenlöffel von draußen durch das Zimmer in ihre Hand. Niemand war da, um ihr den Löffel zuzuwerfen, und das Esszimmer, aus dem er geflogen kam, lag einige Meter entfernt. Es war durch zwei Backsteinwände von dem vorderen Raum getrennt.

Mein Büro befand sich mindestens drei Kilometer von ihrer Wohnung entfernt. Eines Tages, gegen zwei Uhr mittags, saß ich in der Lektüre einer Rechtsschrift vertieft. Niemand außer mir war im Büro. Der nächstgelegene Raum wurde von meinem Zimmer durch einen breiten Lichtschacht im Gebäude getrennt. Plötzlich spürte ich auf meiner Hand ein merkwürdiges Prickeln, was stets auf die Anwesenheit von HPB deutete. In diesem Augenblick fiel von der Decke auf die Schreibtischkante und von dort auf den Boden eine dreifach gefaltete Notiz von Madame. Die Nachricht war in ihrer Handschrift und an mich adressiert.

5B. REV. JAMES H. WIGGIN
ENDE AUGUST 1875, NEW YORK CITY

[Wiggin 1875]

Das Rosenkreuzertum behauptet, dass es eine Geheimbruderschaft gab und immer noch gibt, die im fernen Osten Vollkommenheit erlangte. Es behauptet weiterhin, dass in den Archiven der Bruderschaft großartige Aufzeichnungen über die Wahrheiten in Bezug auf Mensch und Natur aufbewahrt werden und die Rosenkreuzer aufgrund ihrer Kenntnisse über das wahre Wesen der Dinge so genannte Wunder zu vollbringen vermögen. Sie lassen Menschenkörper willentlich verschwinden und wieder erscheinen. Sie können in der Luft schweben, und es ist ihnen möglich, sich die ganze Natur zu unterwerfen, da sie die göttlichen Gesetze kennen.

Es ist ein wenig erschreckend, wenn man sich in der Gesellschaft solcher Leute befindet, die erklären, derartige Kräfte zu besitzen. Zuletzt wurde das Rosenkreuzertum durch die Ankunft einer russischen Baronin in den Vereinigten Staaten, Madame H. P. de Blavatsky, in den Vordergrund gerückt.

Mein Freund [Charles] Sotheran vom *American Bibliophist* bat mich, Madame und den Oberst [Olcott] am folgenden Abend am Irving Place [46] zu treffen.

Oberst Olcott ist bekannt als der Verfasser von *People from Another World*. Seine Erfahrung als Rechtsanwalt und Geheimpolizist im Krieg bewahrte ihn wohl vor Täuschungen.

Richter M. aus New Jersey vertrat den klar urteilenden Geist, und seine romantische Frau zierte jede Gesellschaft.

Es war auch noch ein Herr aus Boston anwesend.

Madame de Blavatsky, eine höchst eigenartige und interessante Frau, bildete das Zentrum der Gruppe. Die Zeitungen haben sich über ihre Zigaretten beschwert. Madame spricht die englische Sprache mit einem starken Akzent, aber bemerkenswert fließend und korrekt, wobei sie deren Feinheiten zu unterscheiden weiß und die Anspielungen rasch begreift. Um den Hals trug sie einen wunderbaren Rosenkreuzerschmuck. Sie ist etwa vierzig Jahre alt, kräftig gebaut, brüsk und großzügig auftretend. Die Geschichten, die sie uns über ihre Aufenthalte in Asien und Afrika erzählte, waren sehr interessant. Unglaublich klangen die Berichte über ihre geschäftlichen Bemühungen, eine Ladung Kokosnüsse zu verkaufen, die das seeuntüchtige Schiff nicht transportieren konnte. Seltsame Dinge hatte sie bei den Zauberern der afrikanischen Stämme beobachtet. Das phallische Element in den Religionen, die Blumenseelen, kürzlich aufgetrete Wunder bei den Medien, die Dualität der Natur, Römertum, Gravitation, die Karbonari, Taschenspielerei, die Literatur der Magie – all das gehörte zu den Hauptthemen der lebhaften Diskussion, die bis nach Mitternacht dauerte.

Falls es Madame Blavatsky tatsächlich gelingen sollte, Ordnung in das Chaos des modernen Spiritismus zu bringen, wird sie der Welt einen großen Dienst erweisen. Oberst Olcott behauptete, dass er vor seiner Begegnung mit ihr keine Philosophie besessen hätte, die die widersprüchlichen Phänomene, die er beobachtete, hinreichend zu erklären in der Lage gewesen wäre.

5c. Eugene Rollin Corson
September – Oktober 1875, Ithaca, New York

[zusammengestellt von E. Corson 1929, 45-6, 24-6, 26-8, 33, 35, 36-7, 47, 118]

Die Begegnung und der Briefwechsel meines Vaters [Hiram Corson] mit Mme. Blavatsky kam so zustande: Am 15. Juli 1874 starb meine Schwester, die einzige Tochter meines Vaters, was ein schwerer Schlag für ihn war. In der kirchlichen Religion fand er keinen Trost, weshalb er sich an die Spiritisten wandte, um irgendein Zeichen der Gewissheit für das Weiterleben seines Kindes zu erhalten. Am Ende glaubte er, dass er dieses Zeichen erhalten hatte und war fest davon überzeugt, dass seine Tochter weiterlebte.

Erst nach ihrem Besuch bei den Eddy-Brüdern in Chittenden in Vermont und den Veröffentlichungen über ihre Erfahrungen bei den Séancen dieser Medien wurde HPB in diesem Land allgemein bekannt. Mein Vater schrieb ihr [daraufhin].

Ihre Briefe hatten sein Interesse an ihr in einem Maße geweckt, dass er und meine Mutter sie in unser Haus nach Ithaca einluden. Seit 1870 arbeitete mein Vater als Professor für angelsächsische und englische Literatur an der Cornell Universität. Er war ein ausgezeichneter Gelehrter mit einem ausgedehnten Interessenbereich und wirkte als Autorität und Lehrer insbesondere auf dem Gebiet der englischen Dichtung. Meine Mutter, eine Französin, die sich ebenfalls für viele Dinge interessierte, beschäftigte sich ein wenig mit dem Spiritismus. Er nahm sie aber niemals so stark gefangen wie meinen Vater. Sie hatte den Verlust ihrer Tochter mit großer Fassung und Ergebenheit hingenommen, und ihr Interesse an HPB galt mehr der Frau selbst als ihrer Lehre und Mission. Sie war nicht an der Esoterik interessiert, im Gegenteil, sie lehnte sie ab.

HPB traf um den 17. September 1875 herum in Ithaca ein. Damals besaß mein Vater ein Landhaus, das Richardson Cottage, in der Heustis Street. Um die Zeit ihres Besuchs in Ithaca herrschte gewöhnlich schönes Wetter. Im Oktober gibt es den Altweibersommer; die Bäume haben ihre Herbstfarben angelegt, die Morgen und Abende sind frisch und frostig, und in der mittäglichen Wärme ruhen die fernen Hügel und der See im Dunst des Spätsommers. Ithaca selbst liegt im Tal am Cayuga See und erstreckt sich

71

über die Ost-, West- und Südhügel, deren Ränder stark bewaldet sind. Das Haus meines Vaters stand auf dem Osthügel. Dort erheben sich auch die Gebäude der Universität.

In einem Brief vom 2. Oktober 1875 schreibt mein Vater: „Mme. Blavatsky ist immer noch bei uns. Sie macht uns viel Mühe, und wir erhalten wenig von ihr zurück, denn sie ist vollkommen mit ihrer eigenen Arbeit beschäftigt. Ich hatte gehofft, wir hätten einige [spiritistische] „Sitzungen" mit ihr. Sie zeigte nicht nur keinerlei Neigung dazu, sondern lehnte alles Derartige entschieden ab. Sie ist eine kluge Frau, aber die Höflichkeit und Liebenswürdigkeiten des Alltags sind ihr völlig fremd. Sie ist ein großer russischer Bär."

Eines Tages wandte mein Vater sich an sie und meinte: „Schade, Madame, dass sie nicht die Schönheiten ihrer Umgebung sehen. Ich werde einen Wagen besorgen und mit ihnen hinausfahren, um die Universitätsgebäude und die wunderschöne Landschaft zu betrachten." Sie willigte schließlich ein. Mein Vater bat sie, nicht im Wagen zu rauchen, da man nicht daran gewöhnt war und es außerdem einen schlechten Eindruck hinterlassen und zu Kritik führen könnte, besonders im Hinblick auf einen seriösen Professor. Zögernd gab sie nach. Doch noch vor Beendigung der Fahrt meinte Madame, sie müsse unbedingt rauchen und könne es keine Minute länger aushalten. Sie bat aussteigen und sich am Straßenrand auf einen Stein setzen zu dürfen, um in Ruhe zu rauchen. Sollte man sie für eine Zigeunerin halten, wem könnte das schaden? Da saß also die Verfasserin der *Entschleierten Isis* und der *Geheimlehre*, zufrieden mit sich allein und ihren eigenen Gedanken, und vergaß alles um sich herum, selbst die wartenden Pferde, den Kutscher und die Kutsche mit ihren Insassen. Vielleicht war es weniger der Tabak, nach dem sie verlangte, als der Wunsch, allein mit sich selbst und ihren Gedanken zu sein. Als sie mit dem Rauchen fertig war, kehrte sie zum Wagen zurück, und man fuhr weiter.

Für meinen Vater war vor allem dieser Vorfall bezeichnend dafür, wie vertieft diese Frau sein konnte. Wiederholt erklärte er mir: „Ich habe niemals ein solch leidenschaftliches Geschöpf gesehen, konzentriert auf ihr Ziel, leidenschaftlich in ihrem Bemühen; nichts in ihrem Umfeld spielt eine Rolle; selbst wenn der Himmel einstürzte, würde sie ihren Weg beibehalten."

Ich habe stets bedauert, dass ich ihr damals nicht begegnet bin. Zu jener Zeit studierte ich Medizin in Philadelphia und stützte mich auf das, was mir mein Vater und meine Mutter später berichteten.

Sie trug meistens einen losen Umhang mit einer Art bestickter Jacke, wie meine Mutter es mir beschrieb, in deren einer Tasche das Zigarettenpapier und in der anderen der Tabak steckte. Mein Vater, selbst ein starker Raucher und Tabakkenner, beurteilte ihre Sorte als billig; vielleicht lag es an dem fehlenden Geld. Sie rauchte jedenfalls ununterbrochen, und die Blumentöpfe waren voll von Zigarettenkippen.

Sie verbrachte ihre Zeit am Schreibtisch und schrieb, schrieb, schrieb fast den ganzen Tag über bis spät in die Nacht und hielt ihren Briefwechsel mit langen Briefen aufrecht. Hier begann sie mit der *Entschleierten Isis*, fünfundzwanzig eng beschriebene Seiten am Tag.

Einmal fragte sie [meinen Vater] nach einem griechischen Wort in irgendeinem Text des Neuen Testaments. Als er es nicht wusste, es aber sofort für sie nachschlagen wollte, meinte sie halb irritiert, halb spaßend: „Sie Schuljunge! Warum wissen sie es nicht?" Mein Vater suchte das Wort heraus, und sie fuhr fort zu schreiben.

Meine Mutter erzählte mir, dass sich HPB ans Klavier setzte und sehr geschickt improvisierte, ein bemerkenswertes Können für jemanden, der nur hin und wieder spielte, wenn er gerade Lust dazu verspürte.

Abgesehen von einigen Ausnahmen, waren die Phänomene, die HPB bewirkte, nicht der Hauptpunkt ihres Besuchs. Unter Einsatz ihres Willens rief sie Klopfzeichen hervor, durch aufeinandergelegte Hände oder irgendwo im Zimmer. Mein Vater kannte solche Phänomene aus der Séance eines gewöhnlichen Mediums, doch was ihn beeindruckte, war der Einsatz von Willenskraft. Einmal fragte er sie, ob sie mich orten und sagen könne, was ich gerade machte. Ich befand mich in Philadelphia bei meinem Medizinstudium. Sie beschrieb ihm ganz genau, wo ich mich aufhielt und was sich ereignete. Ich besuchte gerade meinen Lehrer in der Green Street. Sie erklärte, ich stände stark unter seinem Einfluss, was tatsächlich zutraf. Bei einer anderen Gelegenheit ließ sie einen Tisch sich in die Luft erheben, ohne dass sie ihn berührte, und erklärte wiederholt, dies sei nur ihrer Willenskraft zuzuschreiben und sollte nicht auf der Ebene der durch ein Medium bewirkten Phänomene angesiedelt werden.

Nach einem Monat verließ HPB unser Haus und ging nach New York. Mein Vater schreibt in einem Brief: „Mme. B. ist abgereist. Obwohl ihr Aufenthalt viel Unangenehmes mit sich brachte, hat uns ihr Besuch alles in allem Freude bereitet. Sie ist eine sehr bemerkenswerte Frau, eine Frau von wilder Leidenschaftlichkeit. Ich habe niemals jemanden so arbeiten gesehen. Sie pflegte von morgens bis nach Mitternacht zu schreiben und nur zum Essen oder Rauchen zu unterbrechen. Sie rauchte zweihundert Zigaretten am Tag. Beardsley hat einige ausgezeichnete Aufnahmen von ihr gemacht. Ich werde dir eine schicken, sobald sie fertig sind."

5D. HIRAM CORSON
SEPTEMBER – OKTOBER 1875
ITHACA, NEW YORK

[Lazenby 1910, 9]

Einen großen Teil der „Entschleierten Isis" schrieb sie in meinem Haus in Ithaka. Sie versetzte mich in diesen Wochen immer wieder in Erstaunen und machte mich neugierig, was als Nächstes kam. Sie schien über alles genaue Kenntnisse zu besitzen, und ihre Arbeitsweise war höchst ungewöhnlich.

Sie schrieb im Bett von morgens neun Uhr bis zum nächsten Morgen, rauchte unzählige Zigaretten dabei und zitierte wörtlich lange Abschnitte aus Dutzenden von Büchern, die es meiner Überzeugung nach damals noch nicht in Amerika gab. Es fiel ihr nicht schwer, aus verschiedenen Sprachen zu übersetzen, und bisweilen rief sie nach mir, um zu fragen, wie sie einige altertümliche Ausdrucksweisen in literarisches Englisch übertragen sollte, denn damals war ihr Stil noch nicht so einwandfrei wie in der „Geheimlehre".

Sie selbst erzählte mir, dass sie [Zitate aus anderen Büchern] niederschrieb, wie sie auf einer anderen Ebene der objektiven Existenz erschienen und sie die Buchseite und das benötigte Zitat deutlich vor sich sah und es einfach in die englische Sprache übersetzte.

Die Frau war so einzigartig und besaß solche geheimnisvollen Wissensquellen, dass es mir leichter fällt, ihrer Aussage Glauben zu schenken, als ihre Zitate mit irgendeiner Erklärung für das Gedächtnis zu begründen.

Die unzähligen Bücher, aus denen sie zitierte, gab es mit Sicherheit nicht in meiner Bibliothek, viele von ihnen nicht einmal in Amerika; einige waren nur sehr schwierig aus Europa zu beschaffen. Und wenn ihre Zitate dem Gedächtnis entstammten, dann war dies eine noch größere Leistung, als sie aus dem Äther abzuschreiben. Die Tatsachen sind atemberaubend, und eine

Erklärung dafür muss einen normal bewussten Menschen unweigerlich in Verwirrung stürzen.

Henry Steel Olcott

Kapitel 6

DIE GRÜNDUNG DER THEOSOPHISCHEN GESELLSCHAFT UND DIE ARBEIT AN DER "ENTSCHLEIERTEN ISIS"
September 1875 – September 1877

Am 7. September 1875 gründeten Blavatsky, Olcott und Judge gemeinsam mit einigen anderen eine Gesellschaft, die sie „Die Theosophische Gesellschaft" nannten, um die uralten Lehren der Theosophie, der Weisheit, die sich mit dem Göttlichen befasst, zu verbreiten, die anderen großen Bewegungen der Vergangenheit, wie dem Neo-Platonismus, der Gnosis und den Mysterienschulen der antiken Welt, als Grundlage gedient hatten. Am 17. November 1875 hielt der Präsident, Oberst Olcott, die Eröffnungsrede, weshalb dieser Tag als das offizielle Gründungsdatum betrachtet wird. Beginnend mit einer allgemeinen Darlegung der Ziele, nämlich „Kenntnisse der Gesetze, die das Universum regieren, zu sammeln und zu verbreiten", definierten die Begründer der Gesellschaft diese genauer. Nach einigen geringfügigen Veränderungen in der Wortwahl lautete die Zielsetzung folgendermaßen:

1. Die Bildung eines Kerns der universellen Bruderschaft der Menschheit, ohne Unterscheidung von Rasse, Glaubensüberzeugung, Geschlecht, gesellschaftlicher Stellung oder Hautfarbe.
2. Die Ermutigung zum Studium der vergleichenden Religion, Philosophie und Wissenschaft.
3. Die Erforschung ungeklärter Naturgesetze und der verborgenen Kräfte des Menschen.

6A. HENRY S. OLCOTT
SEPTEMBER – NOVEMBER 1875, NEW YORK CITY

[zusammengestellt aus Olcott 1890, 65-66, 67-70, und Olcott 1896, 2-3]

Auf meine Anregung hin willigte eine Gruppe von Damen und Herrn ein, [am 7. September 1875] eine Gemeinschaft zu gründen, aus der dann die Theosophische Gesellschaft wurde. Freunde und Bekannte trafen sich zwanglos in Madame Blavatskys Salon [am Irving Place 46], um den Ausführungen von George H. Felt über seine angebliche Entdeckung der verlorengegangenen Regeln der Proportionen [der Ägypter] zuzuhören, mit deren Hilfe die einzigartigen Architekten aus [Ägypten und] Griechenland ihre Tempel und Foren erbaut hatten. Das Interesse an seinem Vortrag, den er anhand einiger Farbbilder illustrierte, stieg um das Zehnfache, als er versicherte, er habe beim Studium der Hieroglyphen nicht nur herausgefunden, dass in den [ägyptischen] Tempelmysterien die Elementargeister eine große Rolle spielten, sondern es sei ihm sogar gelungen, die *Mantras* zu entziffern, mit denen man sie dienstbar gemacht hatte und festzustellen, dass sie tatsächlich wirkten. Zu der Gesellschaft gehörten einige alte, aber aufgeschlossene Spiritisten, ich selbst inbegriffen, die bereit und gewillt waren, der Sache nachzugehen. Ich persönlich war aufgrund der von Madame Blavatsky erzeugten Phänomene von der Existenz [der Elementargeister] und der Fähigkeit des Menschen, sie zu unterwerfen, vollkommen überzeugt. Ich hatte auch von der Existenz eingeweihter Magier in Ägypten, Indien und gewissen anderen Teilen der Welt gehört. Die Möglichkeit kam mir sofort in den Sinn, mit Hilfe von Herrn Felt und ohne den Namen einer meiner Lehrer mit hineinzuziehen, die Frage der psychischen Phänomene zu beleuchten. Ich schrieb ein oder zwei Zeilen auf ein Stück Papier, in denen ich HPB, die auf der anderen Seite des Salons stand, fragte, was sie von dem Vorschlag hielt, eine diesbezügliche Gesellschaft zu bilden. Herrn Judge bat ich, ihr die Notiz hinüberzureichen. Als sie zustimmend nickte, erhob ich mich, bemerkte etwas über den Vortrag und den Vortragenden und fragte, ob die Anwesenden gemeinsam mit mir eine Forschungsgemeinschaft in dem Bereich organisieren wollten, den Herr Felt angesprochen hatte. Ich ging näher auf die materialistischen Neigungen der Zeitepoche und den Wunsch der Menschheit ein, den sicheren Beweis für die Unsterblichkeit zu erhalten und hob die ungeheure Ausbreitung der spiritistischen Bewegung hervor, die für diese Tatsache sprach. Ferner deutete ich die Möglichkeit an, dass die Lehrer, von denen HPB ihr Wissen erlangt hatte, unsere philanthropische Arbeit unterstützten, wenn wir uns ihr ernsthaft und selbstlos widmeten.

Da meine Ansichten bezüglich der Notwendigkeit einer solchen Gesellschaft allgemeine Zustimmung fanden, wurde ich auf Anregung von Herrn Judge zum Präsidenten und er seinerseits, auf meinen Vorschlag hin, zum Sekretär gewählt. Man stellte ein Komitee zusammen, das die Satzungen formulierte. Weitere Zusammenkünfte folgten im September [am 8. und 13.]. Man sprach bei letzterer von Fortschritt und wählte die Bezeichnung „Die Theosophische Gesellschaft". Am 16. und 30. Oktober traf man sich erneut und unterzog die Satzung einer letzten Revision. Am 17. November wurde sie offiziell anerkannt, der Präsident hielt seine Eröffnungsansprache und die Gesellschaft besaß den Status einer Organisation. Die Vorstandsmitglieder waren bei der Versammlung am 30. Oktober gewählt worden:

Präsident: H. S. Olcott

Vizepräsidenten: Dr. S. Pancoast und G. H. Felt

Korrespondierende Sekretärin: H. P. Blavatsky

Schriftführer: John Storer Cobb

Schatzmeister: H. J. Newton

Vorstandsmitglieder: Rev. J. H. Wiggin, R. B. Westbrook, Emma Hardinge Britten, Dr. C. E. Simmons, Herbert D. Monachesi

Berater: W. Q. Judge

Die ursprünglich proklamierten Ziele der Theosophischen Gesellschaft umfassten das Studium der Geheimwissenschaft und der esoterischen Philosophie in Theorie und Praxis sowie ihre Veröffentlichung überall in der Welt. In der Urfassung hieß es: „(Die Begründer) hoffen, dass sie durch ein tieferes Eindringen in die esoterischen Philosophien der Antike als bisher in der modernen Wissenschaft üblich, für sich selbst und andere Forschende den Beweis für die Existenz eines „unsichtbaren Universums", die Natur seiner Bewohner, falls es sie gibt, und die Gesetze, die sie und ihre Beziehung zur Menschheit regieren, erbringen können." Mit anderen Worten, wir hofften, mit Hilfe von Herrn Felt und HPB dieses Geheimwissen zu erlangen. Im zweiten Paragraphen unserer Präambel wird deutlich, dass unsere Ideen eklektisch und konfessionslos waren:

„Ungeachtet der persönlichen Meinung ihrer Mitglieder, *macht die Gesellschaft keine Glaubenssätze geltend und verbreitet keine Glaubensbekenntnisse.* Sie wurde weder zum Zweck der Spaltung des Spiritismus gebildet noch ist sie Feind oder Freund irgendeiner Sekte oder Philosophie. Ihr allgemein anerkannter Grundsatz ist die Allmacht der Wahrheit, ihr Glaubensbekenntnis eine Bekundung uneingeschränkter Hingabe an ihre Entdeckung und Verbreitung. Was die Qualifikation für eine Mitgliedschaft betrifft, spielen weder Rasse noch Geschlecht, Farbe, Nationalität oder Glaubensüberzeugung eine Rolle."

Unsere erste bittere Enttäuschung bestand darin, dass Herr Felt seine Versprechungen nicht erfüllte. Nur mühsam konnte ich ihn dazu bewegen, noch ein oder zwei weitere Vorträge zu halten, aber er zeigte uns nicht einmal das Schwanzwedeln eines verschwindenden Elementals. HPB, die Tag und Nacht an ihrem ersten Buch, *Entschleierte Isis*, arbeitete, weigerte sich bald, unseren Treffen überhaupt beizuwohnen, geschweige denn das geringste Phänomen zu bewirken – obwohl sie die Besucher in ihrem eigenen Haus ständig damit in Erstaunen versetzte.

Dies ist der einfache und schlichte Bericht über die Anfänge der Theosophischen Gesellschaft, wie sie sich von außen zeigen. Ich erhielt keinen „Befehl", die Gesellschaft zu bilden. Der Antrieb zu diesem Vorschlag entsprang meinem seit langem empfundenen und praktischen Interesse an der Parapsychologie, das durch die Phänomene von HPB und die neue Verbindung zu östlichen Adepten aufgeflammt war. Hinzu kam die anscheinend einfache Möglichkeit, mit Herrn Felts Hilfe und der Teilnahme von HPB zu den bestehenden Kenntnissen über die Astralwelt und ihre Völker weitgehend beizutragen. Die Idee kam mir so natürlich und unvermittelt in den Sinn, wie solche Ideen im Alltag eben auftauchen. Hinter dieser mentalen Tatsache liegt aber ein tieferer Aspekt. War der Gedanke, die Theosophische Gesellschaft zu gründen, tatsächlich meinem eigenen Gehirn entsprungen oder war er *von außen* durch einen Meister mittels Gedankenübertragung hineingelegt worden? [Im Juli 1875 notierte HPB in ihren Aufzeichnungen: „Unmittelbare Anweisungen aus Indien erhalten, eine philosophisch-religiöse Gesellschaft einzurichten und einen Namen für sie auszusuchen – auch Olcott zu wählen." An anderer Stelle heißt es: „M[orya] gibt Anweisung, eine Gesellschaft zu gründen – eine Geheimgesellschaft wie die Rosenkreuzer Loge. Er verspricht zu helfen." (Blavatsky, *Collected Writings* 1:94, 73). – DHC]

6B. HENRY S. OLCOTT
CA. FEBRUAR 1876, NEW YORK CITY

[Olcott 1876]

Erstaunen über Erstaunen. Ich schrieb einen Bericht über mein erstes Gespräch mit dem Bruder, den ich für einen Hindu-Brahmanen hielt. Später bereute ich, davon gesprochen und geschrieben zu haben. Ich begann, meinen eigenen Sinnen zu misstrauen und glaubte, die Szene hätte sich nur in meiner Vorstellung abgespielt, aber gestern habe ich ihn in Begleitung eines anderen Mannes wiedergesehen.

Einigen Personen ist dieser Mann in New York aufgefallen. Er ist kein Brahmane, sondern ein dunkelhäutiger Zypriot. Ich hatte ihn vorher nicht gefragt, aus welchem Land er stammte.

Gestern (Sonntag) saß ich lesend in meinem Zimmer, als es an der Tür klopfte. Ich rief „Herein", und der Bruder trat in Begleitung eines anderen dunkelhäutigen, etwa fünfzig Jahre alten Herrn mit buschig grauem Bart und grauen Augenbrauen ins Zimmer.

Wir nahmen eine Zigarre und unterhielten uns eine Weile. Ich fragte ihn, ob er Madame Blavatsky kenne. Er wechselte das Thema und gab mir dadurch zu verstehen, dass es die erste Pflicht eines Neophyten sei, keine persönlichen Fragen zu stellen, sondern die Dinge zu nehmen, wie sie kommen.

Er erklärte, er wolle mir das Erzeugen von Blumen zeigen, wie die Adepten es tun. Damit wies er in die Luft und siehe da, die schattenhaften Umrisse einer Blume nach der anderen und eines Blattes nach dem anderen entstanden aus dem Nichts. Das Zimmer war völlig hell, die Sonne schien sogar herein. Die Blumen verdichteten sich. Ein wunderbarer Duft erfüllte den Raum. Sie hingen wie Distelwolle in der Luft, jede für sich allein. Dann fügten sie sich zu einzelnen Bouquets zusammen, und ein herrlicher Strauß aus Rosen, Maiglöckchen, Kamelien und Nelken glitt durch den Raum in meine Hand. Die übrigen trennten sich wieder und ergossen sich auf den Boden. Ich war verblüfft.

Er fragte mich, ob ich mich an einen Vorfall im vergangenen Sommer erinnerte, bei dem ich versehentlich einen Polstersessel draußen auf dem Balkon stehen gelassen hatte und in der Nacht von einem heftigen Gewitter geweckt worden war. Es erstaunte mich damals, am nächsten Morgen den Sessel völlig trocken vorzufinden, während alles andere patschnass war. Ich erinnerte mich noch genau. Er erklärte mir, dieses Phänomen sollte meine Intuition schärfen, um einige der Kräfte zu erkennen, derer sich der Mensch bedienen kann.

Während er sprach, begann es im Zimmer zu regnen. Die Tropfen durchnässten den Teppich, meine Kleidung, die Bücher auf dem Tisch sowie die Statuen, die Uhr und die Fotos auf der Kamineinfassung. Keiner der beiden Brüder bekam einen einzigen Tropfen ab.

Sie saßen da und rauchten still ihre Zigarren, während meine so nass war, dass sie nicht brannte. Diese Überraschung schien sie zu erfreuen, aber sie rauchten still weiter und sagten nichts. Schließlich meinte der jüngere von ihnen (der sich mir als Ooton Liatto vorstellte), ich brauchte mich nicht zu beunruhigen, es werde nichts beschädigt werden.

Der Regenschauer brach ebenso unvermittelt ab, wie er eingesetzt hatte. Dann zog der ältere Mann ein Lackkästchen aus der Tasche, öffnete es, und ein runder, flach gewölbter Kristall kam zum Vorschein. Er forderte mich auf, ihn zu betrachten. Den Kasten einige Zentimeter vor meinen Augen haltend, die ich vor dem einfallenden Licht abschattete, bemerkte ich, wie ihm ein stark würziger Duft, der dem Geruch von Sandelholz glich, entströmte. Er erklärte, ich solle einfach an das denken, was ich zu sehen wünschte, müsste aber darauf achten, in diesem Augenblick nur an die eine Sache zu denken. Ich folgte seinen Anweisungen. Ich dachte daran, wie meine verstorbene Mutter vor zwanzig Jahren bei mir gesessen hatte.

In der Ferne bemerkte ich sozusagen eine Tür. Sie kam immer näher und wurde immer klarer, bis ich das Bewusstsein für die äußere Umgebung verlor und in jenem Zimmer zu sein schien, an das ich dachte. Längst vergessene Einzelheiten, Bilder, Möbelstücke und anderes traten in mein Blickfeld. Meine Mutter saß da, und die Unterhaltung von vor zwanzig Jahren wurde wieder aufgenommen.

Ich dachte an eine Landschaft, und siehe da! Ich stand an dem Ort, und Berg, Tal, Fluss und Gebäude lagen in sanfter Schönheit vor mir. Ich war dort, nicht in meinem Zimmer an der 34. Straße. Das Ganze ging über eine Stunde so weiter. Ich schien mit Gedankengeschwindigkeit von einer Gegend zur anderen sausen und jeden Geist aufsuchen zu können, mit dem ich zu sprechen wünschte. Auch solche Dinge wurden mir gezeigt, denen ich außerhalb meines Körpers begegnet war (an die ich mich aber nicht mehr erinnerte, sobald der Geist in das Fleisch zurückgekehrt war). Dabei handelte es sich aber nur um vereinzelte und unwichtige Vorkommnisse, denn sobald ich nachfragte, schien eine Kraft mich davon abzuhalten, irgendetwas zu sehen.

Unterlag ich einer Sinnestäuschung? Durchaus nicht. Zumindest kann ich mir niemanden vorstellen, dessen Sinne getäuscht wurden und der gleichzeitig geistig so aktiv war wie ich in meinem Fall. Ich bin niemals hypnotisiert worden. Hypnotischen Einflüssen stehe ich unanfechtbar gegenüber, weil ich selbst über starke magnetische Kräfte verfüge.

Nach meiner vorangegangenen Begegnung mit Liatto hatte ich versucht, Madame B. über ihn auszuhorchen, doch diese Frau überließ mich meinen Höllenqualen und sagte mir kein Wort, sondern blickte nur mit leeren Augen.

Nach der Séance fragte ich Liatto, ob er Madame B. kenne. Er blickte ebenfalls nur leer drein. Da ich annahm, er müsste sie kennen, da sich ihre Wohnung in demselben Haus befand, gab ich nicht auf und ließ mich über ihren Charakter, ihre Tugenden, ihren Intellekt und so fort aus. Der ältere Bruder bat mich, Madame ihre Empfehlung zu übermitteln und ihr auszurichten, dass sie sie mit ihrer Erlaubnis besuchen würden.

Ich rannte die Treppe hinunter, stürzte in Madames Salon, und da saßen genau dieselben Männer, rauchten und unterhielten sich mit ihr, als seien sie alte Freunde. Madame bedeutete mir, dass ich besser nicht eingetreten wäre, da sie eine Privatangelegenheit zu besprechen hätten. Ich stand wie angewurzelt und blickte völlig verdutzt von einem zum anderen. Ich starrte zur Decke hinauf (meine Räume liegen über denjenigen von Madame B.), aber sie waren nicht hindurch gefallen.

„Auf was, zum Teufel, starren sie denn, Olcott?", fragte sie. „Was ist los? Sie müssen verrückt sein." Ich antwortete nicht und rannte wieder hinauf, stieß meine Tür auf, aber die Männer waren fort. Ich rannte wieder hinunter. Sie waren verschwunden. Ich hörte die Vordertür ins Schloss fallen, schaute aus dem Fenster und sah sie gerade um die Ecke biegen. Madame behauptete, sie seien länger als eine Stunde bei ihr gewesen. Und das sei alles, was sie darüber sagen wollte.

Als ich ihr zum Beweis dafür, dass ich nicht geträumt hatte, meine nasse Kleidung und den Blumenstrauß zeigte, meinte sie nur: „Das ist nichts Besonderes. Stellen sie keine Fragen, denn ich werde ihnen nichts erzählen. Lassen sie die Brüder mit ihnen machen, was ihnen beliebt, mein Name soll nicht wieder als der eines Mediums ausgebreitet werden."

Eine halbe Stunde, nachdem die beiden Männer gegangen waren, gab es nichts mehr im Zimmer, was auf einen Regenschauer hätte deuten können. Alles war trocken. Meine Kleider blieben allerdings nass und mussten am Feuer getrocknet werden.

6C. Henry S. Olcott
Sommer 1875 - September 1877, New York City

[Olcott 1895, 1: 202 4, 205, 208 12, 236 7, 243 7]

Im Sommer 1875 zeigte mir HPB eines Tages einige Seiten ihres Manuskripts und meinte: „Das habe ich in der vergangenen Nacht „auf Anordnung" geschrieben, aber was zum Teufel das sein soll, weiß ich nicht. Vielleicht ist es für einen Zeitungsartikel, vielleicht für ein Buch, vielleicht für nichts, egal, ich tat, was man mir befahl." Mit diesen Worten legte sie das Geschriebene in eine Schublade, und eine Zeit lang wurde nicht mehr darüber gesprochen. Im September besuchte sie ihre neuen Freunde, Professor Corson von der Cornell Universität und seine Frau, und die Arbeit ging weiter. Sie schrieb mir, es sollte ein Buch über die Geschichte und Philosophie der Mysterien-Schulen des Ostens und deren Beziehung zu den Schulen unserer Zeit werden. Sie berichtete, über Dinge zu schreiben, mit denen sie sich noch niemals beschäftigt hatte und Bücher zu zitieren, die ihr in ihrem ganzen Leben noch nicht zu Gesicht gekommen waren. Um ihre Genauigkeit zu überprüfen, hatte Professor Corson ihre Zitate in der Universitätsbibliothek mit der klassischen Literatur verglichen und sie bestätigt. Nach ihrer Rückkehr in die Stadt ließ sie diese Arbeit schleifen und schrieb nur hin und wieder daran. Ein oder zwei Monate nach der Gründung der Theosophischen Gesellschaft bezogen wir beide zwei übereinander liegende Wohnungen in der westlichen 34. Strasse 433. Sie wohnte Parterre und ich im ersten Stock. Von diesem Zeitpunkt an arbeitete sie ohne Unterbrechung an der *Isis*, bis zu deren Fertigstellung im Jahre 1877.

In ihrem ganzen Leben hatte sie sich kaum einer derartigen literarischen Anstrengung gewidmet, und doch habe ich keinen Journalisten gekannt, der mit einer solch verbissenen Ausdauer oder unermüdlichen Arbeitskraft zu vergleichen wäre. Von morgens bis abends saß sie an ihrem Schreibtisch, und nur selten ging einer von uns vor zwei Uhr zu Bett. Am Tage musste ich meiner beruflichen Pflicht nachkommen, doch nach einem frühen Abendessen setzten wir uns gewöhnlich an unseren großen Schreibtisch und arbeiteten, als ginge es um unser Leben, bis die körperliche Erschöpfung uns Einhalt gebot. Welch ein Erlebnis!

Sie arbeitete nicht nach einem festen Plan. Unablässig durchströmten die Gedanken ihren Geist und quollen schier über. Wie ein kleiner Bach perlten sie endlos hervor, jeder Paragraph in sich selbst abgeschlossen und eigenständig.

Ihr Manuskript war ein Anblick für sich – abgeschnitten und angeklebt, wieder abgeschnitten und neu angeklebt. Hielt man das Blatt gegen das Licht, schien es aus sechs, acht oder zehn zusammengeklebten Abschnitten von anderen Seiten zu bestehen und der Text durch dazwischen geschriebene Wörter oder Sätze miteinander verbunden zu sein.

Jede Seite ihres Manuskripts und der Korrekturen überprüfte ich mehrmals und schrieb einige Paragraphen für sie, oft nur um ihre Ideen ihrer Vorstellung entsprechend in englische Worte zu kleiden, wie sie es damals noch nicht vermochte. Ich half ihr, Zitate zu finden und erledigte andere Hilfsarbeiten für sie. Was die persönliche Note betrifft, ist es allein ihr Buch, und ihr allein gebühren Lob und Tadel dafür. Woher nahm HPB das Material für die "Isis" und die in der gängigen Literatur nicht auffindbaren Zitate? Aus dem *Astrallicht* und auf Seelenebene von ihren Lehrern, den „Brüdern", „Adepten", „Weisen", „Meistern", wie sie unterschiedlich genannt wurden. Woher ich das weiß? Aufgrund meiner zweijährigen Arbeit mit ihr an der "Isis" und vieler Jahre mehr an anderen literarischen Werken.

Sie bei der Arbeit zu beobachten, war eine seltene Erfahrung, die man niemals vergaß. Wir saßen uns gewöhnlich an einem großen Tisch gegenüber, und ich konnte jede ihrer Bewegungen beobachten. Ihr Stift flog über das Papier, dann hielt sie plötzlich inne, schaute mit dem leeren Blick einer Hellseherin in die Ferne, kniff die Augen ein wenig zu, als wollte sie etwas Unsichtbares genau erkennen, und übertrug es dann auf ihr Blatt. Sobald sie alles niedergeschrieben hatte, normalisierte sich ihr Augenausdruck wieder, und sie fuhr fort zu schreiben, bis sich derselbe Vorgang wiederholte. Ich erinnere mich genau an zwei Fälle, in denen ich die Bücher, aus deren astralem Gegenstück sie ihre Zitate abschrieb, sah und anfasste. Sie sah sich gezwungen, sie für mich zu „materialisieren", um sich darauf beziehen zu können, da ich mich weigerte, die „hingehauenen" Seiten durchgehen zu lassen, ehe meine Zweifel in Bezug auf die Genauigkeit ihrer Zitate nicht ausgeräumt waren. Damals wohnten wir in der westlichen 47. Straße 302, in der einstmals berühmten „Lamaserie" (dem Lamakloster), der Hauptniederlassung der Theosophischen Gesellschaft. „Ich kann dieses Zitat nicht einfach durchgehen lassen, denn ich bin sicher, dass es so nicht stimmt", warf ich ein. „Keine Sorge", erwiderte sie, „es ist richtig, belassen sie es so." Ich weigerte mich, bis sie schließlich nachgab: „Nun gut, verhalten sie sich einen Augenblick still, ich werde versuchen, es zu bekommen." Der ferne Blick trat in ihre Augen, und plötzlich wies sie auf ein Gestell in einer entlegenen Zimmerecke, auf der einige Antiquitäten standen und meinte mit hohler Stimme: „Da!" und kam wieder zu sich selbst. „Dort, dort! Gehen und schauen sie!" Ich ging und fand zwei Bände, die meines Wissens bis zu diesem Augenblick nicht im Haus gewesen waren. Ich verglich den Text mit dem Zitat von HPB und zeigte ihr, dass mein Verdacht berechtigt gewesen war. Nachdem ich die Korrektur vorgenommen hatte, legte ich die beiden Bücher auf ihre Bitte hin an jene Stelle zurück, von der ich sie genommen hatte und nahm meine Arbeit wieder auf. Als ich nach einer Weile in die Ecke blickte, waren die Bücher verschwunden! Unwissende Skeptiker mögen aufgrund dieser (absolut wahren) Geschichte meinen geistigen Gesundheitszustand anzweifeln. Ich hoffe, es wird ihnen gut tun. Dasselbe passierte mir mit einem anderen Buch, das aber nicht verschwand und sich bis heute in unserem Besitz befindet.

Die von HPB angefertigten „Kopien" zeigten bisweilen sehr auffällige Unterschiede. Ihre eigene Handschrift besaß einen ganz bestimmten Charakter, und man konnte die von ihr geschriebenen Seiten deutlich erkennen. Bei genauer Untersuchung ließen sich aber mindestens drei oder vier Variationen feststellen, die sich jeweils über mehrere Seiten erstreckten. Während eines ganzen oder halben Abends zog sich ein bestimmtes Schriftbild durch die Arbeit, das dann unvermittelt in ein anderes überging und für den Rest des Abends bestimmend war. Eine der Handschriften von HPB zeigte sich sehr klein, aber klar; eine andere kühn und großzügig; eine weitere mittelgroß, klar und gut leserlich, und es gab eine kritzelige und mit ihren sonderbaren, fremdartigen Buchstaben a, x und e schwer lesbare Schreibweise. Hinzu kamen die großen Unterschiede in Bezug auf die englische Sprache. Manchmal musste ich mehrere Verbesserungen in einer Zeile vornehmen, wohingegen ich andere Seiten ohne besondere sprachliche oder grammatikalische

Korrekturen durchgehen lassen konnte. Am Vollkommensten waren jene Manuskripte, die für sie geschrieben wurden, während sie schlief. Der Anfang des Kapitels über das alte Ägypten [Kpt. 14, Bd. I] ist ein Beispiel dafür. In der Nacht zuvor hatten wir wie gewöhnlich um zwei Uhr mit der Arbeit aufgehört, beide zu müde, um noch zu rauchen und ein wenig zu plaudern, bevor wir auseinandergingen. Sie war in ihrem Sessel schon fast eingeschlafen, als ich ihr Gute Nacht wünschte und in mein Schlafzimmer eilte. Als ich am nächsten Morgen nach dem Frühstück hinunter kam, zeigte sie mir einen Stoß von etwa dreißig bis vierzig Seiten eines wunderbar geschriebenen HPB-Manuskripts, das sie von einem Meister für sich hatte schreiben lassen, wie sie mir erklärte, dessen Name im Vergleich zu einigen anderen niemals entwürdigt worden ist. Das Manuskript war in jeder Hinsicht vollkommen und ging ohne Überarbeitung direkt in den Druck.

Seltsamerweise ging jedem Wechsel in dem HPB-Manuskript ein gewisser Umstand voraus. Entweder sie verließ das Zimmer für einige Augenblicke oder sie verfiel in Trance beziehungsweise den geistesabwesenden Zustand, bei dem ihre Augen sozusagen über mich hinweg in den Raum blickten und sie plötzlich wieder in den Normalzustand zurückkehrte. Es zeigte sich dann auch immer ein bestimmter Wandel in der Persönlichkeit oder besser gesagt, in den persönlichen Eigenarten, in der Gangart, der Sprechweise, der Lebhaftigkeit und vor allem im Temperament.

HPB verließ den Raum als die eine und kehrte als eine andere Person zurück. Ihr äußeres Erscheinungsbild blieb erhalten, verändert hatten sich nur Eigenheiten in der Bewegung, der Sprache und des Verhaltens; eine Person mit andersartiger geistiger Klarheit, unterschiedlichen Ansichten, unterschiedlicher Beherrschung der englischen Rechtschreibung, Ausdrucksweise und Grammatik und unterschiedlicher – sehr, *sehr* unterschiedlicher Beherrschung ihres Temperaments, das sich von seiner besten Seite fast engelgleich zeigte, von seiner schlechtesten genau gegenteilig.

Schrieb sie die *Isis* in ihrer Eigenschaft als gewöhnliches Medium? Meiner Meinung nach mit Sicherheit nicht. Ich habe alle Arten von Medien kennengelernt – Sprach-, Trance- und Schreibmedien, solche, die Phänomene hervorbrachten, medizinisch oder hellseherisch arbeiteten und Materialisationen bewirkten. Ich habe sie bei der Arbeit gesehen, ihre Séancen besucht und die Anzeichen ihrer Besessenheit und Besitzergreifung beobachtet. HPB gleicht keinem von ihnen. Fast alles, was jene zuwege brachten, vermochte auch sie; es geschah allerdings durch ihren eigenen Willen und zu ihrem Vergnügen, Tag und Nacht, ohne „Kreise" zu bilden, Zeugen zu wählen oder die üblichen Bedingungen zu fordern. Andererseits besaß ich den sichtbaren Beweis, dass zumindest einige derjenigen, die mit uns arbeiteten, lebendige Männer waren, da ich sie in Indien in ihrem Körper gesehen habe, nachdem sie mir zunächst in Amerika und in Europa auf der Astralebene erschienen waren. Ich habe sie berührt und mit ihnen gesprochen.

Eines ihrer anderen Ichs, von denen ich inzwischen einem persönlich begegnet bin, trägt einen Vollbart und einen langen Schnurrbart, der in der Manier eines Rajputen an den Enden gedreht ist. Er hat die Angewohnheit, ständig an seinem Schnurrbart zu ziehen, wenn er in Gedanken versunken ist; es geschieht mechanisch und unbewusst. Nun, es gab Zeiten, in denen die Persönlichkeit von HPB verschwunden und sie „jemand anderer" war. Ich saß ihr dann gegenüber und beobachtete, wie ihre Hand an einem Schnurrbart zog und ihn drehte, der in Wirklichkeit nicht vorhanden war. In ihren Augen lag der in die Ferne gerichtete Blick, bis die Aufmerksamkeit plötzlich zurückkehrte und der schnurrbärtige Jemand, der aufschauend bemerkte, dass ich ihn beobachtete, rasch seine Hand aus dem Gesicht nahm und sich wieder dem Schreiben zuwandte. Dann gab es noch einen anderen Jemand, dem die englische Sprache so zuwider war, dass er nur in Französisch mit mir sprach. Er besaß eine ausgezeichnete künstlerische Begabung und ein leidenschaftliches Interesse an mechanischen Erfindungen. Ein anderer saß hin und wieder da und kritzelte etwas mit Bleistift und rasselte Dutzende von Dichterversen für mich herunter, die teils feinsinnig, teils humorvoll Ideen in Worte kleideten. Jeder dieser verschiedenen Jemande besaß seine besonderen Eigenarten, die genau so auftraten wie dies bei Bekannten oder Freunden der Fall ist. Einer zeigte sich freundlich, gute Geschichten liebend und in gewisser Weise witzig; ein anderer war würdevoll, zurückhaltend und gelehrt. Einer war ruhig, geduldig und wohlwollend hilfreich; ein anderer reizbar und manchmal ärgerlich. Ein Jemand zeigte sich stets bereit, seine philosophischen und wissenschaftlichen Erklärungen zu Themen, über die ich schrieb, zu erhärten, indem er zu meiner Erbauung Phänomene bewirkte, während ich sie einem anderen Jemand gegenüber nicht einmal zu erwähnen wagte. Eines Abends erhielt ich eine gehörige Zurechtweisung. Kurz zuvor hatte ich zwei hübsche weiche Bleistifte, genau richtig für unsere Schreibtischarbeit, mit nach Hause gebracht, einen davon HPB gegeben und den anderen für mich behalten. Sie hatte die sehr schlechte Angewohnheit, Taschenmesser, Stifte und andere derartige Dinge auszuleihen und zu vergessen, sie zurückzugeben. Lagen sie erst einmal in ihrer Schublade oder ihrem Schreibtisch, blieben sie dort liegen, egal wie sehr man dagegen protestierte. An besagtem Abend malte der künstlerische Jemand auf ganz normalem Papier und unterhielt sich mit mir über etwas, als er mich bat, ihm einen anderen Bleistift zu leihen. Der Gedanke schoss mir durch den Kopf: „Wenn ich ihr diesen hübschen Stift erst einmal leihe, wird er in ihre Schublade wandern, und ich habe keinen für mich selbst." Ich sprach es nicht aus, sondern dachte es nur, aber der Jemand streifte mich mit einem etwas abfälligen Blick, legte seinen Stift in die Federschale, die zwischen uns stand, spielte ein wenig damit und siehe da! Ein Dutzend Bleistifte derselben Marke und Qualität lagen vor mir. Er sprach kein Wort und würdigte mich nicht einmal eines Blickes. Das Blut stieg mir in den Kopf, und ich fühlte mich gedemütigt wie noch niemals in meinem Leben. Wie dem auch sei, angesichts der Tatsache, dass sich HPB die Schreibartikel nur so unter den Nagel riss, glaube ich nicht, eine solche Zurechtweisung verdient zu haben!

Nun wenn einer dieser Jemande „Wache hielt", wie ich es zu bezeichnen pflegte, zeigte das HPB-Manuskript genau dieselben Eigenarten wie das vorangegangene Mal, als er an der literarischen Arbeit wirkte. Wenn man mir damals eine Seite der *Isis* vorlegte, konnte ich fast mit Sicherheit sagen, von welchem Jemand sie geschrieben worden war. Wo aber befand sich HPB selbst in diesen Zeiten, in denen sie ersetzt wurde? Soweit ich es verstand, hatte sie ihren Körper ausgeliehen, so wie man eine Schreibmaschine verleiht, und ging anderen Dingen nach, die sie auf der Astralebene erledigen konnte. Eine bestimmte Gruppe von Adepten bediente sich unterdessen abwechselnd ihrer äußeren Hülle. Als sie erkannten, dass ich sie zu unterscheiden gelernt und sogar Namen für sie erfunden hatte, die HPB und ich benutzten, wenn wir in ihrer Abwesenheit über sie sprachen, schenkten sie mir eine ernste Verbeugung oder ein freundliches Kopfnicken, bevor sie den Raum verließen, um Platz für die nächste wachhabende Hilfe zu machen. Bisweilen erzählten sie mir voneinander, so wie Freunde, die über einen Dritten reden, wodurch ich ein wenig über die verschiedenen persönlichen Geschichten erfuhr. Ich sprach auch über die abwesende HPB, die ich von ihrem physischen Körper, den sie ausgeliehen hatten, unterschied.

[In einem Brief an ihre Schwester Vera schrieb Madame Blavatsky: *„Je-*

mand kommt und umhüllt mich wie eine Dunstwolke und stößt mich aus mir selbst, und dann bin ich nicht mehr „Ich" – Helena Petrovna Blavatsky – sondern jemand anders. Jemand, stark und mächtig und geboren in einer völlig anderen Weltregion. Und was mich selbst betrifft, so ist es, als schlafe ich oder läge halb bewusst neben, nicht in meinem eigenen Körper, aber nahe bei ihm und nur durch einen Faden mit ihm verbunden. Manchmal sehe und höre ich alles ganz klar. Ich bin mir vollkommen bewusst, was mein Körper sagt und tut – oder zumindest sein neuer Besitzer. Ich verstehe und behalte es sogar so gut im Gedächtnis, dass ich es hinterher wiederholen oder seine Worte aufschreiben kann. Dann sehe ich Ehrfurcht und Angst auf den Gesichtern von Olcott und den anderen und verfolge interessiert die Art und Weise, in der *er* sie mit fast mitleidigem Blick aus meinen eigenen Augen anschaut und sie mit meiner physischen Zunge unterrichtet. Doch nicht mit meinem Verstand, sondern mit seinem eigenen, der mein Gehirn wie eine Wolke umhüllt" *(Path,* New York, Dezember 1894, 266). Mehr über dieses Thema findet sich in *H. P. Blavatsky, Tibet and Tulku* von Geoffrey A. Barborka, Adyar, Madras, Theosophisches Verlagshaus, 1966). – DHC]

6D. ALEXANDER WILDER
HERBST 1876 – SEPTEMBER 1877, NEW YORK CITY

[Wilder 1908]

Im Herbst 1876 hatte ich für Herrn J. W. Bouton, einen Buchhändler in New York, einige Veröffentlichungen herausgegeben. Andere Verpflichtungen und Tätigkeiten waren beiseite geschoben worden.

An einem heiteren Nachmittag war ich alleine im Haus. Es läutete an der Tür, und ich öffnete. Es war Oberst Henry S. Olcott mit einem Auftrag für mich. Herr Bouton hatte mich ihm empfohlen. Er meinte, ich solle das von Madame Blavatsky verfasste Werk über esoterische und philosophische Themen im Hinblick auf eine Veröffentlichung überprüfen. Ich willigte ein.

Diese wahrhaft gewichtige Schrift beschäftigte sich mit Nachforschungen auf einem sehr umfangreichen Gebiet. In meinem Bericht an Herrn Bouton erklärte ich, dass es sich um eine großartige Forschungsarbeit handelte, die angesichts der gängigen Denkweise revolutionäre Züge trage und fügte hinzu, dass sie meiner Ansicht nach für eine lukrative Veröffentlichung zu lang sei.

Herr Bouton aber willigte kurz darauf ein, die Arbeit zu veröffentlichen. Er gab mir das Manuskript mit der Bitte zurück, es soweit wie möglich zu kürzen. Einer solchen Handlungsfreiheit konnte ich nicht zustimmen. Es ist wohl kaum fair, dass jemand im Namen des Herausgebers eine derartige Macht über die Arbeit eines Autors haben sollte. Trotzdem, ich übernahm die Aufgabe. Bei den Kürzungen bemühte ich mich auf jeden Fall, den Gedanken des Verfassers unmissverständlich beizubehalten und das zu streichen, was mir als überflüssig und nicht zweckdienlich erschien. Auf diese Weise entfiel genug, um ein umfangreiches Buch zu füllen.

Oberst Olcott brannte darauf, mich mit Madame Blavatsky bekannt zu machen. Er schien sehr viel von ihr zu halten, verehrte sie nahezu und betrachtete die Gelegenheit, sie kennenzulernen, für jeden als eine besondere Gunst. Ich vermochte seine Begeisterung kaum zu teilen. Meine natürliche Schüchternheit, neue Bekanntschaften zu schließen, und die Tatsache, dass ich als Kritiker ihres Buches auftrat, ließen mich lange Zeit zögern. Schließlich überwand ich diese Überlegungen und begleitete ihn in ihr Domizil in der 74. Straße.

Diese „Wohnung" gehörte zu den ungemütlichen Unterbringungen, die sich heutzutage in den übervölkerten Städten ausbreiten und die familiären Beziehungen ersetzen. Die Gebäude, in denen sie lebten, waren für solche Zwecke „umgemodelt" worden, und sie besaßen einige Appartements im oberen Stock. Der Haushalt umfasste mehrere Personen mit verschiedenen Beschäftigungen. Sie trafen sich, gemeinsam mit zufälligen Gästen, zu den Mahlzeiten.

Das Arbeitszimmer, in dem Madame Blavatsky lebte und arbeitete, war in seltsamer und recht primitiver Weise eingerichtet. Der große, helle Raum lag an der Straßenseite. In der Mitte befand sich ihr „Arbeitsplatz", an drei Seiten abgegrenzt durch vorübergehende Trennwände, Schreibtisch und Bücherregale. Er war bequem und einzigartig zugleich. Sie brauchte nur den Arm auszustrecken, um ein Buch, Papier oder andere Dinge, die sie in ihrem Verhau brauchte, zu greifen. An diesem Ort regierte sie, gab ihre Befehle, fällte ihre Urteile, erledigte ihre Korrespondenz, empfing ihre Besucher und schrieb ihr Buchmanuskript.

Sie entsprach weder figürlich noch in ihrem Verhalten meinen Erwartun-

gen. Sie war groß, aber nicht drall. Ihre Haltung ließ auf jemanden schließen, der viel gesehen, gedacht, gereist und erfahren hatte. Ihre Erscheinung
war mit Sicherheit beeindruckend, aber keineswegs grob, unbeholfen oder
schlecht erzogen. Sie schien kultiviert und mit dem Auftreten der vornehm-
sten Gesellschaftsschicht und echter Höflichkeit vertraut zu sein. Sie brachte
ihre Ansichten kühn und entschieden, aber nicht aufdringlich zum Ausdruck.
Man konnte leicht erkennen, dass sie sich nicht innerhalb der Grenzen einer
typischen Frauenerziehung bewegte. Sie war auf einem umfangreichen Themen-
gebiet bewandert und verstand, sich ungehindert zu unterhalten.

Ich habe von ihren übermenschlichen Kräften und Ereignissen gehört,
die man als Wunder bezeichnet. Auch ich glaube, wie Hamlet, dass es im
Himmel und auf Erden mehr Dinge gibt, als die weisen Männer unserer
Epoche gewillt sind zu glauben. Madame Blavatsky erhob mir gegenüber
niemals einen derartigen Anspruch. Wir unterhielten uns immer über Themen, mit denen wir beide vertraut waren, zwei Individuen auf einer gemeinsamen Ebene. Oberst Olcott sprach oft zu mir als jemand, der sich einer
Besonderheit erfreute. Ihr selbst merkte man kein überhebliches Gehabe an.
Es ist mir auch bei keinem anderen aufgefallen.

Sie gestand mir jedoch, mit Persönlichkeiten, die sie „Brüder" nannte, in
Verbindung zu stehen, was durch so genannte „Telepathie" geschehe. Ich
habe angenommen, dass die Fähigkeit zu einem solchen Umgang eine Entsa-
gung künstlicher Anregungsmittel, wie Fleisch, Alkohol oder anderer Narko-
tika, erforderte. Ich will diesen Dingen keine besondere Sittenlosigkeit an-
hängen, aber ich habe vermutet, dass eine derartige Enthaltsamkeit für die
volle Entfaltung der Mentalkräfte und den ungehinderten und von niederen
Einflüssen unbefleckten Strom der geistigen Fähigkeiten wesentlich sei. Madame Blavatsky zeigte indessen keinerlei Askese. Ihr Tisch war reichlich ge-
deckt, aber ohne Überfluss, und unterschied sich kaum von anderen Haus-
halten. Außerdem genoss sie bei jeder Gelegenheit das Rauchen von Zigaretten. Ich habe niemals entdeckt, dass diese Dinge sie beunruhigten oder sich
in irgendeiner Weise auf ihren geistigen Scharfsinn oder ihre geistige Aktivi-
tät störend auswirkten. Bei meinem ersten Besuch empfing sie mich höflich,
fast freundlich. Sie schien sofort vertraut zu werden. Sie sprach von den Kürzungen, die ich in ihrem Manuskript vorgenommen hatte und rühmte mein
Vorgehen über Gebühr. Sie bezeichnete die Streichungen als „Quatsch". So
streng war mein Urteil sicherlich nicht gewesen.

Bei ihrer Arbeit zog sie verschiedenartige Bücher zu Rate. Dazu gehörten Jacolliots Arbeiten über Indien, Bunsens *Ägypten*, Ennemosers *Geschichte der Magie* und andere. Ich selbst hatte Abhandlungen über verschiedene Themen für das *Phrenological Journal* und andere regelmäßig erscheinende Zeitschriften geschrieben. Wir diskutierten oft über die Themen und ihre einzelnen Merkmale, denn sie war eine hervorragende Gesprächspartnerin, bewandert auf jedem Gebiet, über das wir uns unterhielten. Sie sprach die englische Sprache wie jemand, der sie gut kennt und in ihr denkt. Ich unterhielt mich mit ihr wie mit jedem anderen meiner Bekannten. Sie griff die Idee, die ihr präsentiert wurde, auf und brachte ihre eigenen Gedanken dazu klar, präzise und oft mit Nachdruck zum Ausdruck. Einige ihrer Worte wiesen auf ihre Quelle hin. Alles, was sie nicht billigte oder achtete, tat sie sofort als „Quatsch" ab. Ich habe diesen Ausdruck noch nirgendwo sonst gehört. Selbst die Handlungsweisen oder Projekte von Oberst Olcott waren vor solcher vernichtenden Kritik nicht sicher, und er musste oft ihren beißenden Spott über sich ergehen lassen. Er zuckte in dem Moment zwar zusammen, aber abgesehen von einer kurzen Entgegnung schien er es ihr nicht nachzutragen.

Einige Leute haben Briefe geschrieben, die den Anschein geben, als wisse ich etwas, das die Echtheit der *Entschleierten Isis* in Frage stellt. Ich bin sicher, dass das von mir bearbeitete Manuskript in der Handschrift von Madame Blavatsky geschrieben wurde. Jeder, der mit ihr vertraut ist, wird sie nach der Lektüre des ersten Bandes unschwer als die Verfasserin anerkennen. Ein Drittel oder sogar mehr von dem, was veröffentlicht wurde, hat Madame Blavatsky geschrieben, nachdem Herr Bouton den Druck in Angriff nahm. Sie war wirklich keine Expertin, was die Vorbereitung des Materials betrifft. Sie fügte ein und veränderte und schrieb eine riesige Rechnung für „Abänderungen". Eigentlich hat sie die Arbeit erst beendet, als der Herausgeber ihr sagte, sie solle aufhören.

Sie behandelte mich stets höflich. Bei dringenden Arbeiten oder wenn die vielen Besucher sie ermüdet hatten, befahl sie der Hausmeisterin, alle Besucher abzuwehren. Mir erging es ebenso, doch sobald sie meine Stimme hörte, rief sie mich herein, auch wenn mein Besuch nicht geschäftlicher Natur war. Sie war schlagfertig und auf jedem Gebiet zu Hause. Nur wenige Menschen sind überall gleichermaßen bewandert. Selbst Oberst Olcott, der keineswegs als geringer oder durchschnittlich zu bezeichnen war, stand, abgesehen von seinem Beruf, nicht auf gleicher Ebene mit ihr.

In dem Glauben, dass der Hauptteil für den Käufer nicht attraktiv genug sei, drängte ich sie, Berichte über die wunderbaren Dinge mit einzuschließen, die sie in Indien erlebt hatte. Sie wies den Vorschlag mit der Begründung zurück, dass die „Brüder" es nicht erlaubten. Dieses Tribunal konnte ich nicht in Frage stellen. Da konnte ich nicht mitreden. Dennoch war sie immer bereit, anzuhören, was ich zu sagen hatte, sei es hinsichtlich ihrer Arbeit, philosophischer Fragen oder Themen des Alltags. Als alles soweit zum Druck vorbereitet war, sollte ich den Index schreiben.

Die Arbeit war schließlich beendet, und die *Entschleierte Isis* wurde pünktlich [im September 1877] herausgegeben.

H.P. Blavatsky um 1878

Kapitel 7

WUNDERDINGE IN DER LAMASERIE
UND ABREISE AUS NEW YORK
1877 – Dezember 1878

Die Veröffentlichung von H. P. Blavatskys erstem Monumentalwerk, *"Die Entschleierte Isis"*, das J. W. Bouton im September 1877 in New York City herausbrachte, hinterließ bei der lesenden und denkenden Öffentlichkeit einen starken Eindruck. Die ersten zehntausend Ausgaben verkauften sich innerhalb von zehn Tagen. Die New Yorker *Herald Tribune* hielt das Werk für eine der „bemerkenswertesten Schöpfungen des Jahrhunderts". Andere Zeitungen und Zeitschriften sprachen in ähnlicher Weise. Die *Entschleierte Isis* vermittelte einen Überblick über die Geschichte, die Reichweite und Entwicklung der esoterischen Wissenschaften, das Wesen und den Ursprung von Magie, die Wurzeln des Christentums, die Irrtümer der christlichen Theologie und den Trugschluss der orthodoxen Kirchenwissenschaft vor dem Hintergrund der Geheimlehren, die sich wie ein goldener Faden durch die vergangenen Jahrhunderte zogen und etwa im Laufe der letzten zwei Jahrtausende in den verschiedenen mystischen Bewegungen hin und wieder zum Vorschein kamen.

Nach der Veröffentlichung der *Isis* wurde Madame Blavatsky, die ohnehin schon eine prominente Gestalt war, noch bekannter, und die Besucher strömten in ihre Wohnung, die den Spitznamen "Lamaserie" oder "Lamakloster" trug, um der Schriftstellerin zu begegnen und Augenzeugen der wunderbaren Phänomene zu werden, die sie bewirken konnte oder die sich einfach in ihrer Gegenwart ereigneten. Die Quelle ihrer Fähigkeiten und ihrer eigenen Identität wurde selbst unter denjenigen, die sie gut kannten, zum Gegenstand der Spekulation.

Am 8. Juli 1878 erhielt H. P. Blavatsky die amerikanische Staatsbürgerschaft, ein Ereignis, das in verschiedenen Zeitungen veröffentlicht wurde. Im Dezember desselben Jahres reisten sie und Oberst Olcott über England nach Indien.

7A. ANONYM
JANUAR 1877, NEW YORK CITY

[„Coming Buddhist Book" 1877]

Gestern Nachmittag saß Madame Blavatsky nahe einem blauen Fenster mit rosa Vorhängen an einem riesigen Büchertisch, der den gesamten Raum beanspruchte, der nicht von dem fast ebenso großen Schreibtisch in Anspruch genommen wurde, in ihrem gemütlichen Arbeitszimmer. Die freundliche russische, nicht mehr ganz junge, aber gewiss nicht alte Dame ist überall auf der Welt als Gelehrte in verschiedenen Bereichen der Esoterik bekannt. Hunderte von Manuskriptseiten türmten sich auf dem Tisch und Schreibpult und lagen dicht verstreut auf dem Boden, und auf dem begrenzten Platz auf dem Tisch, der zum Lesen und Schreiben freigehalten wurde, lagen Korrekturblätter und noch mehr Manuskripte und Schreibmaterial.

„Ja. Ich schreibe ein Buch", erwiderte sie auf die Frage eines Reporters. „Es heißt „Der Schleier der Isis" und besteht aus zwei Teilen. Im ersten Teil greife ich die Wissenschaft an und im zweiten die dogmatische Theologie."

„Sicherlich greifen sie nicht die Wissenschaft an", meinte der verblüffte Reporter.

„Nein, nicht die Wissenschaft als solche, aber die Lehren der modernen Wissenschaftler. Die Wissenschaft ist eine echte und gute Sache, aber diese modernen Wissenschaftler haben noch nicht herausgefunden, was sie ist. Sie leihen sich Theorien von der Antike aus und verpacken sie in eine schöne, ausdrucksvolle Sprache und geben sie als ihre eigenen Schöpfungen heraus. Die Ideen, die Huxley vorbrachte, als er sich hier aufhielt, stammen alle aus der Antike, was ich in meinem Buch darlegen werde. Keiner von ihnen weiß, worüber er spricht – Huxley, Tyndall und die Übrigen. Sie weigern sich, Dinge zu untersuchen, die absolut nachgewiesen sind und zerbrechen sich den Kopf über den Ursprung der Materie, bei der es sich um eine Entsprechung des Geistes handelt, und ihre Schlussfolgerung ist die Vernichtung des Menschen.“

„Welcher Religion gehören sie an?“, fragte der Reporter

„Ich bin Buddhistin.“

„Aber stellt Buddha nicht die Auflösung als das beste Ende in Aussicht?“

„Keineswegs. Das ist bloß eine der Fehlinterpretationen der unwissenden Theologen. Die Buddhisten sagen, dass alles, was die Kraft der menschlichen Sprache nicht zu beschreiben vermag, was jenseits des Fassungsvermögens menschlichen Intellekts liegt – was der Mensch in keiner Weise begreifen kann –, nicht existent ist. Was wir als Gott bezeichnen, ist daher nicht existent. Das heißt, im Hinblick auf das menschliche Verstehen betrachtet, kann Gott keine Existenz haben. Sie sehen, es geht nur um metaphysische Feinheiten. Sie glauben an die dreifache Natur des Menschen. Sie lehren, dass wir ein materieller Körper, ein Astralkörper und eine reine Seele oder ein Nous, wie die Griechen sagen, sind. Nach dem Tod des materiellen Körpers führen wir eine duale Existenz, und die Seele tritt nach ihrer Läuterung schließlich in das Nirvana ein, das heißt, sie vereinigt sich mit ihrem Schöpfer.“

„Was ist der Astralkörper, von dem sie sprechen?“

„Er ist weder Geist noch Materie im üblichen Sinne. Er ist unwägbare Materie, für die Sinnesorgane nicht wahrnehmbar.“

„Wenn sie an Geister glauben, glauben sie dann auch an die so genannten geistigen Manifestationen?“

„Gewiss. Bei den vorgeführten Phänomenen handelt es sich vielleicht oft um Schwindel. Wahrscheinlich ist von hundert nur eine Kommunikation mit Geistern echt, aber die eine kann nicht aufgrund der anderen verurteilt werden. Man sollte sie wissenschaftlich untersuchen. Die Wissenschaftler untersuchen sie nur nicht, weil sie Angst haben. In allen Richtungen stellen sie Forschungen an, bis sie vor verschlossenen Türen stehen. Sie wagen nicht, sie zu öffnen, da sie befürchten, zum Aberglauben unserer Vorfahren zurückzukehren, die viel mehr wussten als wir. Aber ich glaube an sie, weil ich sie gesehen habe. Diese Medien können mich nicht täuschen. Ich weiß mehr darüber als sie. Ich habe jahrelang in verschiedenen Teilen des Ostens gelebt und weitaus wundersamere Dinge gesehen als sie.

„Am Tage nach meiner Ankunft“, fuhr sie fort, „nachdem ich Paris überstürzt verlassen hatte (was ich erst am Abend vor meiner Abreise erfuhr), besuchte ich Dr. [Henry] Slade [ein Medium]. An meinem Akzent erkannte er, dass ich Ausländerin war, wusste aber nicht, ob Deutsche oder Französin oder was sonst. Er schrieb in russischer Sprache eine Botschaft nieder, die von einem Freund aus meiner Kindheit stammte, der Jahre zuvor gestorben war."

„Aber welchem Zweck dienen solche geistigen Manifestationen?", wurde Mme. Blavatsky gefragt, nachdem sie mehrere solcher Vorfälle erzählt hatte.

„Es ist bewiesen, dass es tatsächlich Geister gibt. Ich habe beobachtet, wie private Medien und Medien im Osten in unterschiedlichster Weise Gutes getan haben", lautete ihre Antwort. „Man kann jedoch nicht erwarten, dass reine Geister durch solche Medien, die für einen Besuch fünfzig Cent, oder ein bis fünf Dollar verlangen, Verbindung zu uns aufnehmen. Die medizinische Wissenschaft vermag zu zeigen, dass Geister nicht über gesunde Personen kommunizieren. Alle Medien sind in irgendeiner Weise unvollkommen. Die Geister, die nach einem Körper suchen, ergreifen solche, die Mängel aufweisen, da sie andere nicht zu beherrschen vermögen. Im Osten werden geisteskranke Personen mit einer seltsamen Ehrfurcht betrachtet, da sie von Geistern besetzt sind."

„Vom Teufel besessen, heißt es in der Bibel", warf der Reporter ein.

„Nein. Dämon lautet das Wort in der hl. Schrift. Damit ist nicht unbedingt ein Teufel gemeint. Es kann *ein Gott* bedeuten. Sokrates hatte einen Dämon (ein Daimonion), und er war sicherlich nicht vom Teufel besessen.

Aber um auf die geisteskranken Personen zurückzukommen. Kann irgendeiner der Medizinwissenschaftler eine Begründung für die Geisteskrankheit geben? Können sie es irgendwie erklären? Sie halten inne, wenn sie an einen Punkt kommen, der einer Erklärung bedarf, die das so genannte Übernatürliche mit einbezieht – so genannte, weil es nichts Übernatürliches gibt. Das gesamte Universum ist von Geistern erfüllt. Es ist unsinnig zu glauben, wir seien die einzigen intelligenten Wesen in der Welt. Ich glaube an den innewohnenden Geist der Materie. Ich glaube beinahe an die Elementargeister. Alles wird von den Naturgesetzen regiert. Selbst in Fällen offensichtlicher Verletzung dieser Gesetze beruht dies auf ihrem Missverständnis. Im Falle bestimmter Nervenkrankheiten hat man von Patienten berichtet, die sich durch eine unerklärbare Macht vom Bett erhoben und die man nicht mehr niederdrücken konnte. Sie glitten, mit den Füßen zuerst, auf jedem Luftzug, der durch den Raum streifte. Das Wundersame an solchen Fällen verschwindet, wenn man bedenkt, dass es das Gravitationsgesetz, wie es allgemein verstanden wird, nicht gibt."

„Ich glaube, ich begreife sie nicht ganz", meinte der Reporter leise.

„Nein. Das Gravitationsgesetz lässt sich nur im Zusammenhang mit den Magnetgesetzen rational erklären, wie Newton es versuchte, was die Welt aber nicht akzeptieren wollte. Wenn die Erde, aus magnetischer Sicht gesehen, positiv ist, und sie machen sich selbst positiv, werden sie sofort abgestoßen."

„Ja, ich vermute, man wird mich mit Dreck bewerfen", meinte sie im Hinblick auf die Veröffentlichung ihres Buches. „Sie haben mich, seit ich hier bin, mit Dreck beworfen, aber das ist nichts gewesen im Vergleich zu dem, was noch kommen wird." Angesichts dieser Vorstellung lachte sie herzhaft auf und schien zu glauben, dass die Kritik, die sie von seiten der Theologen und Wissenschaftler erwartete, die besten Komplimente für sie sein würden.

7B. HENRY S. OLCOTT
MÄRZ 1877, NEW YORK CITY

[Besterman 1934, 148-54]

Ihre [HPB's] Handlungsweisen, Denkgewohnheiten, maskuline Art und fortgesetzte Beteuerung der Tatsache beiseite schiebend...dies alles unbeachtet lassend, habe ich sie genügend ausgehorcht, um die Theorie, die ich dir schon seit langem mitgeteilt habe, zu erhärten – sie ist ein Mann, ein sehr alter Mann und ein außerordentlich gelehrter und wunderbarer Mann. Natürlich kennt *sie* meine Vermutung, denn sie liest meine Gedanken (und die anderer) wie ein bedrucktes Blatt, und ich habe den Eindruck, dass sie nicht unzufrieden damit ist, denn unsere Beziehung ist inzwischen sehr stark in ein Meister-Schüler Verhältnis übergegangen. Meines Erachtens blieb nichts von dem alten *Sabreur* [Kavallerist mit Säbel] Blavatsky („Jack", wie ich sie zu ihrer großen Freude nannte) übrig. Jetzt zeigt sie Ernst, Würde und strenge Zurückhaltung. Vor anderen gibt sie sich wie in alten Zeiten, aber sobald sie sich umgedreht haben, ist sie *Mejnour* [Eingeweihter in Bulwer-Lyttons Roman *Zanoni*] und ich der Neophyt.

Ich behaupte, Isis [HPB] ist ein Mann. Meines Erachtens ist *sie* ein Hindu. Es geschah jedenfalls heute Nacht, nachdem meine Schwester und ihr Mann nach Hause gegangen waren. Isis saß zurückgelehnt in ihrem Sessel, spielte mit den Haaren und rauchte eine Zigarette. Während sie sich unterhielt, fingerte sie geistesabwesend an einer Locke, als diese plötzlich dunkler und dunkler wurde und schließlich kohlschwarz war. Ich hatte bislang geschwiegen, ergriff nun aber ihre Hand und bat sie, mir dieses kleine Wunder als Andenken zu geben. Du hättest ihr Gesicht sehen sollen, als sie erkannte, was sie getan hatte. Sie lachte gutmütig, nannte mich einen wachsamen Yankee, schnitt die Locke ab und gab sie mir. Ich werde dir etwas davon als Talisman schicken. Bedenke, sie wurde vor meinen Augen im hellen Lampenschein von Isis' Kopf geschnitten. Diese eine Locke hob sich gegen das blonde, seidige Kraushaar wie eine Linie schwarzer Nähseide auf hellbraunem Stoff ab. Nun, ich denke, dass es sich bei der Blavatsky-Hülle um eine Hülle handelt, die von einem bronzefarbenen Hindu, Solon oder Pythagoras bewohnt wird. In jenem Augenblick der Versunkenheit materialisierte sich sein eigenes Haar – das zuvor nur in seinem astralen Zustand vorhanden war – und bleibt jetzt so. Das sind natürlich nur meine persönlichen Vermutungen.

Ich kann dir die Anzahl und Vielfalt der Vorführungen magischer Kraft, die sie mir und anderen in den vergangenen vier Monaten gegeben hat, nicht nennen. Sie übersteigen alles, was ich zuvor gesehen habe. In Anwesenheit von vier, fünf und acht Personen, darunter einigen Fremden, hat sie ihre Wunder gewirkt. Am Montagabend geschahen sie bei vollem Licht; zugegen waren Dr. Billing. Dr. Marquette, Herr und Frau Monachesi, Herr Curtis und ich selbst. Sie ließ Musik aus einer Musikbox im Raum erklingen. Zunächst leise und weit entfernt, wurde diese immer lauter, bis es sich anhörte, als ob die auf volle Lautstärke aufgedrehte Box durch die Luft schwebte. Die Musik wurde leiser, schwoll erneut an und brach plötzlich ab. Achtlos streckte sie ihre Hand aus, zog sie wieder zurück und zeigte uns eine lange Kette jener orientalischen Perlen, deren Duft den Raum erfüllten. Sie in der einen Hand haltend, fragte sie mich, ob ich einige davon haben wollte und zog sofort eine nach der anderen hervor, bis sie mir siebenundzwanzig Stück gegeben hatte. Ich reihte sie auf und legte sie nach einer Weile auf mein Schreibpult (ein gutes Stück aus ihrer Reichweite), um mir eine Pfeife zu stopfen. Als ich den Strang wieder in die Hand nahm, sah ich eine türkische Münze mit eingeflochten. Die ursprüngliche Halskette noch in der Hand haltend, materialisierte sie eine in Gold gefasste Perle als Anstecknadel. Wir zogen das Los, und Monachesi, der sie erhielt, besitzt sie heute noch. Vier Besucher saßen am Fenster (im ersten Stock) und konnten auf die Straße blicken. *Draußen auf der gegenüberliegenden Seite sahen sie zwei Männergestalten. Der eine war ein Bruder, den ich gut kannte* und dessen Bild vor einigen Monaten für mich materialisiert worden war. Der andere, ein etwas jüngerer Bruder und fortgeschrittener Schüler, kann in seinem [astralen] Doppel reisen.

O'Sullivan (J. L.) schaute *auf seinem Weg* nach Paris hier vorbei, machte „Mme.'s" Bekanntschaft und blieb einmal sogar über Nacht bei uns. Bei zwei verschiedenen Gelegenheiten materialisierte sie in seiner Gegenwart wunderschöne, mit Satin eingefasste Taschentücher aus zarter chinesischer Seide. In einer Ecke stand mit Tinte der *Name eines gewissen Bruders* in der alten Zenzar-Schrift geschrieben. Ich war in beiden Fällen anwesend. Du hättest O'Sullivans Bestürzung sehen sollen; er sprang nach dem Taschentuch wie die Forelle nach der Fliege und trug es wie eine Trophäe davon. Das

H.P.B.s Wohnung in der 47. Straße, New York

ursprüngliche Taschentuch war am Sonntag vor zwei Wochen in Anwesenheit eines französischen Künstlers mit Namen Harrisse materialisiert worden. Wir drei unterhielten uns über die zarten Stoffe der Chinesen, von denen Harrisse behauptete, sie seien feiner als die Seide aus Lyon. „Haben sie jemals ihre Taschentücher gesehen, Madame?", fragte er. „Oh! Ja – seht, da ist eins!", entgegnete sie und holte ruhig genau diesen Artikel aus dem *astralen Kleiderschrank!* Dieses Stück behielt ich selbst, hauptsächlich weil es stark mit dem Duft der Loge getränkt war.

Kürzlich wurde ich Zeuge eines hervorragenden Beweises für die Willenskraft. Nach dem Essen saßen Isis und ich allein im Salon, als sie mich bat, die Gaslampe herunter zu drehen. Nach einigen Minuten erkannte ich in dem dämmrigen Licht neben ihrer dunklen Gestalt (sie trug ein dunkles Kleid) eine Männergestalt in weißen oder hellen Gewändern, die ein Tuch um den Kopf gewunden hatte, wie dies im Orient üblich ist. Sie bat mich, einen Moment wegzuschauen und dann das Licht wieder heller zu machen. Sie saß da, den Turban auf ihrem eigenen Kopf, und sonst war niemand anwesend. Sie gab mir das Tuch. Es roch stark nach dem vertrauten Duft. In einer Ecke stand der Name des besagten Bruders in demselben Zenzar-Schriftzug. Er steht auf seinem Bild in meinem Schlafzimmer.

7C. HENRY S. OLCOTT
1877, NEW YORK CITY

[Olcott 1895, 1:377, 379-81]

Unsere abendliche Arbeit an der *Isis* war beendet, und ich wünschte HPB eine gute Nacht. Ich zog mich in mein Schlafzimmer zurück, schloss wie üblich die Tür, rauchte und war bald in der Lektüre meines Buches vertieft. Plötzlich traf ein Lichtstrahl in meinen rechten Augenwinkel. Ich drehte den Kopf und ließ das Buch fallen. Vor mir erhob sich eine große, weißgekleidete, orientalische Gestalt. Sie trug einen turbanähnlichen Kopfschmuck aus bernsteinfarbigem, gestreiftem Tuch, handbestickt mit gelber Florette-Seide. Rabenschwarze Haare quollen unter dem Turban bis auf seine Schultern hervor; sein schwarzer, in der Art eines Rajputen in der Mitte geteilter Bart war an den Enden nach oben gedreht und reichte bis zu den Ohren; in seinen Augen leuchtete das Seelenfeuer, der Blick war wohlwollend und durchdringend. Seine Erhabenheit, majestätische Strenge und geistige Leuchtkraft überragten so offensichtlich den gewöhnlichen Menschen, dass ich mich in seiner Gegenwart beschämt fühlte und auf die Knie fiel, wie vor einen Gott oder einer gottähnlichen Persönlichkeit. Er legte leicht seine Hand auf meinen Kopf und bat mich mit sanfter, aber starker Stimme, Platz zu nehmen. Als ich aufblickte, sah ich jenes Wesen auf dem Stuhl am anderen Ende des Tisches sitzen. Er erklärte, er sei zu einem Zeitpunkt gekommen, in dem ich seiner bedurfte. Es lag nun an mir, ob wir uns in diesem Leben häufiger begegneten, um zum Wohle der Menschheit zusammenzuarbeiten. Ich konnte mich entscheiden, ob ich an der großen Aufgabe, die für die Menschheit geleistet werden sollte, teilhaben wollte. Er sprach von einem geheimnisvollen Band, das meine Kollegin [HPB] und mich zusammengeführt hatte, ein Band, das mir jetzt noch nicht näher erklärt werden sollte, das aber nicht zerbrochen werden könnte, auch wenn es manchmal belastet zu sein schien. Er erzählte mir Dinge über HPB und mich selbst, die geheim bleiben werden. Schließlich erhob er sich. Ich wunderte mich über seine Größe und beobachtete die strahlende Erscheinung – nicht ein äußeres Leuchten, sondern ein sanfter Glanz, sozusagen ein inneres Licht – das Strahlen des Geistes. Plötzlich schoss mir der Gedanke durch den Kopf: „Was, wenn das alles nur Einbildung ist und HPB bloß einen Zauber über mich geworfen hat? Ich wünschte, ich hätte irgendetwas Greifbares als Beweis, das bleibt, wenn er gegangen ist." Der Meister lächelte still, als habe er meine Gedanken gelesen, nahm den *Fehta* [Turban] von seinem Kopf, grüßte mich wohlwollend und war gegangen. Sein Stuhl stand leer. Ich war allein mit meinen Emotionen! Doch nicht völlig allein, denn auf dem Tisch lag der bestickte Kopfschmuck, ein greifbarer und bleibender Beweis dafür, dass ich nicht getäuscht worden, sondern einem der älteren Brüder der Menschheit begegnet war. Mein erster Impuls ließ mich zu HPB laufen, an ihre Tür klopfen und ihr von meinem Erlebnis erzählen. Sie war ebenso froh darüber wie ich. Wieder in meinem eigenen Zimmer, dachte ich bis in die frühen Morgenstunden über das Geschehen und die Entscheidung nach. Seither durfte ich diesem und anderen Meistern begegnen.

[Anmerkung: Oberst Olcott beschreibt an anderer Stelle, wie der Meister Morya sein Zimmer verließ: „Als ich ihn um einen greifbaren Beweis bat, dass es sich nicht um eine Täuschung gehandelt hatte, sondern er tatsächlich da gewesen war, nahm er seinen *Puggri* [Turban] vom Kopf, gab ihn mir und entschwand meinen Blicken." H. S. Olcott, *Theosophy, Religion and Occult Science* (London, 1885), S. 123 – DHC]

7D. EMILY KISLINGBURY
HERBST 1877, NEW YORK CITY

[Zusammengestellt aus HPB: In Memory 1891, 11-3 und Kislingbury 1877, 279]

Meine erste Begegnung mit HPB fand im Herbst 1877 statt, als ich den dreimonatigen Urlaub von meinen Verpflichtungen in England nutzte, sie in New York aufzusuchen. Die spiritistische Bewegung, der ich offiziell angehörte, war damals in voller Blüte, und das Erscheinen von Oberst Olcotts Buch *People from the Other World* erregte großes Aufsehen. Der Bericht vom Auftreten der russischen Dame, die erst kürzlich aus dem Osten gekommen war und deren Erklärungen für die Phänomene sich von den üblichen Ansichten stark unterschieden, interessierte mich am meisten. Sobald ich die Adresse von Madame Blavatsky aus der amerikanischen Ausgabe der spiritistischen Zeitschrift in Erfahrung gebracht hatte, schrieb ich ihr und fühlte mich aufgrund unseres Briefwechsels veranlasst, nach Amerika zu gehen.

Unsere erste Begegnung war einzigartig. Ich wohnte in einiger Entfernung von ihr und wollte sie eines Nachmittags, bald nach meiner Ankunft, aufsuchen. Nachdem ich dreimal ergebnislos geklingelt hatte, war ich gerade im Begriff, enttäuscht zu gehen, als HPB die Tür selbst öffnete. Da wir bereits Fotos ausgetauscht hatten, erkannten wir uns, und ich wurde aufs Herzlichste willkommen geheißen. Wir gingen in ihre Wohnung im ersten Stock. Ich konnte nicht bleiben, da ich New York am folgenden Tag für eine Rundreise verließ. Nach meiner Rückkehr, drei Wochen später, verbrachte ich fünf Wochen mit HPB, bis ich schließlich wieder nach England fuhr.

Damals ging gerade die *Entschleierte Isis* durch die Presse. Ich verbrachte viele glückliche Stunden mit Korrekturlesen und Diskussionen über die in diesem wunderbaren Buch angesprochenen Themen.

Während dieser Zeit erlebte ich verschiedene Beispiele ihrer psychischen Kräfte. Die meisten kann man kaum beschreiben, sie lassen sich eigentlich gar nicht wiedergeben. In einem Falle unterlag ich selbst einer mesmerischen

Kraft. Ich saß lesend an einem Platz, von dem aus ich in einen Spiegel an der gegenüberliegenden Wand schauen konnte. Ich bemerkte zu Madame Blavatsky, dass die sich darin widerspiegelnde Wand sich auf und ab zu bewegen schien. Sie entgegnete: „Das ist eine atmosphärische Wirkung" und fuhr fort, in ihrer russischen Zeitung zu lesen. Ich begann, den Spiegel aufmerksam zu betrachten und bemerkte, dass Madame Blavatsky mich ein oder zweimal anschaute. Ich war mir bewusst, dass sie ihr Augenmerk auf mich gerichtet hatte, sonst nichts. Ich starrte weiter auf den Spiegel, der plötzlich trüb wurde. Da sah ich, wenn auch nur für einen kurzen Moment, zwei verschiedene Szenen. Die erste zeigte ein sich bewegendes Meer mit vielen Schiffen, vielleicht einen Hafen. Die Szene verblasste, und ein zweites Bild mit einer Gruppe von Männern tauchte auf, die nach Art der Hindus gekleidet waren und lange Gewänder und Turbane trugen. Die Männer schienen lebendig zu sein und sich zu unterhalten. Als ich Madame Blavatsky davon erzählte, meinte sie: „Das stimmt; das ist es, was sie sehen sollten. Es tut mir leid, dass ich es nicht aufgeschrieben habe, damit sie einen Beweis in Händen haben."

Es bedurfte keiner besonderen Kenntnisse, um zu spüren, dass eine fortwährende Verbindung zu einigen fernen oder unsichtbaren Geistwesen bestand. Häufig vernahm man sogar bei Tisch Signale verschiedenster Art, die HPB veranlassten, sich unverzüglich in ihr eigenes Appartement zurückzuziehen. Diese Laute und die Bezeichnungen „Meister" und „Brüder" waren mir so vertraut, dass es mir niemals in den Sinn kam, an ihrer Existenz zu zweifeln, selbst als nach Jahren ihre Wirklichkeit sogar unter den so genannten Theosophen in Frage gestellt wurde.

7E. ELISABETH L. SAXON
SEPTEMBER 1877, NEW YORK CITY

[Saxon 1877]

Vor meiner letzten Reise in den Norden hatte mir ein gemeinsamer Freund einen Brief an die russische Gräfin Madame Blavatsky mitgegeben, deren sonderbare Ideen und öffentlich geäußerten Ansichten über den Spiritismus und andere Themen sie zum Angriffsziel gemacht hatten. Geschosse aller Art wurden auf sie abgefeuert, von indianischen Giftpfeilen bis zu Steinschleudern kleinlicher Bosheit sowie den scharfen Geschützen der Logik, die einige ihrer Gegner auffuhren. Aber die Madame hielt den Kampf in einem solchen Gleichgewicht, und ihre flinke Feder hatte ihre russischen Landsleute so heftig verteidigt, dass Für und Wider sich die Waage hielten, als ich eintraf.

Einige Gruppen hatten es sich zur Aufgabe gemacht, sie körperlich, charakterlich und in ihrer Handlungsweise als Monster zu verspotten. Ich mag vor allem die so genannten „sonderbaren und merkwürdigen Leute". Ich erkenne sofort, dass sie nicht wie Hinz und Kunz sind und die Chance besteht, etwas Originelles in ihnen zu finden und ihnen nicht auf Schritt und Tritt zu begegnen.

Ich wurde in das berühmte „Arbeitszimmer" mit seinen blauen Glasfenstern eingeladen, das zahlreiche New Yorker Reporter beschrieben hatten, nicht aber eine Frau, soviel ich weiß. Ihr Faktotum Lucy war wie unsere Lucys aus New Orleans. Ein einziger impulsiver Ausruf meinerseits veranlasste Lucy sofort, meine Freundin zu werden. Seitdem bot sie mir stets eine Tasse Tee an, wenn ich dieses gastfreundliche Haus betrat.

Ich ließ mich in dem viereckigen Raum nieder und wartete auf die Dame. Ich spürte die fremde Atmosphäre, und die ungebrochenen Strahlen des tiefblauen Glases verliehen den außerhalb liegenden Dingen die unwirkliche Sanftheit des Mondlichts und der einzigartigen Sammlung im Innern ein seltsames orientalisches Aussehen.

In dem viereckigen Zimmer hing in einem dunklen Rahmen ein langer, von Palmen gekrönter Spiegel. Vor den drei großen Fenstern hingen stark gefranste, blaue Drapierungen und unter jedem ein singender Kanarienvogel. Über einer der Türen grinste ein riesiger Tigerkopf, über einer anderen schwebte ein Krokodil, darüber klammerte sich eine Natter an die Wand, und ringsum hingen Bilder von russischen, japanischen und indischen Freunden sowie zahlreicher englischer und amerikanischer großer Gelehrter und Literaten.

In einer Ecke hockte ein Stoffaffe mit Priesterkragen und schneeweißer Krawatte, Papier unter dem Arm und einer Brille quer über der Nase, den ich sie bald scherzend mit Professor anreden hörte. Auf dem Sims stand ein vergoldeter Buddha, der auf einem Globus saß und einen Kolben in der Hand hielt. Dann gab es noch ein Gestell mit irgendeiner orientalischen Bronzefigur und einen mit Bleistiften, Bildern und Papieren überladenen Tisch. Zwei mit Büchern gefüllte Regale, ein riesiger Schreibtisch, auf dem sich die Papiere häuften, und drei oder vier mächtige Klubsessel machten das Zimmer voll.

Meinen Brief in der Hand haltend, kam Madame B. aus dem Nebenzimmer herein. Er stammte von jemandem, den sie achtete und bewunderte und war hinreichend herzlich, um mir ein sehr freundliches Willkommen zu sichern. Mm. B. sieht kaum älter aus als fünfundvierzig Jahre; sie ist beleibt, besitzt welliges, braunes Haar, das sie straff nach hinten kämmt und ist offensichtlich eine Frau, der die Höflichkeiten einer vornehmen Gesellschaft wohl vertraut sind, wie sehr sie auch geneigt zu sein scheint, viele der unnützen Konventionen über Bord zu werden.

Sie spricht die englische Sprache mit einem starken fremdländischen Akzent, hat ein fröhliches, melodisches Lachen und sicherlich die hübschesten Hände, die man sich vorstellen kann, schneeweiß und mit Grübchen an den sich verjüngenden Fingern, die nach japanischer Art in lange, spitze Nägel auslaufen, wie strahlende Diamanten.

Wie alle Russen, ist sie eine starke Raucherin und bietet ständig mit großer Liebenswürdigkeit jedem Gast eine der kleinen Rollen an, und nicht weniger häufig, in der gleichen unzeremoniellen Art, eine Tasse mit köstlichem Tee. Offen gesagt, ich hätte nichts dagegen, die Friedenspfeife mit einem tapferen Indianer zu rauchen oder „Brot und Salz" mit einem Araber-Scheich zu teilen. Die Zigarette der russischen Dame wurde genau in diesem Sinne angenommen. Was ich damit tat, „darüber schweigt des Sängers Höflichkeit". Unsere Unterhaltung über die Ansichten unseres gemeinsamen Freundes vertiefte sich bald.

Sie hält an ihrer Meinung fest, dass vieles des so genannten Spiritismus menschlichen Ursprungs ist und schließlich als solches erkannt werden wird. Das heißt, der unsichtbare, lebendige „Astralgeist" leistet einen großen Teil, was sowohl dem Medium als auch dem Untersuchenden verborgen bleibt.

„Aber Madame", rief ich aus, „es gibt einige Dinge, die ich selbst beobachtet habe, die ich mit dieser Ansicht nicht vereinbaren kann."

„Verstehen sie mich recht", erwiderte sie, „ich leugne nicht die Kraft geistiger Rückkehr. Ich denke nur, dass diese Manifestationen größtenteils von niedrigen Elementalen durchgeführt werden, scheußlichen Wesen, die für die Unsterblichkeit weder bestimmt noch ihrer würdig sind. Sie sind irdischer Natur, hängen herum bis sich ihr materieller Körper in die

Elemente auflöst und sie sich ebenfalls auflösen und mit ihnen vermischen."

Sie drehte sich um und griff nach dem ersten Band ihres noch nicht gebundenen Buches [*Entschleierte Isis*] und las zur Erhärtung ihres Arguments ein oder zwei Stellen daraus vor.

Dies führte zu einer Diskussion über ihr Buch und seine Behauptungen. Ich möchte an dieser Stelle nicht meine persönliche Meinung zum Ausdruck bringen, sondern nur feststellen, dass sie darin mit großem Wagemut zu beweisen sucht, dass die moderne Wissenschaft, die Religion und der Spiritismus wissentlich oder unbewusst uralte Tatsachen zu modernen Ideen aufpoliert haben, während sie als Fürsprecherin der indischen Religion und Philosophie auftritt.

Sie wirft den Fehdehandschuh und fordert die Untersuchung östlicher Behauptungen heraus. Ihr Buch liest sich bisweilen wie „Tausendundeine Nacht", doch sie versicherte mir, dass „die Hälfte unausgesprochen blieb", und der Beweis für ihre mystische Kraft fehlt sicherlich nicht. Ihr Buch umfasst zwei dicke Bände von jeweils sechshundert Seiten. Es wird von Bouton herausgegeben und gewiss hohe Verkaufsraten erlangen. Ich habe den ersten Band gelesen und kann die Lektüre nur empfehlen, um für oder gegen ihre Ansichten zu sein. Ihr langer Aufenthalt in Indien und die ihr zur Verfügung stehenden Informationsquellen verleihen ihr eine große Autorität. Die Tatsache, dass sie die Sprachen des Ostens beherrscht und seine Literatur kennt, machen sie zu einer ernst zu nehmenden Gegnerin.

Sie ist in allem genial und kundig, am besten informiert über die russischen Angelegenheiten. Mittels Briefen und Telegrammen steht sie in täglichem Kontakt zu Freunden; ein Onkel und ein Cousin stehen in russischen Diensten, beide hochrangige Offiziere. Sie ist eine ebenso inbrünstige wie mutige und kraftvolle Fürsprecherin ihrer Landsleute.

Eines Abends befand ich mich bei ihr in Gesellschaft der hübschen und begabten Frau eines bekannten Herausgebers aus dem Süden, einem Pressemitglied, und einem Herrn aus Indien. Oberst Olcott, dem ich schon im vergangenen Winter begegnet bin, war ebenfalls anwesend. Ich hörte die Musik durch den Raum schweben, von der die Reporter berichtet hatten. Woher sie kam und was es war, dazu kann ich nichts sagen. Oberst Olcott las einen langen Brief vor, den er von einer Tante von Madame B. erhalten hatte und der in glühenden Worten über ihre Nichte Helene sprach. Mme. B.

behauptet, dass das Medium ein passives Instrument in den Händen des Unsichtbaren ist, der „Adept" aber diese unsichtbare Kraft mittels Willenskraft beherrscht, und dass sie ein Adept ist.

An die von Herzen kommende Freundlichkeit dieser Frau werde ich mich noch lange gerne erinnern.

7f. Prinzessin Helene von Racowitza
Mai 1878, New York City

[Racowitza 1902]

In Begleitung meines Mannes zog ich an der Türglocke zu Madame Blavatskys Wohnung. Die Tür wurde von einer netten kleinen Negerin geöffnet, die, mit breitem Grinsen alle Zähne zeigend, mit dem Finger auf eine mit dunklen indischen Vorhängen geschlossene Tür wies, durch die der Klang einer lebhaften Unterhaltung zu uns drang. Unangemeldet gingen wir hinein und wurden von HPB – wie Madame Blavatsky am liebsten genannt wird – mit einem lauten Ausruf der Freude begrüßt.

Sie saß an ihrem Schreibtisch in einem großen, bequemen Sessel, der ebenso ein Teil von ihr zu sein schien wie die fließenden Gewänder. Neben ihr stand ein Samowar, aus dem sie ihre Gäste fortwährend mit dem duftenden russischen Nationalgetränk versorgte, während ihre schönen Hände fast ebenso unablässig feine Zigaretten zwischen den anmutigen Fingern für sie und die Anwesenden rollten. HPB konnte sich fast weniger von ihrer Dose mit fein geschnittenem türkischen Tabak trennen als von ihren indischen Kleidern, und wenn sie den Sitz wechselte, was nur selten vorkam, musste die kleine Negerin die Dose hinter ihr her tragen. Um sie herum saßen oder hockten acht oder zehn Leute, Männer und Frauen jeden Alters und offenbar aus allen erdenklichen Gesellschaftsschichten.

Als wir eintraten, berichtete gerade ein bemerkenswert aussehender Mann von seinen jüngsten Erfahrungen mit der „Geisterwelt". Er war Gesandter der Vereinigten Staaten gewesen, bekannt für seinen persönlichen Charme und widmete sich nun ausschließlich den Geheimwissenschaften. Alle diese Leute saßen oder lehnten lässig auf niederen Sofas und Kissen oder kleinen, aus Kisten und Kästen hergestellten Sitzen, bedeckt mit indischen Tüchern und Teppichen.

111

Zusammen mit einer Vielfalt von Bildern und orientalischem Nippsachen bildeten sie die Zimmereinrichtung. Es herrschte ein Summen und Brummen von Unterhaltungen in verschiedenen Sprachen, und Wolken von Räucherwerk und Tabakqualm, die von orientalischen Räucherstäbchen und den russischen Zigaretten, die alle Anwesenden rauchten, ausströmten, durchzogen den Raum, so dass es eine Weile dauerte, bevor Auge und Ohr klar erkennen konnten, was vor sich ging.

Wir waren auf der Stelle begeistert voneinander. Sie erklärte, ich hätte auf sie den Eindruck gemacht, als sei ein bisschen Sonnenschein direkt in ihr Herz gefallen, während ich sofort dem Zauber dieser wunderbaren Frau erlag. Sie war ungewöhnlich korpulent und bezeichnete sich selbst immer nur als „ein altes Nilpferd". Man gewann aber keinen unangenehmen Eindruck dadurch; sie trug immer lose, fließende Kleider von einer Art indischem Schnitt – eine Art Gewand, das ihre gesamte Figur umhüllte und nur die wirklich einmalig schönen Hände freigab.

Ihr Kopf, der sich von den gewöhnlich dunkelfarbigen Wollkleidern abhob, war ausdrucksvoll, wenn auch eher hässlich als schön zu nennen. Eine typische Russin: Breite Stirn, kurze, dicke Nase, vorstehende Wangenknochen, dünner, kluger, sich ständig bewegender Mund mit schönen kleinen Zähnen, braunes Kraushaar, fast wie ein Neger, damals noch ohne einen einzigen weißen Faden, gelblicher Teint und ein Paar Augen, wie ich sie noch nirgendwo gesehen hatte – hellblau, fast wassergrau, aber mit einem Blick, so tief, so durchdringend, so zwingend, als schauten sie in das Innerste der Dinge. Manchmal lag ein ferner, jenseits allen Irdischen liegender Ausdruck in den großen, wundervolle Augen, die das ungewöhnliche Gesicht beherrschten. Das äußere Erscheinungsbild zu beschreiben, fällt nicht schwer – wie aber soll ich anfangen, die wunderbare Frau selbst zu schildern, eine Idee ihres Wesens zu vermitteln, ihrer Kraft, ihres Charakters, dessen, was sie zu bewirken vermochte!

Sie war eine Mischung aus den verschiedenartigsten Eigenschaften. Ihre Unterhaltung besaß einen Charme, dem sich niemand entziehen konnte und der wahrscheinlich größtenteils auf ihrer leidenschaftlichen und lebendigen Aufgeschlossenheit für alles Große und Edle und ihrer übersprudelnden Begeisterung, verquickt mit ihrem originellen, manchmal etwas beißendem Humor, beruhte sowie der Art, wie sie sich gab, was ihre anglo-sächsischen Freunde, die, wie alle Welt weiß, in ihrer Ausdrucksweise eher zur Prüderie neigen, oft zur reinen Verzweiflung trieb.

Ihre Verachtung, sogar Empörung hinsichtlich aller gesellschaftlichen Formen und Formalitäten ließ sie manchmal absichtlich grob werden; sie hasste und kämpfte mit dem heroischen Mut eines Don Quichote gegen die konventionelle Lüge an. Doch wer immer zu ihr kam, arm und zerrissen, hungrig und des Trostes bedürftig, konnte sicher sein, ein warmes Herz zu finden, eine Hand, die freizügig und großmütig gab, wie es wohl kaum ihresgleichen, selbst unter kultivierten, „wohl erzogenen" Menschen gab.

7G. ANONYM
10. DEZEMBER 1878, NEW YORK CITY

[„H. P. Blavatsky's Adieu" 1878]

Helen P. Blavatsky verlässt Amerika für immer, wie sie sagt. Ein recht mutloser Reporter fand seinen Weg an diesem Morgen in die hübsche französische Wohnung an der Ecke 8. Avenue und 74. Straße. Er läutete, und ein farbiger Diener öffnete die Tür, bezweifelte aber ernsthaft, ob seine Herrin irgendjemanden zu dieser frühen Morgenstunde empfangen würde. Man führte ihn in ein Frühstückszimmer, das sich in einem sehr unordentlichen Zustand befand und bat ihn, auf einem leeren Stuhl Platz zu nehmen. Die Unordnung war auf eine Versteigerung zurückzuführen, die am Vortag stattgefunden hatte, und nur der noch nicht abgeräumte Frühstückstisch und drei menschliche Bewohner ließen darauf schließen, dass noch jemand dort lebte. Oberst Olcott saß am Tisch, schrieb eifrig in sein Notizbuch und versengte seinen gut aussehenden Schnurrbart mit einer halb gerauchten Zigarre, die erfolglos versuchte, über die Bartränder hinaus zu reichen.

Als der Reporter schließlich in Mme. Blavatskys persönliches Zimmer geführt wurde, sah er die Dame am Ende eines mit Briefen und Tabak beladenen Tisches sitzen und sich eine Zigarette aus einer bekannten türkischen Tabaksorte drehen. Das Zimmer war der innere Tempel der "Lamaserie", die in den vergangenen Jahren so berühmt geworden war.

Der Reporter fragte: „Sie verlassen Amerika also?"

„Ja, und die Lamaserie, wo ich so viele glückliche, sehr glückliche Stunden verbracht habe. Es tut mir Leid, diese Räume zu verlassen, obwohl ihnen jetzt kaum noch nachzutrauern ist", wobei sie ihren Blick über die nackten

113

Wände und Böden gleiten ließ. „Aber ich bin froh, ihr Land zu verlassen. Sie besitzen Freiheit, aber das ist alles, und sie haben zu viel davon, viel zu viel!"

„Wenn sie Amerika nicht mögen, warum haben sie denn dann ihre russische Staatsbürgerschaft aufgegeben und die amerikanische angenommen?"

„Ah, sie besitzen Freiheit. Ich nicht. Russische Konsule können mich nicht beschützen, so werde ich von amerikanischen Konsulen beschützt."

„Wann werden sie abreisen?"

„Ich kenne weder den Zeitpunkt noch das Schiff, aber es wird sehr bald sein. Ich reise zuerst nach Liverpool und London zu den Zweigniederlassungen der Theosophischen Gesellschaft. Dann gehe ich direkt nach Bombay. Wie froh ich bin, mein geliebtes indisches Zuhause wiederzusehen!" Als sie sich erhob und das eigenartig aussehende Morgengewand um sich wickelte, glich sie sehr der orientalischen Priesterin, die sie – nicht – zu sein behauptet.

7H. ANONYM
DEZEMBER 1878, NEW YORK CITY

[„Stille in der Lamaserie"] 1878

Am letzten Sonntag gab die berühmte Heidin der 8. Avenue, Madame H. P. Blavatsky, die gestern mit Oberst H. S. Olcott und einem weiteren Theosophen auf ihrem Weg nach Bombay mit dem Schiff nach Liverpool abreiste, für ihre Freunde und Mitglieder der Theosophischen Gesellschaft einen Abschiedsempfang. Die Möbel der geräumigen Lamaserie wurden veräußert und sogar die Teppiche herausgerissen und verkauft. Die Gäste saßen auf zwei, drei Stühlen, die es nicht wert gewesen waren, verkauft zu werden, sowie auf beschrifteten und für die Abreise vorbereitete Kästen und Überseekoffern. Wie gewohnt, wurden großzügig Erfrischungen herumgereicht. Da es nur noch drei Teetassen gab, trank man den Tee reihum, aber jeder Gast hatte eine Pfeife oder eine Zigarette.

Es wurde viel über die mögliche Zukunft der Theosophischen Gesellschaft gesprochen, von der man erwartete, dass sie ein mächtiger Faktor in der Entwicklung der geistigen und religiösen Freiheit der Welt werden würde. Aber man redete natürlich sehr viel mehr über persönliche Erinnerungen und Erwartungen. Madame Blavatsky trug ihren Teil zu der Unterhaltung bei. Ihre Erinnerung an die Jahre in Amerika waren alles andere als erfreulich. „Ich hasse die Zivilisation, mit der sie prahlen", meinte sie mit Nachdruck. Aber ihre Erwartungen waren rosig. „Ich werde nach Bombay, zu meinen geliebten Heiden gehen, die zumindest frei vom Joch des Christentums sind. Ich werde nur ein oder zwei Tage in England sein, um die Zweigniederlassungen unserer Gesellschaft zu besuchen, und dann geht es weiter nach Indien."

Plötzlich kam ein Mann mit einem Phonographen herein, der beschafft worden war, um Grüße nach Indien zu senden. Man stellte ihn auf ein Fass, brüllte die Grüße durch einen Papiertrichter hinein, und ein lustiger englischer Künstler sang in hindostanischer Art ein Lied. Charles, die große theosophische Katze, wurde veranlasst, in die Maschine zu schnurren. Die verschiedenen Aufnahmen hob man sorgfältig auf.

Man unterhielt sich bis lange nach Mitternacht. Montag und Dienstag wurde fertig gepackt, und Dienstagabend traf man sich im Salon der *Canada*. Inzwischen war Charles zu einem guten Theosophen nach Hause geschickt worden. Aber er war bei dem Transport aus dem Korb entwischt und seitdem nicht mehr gesehen worden. „Ich weiß nicht, wo er ist", meinte der Hierophant [Olcott], „aber ich nehme an, wir werden ihn in Bombay finden, sobald wir dort eingetroffen sind."

Gestern Morgen gingen einige der engsten Freunde zu dem Dampfschiff, um Lebewohl zu sagen. Der Hierophant schrieb Dutzende von Depeschen auf dem Kabinentisch und entsandte einen Boten nach dem anderen, um verschiedene Besorgungen zu erledigen und gab den neu ernannten Vorstandsmitgliedern alle möglichen Anweisungen für die zukünftige Führung der Gesellschaft. Madame Blavatsky hielt Hof in ihrer Kabine, wo die unvermeidbaren Zigaretten in großer Anzahl geraucht wurden und ihr einige ihrer treuesten Schüler von ihrem Kummer über ihre Abreise erzählten.

„Ich bin froh zu gehen, aber es tut mir leid, dass ich die wenigen guten Freunde, die ich hier gefunden habe, verlassen muss", meinte sie, und einer nach dem anderen sagten sie ihr wohl zum letzten Mal auf dieser Erde Lebewohl.

H .P. Blavatsky um 1878

Kapitel 8

LONDON, BOMBAY UND ALLAHABAD
1879

Nach einem kurzen Aufenthalt in England setzten Madame Blavatsky und Olcott ihre Seereise nach Indien fort und erreichten Bombay im Jahre 1879, wo sie ihre theosophische Hauptniederlassung einrichteten. Kurz nach ihrer Ankunft nahm der damalige Herausgeber des Regierungsblatts *Pioneer*, Alfred Percy Sinnett, von Allahabad aus Verbindung zu ihnen auf. Diese Verbindung erwies sich bald als sehr bedeutungsvoll.

Nach einer Rundreise durch den Nordwesten Indiens kehrten die Gründer nach Bombay zurück und begannen mit der Arbeit. Im Oktober 1879 erschien ihre erste theosophische Zeitschrift, der *Theosophist* (der heute noch erscheint), mit H. P. Blavatsky als Herausgeberin. Danach wuchs die Gesellschaft auffallend schnell und zog sowohl in Indien als auch andernorts einige sehr bemerkenswerte Leute an.

„The Theosophist", Oktober 1879

8A. CHARLES C. MASSEY
JANUAR 1879, NORWOOD, NAHE LONDON

[Massey 1884]

Im Januar 1879 fuhr ich eines Abends mit dem Zug nach Norwood. Im
Haus von Dr. Billing und seiner Frau hatten sich etwa ein halbes Dutzend
Gäste im Esszimmer eingefunden. Madame Blavatsky befand sich nicht
unter ihnen, als ich eintrat, gesellte sich aber kurze Zeit später hinzu. Ich
hatte meinen Mantel draußen in der Diele aufgehängt. Madame Blavatsky
wandte sich an mich und fragte, ob ich mir nicht einen Gegenstand aus-
denken wollte, um ihn Wirklichkeit werden zu lassen. Seit langem hatte
ich mir ein Kartenetui gewünscht – ein Wunsch, den keiner der Anwesenden, ich glaube sogar überhaupt niemand, kennen konnte, weil ich nie-

mals darüber gesprochen hatte. Ich nannte diesen Gegenstand schweigend beim Namen.

Gleich unzufrieden mit meiner Wahl, bat ich um eine andere Möglichkeit, aber man sagte mir, es sei zu spät. Ich sollte in die Diele gehen und in die Manteltasche greifen. Ich möchte betonen, dass *niemand* außer mir das Zimmer verließ, nachdem ich um das Kartenetui gebeten hatte. Ich folgte der Anweisung und ging alleine in den angrenzenden Korridor, zu dem nur die eine Tür führte, durch die ich ging. Ich griff sofort in die Manteltasche und zog ein elfenbeinfarbenes Etui heraus, das ich immer noch besitze. Es war ein großes, viereckiges Damenetui, nicht die schmale, rechteckige Art, wie Männer sie zu benutzen pflegen. Als ich das Haus betreten hatte, war das Etui nicht in meiner Tasche gewesen. Madame Blavatsky hatte sich nicht auf meinen Wunsch „vorbereitet". Ich habe diesen Vorfall aufgrund des Sachverhalts, an den ich mich erinnere, lange für unerklärbar gehalten (außer durch geheime Kräfte).

8B. HENRY S. OLCOTT
JANUAR 1879, LONDON

[Olcott 1900, 2:4-6]

Das auffallendste Ereignis während unseres Aufenthalts in London war die Begegnung mit einem Meister, als drei von uns die Cannon Street hinunter gingen. Der Nebel an jenem Morgen war so dicht, dass man kaum die andere Straßenseite sehen konnte, und London schien sich von seiner schlechtesten Seite zu zeigen. Meine beiden Begleiter sahen ihn zuerst, da ich direkt an der Bordkante ging und mein Augenmerk auf etwas anderes gerichtet war. Auf ihren Ausruf hin, drehte ich mich rasch um und begegnete dem Blick des Meisters, der mich über seine Schulter zurückblickend anschaute. Er war mir nicht bekannt, doch ich erkannte das Gesicht eines Erhabenen, denn wenn man diese Wesen einmal gesehen hat, kann man sie nicht mehr verwechseln. Wir drei Freunde blieben in der Stadt zusammen und gingen auch wieder gemeinsam zum Haus von Dr. Billing, wo Frau Billing und HPB uns erklärten, der Bruder sei dort gewesen und habe unsere Begegnung in der Stadt – er nannte unsere Namen – erwähnt. Frau Billing beschrieb ihn als

119

einen hochgewachsenen, gut aussehenden Hindu mit einem besonders durchdringenden Blick, der sie zu durchbohren schien. Sie hatte vor Verblüffung kein einziges Wort herausgebracht. Der Fremde sagte: „Ich wünsche Madame Blavatsky zu sehen", und näherte sich dem Eingang des Zimmers, in dem sie saß. Frau Billing öffnete ihm die Tür und bat ihn einzutreten. Er ging direkt auf HPB zu, begrüßte sie nach orientalischer Art und begann in einer Sprache zu reden, deren Klang Frau Billing völlig fremd war.

8c. George Wyld
Januar 1879, Norwood nahe London

[Wyld 1903, 71-3]

1879 begegnete ich Madame Blavatsky und Oberst Olcott bei einer Dinner Party im Haus von Dr. Billing zum ersten Mal. Als ich in Begleitung eines Freundes das Haus verließ, fragte er mich, welchen Eindruck Madame auf mich gemacht hatte. Ich erwiderte: „Sie scheint mir ganz eine Kalmückin zu sein und macht mir den Eindruck einer verbrauchten Schauspielerin aus irgendeinem Vorstadttheater von Paris." Aber ihre unbestreitbaren medialen Kräfte, ihre auffallende Persönlichkeit, ihre Klugheit, ihr Humor und ihre offensichtliche Güte interessierten mich. Daher trat ich aus reiner Neugierde, aus Interesse und im Glauben an ihre Versprechungen ihrer Theosophischen Gesellschaft bei und wurde zwei Jahre später der Präsident des englischen Zweigs.

Einmal beobachtete ich bei einem Dinner im Hause der Billings, dass sie und Oberst Olcott sehr viel Fleisch aßen. Das erstaunte mich, denn sie hatte immer gelehrt, dass Fleischesser niemals in die höheren Kreise der Geheimorden aufgenommen werden, und ich dachte bei mir: „Ich frage mich, ob diese Frau nicht eine Hochstaplerin ist." Bei diesem Gedanken klopfte sie mit dem Messer gegen den Teller, schaute mich an und meinte: „Nicht ganz so schlimm, Doktor", und wir lachten beide gut gelaunt über die Komik dieser Situation. Ich glaube, es geschah bei demselben Essen, dass sie sich plötzlich an Oberst Olcott wandte, der einige Sitze weiter saß und sein Fleisch genoss und ihm mit lauter Stimme ärgerlich zurief: „Sie Affe!" Das schockierte mich, denn Oberst Olcott war, obwohl sehr leichtgläubig, dennoch ein intelligenter, selbstloser und freundlicher Mann. Nach dem Essen nahm ich ihn beiseite und fragte ihn, warum Madame Blavatsky ihn bei Tisch derartig grob angefahren hatte. Er entgegnete: „Dr. Wyld, ihr Benehmen ist Teil meiner Ausbildung; und ich glaube nicht, dass es irgendeinen Mann in den Vereinigten Staaten gibt, der sich die fortwährenden Beleidigungen, die ich von ihr erfahre, gefallen ließe."

Bei einer anderen Gelegenheit saß ich neben ihr auf der Wohnzimmertreppe, als sie immer wieder schrie und umher sprang. Auf meine Frage, was das alles zu bedeuten habe, meinte sie: „Sie lassen mich einfach nicht in Ruhe!" Und als ich fragte: „Wer lässt sie nicht in Ruhe?", antwortete sie: „Diese Mahatmas zwicken mich immer, um meine Aufmerksamkeit zu erregen!" Ein anderes Mal wiederum, als ich mich in Begleitung einer sehr vornehmen und interessanten Dame in ihrer Gesellschaft befand und diese sie nach ihrer Meinung über das Wesen des Jesus Christus fragte, erwiderte sie: „Madame, ich habe nicht die Ehre, diesen Herrn zu kennen."

Ich berichte über diese Erfahrungen, weil ich denke, man sollte von ihrer Respektlosigkeit und vulgären Art wissen. Denn obwohl sie manche seltsamen Geheimnisse psychischer Natur aus dem Osten kannte, habe ich mich immer gewundert, wie ein vornehmer und umsichtiger Mensch *unablässig* an diese sonderbare, unaufhörlich rauchende Frau als eine inspirierte Interpretin der höchsten geistigen Geheimnisse der Menschenrasse glauben kann.

8D. HENRY S. OLCOTT
FEBRUAR – JULI 1879, BOMBAY, INDIEN

[Zusammengestellt aus Olcott 1900, 2:8-25 und Hume 1882, 78-80]

Am 17. [Januar] brachen wir nach einem vierzehntägigen angenehmen Aufenthalt [in England] mit unseren Freunden und Mitarbeitern nach Liverpool auf. Um fünf Uhr nachmittags stachen wir mit der *Speke Hall* bei strömendem Regen in See. Das Schiff war schmutzig und unangenehm anzuschauen; dies und der Regen, der Geruch nach feuchten Dekorationsstoffen und Teppichen in den Salons und Kabinen, die hilflosen Gesichter der vierzig Mitreisenden, die ebenso angewidert waren wie wir, bedeuteten nichts Gutes für unsere lange Seereise nach Indien.

Unterdessen hielt HPB die Bediensteten auf Trab, und ihre Mitreisenden waren, abgesehen von ein oder zwei Ausnahmen, entsetzt über ihre grobe Sprache und empört über ihren religiösen Irrglauben. Das Schiff geriet in eine aufgewühlte See, HPB wurde gegen ein Tischbein geschleudert und verletzte sich am Knie. Sie musste daraufhin mit ihrem lahmen Knie in der Kabine liegen bleiben.

Mit zweihundertfünfzig bis dreihundert Meilen pro Tag fuhren wir an der Mittelmeerküste entlang, passierten Gibraltar, Algerien und Malta. Am zweiten Februar erreichten wir Port Said [Ägypten] und verbrachten zwei Tage und Nächte auf dem Suezkanal. Wir stießen in das rote Meer vor, und dann kam die dritte und letzte Etappe unserer Pilgerreise in das Land der Sehnsucht. In jener Nacht versilberte der Mond das Wasser des Golfs von Suez, und wir hatten das Gefühl, auf einem Traummeer dahin zu gleiten. Alles verlief reibungslos, bis wir am 12. anhalten mussten, weil die Dampfmaschine repariert wurde. Am 15. [Februar] mittags lagen wir noch hundertsechzig Meilen von den Lichtern Bombays entfernt und trafen am folgenden Morgen im Hafen ein. Noch vor Sonnenaufgang stand ich an Deck und ergötzte mich am Anblick des Hafens, den wir rasch ansteuerten. Das vor uns liegende Elephanta war der erste Ort, den wir gerne sehen wollten, da er das alte Indien repräsentierte. Doch wandte man sich der Vorgebirgslandschaft des Malabar Hügels zu, verflog der Traum. Das Indien, das wir dort sahen, war das der aufwendigen Bungalows, eingebettet in die Pracht englischer Blumengärten und umgeben von all den Anzeichen des im Ausland erworbenen Wohlstands.

Das Schiff war kaum vor Anker gegangen, als drei Hindus an Bord kamen und nach uns suchten. Sie schienen uns fremd zu sein, doch als sie ihre Namen nannten, umarmte ich sie. Wir stiegen in ihr Boot und gingen am Apollo-Bunder an Land. Sobald ich den Boden berührte, kniete ich nieder und küsste die Granitstufe; meine spontan Puja!

Die Mittagssonne Bombays überrascht Mitte Februar den Besucher aus dem Westen, und wir konnten ihre volle Kraft genießen, bevor Herr Hurrychund eintraf.

Bombays Straßen verzauberten uns mit ihrem auffälligen orientalischen Charakter. Die hohen, mit Stuck verzierten Wohnhäuser, die neuartige Kleidung der bunt gemischten asiatischen Bevölkerung, die seltsamen Fahrzeuge.... alle diese lebhaften Eindrücke entzückten uns.

Vor unserer Abreise aus New York hatte ich Herrn Hurrychund schriftlich gebeten, ein kleines, sauberes Haus im Hindu-Viertel für uns zu besorgen. Er führte uns zu einem Haus in der hinteren Girgaum Street, das in einem verhältnismäßig einsamen Viertel stand und sich an sein glasgedecktes Fotostudio anschloss. Kokospalmen neigten sich über unser Dach, und süß duftende indische Blumen erfreuten unsere Sinne. Nach der trostlosen Seereise schien dies das Paradies zu sein. Die Damen befreundeter Familien besuchten HPB, und einige Hindus und Parsen unsere ganze Gesellschaft. Der eigentliche Besucherstrom setzte erst am nächsten Morgen ein.

Auf der *Speke Hall* hatten wir Ross Scott, einen irischen Edelmann, kennengelernt. Diese Bekanntschaft sollte sich zu einer dauerhaften Freundschaft entwickeln. Aufgrund unserer langen Unterhaltungen über die östliche Philosophie war er der Theosophischen Gesellschaft beigetreten. Er besuchte uns am ersten Abend nach unserer Ankunft und bewegte HPB dazu, ein Phänomen vorzuführen, das ganz neu für mich war. Die beiden saßen auf dem Sofa, während ich mit Hurrychund am Tisch in der Mitte des Zimmers stand, als Scott HPB ihre offensichtliche Absicht vorwarf, ihn zu seinem offiziellen Posten im Norden weiterreisen zu lassen, ohne ihm vorher auch nur den geringsten Beweis für die übersinnliche Kraft im Menschen, von der sie soviel gesprochen hatte, gegeben zu haben. Da sie ihn sehr gerne mochte, willigte sie ein. „Was soll ich für sie machen?", fragte sie. Er schnappte sich das Taschentuch aus ihrer Hand, zeigte auf den gestickten Namenszug „Heliona" und meinte: „Lassen sie den Namen verschwinden und statt dessen einen anderen dort erscheinen." „Welchen Namen möchten sie denn haben?" Er blickte zu uns herüber und deutete auf unseren Gastgeber. „Sagen wir, Hurrychund!" Daraufhin gingen wir zu den beiden und schauten zu. Sie bat Scott, die mit dem Namen bestickte Ecke des Taschentuchs fest in der Hand zu halten, während sie selbst die gegenüberliegende Ecke nahm. Nach etwa einer Minute forderte sie ihn auf, nachzusehen. Die Namen waren ausgetauscht worden, und der von Hurrychund stand in derselben Weise eingestickt dort. In der ersten Aufregung rief er aus: „Wo bleibt da eure Physik? Das schlägt alle Professoren dieser Welt!"

Am Abend des 17. Februar wurde in dem Fotostudio ein Empfang gegeben, zu dem dreihundert geladene Gäste kamen. Es fand die übliche Begrüßung mit Girlanden, Limonen und Rosenwasser statt.

Wir wechselten unser Quartier, kauften Möbel und andere Notwendigkeiten und richteten uns am 7. März in dem kleinen Haus in der hinteren Girgaum Street 108 für die nächsten zwei Jahre ein. Jeden Abend hielten wir eine improvisierte Audienz, auf der die kn iffligsten Fragen der Philosophie, Metaphysik und Wissenschaft diskutiert wurden. Die Besucher drängten sich in unserem Bungalow und blieben bis zum späten Abend, um religiöse Fragen zu besprechen. Wir waren vollkommen glücklich in unserem abgelegenen Häuschen unter den Kokospalmen; denn unter diesen schattigen Palmen besuchten uns die Mahatmas persönlich, und ihre Anwesenheit stärkte uns, um auf dem Pfad, den wir eingeschlagen hatten, voranzuschreiten.

Am 15. Juli besuchte uns der Mahatma Morya in seinem physischen Körper in Bombay. Im hellen Tageslicht kam er auf einem Pferd geritten. Er hatte mich durch einen Diener in das Vorderzimmer von HPB's Bungalow rufen lassen (während sie sich noch in dem anderen Bungalow mit einigen Leuten unterhielt). Er kam, um mich für etwas zu rügen, das ich in Sachen TG unternommen hatte, und da HPB ebenfalls zu tadeln war, telegraphierte er ihr zu kommen, das heißt, er blickte sich um und wies mit dem Finger in die Richtung, in der sie sich aufhielt. Sie eilte unverzüglich herbei. Als sie ihn sah, kniete sie ergeben vor ihm nieder. In dem anderen Bungalow hatte man seine und meine Stimme gehört, aber nur HPB und ich sowie der Diener haben ihn gesehen.

[Anmerkung: In Oberst Olcotts Tagebuch steht unter dem 15. Juli 1879 folgender Eintrag: „Hatten Besuch von Sahib in seinem Körper!! Er schickte Babula in mein Zimmer, um mich in HPB's Bungalow zu holen, wo eine ganz persönliche Besprechung stattfand. Wie kindlich und nutzlos man sich doch fühlt in Gegenwart dieser Männer." – DHC]

8E. ANONYM
16.-17. FEBRUAR 1879, BOMBAY, INDIEN

[„Theosophic Thaumaturgy" 1879]

Seit Jahren gehen seltsame Berichte über die Zauberkünste der Gräfin Blavatsky, die zu der theosophischen Gruppe gehört und sich zur Zeit in Bombay aufhält, durch die amerikanischen Zeitungen. Falls man ihnen Glauben schenken darf, bedeutet dies, dass ein Simon Magus in Petticoats in unseren Tagen auferstanden ist. Manche von ihnen klingen verblüffend, wie das Erklingen von Musik, ohne greifbare Ursache, die augenblickliche Vervielfältigung von Dokumenten und Kleidungsstücken, Inschriften, die in orientalischen Texten mit goldenen Lettern geschrieben stehen und auf Möbeln auftauchen und wieder verschwinden, die Tatsache, dass sie sich selbst unsichtbar macht und Gemälde und Schriftstücke auf Papier erscheinen, indem sie nur ihre Handfläche darauf legt. Aber alle diese Phänomene und viele gleichermaßen seltsame Erscheinungsbilder sind von zahlreichen Augenzeugen bestätigt worden, nicht von Theosophen und nicht immer von ehemaligen Bekannten. Von einem ihrer magischen Bilder – dem Portrait eines indischen *Yogi* – versicherten der bedeutende amerikanische Maler Thomas LeClair und der ebenso bekannte Bildhauer William R. O'Donovan in einer englischen Zeitschrift, dass es ihrer Meinung nach keinem lebenden Künstler im Hinblick auf Wirkung, Großzügigkeit und Einzigartigkeit gleichermaßen gelingen würde. Beide waren nicht in der Lage, die verwendete Farbsubstanz oder deren Anwendungsart zu bestimmen.

Obwohl die Dame seit ihrer Ankunft sehr zurückhaltend mit ihren seltenen Fähigkeiten umgeht, sind uns zwei Fälle zu Ohren gekommen, die allerdings höchst erstaunlich sind. Das erste Mal ging es um den momentanen Austausch eines in ein Taschentuch gestickten Namens gegen einen anderen. Es geschah vor den Augen eines Hilfsgouverneurs und Verwaltungsbeamten der nordwestlichen Provinzen, einem Mitreisenden der theosophischen Gruppe auf der Fahrt hierher. Während des Umtauschs hielt er sogar eine Ecke des Taschentuchs fest, und außerdem gab es im Zimmer etliche einheimische Beobachter. Der zweite Fall ist noch erstaunlicher. Vor ihrer Abreise aus London bat sie ein englischer Rechtsanwalt [Charles C. Massey], Präsident der Theosophischen Gesellschaft in England und Sohn eines liberalen Parlamentsmitglieds, dessen Name überall in Indien bekannt ist, seinen Vater von den Schmerzen in seinem verletzten Auge zu befreien. Sie versprach, es zu versuchen, sobald sie Indien erreicht hatte. Um die dazu notwendige elektromagnetische Schwingung zwischen sich selbst und dem Patienten herzustellen, benötigte sie aber irgendein Kleidungsstück oder einen anderen Gegenstand, der mit seiner Person in engem und häufigem Kontakt stand. Man gab ihr ein Paar Handschuhe, die in einen Umschlag gesteckt und unangetastet mit nach Indien genommen wurden. Am 17. dieses Monats, also einen Tag nach ihrer Ankunft, nahm sie die Handschuhe in Gegenwart von Oberst Olcott, dem sie ihre Absicht mitteilte, einen davon an den Freund in London zu schicken, aus ihrer Kiste. Im Salon legte sie die beiden Handschuhe auf den Tisch und verschloss die Tür. Dies war das letzte Mal, dass Oberst Olcott sie sah, wie er uns versicherte. Mit der letzten Überlandpost traf die Fortsetzung ein. Aus einem am 18. Februar datierten Brief des Londoner Rechtsanwalts geht hervor, dass er beim Eintreffen in seiner Praxis am Tag zuvor – am 17. – ein Telegramm von einer gebildeten und sehr angesehenen Dame, einem so genannten „Medium", vorgefunden hatte. Darin hieß es, er solle sie am Abend um sechs Uhr in ihrem Haus aufsuchen, da ihr gewohnter „Geist" eine Nachricht von Madame Blavatsky zu überbringen habe. Er traf pünktlich ein und wurde von der Dame und ihrem Mann empfangen, die ihn sofort in einen verdunkelten Raum führten. Was geschah, wollen wir den Rechtsanwalt selbst beschreiben lassen. „Ehrlich gesagt", bemerkt er, „erwartete ich nicht allzu viel, aber genau zur verabredeten Zeit erschien der „Geist", erfüllte die Luft mit einem süßen Duft und begann die Unterredung (die kaum fünf Minuten dauerte), in dem er mir etwas Leichtes und Weiches ins Gesicht schleuderte – ein guter Wurf, in der Dunkelheit. Ihm entströmte besagter Duft. Ich wusste sofort, was es war. Der Handschuh! Der Handschuh! Von *ihnen* aus Bombay, denn wir haben aus der Zeitung erfahren, dass ihr Schiff am vergangenen Sonntag, also vor zwei Tagen, eingetroffen ist. Was soll ich sagen – was denken? Die wohlbekannte Unterschrift im Innern des Glacee-Handschuhs in der wohlbekannten blauen Farbe und die weniger bekannten und weniger entzifferbaren Symbole darüber."

Die Augenzeugen in diesem Fall sind untadelig, und wir wissen wirklich nicht, was man zu diesem neuen, trans-atmosphärischen Postdienst sagen soll. Der angeblich verbliebene Handschuh wurde einem Herrn in Bombay zur freien Verfügung gegeben und wird zum Vergleich nach London geschickt.

8F. A. P. SINNETT
DEZEMBER 1879, ALLAHABAD, INDIEN

[Zusammengestellt aus Sinnett 1886, 221-2, 224, 226
und Sinnett 1881, 42-8]

Die Ankunft von Oberst Olcott und Madame Blavatsky in Indien war von
einigen Zeitungen mit dem Hinweis angekündigt worden, dass Mme. Blavatsky, die mit einer modernen Entwicklung der „Magie" in Verbindung
gebracht wurde, eine fabelhafte Person war. Ich hatte ihr großartiges Buch
Entschleierte Isis gesehen, was mein Interesse an der Autorin weckte. Aufgrund einiger Äußerungen, die im *Pioneer*, dessen Herausgeber ich damals
war, veröffentlicht wurden, ergab sich der Briefwechsel zwischen uns. Gemäß
der im Sommer getroffenen Vereinbarungen besuchte sie im Dezember 1879
meine Frau und mich in unserem Winterdomizil in Allahabad.

Ich erinnere mich noch genau an den Morgen ihrer Ankunft, als ich sie
am Bahnhof abholte. In jenen Tagen trafen die Züge aus Bombay früh am
Morgen in Allahabad ein, und es reichte gerade noch für ein zeitiges Frühstück, als ich unsere Gäste nach Hause brachte. Um einer bestimmten Vorstellung von ihrer Person zuvorzukommen, hatte sie sich selbst in ihren letzten Briefen als ein grobes altes „Nilpferd" von einer Frau beschrieben, das
sich nicht für die vornehme Gesellschaft eignete. Dies war aber in einer solch
humorvollen Weise geschehen, dass ihr scharfer Verstand diese Warnung bei
weitem überwog. Ihre rauhen Manieren, von denen wir schon so viel gehört
hatten, erwiesen sich als nicht allzu beunruhigend, obwohl ich mich erinnere, dass ich in herzhaftes Lachen ausbrach, als Oberst Olcott nach ein oder
zwei Wochen ihres Aufenthalts uns ernsthaft erklärte, dass Madame bislang
unter „großer Selbstbeherrschung" gestanden habe. Meine Frau und ich hatten nicht den Eindruck gehabt, ihre Unterhaltung aber als äußerst interessant empfunden.

Ich möchte meinen Lesern ein möglichst klares Bild von Mme. Blavatsky
vermitteln, so wie ich sie gekannt habe, und werde nicht zögern, auch die
Schattenseiten zu berücksichtigen. Ihr erster Besuch erwies sich nicht in jeder Hinsicht als ein uneingeschränkter Erfolg. Ihre bisweilen unterhaltsame
Erregbarkeit nahm mitunter eine ärgerliche Form an. Wenn sie irgendetwas
störte, entlud sie ihre Ungeduld, indem sie mit lauter Stimme heftige Schimpf-

kanonanden auf Oberst Olcott abfeuerte, der damals am Anfang seiner Lehrzeit im „esoterischen Geschäft", wie sie es oft abfällig nannte, stand. Kaum jemand mit ein bisschen Scharfblick konnte aber übersehen, dass dieses rüpelhafte Benehmen und die Verachtung für alles Konventionelle dem bewussten Widerstand gegen das Verhalten der vornehmen Gesellschaft entsprangen, nicht der Tatsache, dass sie es nicht kannte oder beherrschte. Ihre Empörung zeigte sich mitunter sehr entschlossen, und sie färbte ihre Sprache oft mit witzigen und amüsanten Kraftausdrücken, von denen einige derartig heftig waren, dass wir es bevorzugt hätten, wenn sie unausgesprochen geblieben wären. Sie besaß sicherlich keines der äußerlichen Merkmale, die man bei einem geistigen Lehrer erwartet hätte.

Die Erinnerung an jene Zeit liefert ein sehr unterschiedliches Bild von Madame, was auf ihrem jeweiligen Nervenzustand und ihrem Temperament beruht. Manche Zeitgenossen haben sie als eine erregte und zungenfertige Person in Erinnerung, sich allzu lautstark eifernd, wenn jemand sie oder ihre Gesellschaft verkannt hatte. Einige zeigen sie ruhig und kameradschaftlich, mit großem Überschwang interessante Dinge über mexikanische Antiquitäten, Peru oder Ägypten erzählend, ein Wissen an den Tag legend, das die unterschiedlichsten Themen umspannt, mit einem hervorragenden Gedächtnis für Namen und Orte und einem großen Interesse an archäologischen Theorien, was ihre Zuhörerschaft faszinierte. Ich erinnere mich daran, wie sie Begebenheiten aus ihrem eigenen frühen Leben erzählte, geheimnisvolle Einblicke in ihre Abenteuer oder Geschichten über die russische Gesellschaft, und das alles mit einem solchen Scharfsinn, einer Lebendigkeit und Eleganz, dass sie in solchen Augenblicken für alle Anwesenden ein reines Vergnügen darstellte.

Ich habe viel über ihr Ungestüm und die Taktlosigkeit ihrer Rede und ihrer Verhaltensweise gesprochen und wie sie sich stundenlang über Kleinigkeiten aufregen konnte, die ein phlegmatisches oder gar ein philosophisches Temperament kaum beachten würde. Andererseits aber vermochte ein Appell an ihren philosophischen Intellekt sie jederzeit sofort in eine andere Denkweise zu lenken, und ein dankbarer Gesprächspartner konnte stundenlang Informationen in Bezug auf östliche Religion und Mythologie, die feine Metaphysik der hinduistischen und buddhistischen Symbolik oder die esoterische Lehre selbst aus ihr herausholen.

Der Bericht über Mme. Blavatskys Aufenthalt in Indien ist natürlich eng mit der Geschichte der Theosophischen Gesellschaft verknüpft, auf die sie direkt oder indirekt ihre gesamte Energie konzentrierte. Indirekt nur insofern, als sie verpflichtet war, literarische Arbeiten für russische Zeitschriften zu verfassen, um ihren Lebensunterhalt zu verdienen und die geringen Einnahmen der Hauptniederlassung der Gesellschaft aufzustocken.

Der *Theosophist,* die Monatszeitschrift, die sich der esoterischen Forschung widmete und die sie im Herbst ihres erstens Jahres in Indien ins Leben rief, trug sich von Anfang an und brachte im Laufe der Zeit einen kleinen Gewinn, dank der Tatsache, dass der Betrieb ausschließlich auf freiwilliger Basis beruhte und die Arbeiten aller Bereiche von einer kleinen Gruppe von Theosophen in der Zentrale erledigt wurden. Während die spöttischen Kritiker der Bewegung in den Zeitungen immer wieder verbreiteten, die Begründer der Gesellschaft machten eine gutes Geschäft mit den „Einweihungsgebühren" und lebten auf Kosten der Gläubigen, saß Mme. Blavatsky in Wirklichkeit von morgens bis abends an ihrem Schreibtisch und mühte sich mit ihren russischen Artikeln ab, die sie nur um des kleinen Einkommens willen schrieb, das sie auf diese Weise erarbeiten konnte und das die Zentrale in weitaus größerem Maße unterstützte als deren eigene Einkünfte und sie so am Leben hielt.

Durch meine Bekanntschaft mit Madame Blavatsky habe ich Erfahrungen in der Esoterik gesammelt. Das Problem, mit dem ich mich zunächst auseinandersetzen musste, war die Frage, ob Madame Blavatsky tatsächlich die Fähigkeit besaß, ungewöhnliche Phänomene hervorzubringen.

Bei ihrem ersten Besuch in meinem Haus durfte Madame Blavatsky zeigen, dass „Klopfzeichen", wie sie die Spiritisten irgendwelchen Geistern zuschreiben, willentlich hervorgerufen werden konnten.

Spiritisten wissen, dass, wenn einige Leute sich um einen Tisch versammeln und ihre Hände darauf legen, sie in Anwesenheit eines „Mediums" im Allgemeinen leise Klopfzeichen hören, die auf Fragen antworten und kleine Nachrichten schreiben. Der große Personenkreis, der dem Spiritismus ungläubig gegenübersteht, betrachtet es als Schwindel. Es muss manchmal mühevoll sein, die weitreichende Entwicklung der Täuschung zu erklären; doch jede Theorie ist in ihren Augen einem Eingeständnis der Möglichkeit vorzuziehen, dass der Geist eines Verstorbenen auf diese Weise Verbindung aufzunehmen vermag oder dass eine physikalische Wirkung ohne eine physikalische Ursache entsteht. Solche Leute sollten vielleicht meine Erklärung in

Erwägung ziehen, da ich wie sie zeigen möchte, dass die Theorie der Selbsttäuschung im Hinblick auf das Geisterklopfen nicht die einzige ist, mittels derer die geltend gemachten Fakten des Spiritismus mit der Abneigung vereinbar sind, die geistige Hypothese als Erklärung anzunehmen.

Ich fand bald heraus, dass nicht nur die Klopfzeichen an dem Tisch auftraten, an dem Madame Blavatsky saß, sondern sich jede denkbare Hypothese eines Betrugs durch einen Vergleich mit verschiedenen Experimenten, die wir durchführen konnten, sofort endgültig erledigte. Erstens war es nicht erforderlich, dass andere Leute noch mit am Tisch saßen. Wir konnten jederzeit an jedem Tisch oder ganz ohne Tisch arbeiten. Eine Fensterscheibe erfüllte den gleichen Zweck oder die Wand oder eine Tür oder irgendetwas, dem man einen Ton entlocken konnte. Eine angelehnte halbe Glastür erwies sich als ein sehr gutes Werkzeug, da es in diesem Fall leicht war, Madame Blavatsky gegenüberzustehen und ihre nackten Hände oder eine Hand (ohne Ringe) bewegungslos darauf liegen zu sehen. Man konnte die kleinen Zeichen deutlich hören, als ob eine Bleistiftspitze sie erzeugte oder eine elektrische Zündung. Eine andere sehr zufriedenstellende Methode, die Klopfzeichen zu erhalten, die häufig abends angewendet wurde, bestand darin, einen großen gläsernen Lampenschirm auf den Kaminvorleger zu setzen. Madame Blavatsky saß davor, ohne dass ihre Kleider den Schirm berührten, und legte ihre ringlosen Hände darauf. Stellte man gegenüber eine Lampe auf den Boden und hockte sich auf den Teppich, konnte man von unten her ihre Hände bewegungslos auf dem Glas liegen sehen und dennoch deutlich die klaren Klopfzeichen auf der Glasoberfläche hören.

Madame Blavatsky vermochte keine genaue Erklärung für das Auftreten der Klopfzeichen zu geben. Aber die Tatsache, dass sie dem Willen gehorchten, entzog sich sofort jeglicher Diskussion. Auf diese Weise wurden Namen buchstabiert oder eine bestimmte Sequenz oder ein bestimmter Rhythmus von Klopfzeichen gefordert, was dann auch kam. Madame Blavatsky ging sogar soweit, ihre Hände oder auch nur eine Hand auf den Kopf einer der Anwesenden zu legen und die Klopfzeichen für den aufmerksamen Zuhörer hervorzuholen. Die berührte Person spürte sie jedesmal wie einen winzigen Schock, vergleichbar mit einer elektrischen Zündung.

Auf einer späteren Stufe meiner Untersuchungen war ich in der Lage, Klopfzeichen ohne Kontakt zwischen dem Gegenstand, auf dem sie erzeugt wurden, und Madame Blavatskys Händen zu erhalten. Gewöhnlich rief sie diese auf einem kleinen Tisch hervor, der inmitten einer aufmerksamen Gruppe stand und nicht berührt wurde. Nachdem sie ihre Hände einen Augenblick lang darauf gelegt hatte, um ihn einzuschwingen, bewegte sie einige Zentimeter über ihm die Hand hin und her, und der Tisch gab bei jeder Bewegung den vertrauten Ton von sich. Diese Experimente wurden nicht nur in unserem Haus durchgeführt, sondern auch bei Freunden, zu denen uns Madame Blavatsky begleitete. Außerdem stellte man fest, dass es möglich war, dass mehrere Personen dieselben Zeichen gleichzeitig spürten. Manchmal legten vier oder fünf ihre Hände auf dem Tisch übereinander, um gemeinsam das Zeichen zu fühlen. Madame Blavatsky legte ihre Hand oben auf und rief eine Strömung hervor – oder was immer den Ton verursachte –, die alle Hände durchlief, von jedem gespürt wurde und sich als Klopfzeichen auf dem Tisch bemerkbar machte. Jeder, der an einem solchen Experiment teilgenommen hatte, konnte erkennen, dass die Annahme der Skeptiker, die Töne seien durch Madame Blavatskys Daumennägel oder durch das Knacken von Gelenken entstanden, unhaltbar war.

Die Klopfzeichen gaben mir die volle Gewissheit, dass sie einige ungewöhnliche Fähigkeiten besaß.

H. P. Blavatsky, Sri Lanka, 1880

Kapitel 9

SRI LANKA UND BOMBAY
1880

Von Mai bis Juli 1880 verbrachten die Gründer einige Zeit in Sri Lanka, als Oberst Olcott die Grundlage für seine spätere Arbeit, die Belebung des Buddhismus, legte. Beide nahmen sie "Zuflucht" und legten ein feierliches Bekenntnis zu den fünf Verpflichtungen des Buddhismus ab – Nicht-Verletzen, Nicht-Stehlen sowie unmoralischem sexuellen Verhalten, Lügen und Alkohol zu entsagen. Sie stellten sich unter den Schutz von Buddha, Dharma und Sangha. Die öffentliche Zeremonie, bei der diese Gelübde in Gegenwart eines Führers der buddhistischen Gemeinschaft wiederholt wurden, bildeten das offizielle Glaubensbekenntnis des Buddhismus.

9A. ANONYM
MAI 1880, AN BORD DER SS ELLORA,
REISE VON BOMBAY, INDIEN, NACH COLOMBO, SRI LANKA

[„Voyage with Mme. Blavatsky" 1891]

Anfang Mai 1880 reiste ich mit einem der angenehmen kleinen Küstendampfer der britisch-indischen Schifffahrtsgesellschaft von Bombay nach Colombo auf Ceylon.

Das Vergnügen der Reise bestand darin, die Freude zu sehen, mit der die alte Frau [Madame Blavatsky] dem ersten Offizier, einem riesigen, grobknochigen, unbeholfenen Schotten mit feuerrotem Haar und Backenbart und einem angeborenen Hass auf alles, was auch nur ein Jota von der religiösen Überzeugung seiner eigenen presbyterianischen Kirche abwich, das Leben unerträglich machte.

Gleich nach Verlassen des Hafens von Bombay hatten der erste Offizier und Mme. Blavatsky zu streiten begonnen, bis er schließlich öffentlich erklärte, er glaube, sie sei die einzige Tochter des "Vaters aller Lügen" und fügte hinzu, er wolle zum Himmel beten, dass das Schiff mit einer derartig gottlosen Frau an Bord den Hafen sicher erreichen möge. Was ihn betraf, so bezweifelte er es, aber er wollte trotzdem beten. Bei dieser Äußerung des entschlossenen Seemanns schüttelte sich die alte Frau vor Lachen. Eines Abends nach dem Dinner saßen wir bei Kaffee und Rosinen, als sie ihm erklärte, sie habe genug von seinen engstirnigen Zweifeln an ihren Kräften, sich der Naturgesetze für ihre Tricks, wie er es nannte, zu bedienen und wollte ihn auf der Stelle belehren, seine Zunge zu zügeln.

„Gut, Madame, versuchen sie es doch", erwiderte er höhnisch.

„Tragen sie ein Taschentuch bei sich?", fragte sie.

Er knöpfte seine Jacke auf und reichte ihr ein einfaches Baumwolltaschentuch mit schmalem blauen Rand.

Mme. Blavatsky warf es vor sich auf den Tisch, schob Teller, Kaffeetasse und Gläser beiseite und zog ihren Stuhl möglichst nahe an den Tisch heran. Ich saß direkt neben ihr und beobachtete sie, wie alle anderen auch, mit großem Interesse. Der erste Offizier blickte von seinem nicht allzu weit entfernten Platz am Tischende mit einem breiten Grinsen auf seinem durchfurchten Gesicht herüber.

Nachdem sie sich Freiraum geschaffen hatte, stützte sie beide Ellbogen auf die Tischkante, nahm das Taschentuch und begann, es so eng wie möglich zusammenzurollen. Dann presste sie es in ihren beiden Fäusten, bis sie puterrot anlief. Schweiß trat auf ihre Stirn und rann über ihr Gesicht und den Hals, aber sie presste immer noch stärker. Ihre Augen waren dabei fest geschlossen, und ein Ausdruck von Schmerz trat in ihr Gesicht, dessen Farbe entwich. Sie war leichenblass.

Ich vermute, das Ganze dauerte höchstens zwei Minuten. Sie öffnete ihre Hände und keuchte, als wäre ihre Kehle ausgetrocknet. Oberst Olcott bedeutete uns zu schweigen, und einige Augenblicke später öffnete sie die Augen, und Farbe trat wieder in ihr Gesicht. Sie versuchte zu sprechen, vermochte aber nur zu flüstern: „Gebt es ihm", wobei sie auf das Taschentuch deutete. Man reichte es dem Schotten hinüber, der es ein wenig ängstlich entfaltete und völlig verblüfft dreinschaute, als er in der Mitte sein Monogram ganz fein eingestickt fand. In einem Kreis von etwa fünf Zentimetern Durchmesser, dessen Farbe das gleiche Hellblau aufwies wie die Ränder, standen weiße Seidenbuchstaben.

Einen Augenblick lang starrte der erste Offizier auf das Monogramm, blickte zu der blassen, aber triumphierenden alten Frau hinüber, die ihn mit blitzenden Augen ansah, stieß einen kräftigen Fluch aus und ging in seine Kabine. Während der restlichen Reise vermied er ihre Nähe; er sprach nicht mit ihr, setzte sich nicht an ihren Tisch und wiederholte nur seine Hoffnung, die Vorsehung werde das Schiff Ceylon sicher erreichen lassen.

9B. Henry S. Olcott
Mai 1880, an Bord der SS Ellora,
Reise von Bombay nach Colombo und später

[Olcott 1900, 2:154-5]

Der alte Kapitän [der SS Ellora] war eine fette, gutmütige Person, die an nichts glaubte. Er scherzte über unsere Vorstellungen mit einer solch herzerfrischenden Unwissenheit, dass er uns zum Lachen brachte. Eines Tages saß HPB bei ihrem geliebten Kartenspiel, als der Kapitän ihr tiefes Nachdenken mit der Bitte unterbrach, ihm die Zukunft aus den Karten zu lesen. Sie lehnte zunächst ab, willigte dann aber ein und ließ ihn die Karten mischen, teilen, abheben und auf dem Tisch auslegen. „Das ist aber seltsam; das kann nicht sein!", meinte sie. „Was!", fragte der Kapitän. „Was die Karten sagen. Mischen sie noch einmal!" Er tat es, aber anscheinend mit demselben Ergebnis, denn HPB bemerkte, die Karten prophezeiten etwas so Unsinniges, dass sie es ihm nicht sagen wollte. Er bestand darauf. In den Karten hieß es, er werde nicht länger auf See bleiben, sondern ein Angebot erhalten, an Land zu leben; und er werde seinen Beruf aufgeben. Der dicke Kapitän lachte bei der Vorstellung schallend auf und meinte, genau das habe er erhofft. Er hätte die See nur allzu gerne aufgegeben, aber ein solches Glück wäre ihm wohl nicht beschieden. Er erzählte die Angelegenheit seinem Hauptoffizier, und das Gelächter war auf Seiten des Schiffes. Aber es gab eine Fortsetzung.

Ein oder zwei Monate nach unserer Rückkehr nach Bombay erhielt HPB einen Brief von Kapitän Wickes, in dem er sich für sein Verhalten bezüglich des Kartenlegens entschuldigte und ihr mitteilte, dass sich die Weissagung erfüllt hatte. Nachdem wir in Ceylon von Bord gegangen waren, fuhr er weiter nach Kalkutta. Dort bot man ihm die Ernennung zum Hafenmeister von Karwar (oder aber Mangalor) an. Er willigte ein und kehrte tatsächlich als Passagier seines eigenen Schiffs zurück! Dies ist nur ein Beispiel der zahlreichen Fälle, in denen HPB Karten legte. Ich glaube, die Karten selbst dienten nur als Verbindung zwischen ihrem hellsehenden Gehirn und der Aura des Kapitäns und regten so ihre Fähigkeit, in die Zukunft zu blicken, an. Ich erinnere mich jedoch kaum, dass sie irgendeines der vielen schmerzlichen Ereignisse vorausgesehen hat, die ihr durch treulose Freunde und böswillige Feinde zuteil wurden. Sollte es der Fall gewesen sein, dann hat sie niemals darüber gesprochen. Einmal wurde ihr in Bombay etwas gestohlen, das sie sehr schätzte, aber sie konnte weder den Schuldigen finden noch der Polizei, die sie gerufen hatte, helfen.

9C. Henry S. Olcott
Mai – Juni 1880, Sri Lanka

[Olcott 1900, 2:151-205]

Die Vorbereitungen für eine seit langem von den führenden Priestern und Laien der buddhistischen Gemeinschaft erbetene Reise nach Ceylon nahmen uns vollkommen in Anspruch.

Am 7. Mai gingen wir an Bord eines britisch-indischen Dampfers. Zu der Reisegruppe gehörten [neben anderen] die beiden Gründer, Herr [Edward] Wimbridge und Damodar K. Mavalankar.

Am Morgen des 16. Mai trafen wir im Hafen von Colombo ein. Nach einer Weile erreichte uns längsseits ein großes Boot mit Mohottiwatte Gunananda, dem buddhistischen Priester, John Robert de Silva und einigen jungen Priestern. Mohottiwatte, ein Mönch mittleren Alters, von kräftiger, mittelgroßer Gestalt, mit einem sehr intelligenten Kopf, klarem Blick, sehr großem Mund und einem selbstbewussten, wachen Auftreten, war der streitlustigste [buddhistische] Redner der Insel und der Schrecken der [christlichen] Missionare. HPB hatte ihm aus New York eine Ausgabe der *Entschlei-erten Isis* geschickt, aus der er vereinzelte Teile übersetzt hatte, in denen sie einige Phänomene beschreibt, die ihr im Laufe ihrer Reisen begegnet waren. Die Begrüßung war ausgesprochen herzlich. Er bat uns, mit dem Dampfer bis Galle weiter zu fahren, wo man uns erwartete. Er selbst beabsichtigte, am Abend mit dem Zug zu reisen.

Am 17. erreichten wir Galle im Morgengrauen. Trotz des Monsunregens und der starken Winde gingen wir an Deck, um uns an dem lieblichen An-blick zu erfreuen. Eine wunderschöne Bucht; gegen Norden ein grünes Vor-gebirge, gegen das die Brandung tobte und die Gischt an der Steilküste em-por spritzte; ein langer, gebogener Sandstrand, gesäumt von ziegelgedeckten Bungalows, die in einem Palmenmeer nahezu verschwanden; die alte Feste, das Zollamt, der Leuchtturm, die Mole und die Kohlenhütten im Süden und gegen Osten das tosende Meer mit einer Reihe von Felsen und Riffen, die es zum Hafen hin abgrenzten. In der Ferne erhoben sich auf dem Fest-land der Adam's Peak und seine Schwesterberge.

Nach dem Frühstück hatte sich der Sturm gelegt, und wir gingen an Bord eines großen, mit Bananen und leuchtenden Blumen geschmückten Schiffes, auf dem sich die führenden Buddhisten des Ortes eingefunden hat-ten. An der Mole und am Ufer entlang erwartete uns eine große Menschen-menge. Von den Stufen des Landestegs bis zur Straße, auf der die Wagen bereit standen, war ein weißes Tuch für uns gespannt worden, und Tausende von Fähnchen winkten uns zur Begrüßung begeistert zu. Die Menge drängte sich dicht an unsere Kutschen heran, und wir setzten uns in Bewegung und fuhren langsam zum Haus von Frau Wijeratne. Dort empfingen uns drei Hauptpriester am Eingang und segneten uns. Der Empfang dauerte den ganzen Tag über, und die einfachen Leute scharten sich um das Haus, um einen Blick zu erhaschen. Unsere Gastgeberin und ihr Sohn, der stellvertre-tende Leichenbeschauer von Galle, überschütteten uns mit ihrer Gastlich-keit.

Die Mönche, die Mohottiwattes Auszüge aus HPB's Buch gelesen hat-ten, drängten sie, ihre Kräfte zu zeigen, und der junge Wijeratne, dem das Taschentuch-Phänomen zu Ohren gekommen war, bat sie, es für ihn zu wie-derholen. Sie wiederholte es zweimal, einmal für ihn und einmal für einen Herrn Dias. In beiden Fällen ersetzte sie ihr eigenes Monogram durch den anderen Namen. Die Aufregung stieg, als sie aus der Zimmerdecke und von der Veranda einige Elfenglocken hell erklingen ließ. Ich selbst musste zweimal eine Rede aus dem Stegreif halten.

Während des ganzen Tages drängten sich die Besucher in den Räumen. Die Diskussionen mit dem betagten Hohepriester Bulatgama Sumanatissa über Metaphysik nahmen kein Ende. Er war besonders hartnäckig, sehr redegewandt und freundlich. Zu den Themen gehörten auch die übersinnlichen Kräfte, und HPB, die ihn wirklich mochte, ließ zum Erstaunen ihrer auserwählten Zuhörerschaft Glocken in der Luft erklingen (eine so laut wie mit einem Metallklöppel geschlagen), Klopfzeichen ertönen, den großen Esszimmertisch erzittern und sich bewegen und dergleichen.

Dies sollte der Auftakt zu einer Aufregung sein, wie wir sie uns niemals hätten träumen lassen. In einem Land der Blumen und vollendeter Vegetation, unter lächelndem Himmel, entlang der Straßen, die im Schatten der Palmen lagen, wurden wir von den Menschen verwöhnt. Wir waren die ersten weißen Fürsprecher ihrer buddhistischen Religion und sprachen öffentlich und vor den Augen der christlichen Missionare, ihren Feinden und Verleumdern, über die Vortrefflichkeit und den segensreichen Trost dieses Glaubens.

Am 25. Mai nahmen HPB und ich in einem Tempel des Ramanya Nikaya in Gegenwart des ehrenwerten Bulatgama „Zuflucht zu Buddha" und wurden offiziell als Buddhisten anerkannt. Wir hatten uns schon lange zuvor in Amerika, sowohl privat als auch öffentlich, als Buddhisten bekannt, so dass dies nur die feierliche Bestätigung unseres früheren Glaubensbekenntnisses darstellte. HPB kniete vor der riesigen Buddha-Statue nieder, und ich folgte ihr. Es fiel uns sehr schwer, die Pali-Worte zu verstehen, die wir dem alten Mönch nachsprechen sollten. Es war eine große Menschenmenge zugegen, die gleich nach uns antwortete, aber Totenstille bewahrte, solange wir uns durch die ungewohnten Sätze kämpften. Als wir den letzten *Sila* beendet hatten und Blumen opferten, wie es der Brauch ist, erscholl ein mächtiger Ruf, und es dauerte eine Weile, bis die Menge ruhig wurde und schwieg, um auf Bitten des Priesters meine kurze Ansprache anzuhören.

Am darauffolgenden Morgen fuhren wir in Kutschen, die die Fischer von Galle bereitgestellt hatten, nach Norden. Fast die gesamte Einwohnerschaft des Ortes versammelte sich, um uns freundlich zurufend zu verabschieden.

Das Gebäude, in das man uns in Panadura unterbrachte, bestand aus kleinen Schlafräumen, die zu der Veranda hinausgingen, die um das ganze

Haus verlief, und einem schmalen Korridor in der Mitte. Badezimmer gab es nicht. Die Räume besaßen nur Holzläden, und wenn diese tagsüber geschlossen wurden, war der Raum dunkel. HPB's Zimmer lag am Südende. Da sie baden wollte, besorgte ich ihr eine Badewanne für ihr Zimmer. Weil es stockdunkel gewesen wäre, hätte man die Läden geschlossen, verhängte ich die Fensteröffnung mit einer großen, weichen Matte, die ich am äußeren Rand der Läden befestigte. Wir anderen saßen um die Ecke auf der Veranda und unterhielten uns, als ich plötzlich meinen Namen rufen hörte. Ich sprang auf, um zu sehen, was los war. In diesem Augenblick krochen drei Singhalesinnen unter der Matte hervor, und die alte Dame beschimpfte sie nach allen Regeln der Kunst. Als sie meine Stimme hörte, empörte sie sich, dass diese frechen Kreaturen aus lauter Neugierde tatsächlich unter die Matte gekrochen waren und sie bei ihrer Waschung beobachtet hatten. Ihre Entrüstung war so dramatisch, dass ich nicht anders konnte, als herzhaft zu lachen, während ich die Eindringlinge davonjagte. Die armen Dinger! Sie hatten es nicht böse gemeint.

Am 9. [Juni] reisten wir mit dem Zug nach Kandy und kamen nach eineinhalbstündiger Fahrt durch eine der malerischsten Landschaften der Welt am Abend gegen sieben Uhr an. Außer der gewohnten Menschenmenge empfing uns eine Abordnung von Kandy am Bahnhof und begleitete uns in einer langen Prozession, mit Fackeln und dem ohrenbetäubendem Lärm einheimischer Trommeln und Trompeten, zu unserem Quartier. Es wurden zwei Ansprachen gehalten, vom Hauptausschuss und einer buddhistischen Gemeinschaft, die mit dem Tempel vom heiligen Zahn des Buddha, dem Dalada Maligawa, verbunden ist. Für meinen Vortrag gingen wir um zwei Uhr nachmittags zum Tempel. Am Morgen des 14. Juni wurde uns die besondere Ehre erwiesen, das Relikt anzuschauen. Es wird in einem getrennten Turm hinter einer dicken, eisenbeschlagenen Tür mir vier Schlössern aufbewahrt und besitzt die Größe eines Alligatorzahns. Der Zahn ruht auf einem Stiel aus Golddraht, der aus einer goldenen Lotosblüte ragt. Das Alter hat ihn stark verfärbt. Falls er echt sein sollte, ist er fünfundzwanzig Jahrhunderte alt. Auf unserem Rückweg zu unserer Unterkunft waren die gebildeten Singhalesen um uns herum neugierig auf HPB's Meinung über die Echtheit dieses Relikts, ob es nun sein Zahn gewesen sei oder nicht. Eine heikle Frage, die HPB freundlich mit den Worten beantwortete: „Natürlich ist es sein Zahn; einer, den er besaß, als er als Tiger geboren wurde."

Um zwei Uhr nachmittags nahmen wir den Zug nach Colombo. Von dort ging es weiter nach Bentota. Wir genossen die Zugreise, die uns ganz nah an der Küste entlang führte, ebenso wie die Autofahrt durch die Palmenhaine. In Bentota wurden wir fürstlich empfangen. Überall waren die Straßen geschmückt, und der feierliche Zug erstreckte sich fast über einen Kilometer. Ich hielt meinen Vortrag von einem großen dekorierten Podium aus. Wir verbrachten die Nacht in einem Gästehaus der Regierung und stimmten alle darin überein, niemals ein solch entzückendes Haus in den Tropen gesehen zu haben. Die hohen Decken, die roten Fliesen der Böden, die dicken, kühlen Lateritwände, die breite rückwärtige Veranda direkt über dem Felsstrand, die geräumigen Zimmer, die Meerbrise, die sie Tag und Nacht durchwehte, ein Badeplatz am Meer, eine Fülle an Blumen....HPB meinte, sie würde gerne ein ganzes Jahr dort verbringen.

Als wir am 12. Juli [schließlich wieder nach Galle zurückkehrten], war dies unser letzter Tag auf der Insel [Sri Lanka]; am 13. lief unser Dampfer ein, und um zwei gingen wir an Bord und ließen viele schluchzende Freunde hinter uns. Wir nahmen zahlreiche Erinnerungen an wohlwollende Freundlichkeit, herzliche Hilfe, schöne Fahrten, begeisterte Menschenmengen und seltsame Erlebnisse mit.

9D. Anagarika Dharmapala
Juni 1880
Colombo, Sri Lanka

[Dharmapala 1927, 723]

Im Alter von zehn Jahren nahm ich einige Kilometer von Colombo entfernt in einem Tempel-Pavillon an einer großen Debatte teil, bei der die Christen einerseits und der Buddhist Mohottiwatte Guananada andererseits über die Wahrheiten ihrer jeweiligen Religion diskutierten. Tausende kamen aus den entferntesten Teilen der Insel, um dieser berühmten Debatte beizuwohnen. Mohottiwatte Guananada lieferte die Rhetorik, und der ehrenwerte Sumangala versorgte ihn mit dem gelehrten Material und den Referenzen. Die Debatte dauerte drei Tage.

Der amerikanische Spiritist Dr. J. M. Peebles, der damals Colombo besuchte, erhielt einen englischen Bericht von dem Meinungsstreit zwischen den Buddhisten und Christen, den er nach seiner Rückkehr in die Vereinigten Staaten Oberst Henry S. Olcott und Madame H. P. Blavatsky zeigte, die 1875 in New York die Theosophische Gesellschaft ins Leben gerufen hatten. Zutiefst beeindruckt, schrieben sie an Guanananda und Sumangala, dass sie im Sinne universeller Brüderlichkeit gerade eine durch die orientalischen Philosophien inspirierte Gesellschaft gegründet hatten und beabsichtigten, nach Ceylon zu reisen, um die Buddhisten zu unterstützen. Die Briefe von Oberst Olcott und Madame Blavatsky wurden in Singhalesisch übersetzt und weit verbreitet. Ich empfand eine tiefe Sympathie für diese beiden Fremden, die so weit weg und doch so mitfühlend waren, und beschloss, mich ihnen anzuschließen, wenn sie nach Ceylon kamen.

Einige Jahre später, als ich sechzehn Jahre alt war, trafen sie in Colombo ein. Die Buddhisten nahmen sie fürstlich auf. Ich erinnere mich, dass ich auf sie zuging und sie begrüßte. Als ich ihre Hände berührte, fühlte ich mich überglücklich. Ihre Sehnsucht nach universeller Brüderlichkeit, nach all den Dingen, die sie für die Menschheit wünschten, ließ mich innerlich aufhorchen. Ich begann, ihre Zeitschrift zu lesen. In den duftenden Gärten oder am schattigen Strand entlang wandernd, sann ich über die Unterhaltungen mit den beiden Theosophen nach. Ich beschloss, mich nicht im Netz weltlicher Wünsche zu verstricken. Von nun an wollte ich mein Leben dem Wohl anderer widmen. Wie ich meinen Entschluss in die Tat umsetzen sollte, das wusste ich noch nicht so genau, aber ich spürte, dass es sich irgendwie aus den Schriften der Madame Blavatsky ergeben würde.

9E. DAMODAR K. MAVALANKAR
23. JUNI - JULI 1880
SRI LANKA (CEYLON) UND DANACH AUF DEM SCHIFF ZURÜCK NACH BOMBAY

[Mavalankar 1965, 55-8]

Nur HPB, Oberst Olcott und ich blieben eines Abends in einem bestimmten Dorf in Ceylon, während die übrigen aus unserer Gruppe weiterfuhren. Wir waren bis gegen Mitternacht damit beschäftigt, Leute einzuführen und

einen Zweig unserer Theosophischen Gesellschaft einzurichten. HPB und
Oberst Olcott gingen gegen ein Uhr zu Bett. Da wir nur eine Nacht in dem
Dorf verbringen mussten, waren wir in dem Rasthaus abgestiegen, das nur
zwei Reisenden eine angenehme Unterkunft bot. Ich musste deshalb mit
einem Sessel im Esszimmer vorlieb nehmen. Kaum hatte ich die Tür von
innen abgeschlossen und mich hingelegt, als ich ein schwaches Klopfen an
der Tür vernahm. Es wiederholte sich noch zweimal, bevor ich die Tür erreichen konnte. Ich öffnete sie, und meine Freude war groß, als ich [Mahatma
Morya] wiedersah. Leise flüsternd wies er mich an, mich anzukleiden und
ihm zu folgen. Vor dem Hinterausgang des Hauses liegt das Meer. Ich folgte
ihm, wie er es befohlen hatte. Wir wanderten etwa eine dreiviertel Stunde am
Ufer entlang. Dann wandten wir uns dem Meer zu. Wir waren überall von
Wasser umgeben, *nur die Stelle, auf der wir gingen, war völlig trocken*!! Er ging
vor mir her, und ich folgte ihm. Nach etwa sieben Minuten erreichten wir
eine Stelle, die einer kleinen Insel glich. Oben auf dem Gebäude leuchtete
ein dreieckiges Licht. Aus der Ferne betrachtet, könnte man es für einen
einsamen, von grünen Büschen überwucherten Ort halten. Es gibt nur einen
Eingang. Als wir die Insel erreichten, standen wir vor dem eigentlichen Gebäude. In einem kleinen Vorgarten saß einer der Brüder. Ich hatte ihn früher
schon gesehen – und ihm gehört dieser Ort. [Mahatma Morya] setzte sich
neben ihn, und ich blieb vor ihm stehen. Wir verweilten etwa eine halbe
Stunde. Ich durfte einen Teil des Hauses sehen. Wie wunderschön es ist! Im
Innern gibt es einen kleinen Raum, in dem der Körper zurückbleibt, wenn
der *Geist* umher wandert. Welch ein anmutiger, wunderbarer Ort! Welch ein
herrlicher Duft von Rosen und den unterschiedlichsten Blumen! Nach einer
halben Stunde wandten wir uns zum Gehen. Der Meister, der dort wohnt
und dessen Namen ich nicht kenne, hielt segnend seine Hand über meinen
Kopf, und [Mahatma Morya] und ich machten uns auf den Weg. Als wir uns
der Tür zu dem Zimmer, in dem ich schlief, näherten, verschwand er auf der
Stelle.

Ich vergaß, die beiden anderen Orte zu erwähnen, zu denen man mich
geführt hatte. Der eine ist ein Privathaus des [Mahatma Morya] in der Nähe
von Colombo, und der andere eine Bibliothek in der Nähe von Kandy.

Auf unserer Schiffsreise zurück nach Bombay, im Juli 1880, begab ich
mich nach dem Abendessen in meine Kabine und zog meine Jacke an. Ohne
darüber nachzudenken, steckte ich wie gewöhnlich meine Hände in die Ta-

schen und fühlte in der rechten ein Stück Papier. Ich zog es heraus und fand zu meiner Überraschung einen an Mme. Blavatsky adressierten Brief. Ich hielt ihn näher ans Licht. Der Umschlag war offen, und in roten Buchstaben stand darauf geschrieben: „Für Damodar zum Lesen." Daraufhin las ich den Brief. Nachdenklich legte ich mich ins Bett. Tief in Gedanken versunken, überraschte mich das Geräusch von Schritten *in der* Kabine, die ich von innen verschlossen hatte. Es war wieder [Mahatma Morya] und noch zwei andere Gestalten. Welch ein angenehmer Abend! Wir sprachen etwa eine halbe Stunde lang über verschiedene Dinge im Hinblick auf Wissen und Philosophie!

9F. Henry S. Olcott
Juli – August 1880, Bombay

[Olcott 1900, 2:206-8, 213, 215, 225]

Im Gegensatz zu den angenehmen Erfahrungen der Rundreise auf Ceylon, erlebten wir eine schrecklich stürmische Überfahrt von Galle nach Colombo und waren alle fürchterlich seekrank. Am letzten Tag der Rückreise goss es, wie fast jeden Tag, in Strömen; und die Decks waren nass. HPB unterzog sich der unsinnigen Mühe, an einem Tisch, den der ihr entgegenkommende Kapitän an einer verhältnismäßig trockenen Stelle auf ein paar Gitter gestellt hatte, zu schreiben, benutzte aber mehr Schimpfworte als Tinte, und der Sturm wirbelte ihre Papiere umher. Schließlich erreichten wir den Hafen von Bombay und hatten bald festen Boden unter den Füßen.

Am Abend des 4. August besuchte Mahatma [Morya] HPB, und ich wurde gerufen, um ihn zu sehen, bevor er ging. Er diktierte einen langen und wichtigen Brief an einen einflussreichen Freund in Paris und gab mir wichtige Hinweise für die Erledigung aktueller Angelegenheiten der Theosophischen Gesellschaft. Man entließ mich, noch bevor er ging.

[Dann] erhielten wir von Herrn Sinnett eine Einladung, sie in Simla zu besuchen. Am 27. August verließen HPB und ich gemeinsam mit unserem Diener Babula Bombay und nahmen den Abendzug nach Norden. [Am 8. September], kurz vor Sonnenuntergang, tauchte Simla vor uns auf. Als wir in die Stadt kamen, holte uns ein Diener der Sinnetts mit *jampans* – Stühlen, die von Trägern an langen Stangen getragen werden – ab, und bald befanden wir uns unter dem gastfreundlichen Dach unserer guten Freunde, den Sinnetts, die uns ein herzliches Willkommen bereiteten.

H.S.Olcott an seinem Schreibtisch, Mai 1903

9G. DAMODAR K. MAVALANKAR
SEPTEMBER 1880, BOMBAY, INDIEN

[Mavalankar 1965, 58-62]

[Am] 27. August 1880 verließen HPB und Oberst Olcott Bombay und reisten nach Simla und anderen Orten im Norden Indiens. Ich arbeitete ganz allein in HPBs Bereich. Nachdem ich [eines Tages im September] meine Arbeit gegen zwei Uhr morgens beendet hatte, schloss ich die Tür und legte mich ins Bett. Nach zwei oder drei Minuten vernahm ich die Stimme von HPB, die in ihrem Zimmer nach mir rief. Ich sprang auf und ging hinein. Sie erklärte: „Einige Personen wollen dich sehen" und fügte nach einer Weile hinzu: „Nun geh, schau mich nicht an." Doch bevor ich mich umsehen konnte, verschwand sie allmählich, und an derselben Stelle erhob sich [Mahatma Morya]. Dann sah ich zwei weitere Gestalten, die, wie ich später erfuhr, tibetische Kleidung trugen. Eine von ihnen blieb mit [Mahatma Morya]

144

im Zimmer von HPB. Als ich hinaus gegangen war, fand ich die andere auf meinem Bett sitzen. Sie bedeutete mir, stehen zu bleiben und blickte mich unverwandt an. Ich empfand ein angenehmes Gefühl, so als ob ich meinen Körper verließ. Ich weiß nicht, wieviel Zeit zwischen diesem Augenblick und dem, wovon ich jetzt berichten möchte, verstrich. Ich befand mich an einem besonderen Ort. Es war das obere Ende von Kaschmir, am Fuße des Himalaya. Es gab dort nur zwei Häuser, die sich gegenüber standen und nicht bewohnt zu sein schienen. Aus dem einen trat eine Person [Koot Hoomi, der] mich aufforderte, ihm zu folgen. Nach etwa einer halben Meile erreichten wir einen unterirdischen Gang, durch den wir eine lange Strecke gingen und in eine offene Ebene gelangten. Dort steht ein großes, massives Gebäude, das Tausende von Jahren alt ist. Über dem Eingangstor wölbt sich ein riesiges Dreieck. Im Innern liegen verschiedene Zimmer. Ich ging mit meinem *Guru* zu der großen Halle hinauf. Die erhabene Ruhe dieses Ortes erfüllt jeden mit Ehrfurcht. Ich weiß nicht, was geschah, während ich dort stand, doch plötzlich befand ich mich in meinem Bett. Es war ungefähr acht Uhr morgens. Was hatte ich gesehen? War es ein Traum oder Wirklichkeit gewesen? Verwirrt saß ich still da, als ein Zettel auf meine Nase herabfiel. Ich las, dass es kein Traum gewesen war, sondern dass man mich auf wundersame Weise in meinem Astralkörper zu dem wahren Einweihungsort geführt hatte.

A.P. Sinnett

Kapitel 10

SIMLA
1880

Im September und Oktober 1880 hielten sich HPB und Oberst Olcott bei A. P. Sinnett und seiner Frau Patience in Simla, im Norden Indiens, auf. Das ernsthafte Interesse von Sinnett an den Lehren und der Arbeit der Theosophischen Gesellschaft veranlassten H. P. Blavatsky, zwischen Sinnett und den beiden Adepten, unter deren Schirmherrschaft die Gesellschaft stand, die Mahatmas KH und M, mittels Briefwechsel eine Verbindung herzustellen. Dieser Briefwechsel liegt den beiden Arbeiten *The Occult World* (1881) und *Esoteric Buddhism* (1883) zugrunde, die Sinnett schrieb und die sehr stark dazu beitrugen, das öffentliche Interesse an der Theosophie zu wecken. Die Antworten und Erklärungen, die die Mahatmas auf die Fragen Sinnetts gaben, sind in den Briefen von 1880-1885 enthalten und wurden 1923 als *Die Mahatma Briefe an A. P. Sinnett* veröffentlicht. Die Originalbriefe dieser Lehrer sind der krönende Besitz der Britischen Bibliothek und können mit besonderer Erlaubnis in der Abteilung für seltene Manuskripte eingesehen werden.

10A. A. P. SINNETT
3. OKTOBER 1880, SIMLA, INDIEN

[Sinnett 1881, 66-84]

Am folgenden Morgen brachen wir zum festgelegten Zeitpunkt auf. Ursprünglich waren wir nur sechs Personen, aber kurz bevor wir losgingen, gesellte sich noch eine siebte zu uns. Nachdem wir mehrere Stunden bergab gelaufen waren, wählte man einen Platz im Wald nahe dem oberen Wasserfall, um zu frühstücken. Die Picknickkörbe wurden ausgepackt, und die Diener zündeten ein wenig abseits Feuer an, um Tee und Kaffee zuzubereiten. Dabei fiel auf, dass wohl eine Tasse und ein Unterteller fehlten, da man nur für sieben Personen gepackt hatte, und einige wandten sich an Madame Blavatsky und meinten lachend, ob sie nicht noch eine Tasse mit Unterteller beschaffen könnte. Als sie entgegnete, dass dies zwar nicht leicht sei, sie es aber versuchen werde, war die Aufmerksamkeit gebannt. Wie gewöhnlich unterredete sich Madame Blavatsky mental mit einem der Brüder und begann, in einem Umkreis von fünf bis zehn Metern von dem Platz, an dem wir saßen, ein wenig umherzugehen. Ich beobachtete sie genau. Dann deutete sie auf eine Stelle und rief einen der Herrn, ein Messer zu bringen und dort zu graben. Die Stelle lag am Ende eines kleinen, dick mit Unkraut, Gras und buschigem Unterholz bewachsenen Abhangs. Der Herr [Major Philip Henderson] mit dem Messer riss zunächst das Gestrüpp aus, das sich nur schwierig entfernen ließ, da die zähen Wurzeln fest ineinander verschlungen waren. Er schnitt in das verflochtene Wurzelwerk und bohrte in der Erde, räumte den Abfall mit den Händen beiseite und stieß schließlich an den Rand von etwas Weißem. Nachdem es vollkommen ausgegraben worden war, stellte sich heraus, dass es sich um die erbetene Tasse handelte. Nach weiterem Ausgraben wurde auch der dazu passende Unterteller gefunden. Beide Gegenstände lagen zwischen den Wurzeln, die sich überall im Erdreich ausbreiteten, als seien diese um sie herum gewachsen. Tasse und Unterteller passten hinsichtlich ihres Musters genau zu denen, die man für das Picknick eingepackt hatte. Nach unserer Heimkehr fragte meine Frau den Hauptdiener nach der Anzahl der Tassen und Unterteller dieser besonderen Art. Da es sich um ein altes Geschirr handelte, waren wohl im Laufe der Jahre einige zerbrochen, aber der Diener entgegnete sofort, es seien neun übrig geblieben. Man zählte nach, und es stimmte, die ausgegrabene Tasse nicht mitgerechnet. Das machte zehn, und was das Muster betraf, so war dieses ein wenig eigenartig. Das Geschirr war vor vielen Jahren in London gekauft worden und konnte mit Sicherheit in Simla nicht seinesgleichen finden.

Falls das Phänomen nicht das war, was es zu sein schien – die Zurschaustellung einer Kraft, die der modernen wissenschaftlichen Welt völlig fremd ist – dann handelte es sich um einen wohl durchdachten Schwindel. Über eine solche Annahme könnte man nur Mutmaßungen anstellen. Die Tasse und der Unterteller wurden mit Sicherheit so ausgegraben, wie ich es beschrieben habe. Falls nicht eine Geheimkraft sie an jene Stelle gelegt hatten, mussten sie vorher dort vergraben worden sein. Nun, ich habe die Bodenbeschaffenheit dieses Bereichs beschrieben, aus dem sie ausgegraben wurden. Die Art der Bewachsung lässt darauf schließen, dass er seit Jahren unangetastet geblieben war. Man könnte einwerfen, dass von irgendeiner anderen Stelle aus eine Art Tunnel gegraben und Tasse und Unterteller hindurch geschoben worden waren. Ein Tunnel, der für diesen Zweck groß genug gewesen wäre, hätte Spuren hinterlassen, die aber nicht sichtbar waren und nicht einmal gefunden wurden, als man den Boden kurz danach untersuchte, um diese Hypothese zu stützen. Die Theorie eines vorherigen Vergrabens ist nicht haltbar, da ausgerechnet die Bitte um eine Tasse mit Unterteller – von den Myriaden von Dingen, die man hätte erbitten können – in keiner Weise vorhersehbar war. Es ergab sich aus den Umständen des Augenblicks. Wenn nicht noch eine Person im letzten Moment zu uns gestoßen wäre, hätten die Diener genügend Tassen eingepackt gehabt, und man hätte sie gar nicht beachtet. Die Diener selbst hatten das Geschirr ausgesucht, ohne dass irgendjemand etwas von ihrer Wahl wusste. Sie hätten auch andere Tassen nehmen können. Gesetzt den Fall, der Betrug wäre tatsächlich verübt worden, hätte man uns im Hinblick auf die Vorbereitungen gezwungen, einen bestimmten Platz für das Picknick zu wählen. Aber die *genaue* Stelle, an der die *jampans* der Damen niedergestellt worden waren, hatte ich selbst im Einvernehmen mit Herrn Henderson ausgesucht. Sie lag innerhalb einiger Meter von der Stelle entfernt, an der die Tasse gefunden wurde. Wer also konnte die wirkende Kraft sein, die Tasse und den Unterteller in den Boden zu legen, und wann war dies geschehen? Madame Blavatsky hatte sich vom Vorabend des Picknicks bis zu unserem Aufbruch am Morgen die ganze Zeit über unter unserem Dach befunden. Ihr einziger Diener, ein Junge aus Bombay, dem

Simla völlig fremd war, hatte sich zu dieser Zeit nur im unmittelbaren Umfeld des Hauses aufgehalten. Oberst Olcott, der zu jenem Zeitpunkt ebenfalls bei uns zu Gast war, hatte den ganzen Abend bei uns verbracht und war am Morgen mit uns aufgebrochen. Die Vorstellung, dass er die Nacht damit zugebracht hatte, einige Kilometer weit durch den Wald zu streifen, um eine bestimmte Art von Tasse und Unterteller, die wir vielleicht nicht genommen hätten, an einer Stelle zu vergraben, zu der wir möglicherweise nicht gegangen wären, um gegebenenfalls einen möglichen Streich zu spielen, wäre wohl eine etwas ausgefallene Vermutung. Eine andere Überlegung – unser angestrebtes Ziel kann auf zwei Straßen erreicht werden, die sich auf den hufeisenförmigen Hügeln, auf denen Simla steht, gegenüberliegen. Es stand offen, welchen Weg wir wählen würden, und weder Madame Blavatsky noch Oberst Olcott hatten etwas mit der endgültigen Entscheidung zu tun. Hätten wir den anderen Weg genommen, wären wir mit Sicherheit niemals an die Stelle gekommen, an der wir unser Picknick hielten.

[Herr Henderson], der uns im Laufe der ein oder zwei Wochen seit der Ankunft von Madame Blavatsky häufig besucht hatte, war, wie etliche unserer Freunde, von vielen Dingen, die er in ihrer Gegenwart erlebte, tief beeindruckt. Vor allem aber war er zu der Überzeugung gelangt, dass die Theosophische Gesellschaft auf die Einheimischen einen guten Einfluss ausübte. Er beabsichtigte, ihr beizutreten, wie ich es bereits getan hatte. Als die Tasse und der Unterteller gefunden wurden, gehörte auch er zu den Anwesenden, und im Zuge der Unterhaltung, die sich nach diesem beeindruckenden Erlebnis entspann, wurde vorgeschlagen, dass er [Herr Henderson] gleich dort ein offizielles Mitglied der Gesellschaft werden sollte.

Bereitwillig ging er auf diesen Vorschlag ein. Aber es war irgendeine Art Urkunde erforderlich – ein offizielles Diplom, das einem neuen Mitglied verliehen wurde. Wie sollten wir eine Urkunde erhalten? Die Lösung einer solchen Frage betrachtete die Gruppe natürlich nur als eine weitere Gelegenheit, dass Madame ihre Kräfte ausübte. Konnte sie uns eine Urkunde auf „magische" Weise beschaffen? Nach einer geheimen Zwiesprache mit dem Bruder, der sich damals für unser weiteres Vorgehen interessierte, erklärte sie uns, die Urkunde werde erscheinen. Sie beschrieb uns deren Aussehen – eine völlig verschnürte Papierrolle, die in einer Kletterpflanze hing. Sie sei in dem Waldstück, in dem wir uns gerade aufhielten, zu finden, und wir könnten alle danach suchen. [Herr Henderson] werde sie aber finden, für den sie bestimmt war. Und so geschah es auch. Wir suchten an den verschiedensten Stellen, aber es war [Henderson], der sie schließlich so vorfand, wie es beschrieben worden war.

Inzwischen hatten wir unser Frühstück beendet, und [Herr Henderson] wurde von Oberst Olcott offiziell als Mitglied der Gesellschaft „eingeweiht". Bald darauf suchten wir einen tiefer gelegenen Wald mit einem kleinen tibetischen Tempel auf. Wir untersuchten das kleine Gebäude innen und außen und „badeten in seiner guten Schwingung", wie Madame Blavatsky es ausdrückte. Wir legten uns ins Gras, und jemand schlug vor, noch mehr Kaffee zu servieren. Die Diener wurden angewiesen, frischen Kaffee zu kochen, aber es gab kein Wasser mehr. Das Flusswasser in der Nähe von Simla eignete sich nicht zu diesem Zweck. Für ein Picknick wurde immer klares Filterwasser in Flaschen mitgeführt. Unser Wasservorrat schien erschöpft zu sein, was die Diener sofort bestätigten, indem sie die leeren Flaschen hoch hielten. Die einzige Möglichkeit bestand darin, jemanden in die knapp einen Kilometer entfernte Brauerei zu schicken, um dort Wasser zu holen. Ich schrieb mit Bleistift eine Nachricht auf einen Zettel, und ein Kuli machte sich mit den Flaschen auf den Weg. Die Zeit verstrich, und schließlich tauchte er wieder auf, aber zu unserer großen Enttäuschung ohne Wasser. An jenem Tag (einem Sonntag) war kein Europäer in der Brauerei mehr gewesen, der meine Nachricht hätte lesen können. Der Kuli war dummerweise mit den leeren Flaschen zurück getrottet, anstatt sich umzuschauen und jemanden anderen zu finden, um die Flaschen aufzufüllen. Unsere kleine Gesellschaft hatte sich inzwischen ein wenig zerstreut. [Herr Henderson] war mit einem anderen Herrn davon gegangen. Keiner von uns, die wir geblieben waren, rechnete mit einem weiteren Phänomen, als Madame sich plötzlich erhob, zu den Körben ging, eine Flasche herausholte – ich glaube, eine von denen, die der Junge leer zurückgebracht hatte – und zu uns herüber kam, die Flasche in den Falten ihres Kleides verborgen. Diese lachend hervorholend, sahen wir, dass sie gefüllt war. Ein Zaubertrick? So könnte man sagen, nur die Bedingungen waren anders. Bei einem Zaubertrick bestimmt der Zauberkünstler, was gemacht wird. Der Wunsch nach Wasser war ebenso unvorhersehbar wie im ersten Fall der Wunsch nach Tasse und Untertasse. Die Tatsache, dass kein Europäer mehr in der Brauerei arbeitete, der meine Nachricht hätte lesen können, und die Tatsache, dass der Junge daraufhin mit leeren Flaschen zurückkam, kann man als Zufälle betrachten, die nicht dazu geführt haben konnten, Wasser auf diese Weise zu erhalten. Diese Zufälle hinwiederum beruhten auf dem unwahrscheinlichen Zufall, dass uns die Diener nicht genügend Wasser mitgegeben hatten. Es konnte auch keine gefüllte Flasche in einem der Körbe übersehen worden sein, da man alle Flaschen herausgenommen hatte. Es war wirklich kein Wasser mehr vorhanden. Hinzu kommt, dass ich das von Madame Blavatsky hergestellte Wasser probierte. Es schmeckte anders als unser übliches Filterwasser. Es hatte einen erdigen Beigeschmack, das weder dem Wasser aus Simla noch dem Wasser aus dem Bach glich, der durch den Wald floss.

Wie kam es zustande? Gibt es eine Erklärung? Die Volksweisheit, man könne einer Kuh nicht das Hinterbein weg argumentieren, birgt eine gewisse Wahrheit, die von allzu großen Skeptikern leicht übersehen wird. Man kann einer Sache nicht einfach widersprechen, weil sie sich anders darstellt, als sie im Lichte der Vernunft eigentlich sein sollte. Noch weniger lässt sich eine Ansammlung von Fakten aufgrund ausgefallener und widersprüchlicher Hypothesen weg diskutieren. Der Skeptiker übersieht häufig, dass die bis zu einem gewissen Punkt scharfsinnige Skepsis ein unzureichendes Verständnis offenbart, wird sie angesichts bestimmter Beweise aufrechterhalten.

An dieser Stelle möchte ich hinzufügen, dass [Herr Henderson] im Nachhinein seine Meinung über den zufriedenstellenden Charakter des Tassen-Phänomens änderte. Die Theorie, dass die beiden Gegenstände durch einen Tunnel an ihren Platz befördert worden waren, widerlegte seiner Ansicht nach den wissenschaftlichen Beweis. Ich habe diese Hypothese bereits angesprochen und erwähne seine Meinungsänderung nur, um nicht im Leser den Eindruck zu erwecken, man wolle sie verbergen.

Am Abend jenes Tages ereignete sich etwas, das in allen anglo-indischen Zeitungen diskutiert werden sollte. Es war das berühmte „Broschen-Ereignis". Eine kurze Sachdarstellung wurde von den neun Augenzeugen unterschrieben und veröffentlicht. Bevor ich den genauen Wortlaut wiedergebe, möchte ich den Fall etwas ausführlicher beschreiben, um eine genaue Vorstellung des Geschehens zu vermitteln.

Meine Frau und ich waren, wie vereinbart, mit unseren Gästen zum Dinner bei Herrn und Frau Hume den Hügel hinauf gegangen. Wir saßen mit elf Personen an dem runden Tisch, Madame Blavatsky neben unserem Gastgeber. Müde und wohl nicht in Stimmung, war sie ungewöhnlich schweigsam. Zu Beginn des Essens sprach sie kaum ein Wort, und Herr Hume unterhielt sich hauptsächlich mit der Dame auf seiner anderen Seite. In Indien stehen während des Essens vor jedem Gast kleine, mit heißem Wasser gefüllte Tellerwärmer aus Metall, auf dem jeder servierte Teller eine Weile stehen bleibt. Solche Tellerwärmer standen auch an jenem Abend auf dem Tisch. Madame Blavatsky wärmte zwischen den Gängen gedankenverloren ihre Hände. Wir hatten bemerkt, dass die Klopfzeichen und Glockenklänge, die sie bisweilen produzierte, oft leichter und wirkungsvoller entstanden, wenn sie vorher ihre Hände erwärmt hatte. Daher stellte ihr jemand einige Fragen, indem er in indirekter Weise auf Phänomene hinwies. Als man sie spöttisch fragte, warum sie ihre Hände aufwärme, forderte sie uns alle auf, das Gleiche zu tun und zu sehen, was geschehe. Einige folgten scherzend ihrer Anweisung. Lachend hob Frau Hume ihre Hände hoch und meinte: „Ich habe sie gewärmt, und was jetzt?" Wie ich später erfuhr, muss in diesem Augenblick oder unmittelbar davor HPB mittels ihrer übersinnlichen Fähigkeiten, von denen der größte Teil der Menschheit keine Kenntnis besitzt, für uns unsichtbar, einen der Brüder in seinem „Astralkörper" im Zimmer wahrgenommen haben. Wie sie sich im Folgenden verhielt, geschah auf seine Anweisung hin. Zu diesem Zeitpunkt wusste natürlich niemand, dass der Impuls von außen kam. Madame Blavatsky streckte ihren Arm über die neben ihr sitzende Person hinaus und ergriff Frau Humes Hand mit den Worten: „Nun, wünschen sie sich irgendetwas Besonderes?" An den genauen Wortlaut des Gesagten erinnere ich mich ebenso wenig wie an das, was Frau Hume als Erstes antwortete, bevor sie richtig begriff, was gemeint war. Aber das klärte sich schnell. Einige der Anwesenden, die sofort wussten, worum es ging, erklärten: „Denken sie an etwas, das sie gerne haben möchten; irgendetwas, das nicht nur rein materiellen Wert für sie besitzt; gibt es nicht irgendetwas, das schwierig herbeizuschaffen ist?" Außer derartigen Bemerkungen wurde nichts gesprochen. Frau Hume entschied sich für eine alte Brosche, die sie vor langer Zeit von ihrer Mutter geschenkt bekommen und verloren hatte.

Wenn diese Brosche, die schließlich durch eine unsichtbar wirkende Kraft wieder gefunden wurde, ins Gespräch kam, meinten die Leute: „Madame Blavatsky hat natürlich die Unterhaltung auf eine bestimmte Sache hin gesteuert, die sie vorbereitet hatte." Ich habe die *gesamte* Unterhaltung beschrieben, die stattfand, bevor die Brosche genannt wurde. Es war keine Rede von einer Brosche oder dergleichen gewesen. Fünf Minuten vorher hatte niemand am Tisch überhaupt eine Ahnung gehabt, dass ein verlorener Gegenstand auf diese Weise wiedergefunden werden würde. Selbst dann noch nicht, als Frau Hume über einen mögliche Gegenstand nachdachte, denn sie sagte nichts, was darauf hätte schließen lassen können.

An dieser Stelle soll der damals veröffentlichte Bericht zu Wort kommen.

Am Sonntag, den 3. Oktober, waren in Herrn Humes Haus in Simla folgende Personen beim Dinner versammelt, Herr und Frau Hume, Herr und Frau Sinnett, Frau Gordon, Herr F. Hogg, Kapitän P. J. Maitland, Herr Beatson, Herr Davidson, Oberst Olcott und Madame Blavatsky. Da die meisten der Anwesenden erst kürzlich viele bemerkenswerte Vorkommnisse in Madame Blavatskys Gegenwart erlebt hatten, sprach man über esoterische Phänomene, und im Laufe der Unterhaltung wandte sich Madame Blavatsky an Frau Hume und fragte, ob sie sich irgendetwas besonders wünsche. Frau Hume zögerte zunächst, meinte aber kurz darauf, dass es etwas gebe, nämlich ein kleines Schmuckstück, das sie einmal besessen, aber einer anderen Person gegeben hatte, die es dann verlor. Madame Blavatsky forderte sie auf, sich den in Frage kommenden Gegenstand genau vorzustellen, sie werde sich bemühen, ihn herbeizuschaffen. Frau Hume erwiderte, dass sie sich den Gegenstand noch lebhaft vorstellen könne. Es war eine altmodische, mit Perlen eingefasste Brosche gewesen, mit Glas auf der Vorderseite, und auf der Rückseite konnte man Haar hineinlegen. Darum gebeten, zeichnete sie das Schmuckstück in groben Zügen auf. Daraufhin wickelte Madame Blavatsky eine an ihrer Uhrkette befestigte Münze in zwei Stück Zigarettenpapier und steckte sie mit den Worten in ihr Kleid, dass sie hoffe, sie könne die Brosche im Laufe des Abends bekommen. Gegen Ende des Dinners bemerkte sie zu Frau Hume, das Papier, in das sie die Münze eingewickelt hatte, sei verschwunden. Später im Salon meinte sie, dass die Brosche nicht ins Haus gebracht werde, sondern im Garten danach gesucht werden müsse. Als die Gesellschaft sie hinaus begleitete, erklärte sie, sie habe die Brosche in ein sternförmiges Blumenbeet fallen gesehen. Herr Hume zeigte den Weg zu einem solchen Beet, weit hinten im Garten gelegen. Man suchte lange und sorgfältig mit Laternen, und schließlich fand Frau Sinnett ein winziges, aus zwei Zigarettenpapieren bestehendes Päckchen zwischen den Blättern. Es wurde auf der Stelle geöffnet, und eine Brosche kam zum Vorschein, die der Beschreibung genau entsprach und die Frau Hume als jenes Schmuckstück identifizierte, das sie verloren hatte. Außer Herrn und Frau Hume hatte keiner der Anwesenden diese Brosche jemals gesehen oder von ihr gehört. Herr Hume hatte jahrelang nicht mehr an sie gedacht. Frau Hume sprach mit niemandem darüber, seit sie sich von ihr trennte und hatte sie fast vergessen. Erst als Madame sie nach einem Gegenstand, den sie sich wünschte, fragte, war ihr die Brosche, ein Geschenk ihrer Mutter, wieder in den Sinn gekommen. Dies erklärte sie uns, nachdem man die Brosche gefunden hatte.

Frau Hume ist keine Spiritistin, und bis zum Zeitpunkt dieses Ereignisses glaubte sie weder an esoterische Phänomene noch an Madame Blavatskys Kräfte. Bei der Brosche handelte es sich zweifellos um jene, die Frau Hume verloren hatte. Selbst wenn dieser Gegenstand, der Monate bevor Frau Hume überhaupt von Madame Blavatsky hörte und der durch nichts auf den ursprünglichen Eigentümer hinwies, auf natürliche Weise in die Hände von Madame Blavatsky gelangt wäre, selbst dann hätte sie unmöglich vorhersehen können, dass man danach fragte. Frau Hume selbst hatte monatelang nicht mehr daran gedacht.

Dieser, der Gesellschaft vorgelesene Bericht wird unterzeichnet von:

A. O. Hume	Alice Gordon	P. J. Maitland
M. A. Hume	Wm. Davidson	A. P. Sinnett
Fred E. Hogg	Stuart Beatson	Patience Sinnett

Nach der Veröffentlichung dieses Berichts wurden die Unterzeichnenden mit Spott überschüttet. Die Flut der teilweise ausgesprochen dummen Kritiken beabsichtigte zu beweisen, dass es sich bei der ganzen Angelegenheit um einen Schwindel handelte. Für viele Leute steht fest, dass Frau Hume durch zahlreiche vorangegangene Gespräche über ein Kunststück, das Madame Blavatsky in ihrem Haus zu zeigen beabsichtigte, geschickt darauf hingeführt wurde, diesen besonderen Gegenstand zu erbitten. Eine andere Meinung besagt, dass die Brosche, die Frau Hume ihrer Tochter gegeben und die diese verloren hatte, ein Jahr zuvor von dieser jungen Damen erhalten worden sein musste, als sie auf ihrem Weg nach England durch Bombay kam, wo Madame Blavatsky lebte. Die Aussage der jungen Dame, dass sie die Brosche bereits verloren hatte, bevor sie Bombay erreichte und dass sie Madame Blavatsky niemals sah, ist ein Gesichtspunkt, der bewusst übersehen wird.

10B. P. J. MAITLAND
13. OKTOBER 1880, SIMLA, INDIEN

[Sinnett 1880, 88-90]

Am Abend des 13. Oktober saß ich allein mit Madame Blavatsky und Oberst Olcott im Salon von Herrn Sinnetts Haus in Simla. Nachdem wir uns über verschiedene Themen unterhalten hatten, bemerkte Madame Blavatsky, dass sie gerne ein von Herrn Sinnett vorgeschlagenes Experiment durchführen wolle. Sie zog zwei Zigarettenpapiere aus ihrer Tasche und kennzeichnete jedes mit einigen parallel verlaufenden Bleistiftlinien. Dann riss sie quer zu den Linien von jedem Papier ein Stück ab und reichte mir die Fetzen. Ich saß sehr dicht neben ihr und verfolgte ganz genau jede ihrer Handbewegungen. Ich selbst durfte die Papiere weder kennzeichnen noch abreißen, da sie dann angeblich mit dem Magnetismus der anderen Person durchdrungen wurden, der ihrem eigenen entgegenwirkte. Die abgerissenen Stücke aber wurden sofort mir gegeben, und es gab meines Erachtens keine Möglichkeit, sie durch irgendeinen Trick auszutauschen. Ich hielt sie bis zum Ende des Experiments fest in meiner linken Hand. Aus den größeren Abschnitten rollte Madame Blavatsky zwei Zigaretten, von denen sie mir die erste gab, um sie zu halten, während sie die zweite drehte. Ich nahm sie genau unter die Lupe, damit ich sie später wiedererkennen konnte. Nachdem die Zigaretten fertig waren, erhob sich Madame Blavatsky und rieb sie zwischen den Händen. Nach etwa zwanzig oder dreißig Sekunden verschwand das anfangs deutlich zu hörende Knirschen des Papiers. Daraufhin meinte sie: „Die Strömung fließt in diesem Bereich des Zimmers; ich kann sie nur von hier losschicken." Eine magnetische Strömung soll angeblich imstande sein, Gegenstände, die zuvor durch dieselbe Kraft zerstreut wurden, ungeachtet der Materie zu befördern. Nach einer Weile erklärte sie, eine Zigarette sei auf das Klavier und die andere in der Nähe der Konsole herunter gefallen. Da ich mit dem Rücken zur Wand auf dem Sofa saß, befand sich das Klavier mir gegenüber und die Konsole, auf der ein paar Porzellanstücke standen, rechts zwischen dem Klavier und der Tür. Beide lagen voll im Blickfeld. Auf dem Klavier türmten sich die Notenbücher, und Madame Blavatsky nahm an, die eine der Zigaretten sei dort zu finden, was aber nicht der Fall war. Ich öffnete das Klavier und fand sie auf einem schmalen Brett im Innern. Als ich sie heraus nahm, erkannte ich sie als diejenige, die ich in der Hand gehalten hatte. Die andere wurde in einer abgedeckten Tasse auf der Konsole gefunden. Beide Zigaretten waren noch feucht vom Zusammenkleben. Ich nahm sie mit zum Tisch, ohne sie Madame Blavatsky oder Oberst Olcott zu zeigen oder berühren zu lassen. Die abgerissenen Stücke, die ich die ganze Zeit über in meiner Hand gehalten hatte, passten genau zu dem auseinandergerollten, glatt gestrichenen Zigarettenpapier. Selbst die Bleistiftzeichen stimmten überein. Es musste sich also um dieselben Papiere handeln, von denen ein Stück entfernt worden war. Sie sind immer noch in meinem Besitz. Oberst Olcott saß übrigens während des gesamten Experiments bewegungslos, den Rücken zu Madame Blavatsky gekehrt, neben mir.

10c. A. P. Sinnett
15. Oktober 1880, Simla, Indien

[Sinnett 1881, 92-5]

Eines Tages fragte ich Madame Blavatsky, falls ich einen Brief an einen der Brüder schrieb, ob sie diesen dann für mich weiterleiten könnte. Ich rechnete kaum mit dieser Möglichkeit, da ich wusste, wie unnahbar die Brüder im Allgemeinen sind, doch als sie meinte, sie wolle es versuchen, schrieb ich einen Brief, den ich „an den unbekannten Bruder" richtete und gab ihn ihr. Es war eine glückliche Eingebung gewesen, denn aus dem kleinen Anfang entwickelte sich der interessanteste Briefwechsel, den ich jemals geführt habe.

Ein ganz bestimmter Gedanke hatte mich zu diesem Brief veranlasst. Das beste Testphänomen war meiner Meinung nach, wenn hier in Indien in unserem Beisein ein Exemplar der Londoner *Times* mit dem Datum des Tages entstehen würde. Mit einem solchen Beweis in der Hand, argumentierte ich, könnte es mir gelingen, jedermann in Simla, der zwei Dinge miteinander zu verknüpfen imstande war, von der Möglichkeit überzeugen, dass mittels esoterischer Kräfte physische Ergebnisse zu erzielen waren, die sich der Kontrolle der üblichen Wissenschaft entzogen.

Ein oder zwei Tage vergingen, ehe ich etwas von dem Schicksal meines Briefes hörte. Madame Blavatsky teilte mir mit, ich werde eine Antwort erhalten. Am Anfang hatte sie keinen Bruder gefunden, der sich zu einer solchen Kommunikation bereit erklärte. Die ersten, die sie darauf ansprach, lehnten ab. Schließlich erhielt sie eine zustimmende Anwort von einem Bruder, mit dem sie eine Zeit lang nicht mehr in Kontakt gewesen war. Er wollte sich des Briefes annehmen und ihn beantworten.

Kurz darauf fand ich eines Tages auf meinem Schreibtisch einen Brief von meinem neuen Briefpartner vor. Er stammte aus dem Punjab und interessierte sich seit seiner Kindheit für die esoterischen Studien. In seiner Jugend schickte man ihn auf Veranlassung eines Verwandten, der selbst Esoteriker war, nach Europa, um eine westliche Erziehung zu erfahren. Danach war er umfassend in das erhabene Wissen des Ostens eingeführt worden.

Ich kenne meinen Briefpartner unter dem Namen Koot Hoomi Lal Sing. Dies ist sein „spiritueller tibetischer Name" – da bei der Einweihung ein neuer Name verliehen wird.

Der Brief, den ich erhielt, begann mit dem Phänomen, das ich vorgeschlagen hatte. „Gerade", schrieb Koot Hoomi, „weil der Beweis mit der Londoner Zeitung die Skeptiker zum Schweigen bringen würde, ist er unzulässig. Betrachten sie es, wie sie wollen, die Welt befindet sich am Anfang der Entzauberung, sie ist also unvorbereitet. Wir arbeiten mit natürlichen, nicht mit übernatürlichen Mitteln und Gesetzen. Da einerseits die Wissenschaft auf ihrem gegenwärtigen Stand unfähig wäre, in ihrem Namen Rechenschaft für die Wunder abzugeben und andererseits die unwissenden Massen die Phänomene immer noch im Licht der Wundertätigkeit betrachteten, würde ein Augenzeuge aus dem Gleichgewicht geworfen werden, und die Folgen wären beklagenswert. Glauben sie mir, es träfe sogar für sie zu, der sie die Idee hervorgebracht haben und auch für die ergebene Frau [HPB], die so töricht durch das weit geöffnete Tor eilt, das zum schlechten Ruf führt. Dieses Tor, obwohl es von einer so freundlichen Hand wie der ihren geöffnet wurde, würde sich bald für sie als Falle erweisen – eine tödliche Falle sogar. Und das ist gewiss nicht ihre Absicht."

[Anmerkung: Der Briefwechsel zwischen A. P. Sinnett und dem Meister Koot Hoomi erstreckte sich von Oktober 1880 bis März-April 1885. 1923 wurden die Briefe von KH (sowie die Briefe von Meister Morya) in London unter dem Titel *Die Mahatma Briefe an A. P. Sinnett* veröffentlicht. – DHC]

10D. A. P. SINNETT
20. OKTOBER 1880, SIMLA, INDIEN

[Sinnett 1881, 108-113

In Begleitung unserer Gäste [Madame Blavatsky, Oberst Olcott und Alice Gordon] gingen wir eines Mittags zum Lunch auf einem Nachbarhügel. Ich hatte Grund zu der Annahme, dass mein Briefpartner Koot Hoomi in der Nacht zuvor in subjektivem Kontakt, wie ich es nennen möchte, mit mir gestanden hatte.* Nachdem wir am Morgen darüber gesprochen hatten, fand ich auf dem Dielentisch eine Nachricht von Koot Hoomi, der zufolge er versprach, mir auf dem Hügel etwas als Zeichen seiner (astralen) Anwesenheit in der vorangegangenen Nacht zu geben.

An unserem Ziel angelangt, bemerkte Madame Blavatsky beim Lunch, Koot Hoomi würde fragen, wo wir den Gegenstand finden wollten, den er mir zu geben gedachte. Bis zu diesem Augenblick war nicht über das von mir erwartete Phänomen gesprochen worden. Die übliche Vermutung mag sein, dass Madame Blavatsky mich zu meiner Entscheidung „hinführte". Aber während wir über völlig andere Dinge sprachen, hatte sie auf einmal die Frage gehört, sie sofort an mich weitergeleitet und sich nicht mehr zu dem Thema geäußert. Spontan wies ich auf das Kissen, an das sich eine der Damen lehnte und meinte: „In diesem Kissen!" In diesem Moment rief meine Frau: „Oh nein, in meinem!" oder so ähnlich, und ich berichtigte mich: „Nun gut, lass es im Kissen meiner Frau sein." Madame Blavatsky fragte den Mahatma in ihrer eigenen Weise, ob dies recht wäre und erhielt eine zustimmende Antwort. Die Bestimmung des Ortes war also ganz und gar meine eigene gewesen. Den bisherigen Erfahrungen zufolge hätte ich einen bestimmten Baum aussuchen können, an dem der Gegenstand hängen oder eine Stelle im Boden, in die er vergraben werden sollte. Aber das Innere eines Kissens, auf das mein Blick zuerst fiel, hielt ich für einen ausgezeichneten Ort. Der Einwand meiner Frau, ihr Kissen zu wählen, war noch besser, denn sie hatte es den ganzen Morgen über ununterbrochen in Benutzung gehabt. Es war

---

*[Anmerkung: A. P. Sinnett schreibt: „In der Nacht des 19. Oktober 1880 sah ich K.H. in seiner Astralform – ich wachte kurz auf, wurde aber wieder unbewusst (im Körper) und bewusst außerhalb des Körpers im angrenzenden Ankleidezimmer, wo ich einen anderen der Brüder sah, den Olcott später als den Meister Serapis identifizierte." *Die Mahatma Briefe* –DHC]

ihr *Jampan*-Kissen, das wir schon seit Jahren besaßen und das aus festem Kammgarn und Samt bestand. Zu Hause lag es immer in einer bestimmten Sofaecke, in die es nach jeder Ausfahrt wieder zurückgelegt wurde.

Meine Frau wurde aufgefordert, das Kissen unter den Teppich des *Jampan* zu legen, was sie mit eigenen Händen tat. Ungefähr eine Minute später meinte Madame Blavatsky, wir könnten es nun auftrennen. Es dauerte eine Weile, bis ich die engen, festen Stiche einzeln mit dem Taschenmesser gelöst hatte, da man sie nicht auseinanderreißen konnte. Das Federkissen war ebenfalls in einen Bezug eingenäht. Da wir zwischen den beiden Hüllen nichts fanden, trennten wir auch das innere Kissen auf, und meine Frau suchte in den Federn und zog einen kleinen, dreieckigen, an mich adressierten Zettel heraus, auf dem in der mir inzwischen vertrauten Handschrift meines Briefpartners zu lesen stand:

„Mein lieber Bruder",
Diese Brosche Nr. 2 liegt an diesem sehr seltsamen Platz, nur um dir zu zeigen, wie leicht ein wirkliches Phänomen bewirkt werden kann und wieviel einfacher es doch ist, seine Echtheit anzuzweifeln.

Die Schwierigkeit im Hinblick auf den Austausch unserer Briefe, über die wir gestern Nacht sprachen, will ich versuchen auszuräumen. Du wirst eine Adresse erhalten, die du immer benutzen kannst, es sei denn du ziehst es vor, über Kissen zu korrespondieren."

Koot Hoomi Lal Sing.

Während ich die Nachricht las, entdeckte meine Frau besagte Brosche. Dieses sehr alte und vertraute Schmuckstück gehörte ihr. Gewöhnlich lag sie auf der Ankleidekommode, wenn sie nicht gebraucht wurde. Uns die Brosche in dieser Weise und nicht früher zurückzugeben, stand im Zusammenhang mit meinen subjektiven Eindrücken während der vergangenen Nacht. Gesetzt den Fall, Madame Blavatsky hatte sich dem Kissen genähert, musste dies kurz nach dem Frühstück geschehen sein, nachdem wir über meine nächtlichen Eindrücke gesprochen hatten. Aber Madame Blavatsky war vom frühen Morgen an immer gesehen worden. Auf Anordnung ihrer Stimmen saß sie mit meiner Frau im Salon, obwohl es ihr gegen den Strich ging. Sie hatte Schreibarbeit zu erledigen und wäre gerne in ihrem Zimmer geblieben. Den Grund für die Aufforderung nicht erkennend, murrte sie über die Unterbrechung ihrer Arbeit. Im Nachhinein war klar, dass sie im Zusammenhang mit dem beabsichtigten Phänomen stand. Die Frage, wie Madame Blavatsky ihren Morgen verbracht hatte, sollte geklärt sein, um im Hinblick auf die Echtheit des Phänomens keinen Verdacht ins Feld führen zu können. Wäre natürlich die Wahl des Kissens vorauszusehen gewesen, hätte es sich erübrigt, unserer „alten Dame", wie wir sie gewöhnlich nannten, Unrecht zu tun. Die Tatsache, dass das Kissen den ganzen Morgen über bei meiner Frau gewesen war, hätte genügt. Ich allein sollte ein Versteck für die Brosche aussuchen. Das Kissen kam vorher ebenso wenig jemandem in den Sinn wie mir.

10E. ALICE GORDON
SEPTEMBER – OKTOBER 1880 UND
SEPTEMBER – OKTOBER 1881
SIMLA, INDIEN

[Gordon 1890]

Ende 1878 kehrte ich aus England nach Indien zurück. Ich hatte die spiritistischen Phänomene studiert und mich von ihrer Echtheit überzeugt. 1879 veröffentlichte ich in einer führenden Zeitung einen Bericht über einige Séancen in meinem Haus in London. Herr Sinnett war der Herausgeber dieses Blatts, und die auf diese Weise entstandene Verbindung führte zu meiner Bekanntschaft mit Madame Blavatsky. Um sie zu sehen, reiste ich fast dreißig Stunden lang nach Allahabad und begegnete zu dieser Zeit auch zum ersten Mal Herrn und Frau Sinnett und Herrn und Frau Hume. Dies war im Winter 1879-80. Während meines Besuchs hörte ich Klopfzeichen, die willentlich auf Tischen, Glastüren und anderswo erzeugt wurden. Es wurde oft ein großer Glaslampenschirm benutzt, so dass man die Hände von unten sehen konnte, um sicherzustellen, dass sie sich nicht bewegten. Von Allahabad aus reisten Madame Blavatsky, Oberst Olcott, die Sinnetts und ich für einige Tage nach Benares, wo uns ein Rajah ein Haus zur Verfügung gestellt hatte. In seinem Buch *The Occult World* berichtet Herr Sinnett von diesem Besuch.

Im Sommer 1880 besuchte ich Herrn und Frau Hume in Simla. Madame Blavatsky hielt sich dort einen Teil der Saison als Gast von Herrn und Frau Sinnett auf. In *The Occult World* wird viel über die Phänomene berichtet [von Herrn Sinnett]. Das Auflösen und wieder Zusammenfügen von Zigaretten ist wahrscheinlich bekannt. Ich habe es verschiedene Male beobachtet, möchte aber nur auf eine Zigarette eingehen, die für mich gedreht und manipuliert wurde. Eines Morgens suchte ich Madame unerwartet auf. Sie saß allein in ihrem Zimmer. Unsere Unterhaltung wandte sich bald den Phänomenen zu, und ich bat sie, meinem Mann oder mir nach meiner Rückkehr etwas zuzuschicken. Sie entgegnete, sie könne es nur, wenn ihr der Ort bekannt wäre, um ihre Gedanken dorthin zu lenken. Da ich sie aber niemals mit dem Wunsch nach Phänomenen belästigt hätte, fügte sie hinzu, wollte sie gerne etwas für mich tun. Plötzlich erinnerte sie sich daran, irgendwo (beim Zahnarzt) an diesem Morgen gewesen zu sein und schlug vor, eine Zigarette dorthin zu schicken, die ich dann sofort holen sollte. Ich willigte ein. Es war heller Tag, und ich stand dicht neben ihr und beobachtete sie. Sie nahm Zigarettenpapier, riss eine Ecke ab und gab sie mir mit dem Hinweis, gut darauf aufzupassen. Ich steckte sie sofort in meine Handtasche. Aus dem restlichen Papier drehte sie eine Zigarette und war gerade dabei, sie zwischen ihren Händen zu zerdrücken, als sie es sich überlegte und ein neues Experiment versuchen wollte. Wenn es fehlschlug, hätte es keine Folgen, da es ja für mich sei, meinte sie und warf die Zigarette ins Feuer. Nach wenigen Sekunden erklärte sie, es sei alles in Ordnung und sagte mir, wo ich sie finden konnte. Ich rannte sofort zum Haus und erstaunte meine Freunde mit der Bitte, unter einem Tuch auf einem Tisch in einem bestimmten Raum nach einer Zigarette zu suchen. Und tatsächlich, sie war dort. Das Stückchen Papier in meiner Tasche passte haargenau zu dem Papier der Zigarette, als wir diese aufrollten. Natürlich klingt es wie ein Zaubertrick, aber ich bin mir ganz sicher, dass es sich um dasselbe Zigarettenpapier handelte.

Ihr habt zweifellos von den so genannten Astralglocken gelesen. Diese habe ich oft in der Gegenwart von Madame Blavatsky gehört, im Haus und draußen. Der klare Ton, der hervorgerufen wird, wenn man leicht gegen ein dünnes Weinglas schlägt, kommt diesen Klängen am nächsten. Manchmal entstand sogar eine Art Kadenz. Ich erinnere mich an einen Fall, als ein Herr in ein Zimmer ging, das neben dem lag, in dem Madame Blavatsky saß, und dort ebenfalls glockenartige Klänge vernahm. In jener Zeit gab es jeden Tag irgendwelche Phänomene, und wir hielten ständig danach Ausschau. Eines Tages kam es mir plötzlich in den Sinn, Koot Hoomi zu schreiben. Wir schienen ihn so gut zu kennen, da es so viele Mitteilungen von ihm gab. Ich schrieb einen Brief, brachte ihn unverzüglich zu Madame und fragte, ob sie glaube, er nehme den Brief von mir. Ich muss gestehen, ich hatte es eigentlich nicht erwartet. Sie wusste es nicht. Daraufhin zeigte ich ihr den Umschlag mit dem Brief, den ich geschrieben hatte. Sie bat mich, ihn an dem Platz, an dem sie immer saß und schrieb, unter das Tischtuch zu legen und abzuwarten, was geschehen werde. Ich befolgte ihren Rat. Außer uns beiden war niemand im Zimmer. Sie forderte mich auf, sie nicht aus den Augen zu verlieren. Wir gingen zum Essen und kehrten gemeinsam zurück. Als ich, auf ihr Geheiß hin, unter das Tuch schaute, war der Brief verschwunden. Ich erhielt eine Antwort von Koot Hoomi, die mir aber von Madame Blavatsky übermittelt wurde. Ich bin überzeugt, dass dieser Brief von unsichtbaren Kräften entfernt worden war, obwohl der Beweis für einen Außenseiter nicht sehr schlüssig wirkt. Man erscheint immer als zu leichtgläubig, wenn man nicht in Einzelheiten geht und Gründe anführt.

Ich werde jetzt von einem Phänomen berichten, das nur von Madame Blavatsky und mir bezeugt werden kann. Ich hatte sie unerwartet in ihrem Zimmer aufgesucht, als wir beide 1881 bei Herrn Hume wohnten. Sie saß schreibend an ihrem Tisch, der nahe an einem kleinen Fenster stand. Es war sehr warm im Zimmer, und um ein wenig frische Luft hereinzulassen, schlug ich vor, das Fenster zu öffnen, das am oberen Rand an Scharnieren hing. Mit einiger Mühe stieß ich es unten nach außen, aber zurück schwingend, traf es auf ein Holzstück, das es offen halten sollte. Madame regte sich auf. Ich dachte, weil das Glas zerbrochen war, aber sie meinte: „Macht nichts, es kann geflickt werden." Sie rief aus: „Nein, nein, halte still; ich habe eine Hand gesehen; ich glaube, es wird etwas geschehen." Ich stand nahe am Fensterbrett. Plötzlich sagte sie: „Schließe den Vorhang" – ein kurzer Stoff, der gerade bis zum Fenstersims reichte, aber ich hatte ihn kaum zugezogen, als sie meinte: „Ziehe ihn zurück." Vor mir lag ein Brief, gerichtet an Herrn Hume und „beehrt von Frau Gordon", in der mir wohl bekannten Handschrift von Koot Hoomi. Meiner Ansicht nach sollte er Herrn Hume beweisen, dass die Briefe tatsächlich auf phänomenale Weise eintrafen. Ich bin ganz sicher, dass der Brief eine halbe Stunde vorher nicht an dem Platz gewesen war und keine menschliche Hand ihn dort hingelegt hatte.

William Eglinton

Kapitel 11

BOMBAY UND DIE VEGA-PHÄNOMENE
1880-1882

Madame Blavatsky und Oberst Olcott, die sich in Bombay aufhielten und in dem so genannten „Krähennest" wohnten, setzten sich sehr stark für die Verbreitung der Theosophischen Gesellschaft ein. Dazu gehörte auch, dass bestimmte Personen aus dem Osten wie aus dem Westen durch Briefe oder persönliche Visitationen mit den Mahatmas in Verbindung traten. Diese Kontakte wurden manchmal von HPB hergestellt, fanden aber häufig, wie im Falle des bekannten Spiritisten und Mediums William Eglinton, unabhängig von ihr statt. An Bord der *SS Vega* erlebte er auf geistiger Ebene eine Begegnung mit dem Mahatma KH und sandte daraufhin auf paranormalem Wege eine Nachricht vom Schiff über Bombay nach Kalkutta (11E und 11F).

11A. Martandrao Babaji Nagnath
April 1881, Bombay, Indien

[Hume 1882, 103-5]

Ich konnte jederzeit die [theosophische] Zentrale in Breach Candy in Bombay besuchen. Es bestand eine enge Verbindung zwischen mir und den Gründern, und ich hatte die Gelegenheit, Theosophie zu studieren. Aus diesem Grunde möchte ich an dieser Stelle über bestimmte Phänomene sprechen, die ich bei verschiedenen Anlässen in Anwesenheit von theosophischen Brüdern und Fremden beobachtet habe. Mir ist auch die seltene Ehre zuteil geworden, die so genannten, im Allgemeinen unsichtbaren Brüder [Mahatmas] der ersten Phase der Theosophischen Gesellschaft zu sehen.

Gegen zehn Uhr, an einem dunklen Abend im April 1881, saß ich mit einigen Theosophen und Madame Blavatsky auf der offenen Veranda des oberen Bungalows im Gespräch. Plötzlich erschien ein etwa ein Meter achtzig großer, in weiße Gewänder gekleideter Mann mit einem weißen Turban auf dem Kopf. Er kam in dem angrenzenden Garten von einem Punkt – einem jähen Abgrund – auf uns zu, den niemand betreten konnte. Madame erhob sich und bat uns, ins Haus zu gehen. Wir hörten sie in einer uns unbekannten östlichen Sprache kurz miteinander reden. Als wir wieder hinaus gerufen wurden, war der Bruder verschwunden.

Bei einer anderen Gelegenheit saßen wir wieder schwatzend draußen auf der Veranda, als plötzlich ein anderer Bruder in weißen Kleidern sichtbar wurde, der auf dem Ast eines Baumes zu stehen schien. Wir sahen ihn durch die Luft herunter steigen und an der äußeren Ecke einer dünnen Wand stehen. Da erhob sich Madame, schaute ihn etwa zwei Minuten lang an und schien unhörbar mit ihm zu reden. Kurz darauf verschwand die Gestalt vor unseren Augen, wurde dann aber noch einmal gesehen, wie sie in der Luft durch den Raum und direkt durch einen Baum schritt und erneut verschwand.

Eine Gruppe der Theosophischen Gesellschaft, Bombay, 1882

166

11B. SORAB J. PADSHAH
15.-16. JULI 1881, BOMBAY, INDIEN

[Theosophische Gesellschaft 1885, 70]

Insgesamt habe ich zwei Briefe von dem verehrten Mahatma [Koot Hoomi] erhalten. Den ersten [Brief] erhielt ich am Abend des 15. Juli 1881. Ich gebe den Vermerk wieder, den ich sofort auf der Rückseite des Briefumschlags machte: „Erhalten etwa zehn Minuten vor zehn – kurz nachdem Madame [Blavatsky] sich zurückgezogen und Babula die Lampe auf dem Tisch stehen gelassen hatte. Ich hatte gerade die beiden ersten Zeilen eines Gedichts beendet, das ich über die Brüder schrieb und dachte über das Ende der dritten nach, als ich ein Geräusch vernahm, das sich anhörte, als sei ein großer Schmetterling auf den Tisch gefallen. Es war dieser Brief. Er fiel aus einer gewissen Höhe. Die Zimmertüren und Läden waren geschlossen. Mein Dank. 15.7.81 S.J.P."

Nachdem ich das Zimmer untersucht hatte, ob es sich nicht um eine Gaunerei handelte, aber zufrieden feststellte, dass dies gar nicht möglich sein konnte, fiel ich auf die Knie und sprach mental einige Worte zu mir selbst. Am folgenden Morgen suchte ich Madame Blavatsky in ihrem Arbeitszimmer auf. Nach einer kurzen Unterhaltung zeigte sie sich zufrieden über meine Hingabe an die [theosophische] Sache, denn der Meister hatte mich beobachtet, und sie berichtete mir, was in meinem Zimmer vorgefallen war, *nachdem* ich den Brief erhalten hatte, und verblüffte mich, *indem sie Wort für Wort meine unausgesprochenen Gedanken wiederholte.*

11C. A. P. SINNETT
JULI - AUGUST 1881, BOMBAY
UND SPÄTER AUF DER STRASSE NACH SIMLA

[Sinnett 1886, 236-9, 241-3]

Im Juli 1881 kehrte ich von einem Besuch in England nach Indien zurück. In Bombay verbrachte ich ein paar Tage mit Madame Blavatsky in der Zentrale der Theosophischen Gesellschaft, die damals in Breach Candy in einem

Bungalow, dem so genannten Krähennest, untergebracht war und etwas oberhalb der Straße lag. Das Haus hatte eine Zeit lang leer gestanden und war
wegen seiner Schlangen und Geister in Verruf, was die neuen Bewohner aber
nicht weiter beunruhigte.

Das Gebäude war unterteilt; der untere Teil diente der Gesellschaft und
der spartanischen Behausung von Oberst Olcott; der obere Abschnitt, den
man über eine überdachte Treppe erreichte, da das Haus am Hang lag, Mme.
Blavatsky und dem Verwaltungsbüro des *Theosophist*. In dem oberen Bereich
gab es außerdem noch ein Gästezimmer. Alle Räume lagen auf einer Ebene
und führten auf eine breite, überdachte Veranda hinaus, die Mme. Blavatsky
als Wohn-, Ess- und Empfangszimmer diente. Weiter hinten gab es noch ein
kleines Schreibzimmer. Auf dieser Veranda war von morgens bis abends und
spät in die Nacht ein Kommen und Gehen von einheimischen Gästen, bewun-
dernden Theosophen, die kamen, um Madame ihre Aufwartung zu machen.

Gewöhnlich stand sie schon früh am Morgen auf und schrieb an ihren
russischen Artikeln oder Übersetzungen, ihren zahllosen Briefen, die sie im
Interesse der Gesellschaft in alle Richtungen sandte, oder an Beiträgen für
den *Theosophist*. Tagsüber verbrachte sie viel Zeit in Gesprächen mit einheimischen Besuchern in ihrem Verandazimmer oder kehrte zu ihrer Arbeit
zurück und protestierte laut gegen die immer wieder auftretenden Unterbrechungen und rief im selben Atemzug mit einer Stimme, die durch das ganze
Haus schallte, nach ihrem Diener, dem getreuen Babula, um den einen oder
anderen Besucher hereinzulassen, von dem sie wusste, dass er wartete und sie
sehen wollte.

Mitten in einer hitzigen Debatte mit einem Pandit über einen Punkt im
modernen Hinduismus, der ihrer Ansicht nach der wahren Bedeutung der
Veden widersprach, oder inmitten einer leidenschaftlichen Auseinandersetzung mit einem ihrer Mitarbeiter des *Theosophist* über irgendein Fehlverhal-
ten, das sie wie eine Gewitterwolke verdüsterte, konnte es sein, dass sie plötzlich „die Stimme hörte, die die anderen nicht hörten" – den astralen Ruf
ihres fernen Meisters oder eines der anderen „Brüder" – und augenblicklich
alles um sich her vergaß und in die Abgeschiedenheit irgendeines Zimmers
eilte, wo sie einige Augenblicke alleine sein konnte, um die für sie bestimmte
Botschaft oder Anweisung zu empfangen.

Abends wollte sie nie zu Bett gehen. Zigaretten rauchend saß sie da und
redete – redete mit unermüdlicher Energie, was wunderbar zu beobachten

war – über indische Philosophie jeder Art, die Fehler theologischer Schriftsteller, Fragen (aber nicht geklärte) in Bezug auf die *Isis* oder aber mit eben solcher Intensität und Erregung über irgendeine unglückselige Verwaltungsangelegenheit der Gesellschaft oder den beißenden Spott, den man gegen sie richtete, und die ihr in einer der Lokalzeitungen angelasteten Eigenschaften.

Einige Wochen nach meiner Rückkehr nach Indien (1881) trafen wir uns in Allahabad und reisten gemeinsam nach Simla, wo sie für den Rest der Saison Gast von A. O. Hume war. Es ging ihr damals gar nicht gut, und der letztere Teil unserer Reise – selbst für den robustesten Passagier anstrengend – war eine Qual, die die besonderen Merkmale ihres erregbaren Temperaments in amüsanter Weise zum Vorschein brachte, denn die „Tongas", in denen die achtstündige Fahrt von Kalka aus, die Gebirgsstraße hinauf, zurückgelegt wird, sind keine ausgesprochen angenehmen Beförderungsmittel. Es sind niedrige, zweirädrige Karren, die dicht über dem Boden hängen und insgesamt vier Sitze haben, jeweils zwei Rücken an Rücken, den des Fahrers eingeschlossen, gerade Platz genug für einen Passagier mit seinem Lederkoffer und einen Diener. Wir hatten zwei Tongas, einen für die Diener und etwas Gepäck, und in dem anderen saßen Mme. Blavatsky mit ihrer Reisetasche und ich.

Ein Tonga kommt rasch voran, und die des öfteren gewechselten Ponies trotten und galoppieren auf jedem Weg. Der Reisende wird zwar hin- und her geschleudert, aber nicht umgekippt, obwohl das auch vorkommen kann, denn die Gebirgsstraßen sind sehr holprig und die Ponies können oft Schwierigkeiten machen. Die Tiere sind zwar mit einem Querbalken fest an das Gefährt gekoppelt, aber untereinander nur lose verbunden, und ein nervöser Reisender mag sehr beunruhigt sein beim Anblick der ungewöhnlichen Stellungen, in die sie bei der kleinsten Uneinigkeit zwischen Team und Fahrer geraten.

Eine solche Uneinigkeit trat kurz nach unserer Abfahrt auf, und Madames leidenschaftliche Flüche, die dem gesamten Tonga-Postdienst und der Zivilisation, zu der er gehörte, galten, hätten ihre Komik nicht auf einen einzigen Zuhörer verschwenden sollen. Als der Tag und die beschwerliche Reise sich dahin schleppten, nahmen Madames Unmut und Ärger über die Situation immer heftigere Formen an. Besonders, wenn der Fahrer hinter uns sein durchdringendes Horn blies, unterbrach sie ihr Gespräch, um diese unglückliche „Trompete" zu beschimpfen.

169

11D. JOHN SMITH
31. JANUAR 1882, BOMBAY, INDIEN

[Hume 1882, 97-8]

Als der tägliche Briefstoß am Abend des 31. Januar geöffnet wurde, befand sich einer darunter, in dem etwas in Rot geschrieben stand, das sich von dem übrigen Schriftbild unterschied. Oberst Olcott nahm daraufhin zwei ungeöffnete Briefe und fragte Madame Blavatsky, ob sie eine ähnliche Schrift darin entdecken könnte. Sie legte sie an die Stirn und meinte, einer enthielte das Wort „unachtsam" und der andere etwas über Oberst Olcott und einen Zweig in Cawnpore. Ich untersuchte die Briefe und fand die Briefumschläge in Ordnung. Ich öffnete sie und sah die erwähnten Wörter. Ein Brief kam aus Meerut, einer aus Cawnpore und einer aus Hyderabad.

Am folgenden Tag meinte Oberst Olcott, falls ich Briefe bekäme, solange ich dort war, könnte etwas in derselben Schreibweise darin stehen. Ich erwiderte, da bestehe „*keine Chance*, da mir niemand schreiben werde". Madame Blavatsky, deren Blick einen Moment starr geworden war, meinte: „Ich sehe einen Bruder hier. Er fragt, ob du ein solches Zeichen haben möchtest." Ich erklärte, es würde mich freuen. Sie stand vom Tisch auf und bat uns, ihr zu folgen. Sie nahm meine Hand und führte mich die Veranda entlang, wobei sie bisweilen stehen blieb und umher schaute, bis wir die Tür meines Schlafzimmers erreichten. Ich sollte alleine hineingehen und mich nach etwas Ungewöhnlichem umsehen und die anderen Türen schließen. Ich folgte ihren Anweisungen. Das Zimmer befand sich in seinem üblichen Zustand.

Dann forderte sie uns auf, uns zu setzen und nahm meine Hände in die ihrigen. Nach wenigen Sekunden fiel mir ein Brief vor die Füße. Ich hatte das Gefühl, dass er zunächst oberhalb meines Kopfes erschienen war. Ich öffnete den Umschlag und fand darin ein Blatt mit dem Regierungsstempel der nordwestlichen Provinz und Oudh als Briefkopf sowie den folgenden Worten, die mit rotem Stift in genau derselben Handschrift geschrieben waren wie in den Briefen vom Vorabend. „Keine Chance, dir in deinen Briefen zu schreiben, aber ich kann *direkt* schreiben. Arbeite für uns in Australien, und wir werden uns nicht undankbar zeigen, sondern dir unsere eigentliche Existenz beweisen und dir danken." Eine genaue Betrachtung der Umstände schließt meiner Meinung nach jede Annahme eines Schwindels aus.

11E. WILLIAM EGLINTON
22.-24. MÄRZ 1882
SS VEGA, INDISCHER OZEAN, WESTLICH VON SRI LANKA (CEYLON)

[Zusammengestellt aus Eglinton 1882, 301, und Eglinton 1886]

Erst in der letzten Woche meines Aufenthalts in Indien erhielt ich den Beweis für die Existenz der Wesenheiten, die als die „Himalaya-Brüder" bezeichnet werden. Eines Abends saß ich mit Oberst Gordon und seiner Frau in ihrem Haus in Howrah [einem Vorort von Kalkutta], als mein [Geist] Führer „Ernest" uns mitteilte, dass er mit einigen der Bruderschaft in Verbindung getreten war. Dies weckte meine Neugier, denn ich wusste, ich konnte mich auf eine solche Aussage verlassen, aber es geschah nichts weiter, um mich zu überzeugen, bis zu meiner Heimreise an Bord der SS *Vega*.

Am 22. März 1882 befand ich mich auf See, nachdem das Schiff gegen sechs Uhr abends desselben Tages [Colombo] Ceylon verlassen hatte. Meine Kabine lag am Vorderdeck unter der Brücke. Gegen zehn Uhr bereitete ich mich dort vor, um an Deck zu schlafen. Ich stand mit dem Rücken gegen die offene Tür. Als ich mich umdrehte, um hinauszugehen, wurde mir der Eingang von einem einheimischen Diener, wie ich auf den ersten Blick glaubte, versperrt.

Da ich annahm, er habe eine Nachricht für mich, wartete ich darauf, dass er sprach. Aber es geschah nichts. Und da ich sein Benehmen als unverschämt betrachtete, weil er weder um Eintritt gebeten noch die den Europäern üblicherweise entgegengebrachte Ehrerbietung zeigte, forderte ich ihn in Hindi ärgerlich auf zu gehen. Daraufhin betrat er die Kabine, ergriff mich bei der rechten Hand und gab mir den Händedruck eines Meister-Freimaurers, bevor ich mich von meinem Erstaunen erholt hatte. Ich fragte ihn nach seinem Anliegen.

In perfektem Englisch gab er mir ruhig zu verstehen, dass er „Koot Hoomi Lal Singh" war. Ich war sofort so tief beeindruckt von seinem Auftreten, seinem Wissen über die Freimaurerei und die Aussage, dass er wirklich jener Mystiker oder Adept war, von dem ich während meines Aufenthalts in Indien soviel gehört hatte, dass ich ihn ohne Zögern als solchen annahm. Wir führten ein langes, für mich sehr bedeutungsvolles Gespräch, dem ich entnahm, dass er mit der spiritistischen und der theosophischen Bewegung sowie mit meinen Freunden in Indien vertraut war. Er war in jeder Hinsicht ein intelligenter Mann, vollkommen gestaltet und unterschied sich in seinem äußeren Erscheinungsbild nicht von den Einheimischen des Ostens. Ich war auch keiner Halluzination erlegen, da ich im Vollbesitz meiner Kräfte stand; und dass es sich nicht um eine subjektive Vision handelte, bewies der Handgriff und die auffallende Stofflichkeit der Gestalt. Eine Kleinigkeit lenkte mich einen Moment von ihm ab, als ich freimütig eine Kritik äußerte, und als ich mich wieder umdrehte – war er gegangen! In zwei Schritten hatte ich die Tür erreicht und konnte das Vor- und Achtern-Deck überblicken. Niemand war zu sehen.

Am nächsten Tag suchte ich das ganze Schiff nach einer Person seines Aussehens ab, doch ohne den leisesten Hinweis. Inzwischen beschäftigte sich mein Geist allerdings mit der Möglichkeit eines Mannes, der beauftragt worden war, in Ceylon an Bord zu gehen, um mich zu täuschen. Doch je länger ich über eine solche Theorie nachdachte, desto schwieriger fand ich es, sie zu akzeptieren. Zwei Tage später schrieb ich den überstürzten und begeisterten Brief, der in *The Occult World* erschien.

„Koot Hoomi" hatte versprochen, einen Brief zu Frau Gordon in Howrah zu bringen, wenn ich einen an Bord schrieb. Ich nahm die Tatsache, dass ich die „Gestalt" gesehen hatte, als Anlass, die Nachricht zu übermitteln und versicherte meine Überzeugung, dass die Person, die ich gesehen hatte, niemand anderer war als der erhabene Meister. Nachdem ich den Brief geschrieben hatte, ging ich an Deck und las ihn einer Dame vor, von der ich wusste, dass sie sich sehr stark für esoterische Themen interessierte. Ich bat sie, den Umschlag zu kennzeichnen, sozusagen als kleinen Beweis zwischen uns beiden und jenen „am anderen Ende". Sie willigte ein.

Bei meiner Rückkehr ins Raucherzimmer erzählte ich einigen meiner Mitreisenden von der Angelegenheit, als ein Herr, der erklärte, Theosoph zu sein und Madame Blavatsky zu kennen, fragte, warum nicht auch er einen Brief schreiben könnte. Er verfasste eine kleine Nachricht, die ich meinem Brief beilegte und suchte nach der Dame, damit sie ihn erneut kennzeichnete. Sie war nicht an Deck. Ich ging zurück in das Raucherzimmer. Jemand schlug vor, ein Kreuz auf den Brief zu zeichnen, ein anderer sprach von zwei Kreuzen und ein dritter von drei; ich malte schließlich drei Kreuze auf den Umschlag und legte den Brief in meine Briefkassette, schloss sie ab und stellte sie auf ein Regal in meiner Kabine. In regelmäßigen Abständen sah ich nach, ob der Brief noch da war, das letzte Mal, soweit ich mich erinnere, gegen vier Uhr nachmittags. Als ich kurz vor dem Abendessen noch einmal nachschaute, war er verschwunden.

In derselben Nacht war in Gegenwart von Oberst Olcott und dem Ehepaar in dem Zimmer, in dem ich bei meinem Aufenthalt in Howrah gewohnt hatte, ein Brief mit drei Kreuzen von der Decke gefallen. Ob es sich um meine Handschrift handelte, war mir nicht möglich zu bestätigen, aber ich denke, es war mein Brief, da er den gleichen Wortlaut besaß wie der, den ich geschrieben hatte – hinzu kommt, dass Frau Gordon meine Handschrift sehr genau kennt.

11F. ALICE GORDON
23.-24. MÄRZ 1882
HOWRAH, EIN VORORT VON KALKUTTA

[Gordon 1882]

Oberst Olcott erzählte mir, er habe in der Nacht einen Hinweis von seinem Chohan (Lehrer) erhalten, dass KH Eglinton auf der *Veda* aufgesucht hatte. Das sagte er mir gegen acht Uhr morgens am Donnerstag, den 23. [März]. Einige Stunden später erhielt ich ein am Mittwochabend um neun Minuten nach neun in Bombay aufgegebenes Telegramm von Madame Blavatsky, in dem es hieß: „KH soeben an Bord der *Vega* gegangen". Es bestätigte die Nachricht, die Oberst Olcott in der Nacht erhalten hatte. Wir hofften, den Brief von Eglinton auf übernatürlichem Wege zu erhalten. In einem späteren Telegramm am Donnerstag [von Madame Blavatsky] hieß es, wir sollten eine bestimmte Zeit für eine Sitzung festlegen; wir wählten Freitag, den 24., neun Uhr Madras Zeit.

Zu dieser Stunde saßen wir drei – Oberst Olcott, Oberst Gordon und ich – in dem Zimmer, das Herr Eglinton bewohnt hatte. Das Licht war gut, und wir hatten unsere Stühle in Form eines Dreiecks aufgestellt, dessen Spitze gegen Norden zeigte. Nach wenigen Minuten sah Oberst Olcott draußen vor dem offenen Fenster die beiden „Brüder" stehen und sagte es uns; er sah sie zu einem anderen Fenster gehen, dessen Glasflügel geschlossen waren. Er beobachtete, wie einer von ihnen mit der Hand in die Luft über meinem

173

Kopf wies. Im selben Augenblick spürte ich etwas von oben direkt auf meine Schulter und in Richtung auf die beiden Herren vor meine Füße fallen. Ich wusste, es war der Brief, aber in diesem Augenblick war ich so sehr darauf bedacht, die „Brüder" zu sehen, dass ich das, was da lag, nicht aufhob. Oberst Gordon und Oberst Olcott sahen und hörten beide den Brief herunterfallen. Oberst Olcott hatte seinen Blick für einen Moment vom Fenster abgewendet, um zu sehen, worauf der „Bruder" gezeigt hatte, und beobachtete, wie der Brief von etwa sechzig Zentimeter unterhalb der Zimmerdecke herunterfiel. Als er wieder zum Fenster schaute, waren die „Brüder" verschwunden.

Es gibt keine Veranda vor dem Zimmer, und die Fenster liegen hoch über dem Boden.

Nun hob ich das, was heruntergefallen war, auf und hielt einen Brief in Herrn Eglintons Handschrift in der Hand, datiert am 24. auf der *Vega*. Wir öffneten ihn vorsichtig, indem wir eine Seite aufschlitzten, da wir entdeckt hatten, dass jemand auf der Klappe mit Bleistift drei lateinische Kreuze aufgemalt hatte, die wir nicht zerstören wollten. Der Brief hat folgenden Wortlaut:

Meine liebe Frau , endlich ist ihre Stunde des Triumphs gekommen! Nach unseren zahlreichen Auseinandersetzungen am Frühstückstisch hinsichtlich der Existenz von KH und meiner eigensinnigen Skepsis gegenüber den wunderbaren Kräften der „Brüder", bin ich nun gezwungenermaßen vollkommen überzeugt, dass diese Personen leben. Ich darf ihnen nicht alles erzählen, aber vor zwei Tagen erschien KH persönlich bei mir, und was er mir mitteilte, hat mich verblüfft.

[Am 24. März 1882 schreibt Oberst Olcott in sein Tagebuch: „Um neun Uhr saßen die Gordons und ich beisammen. Morya und KH erschienen an den Fenstern und zusammengefügte Nachrichten von Eglinton (von Bord der Vega), Morya, KH und HPB fielen durch die Luft auf Frau s Schulter. Ein beeindruckendes Phänomen. E. bemerkt in seinem Brief, dass er ihn durch die Brüder an HPB sendet, nachdem er ihn einer Mitreisenden, Frau Boughton, gezeigt und sie den Briefumschlag habe kennzeichnen lassen." – DHC]

11G. NORENDRO NATH SEN
6.-10. APRIL 1882, KALKUTTA, INDIEN

[Sen 1882]

Der Spiritismus, der unbemerkt und langsam, aber beständig Anhänger aus den vornehmen und gebildeten Gesellschaftsschichten der Hindus gewonnen hatte, erhielt plötzlich durch das Auftreten von Herrn Eglinton in Kalkutta, der über seltene mediale Kräfte verfügte, einen starken Impuls zur Erforschung seiner Geheimnisse. Als er Indien verließ, hatte sich der esoterische Aspekt in gewisser Weise weiterentwickelt. Es bleibt zu hoffen, dass die unter seiner Schirmherrschaft in die Wege geleiteten Untersuchungen mit der Zeit beweisen werden, dass es sich bei dem Spiritismus nicht um eine leere oder irreführende Angelegenheit handelt, wie die meisten Leute, die sich nicht wissenschaftlich mit ihm auseinandergesetzt haben, gerne annehmen. Das Aufsehen, das Herr Eglinton erregt hatte, war noch nicht abgeebbt, als die Ankunft von Oberst Olcott und kurz darauf von Madame Blavatsky in Kalkutta die Neugierde entfachte. Beide Persönlichkeiten leben seit drei Jahren in Indien, und obwohl sie während dieser Zeit die meisten Teile des Landes bereist haben, besuchen sie nun zum ersten Mal die Metropole des indischen Empires. Es erübrigt sich, auf die erwartungsvolle Haltung der gebildeten Gesellschaftsschichten einzugehen. Wir hoffen, dass die Gelegenheit ihres kurzen Aufenthaltes gut genutzt werden wird, um das Wesen und die Ziele der theosophischen Lehre möglichst genau kennenzulernen. Wir sind uns durchaus bewusst, dass viele intelligente und gut informierte Leute nur eine verschwommene Vorstellung besitzen. Man sollte keine Zeit verlieren, um grobe und irreführende Auffassungen über eine solch wichtige Sache zu zerstreuen.

Seit ihrer Ankunft haben wir häufig die Gelegenheit gehabt, Oberst Olcott und Madame Blavatsky zu sehen und uns mit ihnen zu unterhalten. Oberst Olcott scheint ein Mann von großer Gelehrsamkeit und beachtlichem Denkvermögen zu sein. Er ist ein kluger Mann, der in seinem Land Rechtsberater gewesen ist und mehrere wichtige Ämter innehatte sowie mit einigen Lokalzeitungen verbunden war. Im Interesse der Theosophie hat er zweifellos große Opfer gebracht. Es ist immer ein Vergnügen, Oberst Olcott zuzuhören, wenn er sich über die Theosophie und verwandte Themen auslässt, worin er offensichtlich gut bewandert ist. Was Madame Blavatsky betrifft, ist sie fraglos eine bemerkenswerte Dame. Ohne Übertreibung kann man sie als wandelndes Buch bezeichnen. In schwierigen und tiefgründigen Fragen kennt sie sich gut aus. Aber was die Theosophie anbelangt, scheint Oberst Olcott, trotz seiner Fähigkeiten, ihr gegenüber ein Neuling zu sein. Auch in Sprachen ist sie versiert. Obwohl in der englischen nicht so sehr wie in ihrer Muttersprache und in Französisch bewandert, kann sie sich weitaus besser ausdrücken als viele Leute, denen die englische Sprache vertraut ist. Es ist allgemein bekannt, dass sie den *Theosophist* veröffentlicht, eine Zeitschrift, die sie mit Geschick und Erfolg herausgibt. Madame Blavatskys Fähigkeit, schriftlich oder mündlich einen Meinungsstreit zu führen, hat uns oft in Erstaunen versetzt. Sie scheint die Beherrschung ihrer Gedanken und ihrer Sprache ihren umfangreichen Erfahrungen als Journalistin zu verdanken.

Oberst Olcotts Vortrag am 6. dieses Monats war zumindest für alle Hindus der interessanteste, der jemals gehört wurde. Wir wissen, dass viele Leute ihm mit großer Befriedigung lauschten und beachtlich daraus lernten. Über Inhalt und Stil des Vortrags ließ sich nicht streiten. Einzigartig und erstaunlich war die Tatsache, einen Fremden – einen weißen Mann, hereingeschneit aus den Vereinigten Staaten – so anerkennend wie Oberst Olcott über unsere uralte Religion, unsere *Rishis* der Vergangenheit und unsere eindrucksvollen Bräuche reden zu hören. Die Hindus sollten dieser Bewegung größtes Interesse entgegenbringen. Obwohl neu, ist die Theosophie eine sehr anziehende Lehre; und selbst die Skeptiker sollten sich erst einmal mit ihr beschäftigen, ehe sie sie verdammen oder lächerlich machen. Madame Blavatsky ist zu Recht darauf bedacht, dass sich die Leute mehr für das Wesen der Theosophie als für ihre Phänomene interessieren. Letztere kämen eher Zaubertricks gleich, die kaum von Nutzen wären, wenn die zugrunde liegende Philosophie nicht gründlich verstanden und geschätzt würde. Eine Zweigniederlassung der Theosophie ist in Kalkutta eingerichtet worden.

Zahlreiche mit der Theosophie in Zusammenhang stehende Phänomene hat man in Kalkutta noch nicht gesehen. Ich werde einige derjenigen beschreiben, die ich selbst bezeugt habe. Was die Klopfzeichen der Spiritisten betrifft, haben wir sie oft bei Madame Blavatsky beobachtet, die sie nur aufgrund ihrer Willens- und magnetischen Kraft erzeugt, oft ohne einen Gegenstand dabei zu berühren und nur mit der Hand darüber zu fahren. Wir haben gesehen, wie sie Klopfzeichen auf menschlichen Köpfen, Glasfenstern und anderen Gegenständen hervorbrachte. Sie sind sehr viel lauter als die spiritistischen Klopfzeichen und erfolgen genau nach den vorhergehenden Angaben von Madame Blavatsky, um die ein Zuschauer gebeten hat.

Ebenfalls am 6. dieses Monats wurden in Anwesenheit einiger Herren folgende Phänomene enthüllt. Ein einheimischer Herr aus Lucknow, der am örtlichen Gericht als Anwalt tätig war, hatte vor einiger Zeit seine Frau und seine Kinder verloren und gebrochenen Herzens beschlossen, sich in den Dienst der Theosophie zu stellen. Er schrieb aus Lucknow einen Brief mit dem Datum vom 1. dieses Monats an Oberst Olcott, in dem es hieß, dass er ihm nach Allahabad und anderen Orten gefolgt war, ihn gerne treffen möchte und fragte, wo er ihn aufsuchen könnte. Da er annahm, der Oberst halte sich wieder in der Zentrale der Theosophischen Gesellschaft auf, hatte er den Brief nach Bombay geschickt. Am besagten Tag brachte ein Diener des Hauses, in dem Oberst Olcott wohnte, diesem in Anwesenheit von einigen Herren die Post. Darunter befand sich auch jener Brief. Am selben Tag traf kurz danach, als er ihn gerade las, noch ein anderer Brief mit der Post ein. Es war ein gedrucktes Rundschreiben von einem Geschäftsmann aus Bombay. Der Oberst öffnete es in Gegenwart derselben Herren. Quer über diesem Brief stand etwas mit einem blauen Stift geschrieben und mit KH (Koot Hoomi), dem Namen eines der Himalaya-Brüder, unterzeichnet. Oberst Olcotts Guru hatte ebenfalls unterzeichnet. Man forderte ihn auf, dem Lucknower Anwalt (sein Name wurde erwähnt) zu telegraphieren, nach Kalkutta zu kommen und seine Reise nach Madras bis zum 19. zu verschieben, für die Oberst Olcott bereits eine Schiffspassage gebucht hatte und für die er noch am selben Abend an Bord der SS *Khandala* gehen wollte) … Beide Briefe wurden mit der Post gebracht. Sie trugen die übliche Briefmarke. Es konnte unmöglich jemand den Brief mit der blauen Schrift des KH auf seinem Weg von Bombay gefälscht haben. Es war Koot Hoomis Handschrift. Man sagte uns, dass Herr Sinnett, der Herausgeber des *Pioneer,* eine ähnliche Erfahrung mit einem Telegrammumschlag erlebt hatte, der ihn auf offiziellem Wege und in der üblichen versiegelten Weise aus Kalkutta erreicht und neben dem Telegramm eine getrennte Mitteilung von Oberst Olcotts Guru enthalten hatte.

Am 10. suchten wir Madame Blavatsky mit dem Vorsatz auf, sie nicht um ein Phänomen zu bitten. Außer uns beiden waren noch die Babus Peary Chand Mittra und Mohini Mohun Chatterji anwesend. Uns über allgemeine Themen unterhaltend, heftete Madame Blavatsky plötzlich ihren Blick auf eine bestimmte Stelle. Sie bat Babu Mohini Mohun nach draußen zu gehen und nachzuschauen, ob sich jemand im Nebenzimmer verborgen hielt. Babu kam ihrer Aufforderung nach, konnte aber niemanden finden. Kaum hatte er sich wieder hingesetzt, als ein kleiner Zettel von einer unsichtbaren Kraft für alle sichtbar von einer hohen hölzernen Trennwand schräg abgeschossen wurde und neben Oberst Olcotts Sitz niederging. Auf Wunsch von Madame Blavatsky hob Babu Mohini Mohun das Briefchen auf, dessen Inhalt folgendermaßen lautet:

Entwürdigt nicht die Wahrheit, indem ihr sie abgeneigten Geistern aufzwingt. Erwartet keine Hilfe von denjenigen, deren Herzen nicht patriotisch genug sind, um selbstlos zum Wohl ihrer Landsleute zu wirken. „Was soll dabei Gutes herauskommen?" – wird gefragt. „Welchen Gefallen können wir der Menschheit oder sogar unserem eigenen Land damit erweisen?" Lauwarme Patrioten sind es. Angesichts seines Landes, das in seiner Nationalität zugrunde geht, weil es ihm an Vitalität und frischen Kräften fehlt, greift der echte Patriot nach einem Strohhalm. Aber gibt es denn in Bengalen wahre Patrioten? Gäbe es viele, hätten wir euch schon früher hierher geschickt; wir hätten es euch wohl kaum erlaubt, drei Jahre in Indien zu weilen, ohne Kalkutta, die Stadt der großen Intellektuellen und – derer, die kein Herz haben – zu besuchen. Dies könnt ihr ihnen vorlesen. KH.

Weder Madame Blavatsky noch Oberst Olcott hatten einen solchen Brief erwartet, aber keiner von ihnen war natürlich beunruhigt über die mysteriöse Art, in der er in das Zimmer kam. Die Sache scheint unglaubhaft zu sein; aber sie ist eine unumstößliche Tatsache.

[Der in Sens Bericht zitierte Brief von KH wurde schließlich als der zwölfte Brief in der ersten Serie der *Letters from the Masters of Wisdom* 1880-1900 veröffentlicht, übertragen und zusammengestellt von Jinarajadasa (Adyar, Madras Indien: Theosophical Publishing House). Sen war der Herausgeber von *The Indian Mirror* – DHC]

Damodar K. Mavalankar

Kapitel 12

INDIEN
GLAUBE UND SKEPSIS
1882

Blavatskys Fähigkeit, Phänomene zu erzeugen, waren beachtlich, aber manchmal bediente sie sich ihrer in einer scherzenden Weise, wie im Falle der spontanen Materialisation eines handgeschriebenes Briefs, in dem ein Gegner der Gesellschaft angeblich um Mitgliedschaft bat (12A). Ihre Phänomene und die Wirklichkeit ihrer Lehrer waren umstrittene Themen, die gläubige Annahme (manchmal mit unabhängiger Bestätigung) und skeptische Ablehnung auslösten, wie die folgende Auswahl zeigt.

12A. HENRY S. OLCOTT
19. JUNI 1882, BARODA, INDIEN

[Olcott 1900, 2:363-7]

Im Juni 1882 nahmen HPB und ich eine Einladung nach Baroda, der blühenden Haupstadt von Seiner Hoheit dem Gaikwar, an. Richter Gadgil und andere hohe Beamte empfingen uns an der Bahnstation und brachten uns zu dem an den neuen, strahlenden Palast angrenzenden Bungalow. Es kamen zahlreiche Besucher, und unser Empfangszimmer war von morgens bis abends überfüllt.

Ich war mit dem Gaikwar unterwegs gewesen. Bei meiner Rückkehr fand ich Herrn Kirtane und Richter Gadgil an der Schwelle der offenen Tür zu HPBs Zimmer vor, während sie mit dem Rücken zu uns mitten im Raum

181

stand. Unsere beiden Freunde bedeuteten mir, nicht einzutreten, da Madame mit einen Phänomen beschäftigt sei und sie gerade auf die Veranda hinaus geschickt hätte. Im nächsten Moment kam sie auf uns zu, nahm ein Blatt Papier vom Tisch und bat den Herrn, es zu kennzeichnen. Sie nahm es wieder an sich und meinte: „Nun drehen sie mich in die Richtung seines Wohnsitzes." Dann legte sie das Blatt zwischen ihre Handflächen (die sie horizontal hielt) verweilte einen Moment ganz ruhig, reichte es uns und setzte sich. Die beiden brachen in Ausrufe des Erstaunens aus, als sie auf dem soeben noch leeren Blatt einen an mich adressierten Brief sahen, der von dem damaligen britischen Regierungsvertreter geschrieben und unterzeichnet worden war. Es war ein höchst eigenartiges Schriftbild, und die Signatur glich eher einem verschlungenen Dreieck als dem Namen eines Mannes.

Dann erzählten sie mir die Geschichte. Sie hatten HPB wohl nach dem wissenschaftlichen Grundprinzip des Vorgangs gefragt, eine für den Betrachter noch unsichtbare Zeichnung oder Schrift ohne die Hilfe von Tinte, Farbe, Stiften oder anderen mechanischen Mitteln auf ein Blatt Papier, Tuch oder irgendeine Oberfläche zu imprägnieren. Sie erklärte, da die Bilder aller Gegenstände und Ereignisse im Astrallicht aufbewahrt werden, sei es nicht nötig, dass sie die Person gesehen habe oder die Schrift kannte, um das Bild entstehen zu lassen. Sie musste nur auf die Spur gebracht werden, um das Gesuchte zu finden und zu sehen und es dann zu vergegenständlichen. Sie drängten sie, ihnen etwas Derartiges vorzuführen. „Nun, denn", meinte sie schließlich, „nennen sie mir den Namen einer Person, eines Mannes oder einer Frau, die der Theosophischen Gesellschaft am unfreundlichsten gegenübersteht und die weder Oberst Olcott noch ich kennen können." Sofort nannten sie Herrn ... den britischen Regierungsvertreter, der uns und unsere Gesellschaft besonders hasste, der niemals eine Gelegenheit verpasste, unfreundliche Dinge über uns zu sagen und den Gaikwar davon abgehalten hatte, HPB und mich zu seiner Thronbesteigung einzuladen, wie dieser es auf den Vorschlag von Richter Gadgil beabsichtigt hatte. Sie hielten es für eine knifflige Sache. Aber das war es nicht.

Sie bogen sich vor Lachen, als sie den Brief lasen, der mit der Anrede „Mein lieber Oberst Olcott" begann und mich um Vergebung für die boshaften Dinge bat, die er gegen uns gesagt hatte und den Wunsch aussprach, Mitglied der Theosophischen Gesellschaft zu werden, unterschrieben mit

„Hochachtungsvoll" und seinem Namen. Sie hatte niemals eine einzig Zeile der Handschrift dieses Mannes oder dessen Unterschrift gesehen und war ihm auch nicht persönlich begegnet. Die Nachricht schlug sich auf ein Blatt Papier zwischen ihren Händen nieder, als sie bei hellem Licht mit uns drei Augenzeugen mitten im Zimmer stand.

12.B. R. CASAVA PILLAI
MAI - OKTOBER 1882, NELLORE,
BOMBAY UND DARJEELING, INDIEN

[Pillai 1885]

Im Jahre 1881 hatte ich das Glück, mit einem gerade angenommenen Chela in Berührung zu kommen, der sich damals in Nellore aufhielt. Er gehört der Vaishnava-Kaste an und hatte vor 1881 eine Zeit lang mit einem Mahatma im Norden gelebt, nachdem er seine Eltern und seine Familie verlassen hatte und sich für immer von ihnen getrennt hatte. Er ist ein Chela von hohem Rang. Seine Freundschaft mit mir brachte mich Anfang 1881 mit Bruder Damodar K. Mavalankar in Verbindung. In dieser Zeit erschien das vertraute und heilige Gesicht meines Guru Deva (Koot Hoomi) mit gütiger und wohlwollender Miene häufiger in meinen Träumen.

Anfang 1882 wurden unter der Schirmherrschaft jenes Chela, der sich gerade in der Zentrale der Theosophischen Gesellschaft in Bombay aufhielt, Vorbereitungen für die Einrichtung einer Zweigniederlassung in Nellore getroffen. Einem Antrag der Mitglieder zufolge, trafen Madame Blavatsky und Oberst Olcott im Mai 1882 in Nellore ein, um die Niederlassung zu eröffnen. Während ihrer Anwesenheit erhielt ich zum ersten Mal einen an mich und einige Theosophen adressierten Brief von Mahatma M, der bestimmte Anweisungen im Hinblick auf die Verwaltung dieser Niederlassung enthielt. Außer mir waren Narayana Swami Naidu, G. Subbia Chetty Garu (Madras) und Singaravelu Mudalyar von der Guntar Niederlassung im Apstani Saal anwesend. Madame Blavatsky saß schreibend am Tisch; wir saßen ebenfalls. Als sie uns sagte, sie spüre die Anwesenheit ihres Gurus im Raum, blickten wir alle nach oben, und innerhalb von ein oder zwei Minuten fiel bei hellem Tageslicht, am Nachmittag gegen drei Uhr, ein Brief vor uns von der Decke herunter. Es gab weder Vorrichtungen oder Falltüren, um dieses Phänomen zu bewirken.

Ungefähr eine Stunde später drehte sich die Unterhaltung in Gegenwart von einem Dutzend oder mehr Personen (Theosophen und Nicht-Theosophen) um ein bestimmtes Datum. Jemand (ich glaube es war G. Subbia Chetty) schlug vor, Madame um einen Kalender zu bitten, und ein anderer fügte hinzu, es solle möglichst einer sein, den es in Nellore nicht gebe. Die Bitte wurde von allen unterstützt. Madame Blavatsky bemerkte, sie werde es versuchen, da ein hoher Chela, Jwalkool (Djwal Khul, d. Übers.), in seinem Astralkörper in der Nähe weile. Wir hatten uns alle in demselben Raum versammelt, und die anschließende Veranda war nicht überdacht. Sie rief dem Chela zu, uns einen Kalender zu schenken, und innerhalb von drei bis vier Minuten kamen ein „Almanach für 1882 und ein Merkbuch Phönix" mit einer Wucht angeflogen, als seien sie vom Himmel gefallen. Madame Blavatsky gab sie mir, und ich besitze sie immer noch.

Während ihres Aufenthalts in Nellore erfuhr ich von Madame Blavatsky, dass die Brüder mit ihr über mich gesprochen hatten und mich schon seit geraumer Zeit beobachteten. Ich entgegnete ihr, dass ich davon wusste. Bei diesem Gespräch waren T. V. Charlu und C. Kotiah Chetty Garu sowie einige andere Personen anwesend. Danach begann ich ernsthafter über die Erscheinung der Mahatmas in meinen Träumen und anderweitig nachzudenken. Ich lenkte meine Aufmerksamkeit auf die edlen Züge meines verehrten Guru Deva, den ich als Mahatma Koot Hoomi kannte. Innerhalb von vier oder fünf Tagen erhielt ich eine Antwort auf mein Gebet. Von dieser Zeit an unterwies mich der Mahatma in meinen Träumen – eigentlich keine Träume, sondern ein halbwacher Zustand. Nur in Ermangelung des richtigen Wortes spreche ich von Träumen. In einem von ihnen – ich glaube, es war gegen Ende Mai – flehte ich ihn an, es mir zu gewähren, ihn in seinem physischen Körper zu sehen. Nach kurzer Erwägung erwiderte der Guru Deva, ich müsste den Himalaya *alleine* überschreiten.

Am Abend des 11. September 1882 verließ ich Madras mit dem Postzug und erreichte die Zentrale der Theosophischen Gesellschaft in Bombay am 13. September.

Am Nachmittag dieses Tages erhielt ich in Anwesenheit von Madame Blavatsky, Madame Coulomb, Tukaram Tatya, Damodar K. Mavalankar und eines anderen Theosophen, dessen Namen ich nicht kenne, einen Brief, der von der Decke direkt auf meinen Kopf fiel. Er stammte von meinem *Guru*; meinen Antwortbrief legte ich in Anwesenheit derselben Personen (ausgenommen Tukaram Tatya, der gegangen war) in der Nähe der Statue des Buddha über das Regal in der Halle. Der Brief verschwand in unserer Gegenwart. Als ich an diesem Abend in Oberst Olcotts Zimmer zu Bett gehen wollte, sah ich zu meinem Erstaunen bei geschlossenen Türen und hellem Licht die Astralgestalt meines verehrten Guru Deva sozusagen aus der festen Wand kommen. Ich kniete vor ihm nieder; er segnete mich und äußerte den Wunsch, mich jenseits des Himalaya zu sehen, *in gutem Telugu*. Unsere Unterhaltung ist zu heilig, um an dieser Stelle erwähnt zu werden. Er verschwand auf dieselbe Weise, in der er gekommen war.

Am folgenden Tag, am 15. September, brachen Madame Blavatsky und ich in Richtung Norden auf. Herr und Frau Coulomb, Damodar K. Mavalankar, Tukaram Tatya und eine weiterer Theosoph (alle in drei Wagen) begleiteten uns zum Bahnsteig.

Am 16. wurde die Reise unterbrochen, da jenseits des Bahnknotenpunkts zwischen Chandani und Khandwa die Brücken über einem kleinen Nebenfluss des Tapi weggespült worden waren. Wir mussten den Fluss mit dem Boot überqueren. Auf der anderen Seite stiegen wir wieder in den Zug und bemerkten nicht, dass einige Kisten von Madame versehentlich im Boot zurückgeblieben waren. Als sie es feststellte, stieg sie mit ihrem Diener Babula aus. Ich reiste in der dritten Klasse weiter. Am 18. September sollten wir uns in Allahabad wiedertreffen. Am 17. September, einige Stationen südlich von Allahabad, saß ich mit nur zwei oder drei Mitreisenden im Abteil und sah von oben einen Brief herunterfallen. Zu dieser Zeit muss Madame Blavatsky ungefähr vierhundert Kilometer von mir entfernt, zwischen Sahagpore und Jabbalpore, gewesen sein. Der Brief war in der vertrauten Handschrift meines Mahatma und bezog sich auf einen Brief, den ich nach Bombay geschickt hatte, der von der Statue des Buddha verschwand.

Von Allahabad aus fuhren Madame Blavatsky und ich, zusammen mit Babula, im Postzug weiter nordwärts und erreichten Chandernagore am 19.

Dort verließ ich Madame und ihren Diener, überquerte mit dem Boot den Hughly, wanderte ungefähr acht Kilometer zur Nalhati Bahnstation und fuhr mit dem Zug nach Siliguri, wo ich am 20. frühmorgens eintraf, nahm den Zug nach Darjeeling, erreichte den Ort gegen Abend und traf mich mit Babaji Dharbagirinath.

Wir blieben bis zum 28. zusammen und reisten zu Pferd und zu Fuß durch Bhutan, Sikkim und so fort. Wir besuchten mehrere „Gumpas" (Tempel). Ich musste den Ranjit Fluss mehr als zweimal in beide Richtungen auf der Hängebrücke und mit der Fähre überqueren.

Ungefähr auf der Höhe von Pari oder Parchong an der Nordgrenze von Sikkim durfte ich die *ehrwürdigen Meister Koot Hoomi und M[orya]* in ihren physischen Körpern erblicken, die ich in ihrer Astralgestalt bereits in meinen Träumen 1869 und in Madras 1876 und am 14. September 1882 in der Zentrale in Bombay gesehen hatte. Außerdem durfte ich einige fortgeschrittene Chelas schauen, unter ihnen der gesegnete Jwalkool (Djwal Khul), der *jetzt* ein Mahatma ist.

Als wir am Abend des 26. September von Madame Blavatskys und Ramaswamy Iyers Ankunft in Darjeeling hörten, trafen wir sie in Babu Parvati Churn Roys Bungalow – der „Weidenhütte".

Am 28. verabschiedete ich mich von Madame Blavatsky und meinen übrigen Freunden in Darjiling und nahm den Zug um zehn Uhr morgens nach Siliguri, wo ich gegen sieben Uhr abends eintraf. Am 29. reiste ich mit dem Zug nach Kalkutta und erreichte die Stadt am Morgen des 30.

In Madras traf ich am 9. Oktober 1882 ein.

Am 10. Oktober 1882 besuchte ich den Richter G. Muttuswami Chetty und berichtete ihm und seinen Söhnen, Lalpett und Rajulu Naidu, dass ich die Mahatmas gesehen hatte.

Am 11. traf ich meinen verehrten Freund, den Pandit T. Velayudam Mudelliar, dem ich ebenfalls davon berichtete.

Nach meiner Ankunft in Nellore fand am 16. ein Treffen der Mitglieder der Gesellschaft statt, bei dem ich meinen Brüdern berichtete, dass ich in der Zentrale in Bombay den Astralkörper meines Gurus gesehen hatte und auch in der Gesellschaft der ehrwürdigen Mahatmas sein durfte.

Abschließend möchte ich hinzufügen, dass ich dank des Wohlwollens meines Guru Deva in direktem Briefwechsel mit ihm stehe und seit 1882 mehrere Briefe von ihm erhalten habe. 1885 traf ein Brief ein, in dem er mir erlaubte, den Bericht meiner Reisen zu veröffentlichen.

12c. Parbati Churn Roy
September – Oktober 1882
Darjeeling, Indien

[Roy 1896, 36 –46]

Ich habe mich von Anfang an sehr für den Spiritismus interessiert, seit er aus Amerika nach Indien kam. Die Ankunft von Madame Blavatsky in Bombay, im Jahre 1879, und die Berichte von den wunderbaren Begebenheiten erregten mein Interesse aufs Neue. Was ich von den Hindus nicht als Wahrheit annehmen konnte, die ich als zu leichtgläubig und abergläubisch erachte, war ich geneigt, unmittelbar anzunehmen, wenn es von den Europäern kam. Einmal beabsichtigte ich, nach Bombay zu reisen, um meine Neugierde zu befriedigen, aber aus irgendeinem Grunde, hauptsächlich weil meine Skepsis immer stärker wurde, führte ich meine Absicht nicht aus. Die Sache ließ mich aber nicht in Ruhe; etwas in mir drängte mich, meine geistigen Nachforschungen fortzusetzen, und ich wünschte mir eine Unterredung mit Madame Blavatsky.

Die Regierung verdächtigte sie zunächst, eine russische Spionin zu sein, aber sie war alles andere als eine Spionin, sie bewunderte die britische Herrschaft. Ihrer Ansicht nach war es die beste Regierung, die Indien zu diesem Zeitpunkt haben konnte.

Im Herbst 1882 besuchte Madame Blavatsky während ihrer Rundreise in Begleitung einiger ihrer Schüler Darjeeling, eine Hügelstation in Bengalen. Einige Hindu Freunde, die nach einer Unterkunft für sie suchten, baten mich, sie für einige Tage in mein Haus aufzunehmen. Da ich mich seit langem nach einer Gelegenheit gesehnt hatte, sie zu sehen, konnte es keine bessere Möglichkeit geben, und ich willigte ein.

Obwohl ich mir die englische Lebensweise angeeignet hatte, kannte ich mich in der englischen Verhaltensweise und in den Gebräuchen kaum aus und war ein wenig beunruhigt, in welcher Art man Madame Blavatsky während ihres Aufenthalts in meinem Haus behandeln sollte. Meine Bedenken verflogen in dem Augenblick, in dem ich ihr begegnete. Es konnte keine einfachere, unauffälligere, offenherzigere und ungezwungenere Person geben als HPB. Ihr Herz war voller Liebe und Freundlichkeit gegenüber anderen.

Ihre Kleidung war ebenso schlicht und einfach wie ihre Nahrung und ihre Getränke. Am Morgen bereitete sie sich ein herzhaftes Frühstück aus Kaffee, Milch und Brot zu. Nach dem Frühstück zog sie sich in ihr Zimmer zurück und verbrachte die Zeit bis zum Mittagessen (um ein Uhr) mit Lesen und Schreiben. Sie nahm weder mittags noch abends eine vollständige Mahlzeit zu sich und aß nur sehr wenig Fleisch. Zur Teezeit wählte sie wieder Kaffee, Milch und Brot; ihre Hauptmahlzeiten lagen eigentlich morgens und nachmittags.

Es war bekannt, dass sie sehr viele Zigaretten rauchte, in deren Herstellung sie sich als Expertin erwies. Sie trug immer eine Art loses Hemd, über das sie manchmal ein gelbes Gewand zog, wie es bei den buddhistischen Nonnen der Brauch ist. Oft hielt sie einen Rosenkranz in der Hand, den sie abzählte und dabei unhörbar bestimmte Worte wiederholte.

Am Abend ihrer Ankunft begann ich sofort, schon bei ihrem Eintreten, abfällig über alles Geistige zu reden und hob die Lehren der Materialisten und Agnostiker in den Himmel. Sie lächelte, berührte eine Fensterscheibe mit der Hand und entlockte ihr ein zartes Klingen, das sie mich bat zu erklären. Natürlich konnte ich dies nicht und fand auch keine Erklärung in einem meiner wissenschaftlichen Bücher dafür. Die Erklärung, die sie mir gab, war recht unverständlich für mich. Soweit ich mich erinnere, sagte sie etwas über *akash* (Äther). Von ihren Fingerspitzen sandte sie eine Art elektrische Strömung zum Kopf meines Vetters Babu Kali Mohun Das, Anwalt am höchsten Gerichtshof in Kalkutta, ohne ihn zu berühren. Seiner Aussage nach spürte er allein dadurch ein gewisses Brennen in seinem Kopf, dass Madame Blavatsky ihre Finger auf ihn richtete. Ich beobachtete sie genau und sah ihre Finger vierzig oder sechzig Zentimeter über dem Kopf.

Am Tag nach Madame Blavatskys Ankunft in „Willow Dale", dem Haus, das ich bewohnte, hörten wir beim Mittagessen einen leisen Glockenton in der Luft. Sofort erhob sie sich von ihrem Stuhl, und mit den Worte: „Ich werde gerufen; ich werde gerufen", eilte sie aufgeregt in ihr Zimmer. Als sie den Speiseraum verließ, konnte man einen weiteren Ton wie den ersten über ihrem Kopf vernehmen. Dann schloss sie sich eine Zeit lang in ihr Zimmer ein.

Im Laufe des Gesprächs am Abend ihrer Ankunft erkundigte sich Madame Blavatsky, ob ich irgendetwas über die Theosophie wisse. Als ich verneinte, gab sie mir A. O. Humes *Hints on Esoteric Philosophy* und A. P. Sinnetts Buch *Occult World*, auf dessen erste Seite sie die Worte schrieb: „Für meinen skeptischen und streitsüchtigen Bruder". Obwohl sie sich noch keine achtundvierzig Stunden in meinem Haus aufhielt, hatte ich bereits angefangen, mit ihr zu streiten. In meiner Bewunderung für die Zivilisation der Engländer machte ich die der Hindus nieder. Ich empfand auch keine Sympathie für die Exklusivität der Tibeter, die keinem Fremden erlaubten, ihr Land zu besuchen, weshalb ich wünschte, dass die Engländer sie besiegten und das Land für uns öffneten. Ich quälte sie sehr mit meiner damaligen Einstellung, und sie bezeichnete mich als unwürdigen Nachkommen der großen Arier.

Die Geschehnisse, von denen [in *The Occult World*] die Rede ist, ließen sich nicht durch irgendwelche bekannten Naturgesetze, die den großen Wissenschaftlern des Westens geläufig sind, erklären und deshalb, so argumentierte ich, konnten sie nicht wahr sein. Obwohl ich innerlich den Impuls verspürte zu glauben, dass es sich um wahre Berichte handelte, zögerte ich, meiner Intuition nachzugehen und erklärte Madame Blavatsky, ich könnte der Theosophischen Gesellschaft nicht beitreten, da es mir unmöglich sei, an die Mahatmas zu glauben. Darauf entgegnete sie mir, dass man auch ohne den Glauben an die Mahatmas Theosoph werden könnte. Sie gab mir die Richtlinien, von denen ich glaube, dass die folgenden die Ziele der Gesellschaft widerspiegeln:

1. Bildung eines Kerns universeller Bruderschaft, ohne Unterscheidung von Rasse, Überzeugung, Geschlecht, Kaste oder Hautfarbe.
2. Förderung von Studien der arischen und sonstigen östlichen Schriften, Religionen, Philosophien und Wissenschaften und Bekundung der Bedeutsamkeit dieser Studien.
3. Erforschung unerklärter Naturgesetze und der den Menschen innewohnenden übersinnlichen Kräfte.

Gegen den ersten Punkt hatte ich nichts einzuwenden, wehrte mich aber heftig dagegen, Punkt zwei und drei irgendeine Bedeutung beizumessen. Madame Blavatsky meinte, es genügte, wenn ich daran glaubte, dass es wichtig sei, eine Gesellschaft zu bilden, die brüderliche Gefühle förderte, die beiden anderen Punkte könnte ich dann solange Außer-Acht-Lassen, bis ich mich von ihrer Bedeutsamkeit überzeugt hatte. Da ich die Gefühle einer Dame, die zum Wohle der Menschheit wirkte und Gast in meinem Hause war, durch meine Reserviertheit nicht verletzen wollte, unterschrieb ich ein

„Antragsformular", und HPB verlieh mir eine Mitgliedsurkunde der Theosophischen Gesellschaft.

Bevor Madame Blavatsky in meinem Haus eintraf, hatte ich zwei Freunde
nach Kalkutta eingeladen, um mit mir ein paar freie Tage zu verbringen. Es
waren mein Vetter Babu Bhuban Mohan Das, der Herausgeber von *Brahmo
Public Opinion,* und mein Freund Babu Tariny Kumar Ghose, ein Absolvent
der Universität Kalkutta. Ersterer war leitendes Mitglied des Sadharan Brahmo-
Samaj, letzterer ein sehr gelehrter Agnostiker. Als diese beiden Herren eintrafen, wurde es beengt, und Madame Blavatsky musste zahlreiche Unbequem-
lichkeiten hinnehmen, was sie aber nicht störte. Doch ihre Anwesenheit wurde
von meinen Freunden nicht gerne gesehen, da sie sie für eine Hochstaplerin
hielten. Und obwohl ich selbst nichts dergleichen bemerkt hatte, beschlichen mich Zweifel, besonders da ich meine Freunde für Männer mit gesundem Urteilsvermögen hielt. Allmählich kam mir der Gedanke, dass es wohl
besser wäre, wenn Madame Blavatsky das Haus verließe.

Eines Abends, als meine Abneigung gegen die Mahatmas durch den Hohn
und Spott meines theistischen und agnostischen Freundes aufgeheizt worden war, geriet ich in eine hitzige Diskussion mit Nobeen Babu [einem Freund
von HPB]. Der Streit ergab sich folgendermaßen: Ich beanstandete, dass die
Mahatmas nicht öffentlich auftraten und ihre Lehren anhand von Experimenten erklärten, wie dies bei den westlichen Wissenschaftlern geschah. Sollte
es tatsächlich zutreffen, was von ihnen behauptet wurde, dann könnte ein
öffentliches Auftreten keinen Schaden anrichten. Nobeen Babu hielt dem
entgegen, dass die Wahrheiten, die die Mahatmas lehrten, von solch überna-
türlicher Art seien, dass nur diejenige sie zu verstehen und zu schätzen wüssten,
die sich einer vorbereitenden Schulung unterzogen hatten, vergleichbar mit
einem Schüler, dem ohne Kenntnisse in Chemie und Physik die höheren
Aspekte dieser Wissenschaften verschlossen blieben; oder wie jemand, dessen
mathematische Kenntnisse sich nur auf Arithmetik beschränkten, unfähig
sei, die Vortex-Theorie eines Sir W. Thomson zu begreifen. In gleicher Weise
sei eine Person, die nicht in die Geheimnisse der geistigen Welt eingeführt
wurde, unfähig, die Lehren der Mahatmas zu verstehen. Selbst wenn die
Mahatmas in der Öffentlichkeit auftreten und ihre Kräfte zeigen würden,
hielte man sie nur für Zauberkünstler, die oft Kunststücke vollbrächten, die
sogar die Wissenschaftler verblüfften.

Ich geriet in Wut und begann laut und ärgerlich zu reden, während

Nobeen Babu ruhig und würdevoll blieb. Als ich mich gerade abfällig über die Mahatmas äußerte, ertönte über unserem Kopf jener leise Glockenton, der am Tag nach der Ankunft von Madame Blavatsky zu hören gewesen war. In diesem Moment bat uns Madame Blavatsky, die, im Nebenzimmer in einem Sessel sitzend, still unsere Diskussion verfolgt hatte, ihre Tür zu schließen, was sofort geschah. Der Ton überraschte uns und setzte der Diskussion ein Ende. Nach einer Weile wurde die Tür auf HPBs Wunsch wieder geöffnet. Sie erzählte uns nicht, was in der Zwischenzeit geschehen war, aber es wird angenommen, dass ihr Guru (Lehrer) sie in seinem Astralkörper aufsuchte. Am folgenden Morgen verließ HPB mein Haus. Auf meine dringende Bitte, doch zu bleiben, erwiderte sie, man habe ihr befohlen, Willow Dale zu verlassen, da ihr Aufenthalt den Freunden, die ich bereits eingeladen hatte, bevor ich von ihrer Ankunft wusste, Unannehmlichkeiten bereite.

Nachdem Madame Blavatsky uns verlassen hatte, fühlte ich mich unbehaglich. Trotz meiner Skepsis und des Spotts meiner Freunde konnte ich mich des Eindrucks nicht erwehren, dass sich ihr Verhalten von dem einer Betrügerin unterschied; dass sie sich ehrlich und aufrichtig für ihre Sache einsetzte und ihrer Arbeit keine weltliche Motivation zugrunde lag. Ich hätte gerne mehr über sie gewusst, befürchtete aber, dass mein agnostischer Freund mich als einfältigen Narren betrachtete. Außerdem schämte ich mich vor HPB wegen meiner hässlichen Auseinandersetzung mit Nobeen Babu, die sie letztlich dazu veranlasst hatte, mein Haus zu verlassen.

Einige Tage nachdem HPB in das Haus von Nobeen Babu und seiner Familie übergesiedelt war, wollten mein Freund Tariny Babu und ich sie besuchen. Dieses sehr viel kleinere Haus lag in einem dicht besiedelten Stadtteil, und es war leicht zu erkennen, dass es manche Unannehmlichkeit für sie gab. Sie saß in ihrem Zimmer und schrieb. Als sie von unserer Ankunft erfuhr, kam sie ins Wohnzimmer, und wir unterhielten uns über verschiedene Dinge. Sie schien in ihrer neuen Unterkunft sehr glücklich zu sein. Nobeen Babu servierte uns Tee. Madame Blavatsky, Tariny Babu und ich nahmen den Tee am Tisch ein, während Nobeen Babu und weitere Freunde aus Platzmangel auf die Veranda hinausgingen. Sie saßen ungefähr drei Meter von uns entfernt auf dem Boden.

Als mein Freund und ich nach dem Tee aufbrechen wollten, bat uns HPB, noch eine Weile länger zu bleiben, da sie spürte, dass eine Nachricht aus

Tibet unterwegs war. Wir warteten gespannt, als die Freunde auf der Veranda plötzlich ausriefen: „Ein Brief, ein Brief!" Sofort schauten wir hinüber und sahen einen Brief in Nobeen Babus Teetasse stehen, der diese auf Geheiß von Madame Blavatsky zu uns herüber brachte. Der Brief war an „Babu Nobeen" gerichtet und in derselben Handschrift geschrieben wie der Brief, den ich in Madame Blavatskys Zimmer in meinem Haus gesehen hatte. Wir konnten uns nicht erklären, woher er gekommen war, da er sozusagen vor unseren Augen aus der Luft gefallen war. Es hatte zwar niemand beobachtet, wie er herunterfiel, aber er musste in Sekundenschnelle von der Decke in die Tasse gefallen sein. Madame Blavatsky konnte ihn nicht hinein geworfen haben, da wir sie ansahen. Selbst wenn es ihr gelungen wäre, ihn unbeobachtet in die Tasse zu werfen, konnte er nicht senkrecht stehen, da sie in einer Entfernung von etwa drei Metern saß, kaum einen halben Meter höher als Nobeen Babu. Dies war für einen Skeptiker wie mich ein Rätsel.

Mein Freund Babu Tariny Kumar Ghose wies mich später darauf hin, dass allein die Adresse auf dem Umschlag gegen die Annahme spreche, er stamme von einem Inder. Falls ein indischer Mahatma ihn geschrieben hätte, hätte er ihn in der in Bengalen üblichen Weise angeredet, nämlich mit „Nobeen Babu", nicht mit „Babu Nobeen". Obgleich er sich nicht zu erklären wusste, wie der Brief in die Teetasse gelangt war, zweifelte er nicht daran, dass es Madame Blavatsky zuzuschreiben war, und damals glaubte ich ihm. Inzwischen habe ich zwei Briefe von Madame Blavatsky erhalten, aus denen hervorgeht, dass sie wusste, wie sich die Herren in Bengalen anreden. In einem Brief mit dem Datum „Allahabad, den 15. November 1882" und einem anderen, auf dem es heißt „Madras, den 17. November 1883", redet Madame Blavatsky einen theosophischen Bruder mit „Kanti Babu" und nicht mit „Babu Kanti" an. Der Schreiber jenes Briefes kann demnach nicht Madame Blavatsky, sondern muss jemand anderer gewesen sein. Es ist nicht unüblich für Hindus der Oberen Provinzen Indiens, einen Bengalen „Babu so und so", und nicht "So und so Babu" anzureden. Da die Mahatmas angeblich aus jenen Provinzen kommen, wäre es durchaus denkbar, dass sie den Brief in der Weise adressierten, in der es geschah.

Als ich nach besagtem Besuch bei Madame Blavatsky wieder nach Hause kam, fand ich ein Telegramm vor, dass mir die schwere Erkrankung meiner Frau in Dacca mitteilte. Daher musste ich Darjeeling mit dem nächsten Zug verlassen. Zuvor schrieb ich aber noch einen Brief an Madame Blavatsky, in dem ich ihr meine überstürzte Abreise erklärte, und erhielt folgende Antwort:

Mein lieber Bruder, – es tut mir leid, sie zurückzulassen. Ich hoffe, wir werden gelegentlich von ihnen hören. Sie sind ein Mitglied unserer Gesellschaft, und es wird ihnen daher nichts wirklich Böses zustoßen, und ich hoffe und bete inbrünstig, sie eines Tages als guten Arya und in ihrem *dhoti* (indische Kleidung) wiederzusehen.

Geben sie auf sich Acht. Danke für ihre brüderlichen Dienste und Aufmerksamkeiten, die sie mir erwiesen.

Glauben sie mir,
In Aufrichtigkeit und Brüderlichkeit,
H. P. Blavatsky.

12D. S. RAMASWAMIER
SEPTEMBER – OKTOBER 1882
DARJEELING, INDIEN UND SIKKIM

[Ramaswamier 1882]

Wegen meiner durch behördliche Tätigkeit und Sorgen angegriffenen Gesundheit ersuchte ich aufgrund eines ärztlichen Attests um meinen Abschied, der mir bewilligt wurde. Im vergangenen September saß ich eines Tages lesend in meinem Zimmer [in der Stadt Tinnevelly, in Südindien], als mich die Stimme meines geliebten Gurus [Morya] beauftragte, alles zurückzulassen und mich sofort nach Bombay zu begeben, wo ich Madame Blavatsky überall suchen und ihr überall hin folgen sollte. Unverzüglich brachte ich meine Angelegenheiten zum Abschluss und verließ die Station. Als ich Bombay erreichte, war Madame Blavatsky abgereist. Ohne genau zu wissen, in welche Richtung ich mich wenden sollte, löste ich eine Fahrkarte bis Kalkutta. Bei der Ankunft in Allahabad vernahm ich die vertraute Stimme, die mich nach Berhampore wies.

Am 23. [September] brachte mich Nobin Babu von Kalkutta nach Chandernagore, von wo aus Madame Blavatsky den Zug nehmen wollte. Als dieser eintraf, stieg sie in einen Waggon. Ich selbst erwischte gerade noch den letzten Wagen.

In den ersten Tagen nach ihrer Ankunft [in Darjeeling] wohnte Madame

Zeichnung des Meisters Morya

Blavatsky im Haus eines Bengalen, eines Theosophen, und wollte niemanden empfangen. Auf unsere Hartnäckigkeit entgegnete sie nur, dass wir kein Recht dazu hätten, *an ihr zu kleben und ihr zu folgen*, dass sie nicht nach uns gefragt habe und sie die Mahatmas nicht mit allen möglichen Fragen belästigen dürfe.

Verzweifelt *beschloss ich, komme, was wolle,* über die Grenze zu gehen, die etwa zehn Kilometer entfernt lag, um die Mahatmas zu finden oder – zu sterben. Ohne auch nur einen Ton davon zu sagen, brach ich am 5. Oktober auf, um die Mahatmas zu suchen. Am selben Nachmittag erreichte ich die Ufer des Rungit Flusses, der die Grenze zwischen dem britischen Territorium und Sikkim bildet.

Während des ganzen Nachmittags wanderte ich auf einem schmalen Fuß-pfad tiefer und tiefer ins Land hinein. Vor Einbruch der Dämmerung hatte ich ungefähr dreißig bis vierzig Kilometer zurückgelegt. Auf dem ganzen Weg sah ich nur dichten Dschungel und Wälder um mich herum, hin und wieder unterbrochen von den einsamen Hütten der Bergbevölkerung.

Bei Einbruch der Dämmerung schaute ich mich nach einem Platz für die Nacht um. Nach einem tiefen, nicht durch Träume gestörten Schlaf wachte ich im Morgengrauen auf.

Ich verlor keine Zeit. Im ersten Morgenlicht wanderte ich bergauf und bergab weiter.

Ich glaube, es war zwischen acht und neun Uhr am Morgen, auf der Straße in die Stadt Sikkim, wo vorbeiziehende Leute mir versichert hatten, ich könnte in meinem Pilgergewand ohne weiteres nach Tibet gelangen, als ich aus der entgegengesetzten Richtung einen einsamen Reiter auf mich zu galoppieren sah. Aus seinem hohen Wuchs und der Art, in der er das Tier handhabte, schloss ich, dass es sich um einen Militäroffizier des Königs von Sikkim handelte. Nun bin ich erwischt, dachte ich. Aber als er näher kam, zügelte er das Ross. Ich schaute ihn an und erkannte sofort meinen verehrten *Guru* und fiel vor ihm nieder. Auf seine Anordnung hin erhob ich mich, blickte ihm ins Gesicht und vergaß mich selbst völlig. Freude und Ehrfurcht ließen mich keine Worte finden. Endlich durfte ich „dem Mahatma des Himavat" gegenüberstehen, und er war kein Mythos. Es war kein Traum; es war zwischen neun und zehn Uhr am Vormittag, und die Sonne schien herab und bezeugte schweigend die Szene.

Er sprach sanft und freundlich zu mir. Es dauerte eine Weile, bis ich, ermutigt durch seine Güte, ein paar Worte hervorbrachte. Ich habe niemals eine solch edle Haltung, eine solch hochgewachsene und majestätische Ge-stalt gesehen. Er trug einen kurzen schwarzen Bart, und sein langes schwar-zes Haar reichte bis in Brusthöhe. Er war mit einem gelben pelzverbrämten Mantel bekleidet, und auf dem Kopf saß eine gelbe tibetische Filzmütze.

Als die ersten Augenblicke des Entzückens und Erstaunens verstrichen waren und ich still die Lage erfasste, führten wir eine lange Unterhaltung. Er riet mir, nicht weiter zu gehen, da ich zu Schaden käme. Ich sollte geduldig warten, wenn ich als Chela angenommen werden wollte.

Der Mahatma spricht nur wenig Englisch – so hatte ich zumindest den Eindruck – und sprach *zu mir in meiner Muttersprache – Tamil*. Ich fragte den

Mahatma, ob ich von unserer Begegnung erzählen dürfe. Er bejahte. Als ich ihm zum Abschied meine *namaskarams* erbot (niederfiel), teilte er mir erfreut mit, dass er sich auf dem Wege in das britische Gebiet befinde, um [HPB] zu sehen.

Bevor er davonritt, kamen noch zwei Reiter, seine Begleiter, vermutete ich, wahrscheinlich zwei Chelas, denn sie waren ebenso wie er gekleidet, und ihre langen Haare flossen den Rücken hinunter. Sie folgten dem Mahatma im leichten Trab.

Über eine Stunde lang stand ich da und starrte auf die Stelle, an der er mich soeben verlassen hatte. Da ich seit dem Vortag nichts gegessen hatte, war ich zu schwach, um weiterzugehen. Mein ganzer Körper schmerzte. In einiger Entfernung entdeckte ich einige Händler mit Lastponies. Ich mietete eines der Tiere. Am Nachmittag gelangte ich zum Rungi Fluss und überquerte ihn. Das Bad in den kühlen Fluten erfrischte mich. Ich kaufte einige Früchte in dem einzigen Basar dort und labte mich daran. Auf einem anderen Pferd erreichte ich Darjeeling am späten Abend.

Ich konnte weder essen, noch sitzen, noch stehen. Alles tat mir weh. Meine Abwesenheit muss Madame Blavatsky wohl beunruhigt haben. Sie hielt mir meine Eile und den verrückten Versuch, auf diese Weise nach Tibet zu gelangen, vor. Ich erzählte ihr alles, was ich erlebt hatte.

Das Hauptquartier der Theosophischen Gesellschaft, Adyar, 1884

Kapitel 13

ADYAR UND OOTACAMUND
1882 – 1883

Die Gründer erstanden im Mai 1882 in Südindien, am Adyar Fluss, in der Nähe von Madras, ein großes Anwesen und verlegten die theosophische Zentrale Ende des Jahres dorthin. Dieses Zentrum wurde bald der strahlende Ausgangspunkt für eine weltweite Tätigkeit. Im Jahre 1883 reisten Madame Blavatsky und Oberst Olcott von Adyar in verschiedene Außenbezirke, gründeten Zweigniederlassungen, empfingen Besucher, führten einen umfangreichen Briefwechsel mit Fragestellern und füllten ihre Tagebücher mit wertvollen Erkentnissen und geisteswissenschaftlichem Material. Das Hauptziel dieser Dokumentationen bestand darin, das schlummernde Interesse der Inder an dem geistigen Wert ihres eigenen uralten Schrifttums und ihrer Kultur neu zu beleben.

Emma Coulomb behauptete später, dass sie HPB in Adyar, wie zuvor in Bombay, bei der Erzeugung falscher Phänomene behilflich gewesen sei. Ihre Beschreibungen stimmen aber nicht mit den Beobachtungen anderer Augenzeugen, Indern und Ausländern, überein, wie einige der folgenden Berichte zeigen.

199

13.a. A. P. Sinnett
Dezember 1882 – März 1883
Adyar, Madras, Indien

[Sinnett 1886, 255, 257-8]

Am 16. Dezember 1882 gaben die einheimischen Freunde für die Gründer der Theosophischen Gesellschaft eine Abschiedsparty, kurz bevor sie aus Bombay abreisten, um sich in Adyar, in Madras, niederzulassen, wo von den Mitgliedsbeiträgen der Gesellschaft ein Haus gekauft worden war.

Im Vergleich zu dem beengten, wenig komfortablen Bungalow in Bombay bedeutete das Haus in Madras eine große Verbesserung. Madras ist ein ungeheuer weit ausgedehnter Posten, der sich zwölf bis dreizehn Kilometer an der Küste entlangzieht. Der Vorort Adyar liegt am südlichen Außenrand, durch den ein kleiner Fluss seinen Weg zum Meer nimmt und sich, kurz bevor er den Strand erreicht, in ein seichtes Gewässer ausdehnt, neben dem das theosophische Haus auf einem großen Grundstück steht. Als meine Frau und ich im März 1883 auf unserer Heimreise von Indien [nach England] Mme. Blavatsky dort besuchten, fanden wir sie und ihren vielgestaltigen Haushalt komfortabel untergebracht vor.

Die oberen Räume bildeten ihr Privatdomizil. Eines dieser gerade erst fertiggestellten Zimmer bestimmte Madame zu ihrem „Geheimzimmer", ihrem speziellen Privatheiligtum. Sie hatte sich besonders der Gestaltung eines Hängeschranks gewidmet, der der Kommunikation zwischen den Meistern und ihr vorbehalten war und den sie den *Schrein* nannte. Hier standen einige einfache okkulte Schätze, zwei kleine Portraits der Mahatmas und andere Kleinigkeiten. Jeder, der mit der Theorie der übersinnlichen Phänomene vertraut war, begriff den Zweck dieses Gehäuses. Ein von allem „Magnetismus" befreiter Ort, der mit der Integration und Auflösung von Briefen verbunden war, erleichterte den Vorgang, und der „Schrein" diente der Transaktion zwischen den Meistern und den Chelas.

13B. WILLIAM Q. JUDGE
DEZEMBER 1882, ADYAR, MADRAS, INDIEN

[Zusammengestellt aus Judge 1890 und Judge 1892,
Feder- und Tintezeichnung von Wm. Q. Judge]

Die Hauptniederlassung der [theosophischen] Gesellschaft in Indien liegt in
einem Vorort von Madras mit Namen Adyar, genannt nach dem Fluss, der
hinter dem Gebäude fließt und den weiten Platz im hinteren Teil sogar be-
netzt. Das Gebäude besteht aus verputzten Ziegelsteinen und ist, abgesehen
von einigen Dachzimmern, weiß gestrichen. Das Grundstück umfasst rund
einhundertdreißig Hektar, wird an der Vorderfront des Hauses von einen
riesigen Baumhain begrenzt, an der Rückfront vom Fluss und an der einen
Seite von der Hauptstraße, die nach Madras führt. Auf dem Feld zwischen
dem Haus und der Straße stehen unzählige Mangobäume, die mit ihren
ausladenden Zweigen angenehmen Schatten spenden.

[Das obige Bild gibt] den Blick vom Eingangstor aus wieder und zeigt die
Vorderfront des Hauses mit der seitlichen Tordurchfahrt, was dem Ganzen
eine gewisse Großzügigkeit verleiht. Das gesamte Gebäude ist weiß gestri-

chen und gleicht aus der Entfernung einem marmorartigen Bau. In Wirklichkeit aber besteht es aus weiß getünchten Ziegeln, wie dies in Indien üblich ist.

Direkt oberhalb der dekorativen Balustrade, die vorne das Dach umgibt, lag HPBs eigenes Zimmer, das zu dem im zweiten Bild gezeigten Schreinzimmer führte. Ihr Zimmer gehörte zu einem Anbau, der die beiden rückwärtigen Ecktürme miteinander verband. Die auf dem unteren Bild dargestellte Turmtreppe bildete die Verbindung zu ihrem Appartement, obgleich der andere Turm auch Treppen besaß.

Die Auffahrt führte durch den mit Mangobäumen bestandenen Teil des Anwesens zum Haus. Über eine kurze Treppe erreichte man von der Tordurchfahrt aus die Eingangshalle, deren Boden aus schwarzweißem Marmor gefertigt war. Hier standen zwei Tische, Sofas und einige Stühle, und Damodar K. Mavalankar schlief mit einigen anderen manche Nacht dort auf dem Boden.

Auf dem obigen Bild kann man einen Teil des zur Hauptstraße weisenden Gebäudes sehen. Es ist die Weiterführung des ersten Bildausschnitts. Der Turm begrenzte das Gebäude zum Fluss hin, der am äußeren Ende zu sehen war. Hoch oben liegt das Geheimzimmer mit der Veranda. Das rote Ziegeldach verlief schräg, und der Verputz besaß einen gelblichen Ton. Dort war der Schrein untergebracht. Er wurde über einige Stufen von der anderen, etwas niedriger als HPBs Räume gelegenen Seite betreten. Im Turm führte eine Steintreppe nach oben.

Ganz oben in diesem Turm lag Damodars Zimmer. Eine Art offener Korridor, der sich zum Fluss hinstreckte, lief hinter HPBs Räumen von Turm zu Turm und gab den Blick auf die gegenüberliegende kleine Insel und die lange Brücke, über die die Hauptstraße führte, frei.

Die Zeichnung auf S.198 wurde nach einem von der kleinen Insel aus aufgenommenen Foto des rückwärtigen Gebäudes angefertigt. Sie zeigt den anderen Turm, in dem der *Theosophist* untergebracht war. Bäume und Büsche verbargen fast den Einblick. An dieser Seite verlief, wie zum Schutz des Anwesens, eine kurze weiße Umrandungsmauer.

Diese Bilder vermitteln eine recht gute Vorstellung von dem Haus, aus der Zeit, als HPB darin wohnte.

13C. G. SOOBIAH CHETTY
24. DEZEMBER 1882, ADYAR, MADRAS, INDIEN

[Chetty 1928]

Am 19. Dezember 1882 trafen HPB und Oberst Olcott in Madras ein. Einige Tage nach ihrer Ankunft, an einem Sonntagmorgen, packte Madame Blavatsky mit Hilfe „der Jungen" – Damodar K. Mavalankar, Narasimhulu und Soobiah Chetty sowie Krishnaswami, genannt „Bhavaji", ihre Sachen aus. Unter den Gegenständen befanden sich zwei Portraits. Narasimhulu und Soobiah betrachteten sie sehr genau und erkannten auf einem den Sadhu, den sie einige Jahre zuvor gesehen hatten. Als HPB die Bilder in ihrer Hand bemerkte, stürzte sie sich auf sie und schimpfte, da es sich um Bilder der Meister handelte. Die beiden Brüder meinten, sie hätten die abgebildete Person gesehen. HPB erklärte, dass dies nicht sein konnte, aber vierzehn Tage später teilte man ihr mit, dass die beiden 1874 tatsächlich den Meister M gesehen hatten. Er war in seinem physischen Körper nach Madras gekommen, und die zwei gehörten zu den vier Personen, die ihn gesehen hatten. Sie bat die beiden, den Besuch zu beschreiben.

An jenem Tag betrat früh am Morgen ein Sadhu unangemeldet ihr Haus. Ein auffallend hoch gewachsener Mann in weißen Gewändern und mit einem weißen Pagri, dessen schwarze Haare bis zur Schulter reichten und der einen schwarzen Bart trug, stand in der Tür. Von den drei anwesenden Personen – eine verließ das Zimmer – näherten sich die beiden anderen, Narasimhulu und Soobiah, ihm. Er machte bestimmte Zeichen, die die beiden Brüder nicht verstanden, sich aber noch lebhaft daran erinnern konnten. Er bat um ein Pice. In der Sparbüchse lag noch genau ein Pice, den sie ihm gaben. Er drehte sich um, verließ das Haus, gefolgt von den beiden Brüdern, und verschwand plötzlich zu ihrem großen Erstaunen. Auf der Straße konnten sie keine Spur von ihm finden. Dieses unerwartete und geheimnisvolle Verschwinden war es, das ihnen den Besuch so lebhaft einprägte, dass sie ihn immer genau im Gedächtnis behalten werden.

HPB fügte hinzu, dass er sich auf dem Weg nach Rameshvaram befunden habe, zu einem der großen indischen Pilgerorte.

13.D. EMMA COULOMB
MÄRZ 1880 – MÄRZ 1883

[Coulomb 1884, 7-0, 30-1, 34-6, 46-8, 52-3]

Am 28. März 1880 trafen wir mit dem Dampfschiff in Bombay ein. Nachdem wir uns im Hotel ein Zimmer genommen und gegessen hatten, fuhren wir mit der Straßenbahn bis zur Endstation Girgaum und baten einen Herrn, der im selben Wagen saß, uns den Weg zur Zentrale der Theosophischen Gesellschaft zu zeigen. Sobald Madame Blavatsky mich erblickte, stieß sie einen Freudenruf aus und bot uns sofort an, im Zentrum zu wohnen. Es erübrigt sich zu sagen, wie gut dieses Angebot meinem wunden Herzen tat. Am nächsten Mittag zogen wir in die Zentrale der Theosophischen Gesellschaft ein.

Die ersten Tage waren wirklich sehr glücklich, und wir fühlten uns wie im Himmel. Am 5. April kam Oberst Olcott in mein Zimmer und fragte mich, ob ich die häuslichen Angelegenheiten lenken wollte, da die Dame, die bislang dafür zuständig gewesen war, nicht mehr wollte. Ich nahm diese Aufgabe freudig an, da sie mir die Gelegenheit bot, mich nützlich zu machen. Wir waren bereits eingeführt worden und der Gesellschaft beigetreten. Aufgrund der Freude an Madame Blavatskys Gesellschaft, die wir schon aus besseren Tagen [Ägypten] kannten, und des ruhigen und freundlichen Verhaltens von Oberst Olcott uns gegenüber, waren wir bereit, alles in unserer Macht stehende zu tun, um unsere Dankbarkeit und Zufriedenheit zum Ausdruck zu bringen. Es gab nichts, um das man uns bat, das wir nicht mit Freude gemacht hätten.

Madame Blavatsky, die meine ernsten Absichten sah, nahm mich eines Abends an den Arm und ging in der Bibliothek auf und ab. Plötzlich rief sie aus: „Sehen sie dort, laufen sie zu Oberst Olcott und sagen ihm, sie hätten eine Gestalt im Garten gesehen." „Welche Gestalt?", fragte ich. „Macht nichts", erwiderte sie. „Gehen sie, und sagen sie es ihm; wir werden Spaß haben." Es für einen Scherz haltend, lief ich hinaus und berichtete es ihm. Als der Oberst nach oben kam, begann Madame zu lachen und meinte: „Seht, sie hat sich vor einer Erscheinung gefürchtet", und beide gingen lachend hinauf zum Bungalow und erzählten den anderen die Geschichte. Ich weiß wirklich nicht, was dieser Scherz zu bedeuten hatte.

Der Leser mag denken, ich hätte dem Oberst keine Dankbarkeit für seine Freundlichkeit mir gegenüber entgegengebracht, indem ich Madame darin unterstützte, ihn so zu täuschen. Um mein scheinbar schlechtes Verhalten zu rechtfertigen, muss ich jedoch hinzufügen, dass Madame mir nahegelegt hatte, sie wolle mit derartigen Dingen den Oberst nur von seinen schmerzlichen Erlebnissen in Amerika ablenken.

Wir arbeiteten unaufhörlich und gingen manchmal so übermüdet ins Bett, dass wir nicht schlafen konnten. Dennoch erfüllte es nicht ganz Madames theosophisches Ziel; sie suchte nach einer anderen Art Arbeit, wagte es aber nicht, dies mit zu vielen Worten zum Ausdruck zu bringen. Sie wurde mürrisch, verachtete alles und hasste jeden. Da wir nicht verstehen konnten, was sie wirklich wollte, machte sie ihrem Zorn Luft, indem sie uns anwies, nur eine bestimmte Menge Brot zu kaufen. Wenn wir mehr haben wollten, sollten wir es von unserem eigenen Geld bezahlen. Das war der Dank dafür, dass wir wie Sklaven für sie gearbeitet hatten.

Manchmal lag ich wach im Bett und die Frage quälte mich, was ich noch tun könnte, um ihr zu gefallen – denn so schlecht der Platz auch war, es war besser als gar keiner. Obwohl sie uns ungerecht behandelte, gab es Zeiten, in denen sie gutgelaunt und umgänglich war. Einmal meinte sie zu mir: „Sehen sie, ob sie nicht einen menschengroßen Kopf machen und ihn in ein Tuch gehüllt auf den Divan setzen können", und wies dabei auf das Sofa. „Im

Mondlicht besäße er eine magische Wirkung." Was das wohl bedeuten sollte? Ich wunderte mich. Da ich wusste, wie unangenehm sie werden konnte, erfüllte ich ihr den Wunsch.

Sie schnitt eine Papierschablone aus, die ich noch besitze, und ich gab die Gesichtszüge des geliebten Meisters hinein. Doch trotz der Mühe, die ich mir mit Schneiden, Nähen und Ausstopfen gemacht hatte, meinte Madame, er gliche eher einem alten Juden – ich vermute sie meinte Shylock. Mit einem leichten Farbtupfer hier und dort, verlieh sie dem Gesicht einen besseren Ausdruck. Aber das war erst der Kopf, der ohne Büste wenig nützte. Ich fertigte eine doppelte Jacke und stopfte diese aus, um daraus Schultern und Brustkorb zu formen. Die Arme gingen nur bis zu den Ellbogen, da sie beim Tragen der Figur zu lang gewesen wären. Das Ganze fertig zu sehen, machte aus Madame eine andere Person. Nun war der Stein des Weisen gefunden! Wenn es das ist, was sie will und mein Zuhause dadurch gesichert ist, soll sie soviel davon haben, wie sie möchte, dachte ich bei mir.

Wir wollen sehen, zu welchem Zweck die Puppe gefertigt wurde. Sie sollte einen überzeugenden und materiellen Beweis der Existenz der Brüder [der Mahatmas] liefern, da ihre unsichtbare Gegenwart die Suchenden nicht völlig zufriedenstellte.

Von den zahlreichen Erscheinungen, bei denen die Puppe ihren Einsatz fand, möchte ich die von Ramaswamier im Dezember 1881 gesehene wählen. Der Mahatma, den er in seinem Astralkörper auf dem Balkon der theosophischen Zentrale in jener denkbaren Dezembernacht 1881 erschaute, war niemand anderer als Monsieur Coulomb mit dem Puppenkopf auf seinem eigenen.

Die Puppe spielt bei diesen Erscheinungen die größte Rolle und wird auf dem Kopf von irgendjemand getragen. Manchmal wird sie auch auf ein langes Bambusrohr gesteckt und als Astralkörper hochgehoben. Selbst ein weißes, um eine Person gehülltes Tuch diente manchmal dem Zweck, den Mahatma darzustellen.

Da ich inzwischen wusste, dass kein Phänomen und keine Erscheinung echt war, begann ich ernsthafter über die Angelegenheit nachzudenken und fragte sie schließlich, warum sie das alles mache. Sie erwiderte: „Wissen sie, dass sie ein großes „Seccatura" [Ärgernis] sind? Welch eine Frömmlerin sie doch sind! Ich richte keinen Schaden an, im Gegenteil, ich wirke Gutes. Sehen sie, Herr Irgendwer, der sich vor acht Jahren nicht um Frau und Kinder gekümmert hat, kehrte auf diese Weise zu seiner Herde zurück und sorgt jetzt für sie. Mehr noch, derselbe Herr war, bevor er unserer Gesellschaft beitrat, so überheblich und hart gegenüber den Einheimischen, und nun schüttelt er ihnen die Hand und gibt sich mit ihnen ab." Und sie berichtete mir von den positiven Ergebnissen solcher Dummheiten.

Ich befürworte gute Taten, aber ich kann nicht verstehen, wie vernünftige Menschen an solch ein Zeug glauben und solche Lehren annehmen können, die von den bekannten Naturgesetzen vollkommen abweichen. Es ist blinder Glaube, nicht die Erforschung der Wahrheit. Wenn aber ein Phantom genügt, damit ein Mensch seine Verhaltensweise zum Besseren hin ändert, dann kann ich nur ausrufen, es lebe Koot Hoomi, Moria und die ganze Schar der Himalaya-Brüder.

Was die Einheimischen betrifft, so kümmerte es mich nicht, denn Madame hat mir erzählt, dass sie an diese Dinge und die Mahatmas und deren Wunderkraft glauben. Aber im Hinblick auf die Europäer war mir nicht wohl dabei. Und hätte ich nicht befürchtet, mehr Schaden anzurichten als ihnen zu nützen, hätte ich sie vor dem Betrug gewarnt. Da ich aber als die intolerante und bigotte Christin dastand, wäre meine Warnung auf taube Ohren gestoßen. Meine Lage zwang mich zum Schweigen.

Ich möchte jetzt auf die Erscheinung eingehen, die Herr Sinnett auf der Terrasse von Oberst Olcotts Bungalow [im März 1883 in Adyar] sah. Um der Genauigkeit willen, muss ich jedoch zunächst auf die Vorgeschichte am Abend seiner Ankunft eingehen.

Madame fragte mich: „Was machen wir jetzt? Herr Sinnett beabsichtigt, im Bungalow des Oberst zu schlafen." Ich wusste, dass der Oberst es nicht gerne sah, wenn seine Räume benutzt wurden, aber Madame meinte: „Er erwartet einen Besuch von dem Mahatma." Ich zuckte die Achseln. Etwas später bat sie mich, nach oben zu kommen. „Sehen sie, wie ich schon sagte, wollte Herr Sinnett in dem Bungalow des Oberst schlafen, da er den Besuch des Mahatma erwartet. Könnte Herr Coulomb in der Nacht nicht einen Brief durch das Fenster werfen und sich wieder leise entfernen oder, noch besser, sich aus der Entfernung als Mahatma zeigen? Herr Sinnett würde es nicht wagen, sich zu bewegen, wenn ich es ihm sage." Ich willigte ein, meinen Mann zu fragen, war mir aber sicher, dass er es im Falle von Herrn Sinnett, der kein Einfaltspinsel war, ablehnen würde, da dieser der Erscheinung vielleicht folgte. Mein Mann weigerte sich tatsächlich, einer solchen

Sache zuzustimmen. Ob jemand anderer sich bereit erklärte, weiß ich nicht. Ich weiß nur, dass Herr Sinnett nicht lange in dem Bungalow blieb, denn ich hörte ihn bemerken, es sei sinnlos, länger dort zu bleiben.

Einige Tage danach sollte auf Madames Wunsch Koot Hoomi beim Bungalow des Oberst gezeigt werden. Babula, Madames Diener, nahm die mit einem Tuch umhüllte Puppe und wanderte zusammen mit Herrn Coulomb auf der Schwimmbadseite an dem Gebäude entlang bis zum Ende der Wiese. Die beiden kehrten um und gingen geradewegs auf den Bungalow zu und zur Terrasse hinauf, wo die Puppe auf und ab bewegt wurde, um ihr ein nebelhaftes Aussehen zu geben. Ich ging hinauf, um Madame zu berichten, dass alles vorbereitet war. Sie stand mit Herrn und Frau Sinnett am Fenster und schaute durch ein Opernglas. Ich ärgerte mich über ihre Unvorsichtigkeit, aber so ist sie nun einmal.

Ein anderes Mal sollte der Mahatma gegenüber dem Hauptgebäude auf die Insel mitten im [Adyar] Fluss gebracht werden. Wegen der Flut und des hellen Mondlichts an jenem Abend konnte man das Bündel unmöglich hinüber tragen. Madame war recht ärgerlich, denn sie hatte bereits Herrn und Frau Sinnett eingeladen, hinaufzugehen und zu schauen.

13E. DAMODAR K. MAVALANKAR
APRIL 1883, ADYAR, MADRAS, INDIEN

[Mavalankar 1907]

Der gestrige Abend bleibt wohl unvergessen. Narasimhulu Chetty und ich saßen an Mme. Blavatskys Bett, fächelten ihr Luft zu und unterhielten uns, um sie zum Einschlafen zu bringen. Plötzlich rief sie aus: „Ich spüre ihn [Mahatma Morya] !" Sie schärfte uns ein, ruhig sitzen zu bleiben. Dann ergriff sie unsere rechte Hand.

Es waren kaum zwei Minuten vergangen, als wir ihn im Türrahmen erscheinen und unhörbar auf Madame zugehen sahen. Dennoch *schien* er sich nicht zu bewegen. Dann stand er uns auf der anderen Bettseite gegenüber.

Ich habe ihn oft genug gesehen, um ihn sofort zu erkennen. Sein langes weißes Gewand mit dem Turban, die langen schwarzen Haare über den breiten Schultern und der schwarze Bart fielen wie gewöhnlich ins Auge. Er stand neben einer Tür mit geöffneten Läden. Das volle Mondlicht fiel auf ihn, und da wir im Dunkeln saßen, konnten wir ihn genau sehen.

Zweimal hielt er die Hände über Madame Blavatskys Kopf. Sie streckte ihre Hand aus, die durch seine *hindurchging* – ein Zeichen dafür, dass es sich um eine *mayavi rupa* [Erscheinung] handelte, obwohl so lebendig und klar, dass sie den Eindruck eines physischen Körpers vermittelte. Sie nahm den Brief aus seiner Hand. Er raschelte. Er winkte uns zu, ging ein paar Schritte, ebenso *unhörbar und nicht wahrnehmbar* wie zuvor, und verschwand. Madame reichte mir den Brief, da er für mich bestimmt war. Dieses Erlebnis werde ich niemals vergessen; so klar, so lebendig, so greifbar!

13F. HENRY S. OLCOTT
AUGUST – SEPTEMBER 1883, OOTACAMUND, INDIEN

[Olcott 1900, 2:243-6 und Olcott 1929, 3:11, 18]

Ich reiste nach Ootacamund, um mich mit meiner lieben Kollegin HPB in dem gastfreundlichen Heim von Generalmajor Morgan und seiner Frau zu treffen. Die Bahn endet am Fuße der Nilgiri-Berge, und der Reisende setzt seinen Weg auf einer gut gepflasterten Gebirgsstraße in einem Pferdetonga oder in einem zweirädrigen, von Ponies gezogenen Postwagen fort. Die Fahrt ist einfach zauberhaft und führt durch Wälder, vorbei an Blumenbeeten und Schmetterlingsschwärmen, und die Luft wird immer kühler, bis man auf halbem Wege aussteigen und seine leichte Tropenkleidung gegen Wollsachen tauschen muss. Fast jede Straßenbiegung bietet einen Ausblick in die wunderschöne Landschaft. Ootacamund selbst ist ein reizendes Dorf mit malerischen Häusern, die sich in der gras- und waldbewachsenen Vorgebirgslandschaft ausbreiten. Rosen, Lilien, Verbenen und Heliotropen säumen die Straßen.

HPB traf mich in Begleitung von Frau Morgan, Frau Batchelor und anderen Familienmitgliedern auf der Coonoor Straße am Schlagbaum. Der General war vorübergehend nicht zu Hause. Mein alter „Kumpel" schien sich wirklich zu freuen, als er mich sah, und plapperte darauf los wie jemand, der einen Verwandten begrüßte, den er lange nicht mehr gesehen hatte. Sie sah gut aus. Die prickelnde Bergluft brachte ihr Blut in Wallung, und die Höflichkeit, die ihr von einigen hohen Beamten und ihren Familien entgegengebracht wurde, begeisterte sie. Sie verschaffte ihrer Erregung Luft, indem sie mich bis zwei Uhr nachts wach hielt, um Korrektur zu lesen. Welch ein anmutiges Wesen, wenn sie bei Laune war; sie brachte es fertig, dass ein Zimmer voller Leute an ihren Lippen hing, wenn sie ihre Reisegeschichten und ihre Abenteuer erzählte, die sie auf der Suche nach Wundertätern der Magie und Hexerei erlebt hatte; und sie rissen ihre Augen erstaunt auf, wenn sie hin und wieder einige Astralglocken ertönen ließ, ein paar Klopfzeichen oder irgendein anderes kleines Phänomen erzeugte.

Ihr munteres Reden und häufiges Brummen über die Kälte gestaltete unsere gemeinsame Schreibtischarbeit und harte Mühe abwechslungsreich. Die Quecksilbersäule zeigte sogar etliche Grade weniger an als in der Ebene. Die Häuser werden mit einem Holzfeuer im offenen Kamin geheizt. Der Wind bläst den Rauch durch den Schornstein hinunter und überdeckt Papiere und Bücher mit feiner Asche. HPB schrieb, eingehüllt in einen Pelzmantel, einen Wollschal auf dem Kopf und die Füße in einen Reiseteppich gewickelt – ein lustiger Anblick! Ein Teil ihrer Arbeit bestand darin, das niederzuschreiben, was ihr unsichtbarer Lehrer ihr diktierte, die „Replies to an English F.T.S". Dass es sich um ein Diktat handelte, war für jemanden, der ihre Schreibweise kannte, offensichtlich.

[Am 16. Oktober] verließen wir beide das schöne Ooty und reisten nach Coimbatore und [dann nach Pondicherry]. Von dort aus ging es am 23. September weiter nach Madras. Am Nachmittag kamen wir heim und waren froh, den geliebten Ort wiederzusehen.

13G. T.C. RAJAMIENGAR
SEPTEMBER 1883, ADYAR, MADRAS, INDIEN

[Rajamiengar 1884]

In der Septemberausgabe 1884 des *Christian College Magazine* wurde Madame Blavatsky beschuldigt, dass die in Adyar (Madras) hervorgebrachten Phänomene auf betrügerische Weise mit Hilfe einer Hintertür im Schrein erzeugt würden.

Dazu möchte ich ganz offen Stellung nehmen. Ich kenne die Dame, die in dieser Zeitschrift verleumdet wurde, persönlich, und der angegriffene Ort des Geschehens ist mir wohl vertraut.

Ich kenne den Schrein seit Februar 1883. Im September 1883 ergab sich für mich zum ersten Mal die Gelegenheit, die Konstruktion genau zu untersuchen. Ich muss gestehen, ich betrat das Schreinzimmer sehr skeptisch. Eigentlich hatte ich der Sache während der ganzen Zeit ungläubig gegenübergestanden, obwohl ich den beiden Gründern der Theosophischen Gesellschaft ständig begegnet bin und viele ihrer Schriften gelesen habe. Ich stellte mir allerdings die Frage: „Warum müssen diese modernen Theosophen ihre Phänomene an einem bestimmten Ort, in einem Schrein hervorbringen, wenn unsere alten Weisen doch öffentlich wirkten?" Die Einladung von Madame Blavatsky, den Schein zu untersuchen, beruhigte und stellte mich zufrieden.

Ich werde den Schrein und sein Umfeld kurz beschreiben, damit der Außenstehende sieht, ob die Möglichkeit besteht, dass die aufgeklärten Mitglieder der Gesellschaft einem Schwindel anheimfielen, wie es die Coulombs behaupten.

Madame Blavatskys Schlafräume lagen im ersten Stock des Adyar Hauses. Vor dort aus führte eine Tür zu dem Zimmer, in dem der Schrein (ein Schrank, wie sie ihn nennen) an der Wand hing, knapp eineinhalb Meter über dem Boden. In dem Schrein selbst fand ich einige Fotos, einen Silberbecher und andere Dinge. Ich untersuchte und klopfte ihn sehr sorgfältig von innen ab, fand aber nichts Verdächtiges. Daraufhin prüfte ich ihn eingehend von außen, doch ebenfalls ergebnislos. Um nichts durcheinander zu werfen, unterließ ich es, ihn zu bewegen. Statt dessen untersuchte ich die Wand von der Diele aus, (an der Madame Blavatskys Schlafräume liegen) und fand ebenfalls keine Spur, die im Hinblick auf die Konstruktion des Schreins verdächtig erschien.

Anschließend fragte uns Madame Blavatsky (wir waren zu fünft dort), ob jemand den Mahatmas einen Brief übersenden möchte. Einer von uns schrieb sofort einen Brief. Ich nahm den Becher, den ich vorher gründlich untersucht hatte, und ein Herr warf den Brief hinein. Ich stellte den Becher mit dem Brief in den Schrein zurück und schloss ihn, wie Madame es wünschte. Sie stand etwa zwei Meter vom Schrein entfernt. Zwei oder drei Minuten später meinte sie, sie fühle die Antwort kommen. Der Schren wurde geöffnet, und man fand einen an den Sender adressierten Brief, der vier Seiten mit jeweils ungefähr zwanzig Zeilen enthielt, was einen sterblichen Schreiber mindestens eine halbe Stunde gekostet hätte. Der Brief musste zuerst gelesen und dann beantwortet werden, was vielleicht fünfzehn Minuten in Anspruch genommen hätte. Aber es hatte nur zwei oder drei Minuten gedauert.

Was die so genannte Falltür betrifft, fand ich sie zum ersten Mal im Juni 1884, einige Moate nach Abreise der Gründer, in unvollständigem Zustand. Die Tür ist so schmal, dass ein dürrer Zwölfjähriger kaum hindurch kriechen könnte. Angeblich sollen besagte Briefe hinein geworfen werden, aber jeder, der es selbst sieht, wird von der Unmöglichkeit überzeugt sein.

Ich ergreife daher die Gelegeheit, um der Wahrheit zu dienen. Ich empfinde es als besonders notwendig, dass jeder über seine Erfahrungen mit den Theosophen spricht, um auf die Angriffe der Coulombs bezüglich des Verhaltens von Personen zu reagieren,die zu weit fort sind, um sich selbst zu rechtfertigen.

13H. WILLIAM T. BROWN
SEPTEMBER – DEZEMBER 1883, INDIEN

[Brown 1884, 5-7, 10-11, 12, 13, 16-17]

Am 25. August fuhr ich mit dem Schiff [von England nach Indien]. [Am 29. September] erreichte ich die Zentrale der Theosophischen Gesellschaft in Adyar und wurde von Madame Blavatsky, der gelehrten Schriftstellerin, Herausgeberin und Schriftführerin, willkommen geheißen. Man brachte mich in einem am Flussufer gelegenen Bungalow unter, und ich fühlte mich bald Zuhause.

Was Madame Blavatsky betrifft, so bin ich niemals zuvor jemandem von solcher Gelehrsamkeit und mit einem solch weiten Herzen begegnet.

Kurz nach meiner Ankunft in Adyar durfte ich eines Abends den „Geheimraum" betreten und zusehen, wie einige Briefe von Chelas an ihre Meister gesandt wurden. Man legte die Briefe in eine reich geschmückte Nische eines Schranks, den manche auch „den Schrein" nannten. Von den sieben anwesenden Personen waren vier Chelas. Diese Herren legten ihre Briefe nieder, opferten Weihrauch und warfen sich zur Bekundung ihrer Hingabe und Ehrerbietung nieder, wie es bei den Hindus Brauch ist. Ungefähr zwei Minuten später erhielt Madame, die neben mir stand, die telepathische Nachricht, dass die Antworten bereit lägen. Man öffnete den Schrank und fand anstelle der „aufgegebenen" Briefe tibetische Briefumschläge, in denen sich Mitteilungen befanden, die auf tibetischem Papier geschrieben waren. D[amodar] K. M[avalankar] (ein Chela des Meisters Koot Hoomi) rief aus: „Hier ist ein Brief an Herrn Brown von meinem Meister!" Er reichte mir eine mit blauem Stift geschriebene Notiz.

Ich brauche wohl kaum zu erwähnen, wie geehrt und dankbar ich mich fühlte, dass der Meister, dessen Lehren mich tief beeindruckten, mich bemerkt hatte. Ich erhob mich, trat einige Schritte vor und sprach ehrerbietig: „Mahatma Koot Hoomi, ich danke aufrichtig." In diesem Augenblick riefen die übrigen im Zimmer: „Da ist eine Glocke – haben sie diese gehört?" Ich hatte sie *nicht* gehört. Madame B. bedauerte, dass ich die Bestätigung des Meisters, meine Worte vernommen zu haben, nicht wahrgenommen hatte und bat: „Oh, Meister! Lasse uns die Glocke noch einmal hören." Wir standen schweigend und vernahmen (auch ich) nach etwa einer Minute deutlich den Klang einer Glocke.

Nach sechsundzwanzig Stunden Bahnfahrt [von Madras] traf ich mich in der Stadt Sholapur mit Oberst Olcott. Ich möchte mich auf einige Orte unserer Reise [nach Nordindien] beschränken, die eine besondere Erwähnung verdienen.

Wir erreichten Jubbulpore, [und] am Abend des Vortrags fuhren Oberst Olcott, Damodar, einige Mitglieder der Gesellschaft und ich zu dem Versammlungsort. Der Oberst hielt eine beeindruckende Rede. Während des Vortrags fielen mir drei oder vier erhabene Gestalten auf. Im Gegensatz zu der großen Zuhörerschaft schienen sie nicht an den Lippen des Sprechers zu hängen, sondern strahlten eine stille Würde aus und wechselten nur hin und wieder freundliche Blicke. Es überraschte mich nicht, später zu hören, dass einige Mahatmas bei dem Treffen in ihrem Astralkörper zugegen gewesen waren.

Die in der uralten Stadt Allahabad gehaltene Rede war sehr bewegend. Hier sah und *erkannte* ich den Mahatma [Koot Hoomi].

Obwohl ich ihn kaum eine Minute lang anschauen konnte, wusste ich, dass er es war und erkannte ihn an dem Bild, das ich einige Wochen zuvor eingehend betrachtet hatte. Nach unserer Rückkehr in den Bungalow, in dem wir untergebracht waren, bestätigte Damodar meinen Eindruck, als er bemerkte, dass sein Meister dort gewesen war. Damodar hatte an dem Vortrag nicht teilgenommen.

Als nächsten Ort möchte ich die Stadt Lahore erwähnen. Auch hier sprach Oberst Olcott vor einer großen Menge. Das Besondere an dieser Stadt aber war, dass wir dort Mahatma Koot Hoomi in seinem physischen Körper sahen.

Am Nachmittag des 19. November erblickte ich den Meister im hellen Tageslicht, und am Morgen des 20. kam er in mein Zelt und meinte: „Nun siehst du mich in physischer Form vor dir; überzeuge dich selbst, dass ich es bin" und ließ einen Brief mit Anweisungen sowie ein Seidentaschentuch zurück.

Dieser mit blauem Stift geschriebene Brief trägt dieselbe Handschrift wie die in Madras erhaltenen Briefe und ist von etwa einem Dutzend Personen als die Schrift des Mahatma Koot Hoomi identifiziert worden. Er besagte, dass ich ihn zuerst in meiner Vision, dann in seinem Astralkörper, daraufhin aus der Entfernung in seinem Körper und schließlich so nahe in seinem physischen Körper gesehen hatte, dass ich aufgrund persönlicher Erkenntnis meinen Landsleuten die Existenz der Mahatmas bestätigen konnte.

Am Abend des 21. saßen Oberst Olcott, Damodar und ich nach dem Vortrag außerhalb der *shamiana* (Pavillon [eine vorübergehende, offene und mit Bambusmatten überdachte Unterkunft]), als uns Djual Khool, der Hauptchela des Meisters, aufsuchte, um uns dessen Kommen anzukündigen. Bald darauf erschien dieser, gab Damodar Anweisungen und verließ uns wieder.

Nachdem wir Lahore verlassen hatten, besuchten wir Jammu, die Winterresidenz seiner Hoheit des Maharajah von Kaschmir.

Wir genossen wunderbare Ferien im Anblick des Himalaya.

In Jammu durfte ich Mahatma Koot Hoomi wiederum in *propria persona* sehen. Eines Abends wanderte ich bis zum Ende des „Anwesens" und sah den Meister, der mich erwartete. Ich grüßte ihn nach europäischer Art und trat mit dem Hut in der Hand näher. Nach ungefähr einer Minute ging er davon, und man konnte seine Schritte auf dem Kies deutlich hören.

Treffen der Theosophischen Gesellschaft, Adyar, 1884. An den beiden Säulen Bawaji und H.S. Olcott. In der zweiten Reihe, auf der Veranda sitzend (von links nach rechts) Generalmajor H.R. Morgan, W. T. Brown, T. Subba Row, Damodar K. Mavalankar, H.P. Blavatsky, Dr. Franz Hartmann und Rudolf Gebhard. In der ersten Reihe, auf den Matten sitzend (von links nach rechts) Bhavani Shankar, Norendro Nath Sen, T. V. Charlu, S. Ramaswamier, Tukaram Tatya, P. Srinivasa Row und V. C. Iyer.

Kapitel 14

LAHORE UND ADYAR
1883 - 1884

Inzwischen hatten zahlreiche Inder und Ausländer entweder schriftlich oder persönlich Verbindung zu den Mahatmas aufgenommen und darüber berichtet. Andere, besonders einige Besucher aus dem Westen (14C), die solche Erfahrungen nicht gemacht hatten, reagierten ungläubig.

Oberst Olcott widmete sich in großem Umfang dem magnetischen Heilen, bis er im Februar 1884 nach London aufbrach, um bei der Britischen Regierung im Namen der Buddhisten von Sri Lanka eine Bittschrift einzureichen. H. P. Blavatsky, um deren Gesundheit es damals schlecht bestellt war, beschloss, ihn nach Europa zu begleiten.

14A. HENRY S. OLCOTT
19.-20. NOVEMBER 1883
LAHORE, INDIEN

[Olcott 1929, 3:37-9, 43-5]

[In Oberst Olcotts Tagebuch steht unter Donnerstag, dem 20. November 1883, folgender Eintrag: „1:55 a.m. Koot Hoomi betrat im Körper mein Zelt. Weckte mich plötzlich aus dem Schlaf, drückte mir eine Notiz (in Seide gewickelt) in die linke Hand und legte seine Hand auf meinen Kopf. Dann ging er zu Browns Ecke hinüber und legte eine weitere Notiz in seine Hand (Browns). Er sprach zu mir." - DHC]

Während des dreitägigen Aufenthalts drängten sich die Leute in meinem Camp. Ich hielt zwei Vorträge unter der größten *shamiana*, die von großen Feuertöpfen gesäumt wurde, um die beißende Novemberkälte zu mildern. In der Nacht des 19. November schlief ich in meinem Zelt, als ich in mein äußeres Bewusstsein zurückschnellte, da ich fühlte, wie sich eine Hand auf mich legte. Da sich das Camp auf offener Ebene und nicht unter dem Schutz der Polizei von Lahore befand, war meine erste Reaktion, mich selbst vor einem möglichen religiösen Fanatiker zu schützen, und ich ergriff den Fremden am Oberarm und fragte ihn auf Hindi, wer er war und was er wollte. Alles spielte sich in Sekundenschnelle ab, und ich hielt den Mann so fest wie jemand, der im nächsten Augenblick angegriffen würde und um sein Leben kämpfen müsste. Da vernahm ich eine freundliche, sanfte Stimme, die mich fragte: „Kennst du mich nicht? Erinnerst du dich nicht an mich?" Es war die Stimme von Meister KH. Mein Gefühl änderte sich. Ich löste den Griff um seinen Arm, faltete die Hände zum ehrerbietigen Gruß und wollte aus dem Bett springen, um ihm zu huldigen. Aber seine Hand und seine Stimme geboten mir Einhalt, und nachdem wir einige Sätze gewechselt hatten, nahm er meine linke Hand in die seine und stand still an meinem Bett. Im Schein der Lampe, die hinter ihm auf einer Packkiste stand, konnte ich sein gütiges Antlitz sehen. Plötzlich spürte ich etwas in meiner Hand, und im nächsten Augenblick legte der Meister seine Hand auf meine Stirn, sprach einen Segen und wandte sich der anderen Hälfte des großen Zeltes zu, die durch einen Canvas von meinem Raum getrennt war und in der das Bett von Herrn Brown stand. Dann bemerkte ich, dass ich in meiner linken Hand ein in einem Seidentuch eingewickeltes, zusammengefaltetes Stück Papier hielt. Sofort ging ich zur Lampe, um den Brief zu lesen, der mir einen persönlichen Rat erteilte. Ein Ausruf von [Brown] veranlasste mich, zur anderen Zelthälfte hinüber zu gehen. Er zeigte mir einen in Seide eingewickelten Brief, der, abgesehen vom Inhalt, meinem genau glich. Die Briefe hatten uns beide viel gegeben, und wir lasen sie gemeinsam.

Am folgenden Abend saßen wir beide mit Damodar in meinem Zelt. Es war zehn Uhr, und wir warteten auf einen Besuch von Meister KH. Es herrschte Ruhe im Camp, da sich die anderen in der Stadt Lahore aufhielten. Wir saßen im hinteren Zeltteil auf Stühlen, um nicht beobachtet werden zu können. Der Mond stand in seinem letzten Viertel und war noch nicht aufgegangen. Dann sahen wir einen hochgewachsenen Hindu seitwärts von der offenen Ebene auf uns zukommen. Er näherte sich uns und winkte Damodar zu sich. Er erklärte, der Meister werde in wenigen Minuten erscheinen, da er ihm etwas zu sagen habe. Er war ein Schüler von Meister KH. Plötzlich sahen wir diesen aus derselben Richtung kommen und an seinem Schüler – der sich ein wenig zurückgezogen hatte – vorbeigehen. Er blieb in einigem Abstand vor unserer Gruppe stehen und grüßte uns nach indischer Art. Brown und ich verharrten an unserem Platz, während Damodar auf seinen Lehrer zuging und sich einige Minuten lang mit ihm unterhielt. Dann kehrte er zu uns zurück, und der königliche Besucher schritt seines Weges. Ich hörte seine Schritte auf dem Boden. Als ich vor dem Schlafengehen in mein Tagebuch schrieb, hob der Schüler den Vorhang, nickte mir zu und wies auf die Gestalt des Meisters, der draußen im Sternenlicht auf mich wartete. Ich ging zu ihm. Gemeinsam gingen wir an einen ruhigen, ungestörten Ort, und etwa eine halbe Stunde lang teilte er mir mit, was er mir zu sagen hatte. Es gab nichts Außergewöhnliches bei dieser Unterredung. Es waren nur zwei Männer, die miteinander redeten, ein Treffen, und als es vorüber war, trennten sie sich wieder.

14B. DAMODAR K. MAVALANKAR
NOVEMBER – DEZEMBER 1883, LAHORE, INDIEN
UND SPÄTER IN JAMMU, KASCHMIR

[Mavalankar 1883-4]

Auf meiner Rundreise [durch Nordindien] mit Oberst Olcott kamen wir nach Lahore, wo wir meinem Meister [Koot Hoomi] in seiner physischen Gestalt zu begegnen hofften. *Er suchte mich in drei aufeinanderfolgenden Nächten auf.* Einmal traf ich ihn sogar draußen; wir gingen gemeinsam ins Haus; ich bot ihm einen Sitz an, und wir führten eine lange Unterhaltung. Ihn, den ich in Lahore in Person sah, hatte ich in der Zentrale der Theosophischen Gesellschaft in seinem Astralkörper geschaut. Er ist es auch gewesen, den mein astrales Ego im Traum und in der Trance mit seiner Hilfe und unter seinem Schutz in seinem fern gelegenen Haus sehen durfte. Da meine übersinnlichen Kräfte noch nicht sehr entwickelt waren, hatte ich ihn bei diesen Gelegenheiten nur verschwommen wahrgenommen, obwohl sich seine deutlich

219

erkennbaren Gesichtszüge meinem seelischen Auge und meiner Erinnerung tief einprägten. Während meine Hand beim *pranam* (Gruß) durch seine Gestalt hindurchging, erfasste sie nun in Lahore, Jammu und an anderen Orten feste Substanz.

Ich möchte an dieser Stelle nicht näher darauf eingehen, dass sowohl Oberst Olcott als auch Herr Brown ihm in Lahore an zwei Abenden auf physischer Ebene begegnet sind. [Später] war mir in Jammu das Glück beschieden, einen heiligen *ashram* besuchen zu dürfen, in dem ich ein paar Tage in der Gesellschaft einiger der so angezweifelten Mahatmas des Himavat und ihrer Schüler verbrachte. Dort begegnete ich nicht nur meinem geliebten Gurudeva [Koot Hoomi] und Oberst Olcotts Meister [Morya], sondern einigen anderen aus der Bruderschaft sowie einem ihrer höchsten. Ich sah meinen geliebten Guru als einen *lebenden* und im Vergleich zu einigen anderen Sadhus auch als einen jungen und viel freundlicheren Mann, der manchmal scherzhafte Bemerkungen in seine Unterhaltung einflocht.

Am zweiten Tag durfte ich mich nach dem Mittagsmahl über eine Stunde mit meinem Meister unterhalten. Auf seine Frage, warum ich ihn so erstaunt anschaute, erwiderte ich: „Wie kommt es, Meister, dass einige Mitglieder der Gesellschaft in der Vorstellung leben, du wärest ein älterer Mann und man dich sogar als einen Mann über sechzig wahrgenommen haben will?" Freundlich lächelnd erklärte er mir, dass ein gewisser Schüler eines vedischen Swami, der ihn angeblich auf innerer Ebene als „älteren Herrn" wahrgenommen hatte, zu letzterem Missverständnis beigetragen habe. *Echte* Hellsichtigkeit, fügte er hinzu, könnte nicht zu einer solch falschen Vorstellung führen. Wohlwollend rügte er mich, dass ich dem Alter eines Gurus überhaupt irgendeine Bedeutung beimaß, da die äußere Erscheinung oft trügen würde.

14C. MONCURE D. CONWAY
ANFANG JANUAR 1884, ADYAR, MADRAS, INDIEN

[Conway 1884]

Was oder wo ist Adyar? Es ist das Zentrum des neuen Kults, der so genannten Theosophie, deren Anhänger in ihr die Erfüllung vergangener Visionen und Weissagungen sehen und deren Gegner sie als einen frommen Betrug betrachten, eine Begleiterscheinung religiöser Begeisterung, die es immer gegeben hat. Man hört Geschichten über tüchtige Männer – sowohl Europäer als auch Hindus – die auf aussichtsreiche Möglichkeiten verzichteten oder ihre Familie und ihre Freunde verließen, um sich dieser neuen Bewegung zu widmen. Man hört Gerüchte von einer neuen Pythia und einer Wundertäterin, durch die sich die alten Sagen erfüllen, so dass sich der Baum, den man so lange der Mythologie zugeordnet hat und der alle Wünsche gewährt – Rubine und Rupien eingeschlossen – tatsächlich in Adyar befindet. Wenn ich solche Gerüchte nur belächelte, meinten meine überzeugten Freunde in Australien. „Gehe nur und schaue es dir selbst an." Und so machte ich mich, einen Brief von einem von ihnen bei mir tragend, auf den Weg und folgte der Fußspur des ungläubigen Thomas zum Schrein des gläubigen. Als ich mich der Adyar-Brücke näherte, hielt ich an und erkundigte mich nach der Wohnung der „Gräfin Blavatsky", wie es auf meinem Empfehlungsschreiben hieß. Jeder kannte den Ort, und ein Mädchen trottete neben der Kutsche, um sicher zu gehen, dass ich auch das richtige Eingangstor nahm. Dort stand geschrieben: „Zentrum der Theosophischen Gesellschaft."

Gleich hinter dem Tor stand der Überrest eines großen blauen Pappelefanten. Ursprünglich waren es zwei gewesen, wie ich später erfuhr, die ein Herr aus Madras anlässlich eines theosophischen Jahrestages dort aufgestellt hatte. Die Auffahrt wand sich durch einen ausgedehnten grünen Park zu einem stattlichen Wohnhaus hinauf. Die geräumige, elegante Veranda war leer. Eine Zeit lang bemühten sich meine Kulis vergeblich, jemanden zu finden, und ich befürchtete schon, dass niemand zu Hause war. Einigen Freunden in Ceylon, die sich für den Spiritismus und seine dunkle Schwester, die Theosophie, interessierten, hatte ich versprochen, auf jede Tatsache oder Wahrheit Acht zu geben, obwohl ich nicht glaubte, dass mir der „Okkultismus" nach dreißigjähriger Beobachtung ähnlicher „Phänomene" irgendetwas zu bieten hatte. Ich befürchtete, inmitten der Enthusiasten für eine Bewegung, die ich als Aberglauben betrachtete, fehl am Platz zu sein. Gleichzeitig aber hatte ich erkannt, dass die Theosophie in Indien eine wichtige Rolle spielte. Das buddhistische Ceylon war Feuer und Flamme, und die Theosophische Gesellschaft in Colombo hatte sich mit den dortigen Freidenkern vereinigt.

Meinem Schwanken zwischen der Furcht, mich jenen aufzudrängen, deren Glauben ich wohl kaum teilen konnte, und dem Gefühl, dass ich alles wissen sollte, was sie mir zu sagen oder zu zeigen hatten, wurde durch das Erscheinen eines anmutigen jungen Babu ein Ende gesetzt. Er hieß mich im Namen der Gräfin Blavatsky willkommen und teilte mir mit, dass sie mich sofort empfangen werde. Dann näherte sich uns ein sehr zarter, fast mädchenhaft aussehender Jüngling. Als ich ihm die Hand zum Gruß reichen wollte, meinte er sanft: „Ich kann ihnen nicht die Hand geben." Später erfuhr ich, dass es sich um einen so genannten „weltlichen Chela" handelte, der bereits die Fähigkeit besaß, in einiger Entfernung in seinem Astralkörper zu erscheinn und daher fürchtete, seinen Magnetismus, oder wie man seine übernatürliche Kraft bezeichnen mag, durch einen Handschlag zu verlieren. Oberst Olcott war unterwegs, um an einem abgelegenen Ort eine Zweigstelle der Gesellschaft, deren Präsident er ist, zu gründen. Die Gräfin zeigte sich herzlich und drängte mich, bis zum nächsten Morgen zu bleiben. Ich willigte ein, den Rest des Abends, also die nächsten sechs Stunden, mit ihr und ihren Mitarbeitern zu verbringen.

Abgesehen von den beiden erwähnten Indern waren noch einige andere indische Herren anwesend, unter ihnen Norendro Nath Sen Sr., der Herausgeber des *Indian Mirror*. Amerika wurde durch Dr. Hartmann aus Colorado vertreten. Außerdem war noch W. T. Brown aus Glasgow, ein junger, gebildeter und wohlerzogener Mann anwesend, der mir einige seiner wunderbaren Erlebnisse erzählte. Eigentlich berichteten sie alle von ihren persönlichen wunderbaren Erfahrungen. Die Antwort auf meine Andeutung, selbst eine winzige derartige Erfahrung machen zu dürfen, rief die vergeblichen Bemühungen vieler Jahre wieder ins Gedächtnis zurück, einmal ein echtes spiritistisches Phänomen bezeugen zu können. Erneut vertröstete man mich mit Berichten über Dinge, die sich vor meiner Ankunft ereignet hatten sowie Prophezeiungen, was geschehen könnte, falls ich „demnächst" wiederkäme. Man wies auf einen Schrein hin, in dem Briefe niedergelegt und rasche Antworten von den wunderbaren Mahatmas aus dem fernen Himalaya erhalten wurden. Als ich vorschlug, ein paar Worte zu schreiben, erklärte man mir, dass die Mahatmas erst vor ein paar Tagen jede weitere Schrein-Korrespondenz verboten hatten. So geht es mir immer! Inzwischen habe ich erfahren, dass die Gräfin Blavatsky von einem ihrer Freunde in Sydney vor meinem Besuch gewarnt worden war. Es mutet recht unlogisch an, dass die Mahatmas, mit denen sie täglich in Verbindung steht, ihre Schrein-Wunder ausgerechnet in dem Augenblick beendet haben sollten, in dem jemand kam, der ihrer mehr bedurfte als die bereits Überzeugten und für den die Zeichen anscheinend begrenzt wurden.

Die Theosophen waren der Ansicht, dass ich ein eventuell auftretendes übernatürliches Phänomen doch nur als einen Trick betrachten würde, worin sie sich täuschten. Falls ein Mahatma oder die Gräfin oder irgendjemand einen Brief, den ich schriebe, zu beantworten vermöchte und zeigen könnte, dass die von mir angesprochene Sache verstanden wurde, werde ich an die Theosophie glauben. Obwohl man mir den Beweis für ein übernatürliches Phänomen schuldig blieb, abgesehen von der üblichen Zeugenaussage, die ebenso gut die Wunder der römisch-katholischen Kirche beweisen würde (und es sind nichtsdestoweniger Wunder, da die Theosophen behaupten, sie seien nicht übernatürlich), wollte ich den Ort nicht verlassen, ohne etwas Besonderes erlebt zu haben. Ich durfte den Schrein sehen. Er war geschmackvoll, um nicht zu sagen künstlerisch ausgeschmückt. In der Mitte des reichlich mit schmiedeeiserner Arbeit ausgestatteten Innenraums befanden sich eine kleine Buddha-Statue und rechts und links davon das etwa achtzehn Zentimeter große eingerahmte Bild eines Mahatma, das auf „geheime" Weise zustande gekommen war, wie man mir zu verstehen gab. Die Gesichter besaßen durchaus eine gewisse Schönheit, doch hätte man mir nicht erklärt, dass es sich um tatsächliche Männer handelte, hätte ich sie, wie im Falle des Buddha, für die übliche Idealisierung eines Gesichts gehalten. Eines der Bilder stellt den berühmten Koot Hoomi oder Khothume dar (wie ich den Namen auf einem Dokument im Haus geschrieben sah). Er hält eine Gebetsmühle in der Hand!

Gewisse Kreise stellen die brennende Frage, ob Koot Hoomi tatsächlich existiert. Die Theosophen behaupten, dass er von den Rajputen-Königen abstammte und als Hauptnachfolger der höchst ehrenwerten Rishis oder Rahats deren Macht über die Natur geerbt hätte und die Fähigkeit besäße, sich unsichtbar zu machen und in seinem Astralkörper jemanden in New York zu besuchen, während seine physische Gestalt in Tibet weilte. Andererseits erklärte der den Theosophen durchaus freundlich gesinnte Oberpriester von Ceylon in meinem Beisein, dass der letzte Rahat tausend Jahre nach Buddha starb und heutzutage kein solches Wesen existieren könne. Skeptiker behaupteten, dass sich der Name Koot Hoomi aus dem letzten Teil der Namen Olcott und Hume (der sich zur Zeit in Simla der theosophischen Schulung unterzieht) zusammensetzt, da diese beiden Herren (Cott-Hume) als Mme.

Blavatskys besondere Freunde gelten. (Ein bedeutender orientalischer Gelehrte hat mich darüber aufgekärt, dass der Name in keiner Weise irgendeiner jemals in Indien gesprochenen Sprache entspricht). Außerdem will man von den Theosophen wissen, an wechem Ort sich Koot Hoomi aufhält. Diese halten der Aufforderung entgegen, dass ihr Mahatma oder Meister im Verborgenen leben und seine Kräfte geheim halten müsse, damit dieses Geheimnis nicht in den Besitz unwürdiger Personen gerate, die es zu üblen oder selbstsüchtigen Zwecken nutzten. Gegen diese Aussage habe ich den Einwand erheben gehört, dass solche Kräfte nur von jemandem ausgeübt werden könnten, der die Sanktifikation eines Rahat erreicht hätte, laut buddhistischer Orthodoxie aber ein Rahat keine Kraft zu üblen Zwecken anzuwenden vermochte.

Der Beweis für Koot Hoomis Existenz wäre vollständig, wenn die Zeugenaussagen derjenigen, denen ich in Adyar begegnete, angenommen werden würden. Fast alle erklärten, ihn gesehen zu haben, und es gibt keinen Grund, daran zu zweifeln. Nach genauer Befragung stellte sich jedoch heraus, dass ihre Erlebnisse allzu subjektiv zu sein schienen, um außer für sie selbst einen Wert zu besitzen. Einige hatten Koot Hoomi nur in seinem „Astral"-Körper wahrgenommen. Jemand, dem Visionen und Träume vertraut sind, kann einer solchen Zeugenaussage nur pathologische und psychologische Bedeutung beimessen. Drei von ihnen versicherten, Koot Hoomi in seinem materiellen Körper gesehen zu haben. Die einzige Person, die ich eingehend oder zufriedenstellend befragen konnte (Brown aus Glasgow), erzählte mir eine Geschichte von seinen Begegnungen mit dem geheimnisvollen Mahatma, die erhebliche Zweifel hervorrief. Es hatte zwei oder drei Begegnungen gegeben. Bei einer von ihnen war Herr Brown von religiöser Ehrfurcht und Emotion derart überwältigt, dass er „ihn nicht anzuschauen vermochte". Ein anderes Mal erblickte er den Meister in einiger Entfernung, seinen Kopf und die untere Gesichtshälfte nach Art der Rajputen-Könige verdeckt. Bei der dritten Gelegenheit lag Herr Brown im Bett und erkannte den nächtlichen Besuch des Meisters nur an dem Brief und dem Taschentuch mit den Initialen „K. H.", die er in seiner Hand vorfand. (Es kann sein, dass es sich bei der zweiten Begegnung um das Erlebnis einer anderen Person handelte.) Herr Brown erzählte mir offensichtlich genau das, was er für wahr hielt und muss wohl gespürt haben, dass vor Gericht eine solche Zeugenaussage die Existenz Koot Hoomis nicht beweisen konnte, denn er legte sehr viel mehr Gewicht auf gewisse mit „K. H." unterzeichnete Briefe, die er erhalten hatte. Die Wirkung der Briefe konnte natürlich von jemandem, dem ihr Inhalt unbekannt blieb, nicht nachempfunden werden.

Zwei der (einheimischen) jungen Männer warfen sich, dem Bild Koot Hoomis zugewandt, vor dem Schrein auf den Boden nieder. Es überraschte mich, denn egal welchen Ursprungs, so wird die Theosophie zur rein orientalischen Angelegenheit. Man kann wohl kaum erwarten, dass westliche Menschen die Vorstellung von einem wundertätigen Weisen, größer als jeder andere Mann unserer Zeit, ernst nehmen können, der eine Gebetsmühle bei sich trägt, der es zulässt, dass man sich vor ihm niederwirft und sich im Gegensatz zu Buddha oder irgendeinem anderen anerkannten „Meister" vergangener oder moderner Zeiten verheimlichen lässt, verbirgt und von den Leuten fern hält. Wahrscheinlich umgarnt die Göttin Maya, die wir „Blendwerk" nennen, diese liebenswürdigen Hindu-Pilgerer mit ihrem Zauber von einem zerfallenden zu einem idealen Tempel. Zumindest haben sie vorübergehend Zuflucht in einem geistigen Luftschloss gefunden, dessen Zuverlässigkeit sie nicht anzweifeln. Einer von ihnen schrieb das Misstrauen der Engländer gegenüber dem „Okkultismus" ihrem Fleischverzehr zu. Wie dem auch sei, ich musste die Gräfin Blavatsky daran erinnern, dass die Fußspur des Jüngers, der die Existenz seines Mahatmas anzweifelte, auf dem benachbarten Hügel liegt, wo ich sie gerade gesehen hatte. Falls ich Koot Hoomi und seine Wunder akzeptieren konnte, bestand keine Schwierigkeit, mich auf dem Heimweg in Rom dem Papst zu unterwerfen. Sie versprach, mich in London in ihrer „astralen" Form zu besuchen, was die Zweifel dieses Briefes mir ebenso lächerlich erscheinen lassen wird wie jenen, die so ergeben an die Wunder wirkenden Mahatmas glauben.

Es überraschte mich sehr, am Tag nach minem Besuch in Adyar von einem jungen Theosophen zu hören, dass er in dem Augenblick, in dem ich das Schreinzimmer betrat, ein geheimnisvolles Läuten vernommen hätte. Von dem Läuten einer nicht vorhandenen Glocke, das die Gräfin häufig begleitete, hatte ich erfahren, selbst aber nichts gehört. Sollte es tatsächlich aufgetreten sein, erscheint es mir unerklärlich, warum einer der Anwesenden nicht direkt darauf hingewiesen haben sollte, um es zu untersuchen. Ich befand mich bereits einen Tag lang auf See, als ich davon erfuhr. Wahrscheinlich wusste die Gräfin, dass alles Glockenläuten in einem seltsamen Haus als eine eher absurde Beweisführung von Okkultismus gelten werde. Ich sah und hörte in Adyar nichts, was für die Theosophie oder den Okkultismus sprach, aber meine Befragung dieser jungen Männer hinterließ den Eindruck, dass sich die Theosophie tiefer im Geist des jungen Indien festgesetzt hatte, als man allgemein annahm. Zweifellos übt Oberst Olcott einen starken persönlichen Einfluss auf diese Orientalen aus.

In Ceylon und Indien haben bestimmte Anhänger der Theosophie mir gegenüber ihre starken Zweifel am „Okkultismus" und ihr Bedauern zum Ausdruck gebracht, dass die Bewegung über einen ethischen und religiösen Einsatz hinausgehen sollte. Dieser Amerikaner hat mit Sicherheit die umfangreichen Möglichkeiten einer neuen, nicht-christlichen Bewegung aufgezeigt, die das indische Herz und die indische Vorstellungskraft anregen. Diese Hindu-Gelehrten sind sich immer ihrer großartigen Geschichte und religiösen Literatur bewusst gewesen. Nach all den Generationen, in denen die in ihr Land gesandten Missionare ihre Literatur missachtet, ihre Philosophie verachtet und ihre Religion als Götzendienst und sie selbst als Götzendiener auf dem Weg zur Hölle betrachtet haben, hat sich eine neue Rasse von Gelehrten, wie Max Müller, erhoben, die den hohen Wert und den tiefen religiösen Idealismus ihrer Denkweise darlegten.

Von der Neubelebung der Orientalistik an den europäischen Universitäten blieben die Missionare unbeeinflusst und fuhren fort, die Ideale und Glaubensüberzeugungen der Hindus und Buddhisten zu brandmarken. Nun aber sind einige Leute von gesellschaftlichem Rang (eine „Gräfin" und ein „Oberst") aus der Mitte des Christentums hervorgetreten, die sich offiziell zu einer orientalischen Religion bekennen. Sie lehnen jede Form von Christentum feierlich ab und leben in Indien, um eine Arbeit zu leiten, die sich den Missionaren widersetzt und den Glauben an Buddha und Krishna neu belebt. In zwei oder drei Jahren haben sie diese orientalischen Menschen stärker bewegt und angezogen als dies die Missionare in ebenso vielen Jahrhunderten schafften. Es gibt inzwischen siebenundsiebzig blühende Zentren der Theosophischen Gesellschaft. Aus dem Gedankengut der Hindus bringen sie tagtäglich eine Ernte ein, die von den Missionaren nur niedergetrampelt wurde, da sie daraus nicht ihr eigenes Brot backen konnten.

Die Arbeit hat die Vorstellungskraft und das Herz der Hindus berührt. In Ceylon hat die Theosophie den in den letzten Jahren verkündeten missionarischen Erfolgen eindeutig Einhalt geboten. Herr Sinnett und andere englische Theosophen haben über die „Opfer" von Oberst Olcott und Mme. Blavatsky berichtet, da sie ihr Land verlassen haben (Mme. Blavatsky ist amerikanische Staatsbürgerin), um sich dieser Art von Arbeit zu widmen. Es ist schwierig, dem zuzustimmen, denn das Leben der Neuerer gestaltet sich angenehm. Die Theosophen gewähren ihnen hier in Adyar die Benutzung eines ansehnlichen, in einem Park gelegenen Hauses und einer riesigen Anbaufläche.

14D. BHAVANI SHANKAR
JANUAR 1884, JUBBULPORE, INDIEN

[Theosophische Gesellschaft 1885, 79-80]

Im Januar 1884 war ich mit Bruder Nivaran Chandra Mookerjee, dem damaligen Sekretär [der örtlichen Zweigniederlassung] der Theosophischen Gesellschaft, in Jubbulpore. Eines Abends sprach ich zu etwa siebenundzwanzig Mitgliedern, die sehr aufmerksam zuhörten. Plötzlich herrschte eine Weile Totenstille. Dann spürte ich den Einfluss von Madame Blavatskys ehrenwertem Meister [Morya], der so stark war, dass ich ihn nicht ertragen konnte. Die von einer elektromagnetischen Batterie erzeugte Strömung ist nichts im Vergleich zu dem durch den geschulten Willen eines Adepten hervorgerufenen Strom. Wenn sich ein Mahatma einem Chela zeigen will, kündigt er sich durch eine elektrische Strömung an. Diese Einwirkung verspürte ich zu jenem Zeitpunkt. Einige Minuten später war der Mahatma [Morya] tatsächlich im Raum anwesend und wurde von mir und Bruder Nivaran gesehen, während einige Mitglieder nur seine Schwingung fühlten. Hätte er sich stärker materialisiert, wäre er von allen gesehen worden. Auf meinen Reisen durch den Norden [Indiens] habe ich denselben Mahatma mehrmals in seinem [astralen] Doppel wahrgenommen. Ich habe nicht nur Madame B.'s Meister in seinem Doppel, sondern auch meinen verehrten Guru Deva „K. H." geschaut. Den Meister [K. H.] habe ich auch in seinem physischen Körper gesehen.

14E. FRANZ HARTMANN
DEZEMBER 1883 – FEBRUAR 1884
ADYAR UND BOMBAY, INDIEN

[Hartmann 1884, Bericht 11-2, 13-5, 28-30
und Hartmann 1884, „Phänomenal"]

Am Abend des 4. Dezember 1883 traf ich in Madras ein und wurde von Herrn G. Muttuswami Chettyar freundlich empfangen, der mich zu seinem Wagen geleitete. Wir fuhren nach Adyar, das etwa sechs Meilen von der Landestelle des Dampfschiffs in einem Vorort von Madras liegt.

Es war dunkel, als wir dort ankamen, und der Gegenstand meiner Träume, der angeblich über den Schlüssel zum Heiligtum des Okkultismus verfügte, saß in der erleuchteten Eingangshalle im Kreise einiger Freunde. Arme und doch beneidete Madame Blavatsky, die Sphinx des 19. Jahrhunderts, eine Weise und eine Frau zugleich. Sie, über der die heitere Stille eines Gottes leuchtete und die im nächsten Augenblick aufbrauste, weil der Kaffee zu heiß war. Ich war von ihrer Erscheinung weder überrascht noch enttäuscht. Diese stattliche, in ein lose fallendes Gewand gekleidete Gestalt hätte ebenso gut Modell für eine Heilige sitzen können, und ihre freundliche und herzliche Art flößte mir sofort Vertrauen ein.

Bevor ich mich zurückzog, äußerte ich den Wunsch, die Bilder der Mahatmas sehen zu dürfen, jener geheimnisvollen, über den Menschen stehenden Wesenheiten, von denen ich schon so viel gehört hatte. Man brachte mich nach oben, um den „Schrein" zu sehen, in dem diese Bilder aufbewahrt wurden. Darauf waren zwei Männer mit orientalischen Gesichtszügen und entsprechender Kleidung zu sehen. Ihr Gesichtsausdruck war milde, aber ernst.

Ein oder zwei Wochen nach meiner Ankunft in Adyar fragte ich mich, ob ich nicht gleichfalls das Glück hätte, einen Brief zu erhalten, da ich beobachtet hatte, wie Fremde und Mitglieder unserer Gesellschaft gelegentlich Briefe von den Meistern bekamen, die entweder aus der Luft herunterfielen, durch feste Wände geschleudert oder durch den „Schrein" gesendet wurden.

Ich schrieb also die folgenden Zeilen:

„Verehrte Meister! Der Unterzeichnete bietet seine Dienste an. Er bittet höflich um Prüfung seiner geistigen Fähigkeiten und gegebenenfalls um weitere Anweisungen. Hochachtungsvoll…"

Ich gebe diesen Brief wörtlich wieder, damit der Leser nicht glaubt, dass ich die „Adepten" des Himalayas mit meinen kleinen Privatangelegenheiten belästigte. In Indien oder außerhalb von San Francisco weiß niemand etwas über [meine] Angelegenheiten. Ich gab den Brief Oberst Olcott, der ihn in den Schrein legte.

Ein paar Tage später ließ ich mir die Sache durch den Kopf gehen und dachte, dass, falls die Meister mir etwas zu sagen hätten, dies auch ohne meine Aufforderung geschehen würde. Ich bat Oberst Olcott, mir meinen Brief zurückzugeben, was er sicherlich getan hätte, wäre dieser nicht auf geheimnisvolle Weise verschwunden gewesen. Statt dessen erhielt ich einen Brief, aus dem nicht nur hervorging, dass einige Ereignisse aus meinem Leben bekannt waren, sondern der in allen Einzelheiten auf sehr private Dinge einging. Dieser Brief diente nicht der „Prüfung", obwohl er eine „Prüfung" für mich war, sondern gab mir wesentliche Informationen und Ratschläge (die sich später als sehr nützlich für mich erwiesen).

[Später] sah ich Mahatma [Morya] in seiner Astralgestalt. Er erschien mir in Begleitung der Astralgestalten zweier Chelas. Die belebende und erhebende Wirkung seiner Gegenwart verblasste erst einige Tage danach.

Der schlechte Gesundheitszustand von Madame Blavatsky erforderte einen Klimawechsel, und die hinzugezogenen Ärzte rieten ihr, nach Europa zu gehen, wohin Oberst Olcott aus geschäftlichen Gründen gerufen worden war. Madame Blavatsky beschloss daher, Oberst Olcott zu begleiten. Bevor sie aber in Bombay an Bord ging, wollte sie einer dringenden Einladung des Thakore Sahib von Wadhwan und unseres Freundes Hurrisinghjee Folge leisten.

Am 5. Februar 1884, zwei Tage bevor Madame Blavatsky abreiste, ging ich unangemeldet zu ihrem Zimmer hinauf, um einige Dinge zu besprechen, die die Gesellschaft betrafen.

Im Anschluss an diese Unterhaltung kam mir der Gedanke, sie nach ihrer Meinung im Hinblick auf eine bestimmte Sache zu fragen, die mir durch den Kopf ging. Madame Blavatsky gab mir den Rat, mich an den [Meister Morya] selbst zu wenden und ihm mental meine Frage zu stellen, die er beantworten werde. Einige Sekunden später meinte sie, sie spüre seine Gegenwart und sehe ihn schreiben. Ich muss gestehen, dass auch ich seine Einwirkung fühlte und sein Gesicht zu sehen schien, wovon natürlich nur ich überzeugt war.

In diesem Augenblick kam zu meinem großen Ärger eine andere Dame ins Zimmer und fragte nach einer Kneifzange, die zu irgendeinem Zweck gebraucht wurde. Ich erinnerte mich, dass in meiner Schreibtischschublade eine solche Zange lag und ging in mein Zimmer hinunter, um sie zu holen. Ich öffnete die Lade, sah die Kneifzange und einige andere Dinge darin, aber nicht die Spur von einem Brief, da ich meine Papiere am Vortag an einen anderen Platz geräumt hatte. Ich nahm die Zange und wollte die Schublade gerade wieder schließen, da lag *in der Lade* ein großer, an mich adressierter Umschlag, der die wohlbekannte Handschrift des Meisters und das Siegel mit seinen Initialen in tibetischen Buchstaben trug. Er enthielt einen langen, freundlichen Brief, der die Fragen behandelte, über die ich gerade mit Madame Blavatsky gesprochen hatte und der außerdem die Frage, die mich beunruhigte, ausführlich und zufriedenstellend beantwortete sowie gewisse Dinge ansprach und erläuterte, die mir seit einiger Zeit durch den Kopf gingen, die ich aber niemals erwähnt hatte.

In demselben Umschlag befand sich eine größere Fotografie mit dem Gesicht des Meisters und einer Widmung auf der Rückseite.

Nun, wenn ich irgendetwas weiß, dann weiß ich, dass es keinen solchen Brief in meiner Schublade gab, als ich diese öffnete, und zu diesem Zeitpunkt niemand im Zimmer zu sehen war. Der ausführlich auf meine Frage eingehende Brief muss innerhalb von knapp vier Minuten geschrieben, versiegelt und in die Schublade gelegt worden sein, während es genau vierzig Minuten dauerte, ihn am nächsten Tag abzuschreiben. Er behandelte ein sehr schwieriges Problem in einer solch ausführlichen und dennoch prägnanten Weise, dass nur eine Intelligenz von höchstem Rang dazu fähig gewesen sein konnte.

Am 7. Februar verließen Madame Blavatsky, Mohini Chatterji und ich in Begleitung von Madame Coulomb Adyar. Auf unserem Weg [nach Bombay] besuchten wir den Thakore Sahib von Wadhwan.

Am 15. Februar verließ ich in Begleitung von Madame Blavatsky und Mohini Wadhwan, um nach Bombay zu reisen. Einige Stunden vor unserer Abreise las Madame Blavatsky einen Artikel [von mir], korrigierte einige Worte und gab ihn mir zurück. Ich überprüfte ihn sorgfältig nach ihren Verbesserungen und wollte sehen, ob ich vielleicht noch eigene Veränderungen vornehmen sollte. Sie hatte nur einige wenige Korrekturen eingefügt. Ich faltete das Papier zusammen, legte es in mein Notizbuch und dieses in meine Aktentasche, die ich abschloss, stieg in den Waggon [des Zuges] und legte die Tasche auf meinen Sitz, wo sie die ganze Zeit über verblieb und wo ich sie bis zu dem Moment, von dem ich jetzt berichten werde, im Auge behielt. Gegen Abend bat mich Madame Blavatsky, die im selben Wagen reiste, den Artikel noch einmal sehen zu dürfen. Ich zog ihn aus der Tasche, entfaltete das Papier, bevor ich es ihr gab und entdeckte in diesem Augenblick zu meiner großen Überraschung vier lange Zeilen in einer Handschrift und in einer anderen Tinte als der von adame Blavatsky auf einem vorher unbeschriebenen Stück des Blattes. Auf welche Weise diese Zeilen in der Tasche und beim Schaukeln des Wagens geschrieben worden waren, kann ich nicht erklären.

Ein anderes Geschehen ereignete sich [in Bombay], als ich ganz alleine war. Am Morgen des 20. Februar erhielt ich über Madame Blavatsky eine seltsame tibetische Medaille von unserem Meister. Ich begleitete sie an Bord des Dampfschiffs, das sie nach Europa bringen sollte. Als ich zum Ufer zurückkehrte, suchte ich einen einheimischen Juwelier auf und kaufte ein Medaillon, konnte aber keine passende Kette finden. Später lief ich in meinem Zimmer auf und ab und überlegte, was ich machen sollte. Schließlich entschied ich mich für ein rosafarbenes Seidenband. Wo aber ollte ich, ein Fremder in Bombay, dieses kaufen. Das war die Frage. Als ich wieder zum offenen Fenster trat, lag direkt vor mir auf dem Boden genau das Seidenband, funkelnagelneu, das ich mir gewünscht hatte.

Archibald Keightly in frühen Jahren

Kapitel 15

FRANKREICH UND ENGLAND
1884

H. P. Blavatsky reiste von Indien nach Frankreich, wo sie sich aufhalten sollte, während Oberst Olcott nach England fuhr, um bei einem Streit bezüglich der Ausrichtung und Führung der Londoner Loge zu vermitteln. Aber sie erhielt den „Befehl", an der Versammlung der Loge teilzunehmen, und die Aufregung, die ihre Anwesenheit verursachte, zerstreute eine potenziell schwierige Situation. Sie kehrte für mehrere Monate nach Frankreich zurück, bevor sie als Gast von Francesca Arundale wieder nach London reiste. Dort, wie an anderen Orten, war sie jedoch weniger Gast als Gastgeberin. Wohin sie auch ging, zog sie Neugierige, aber auch solche Personen an, die mit den Mahatmas Verbindung aufnehmen wollten, und sie begegnete ihnen in ihrer eigenen ungehemmten und unvorhersehbaren Weise.

15A. WILLIAM Q. JUDGE
MÄRZ – APRIL 1884, PARIS

[Judge 1912, 17-9, 22]

Ich bin nun seit dem 25. [März] hier, und HPB traf am 28. ein. Die Leute kommen ununterbrochen; und abgesehen von einigen Gesprächen ist es mir bisher noch nicht gelungen, mich längere Zeit privat mit ihr zu unterhalten.

Die Meister haben mich beauftragt, ihr beim Schreiben der *Geheimlehre* zu helfen.

Nach der anfänglichen Hektik erklärte ich, unverzüglich nach Indien reisen zu müssen. Olcott glaubte, es sei besser, bei HPB zu bleiben, und sie teilte seine Ansicht. Ich aber bestand darauf, der Anweisung Folge zu leisten, und sie stimmte zu. Es wurde beschlossen, dass ich so lange hier warten sollte, bis [Olcott] mir ein Dampfschiff in London besorgt hatte. Am folgenden Morgen saßen Mohini und ich in unserem Schlafraum, als Olcott aus seinem Zimmer, das am anderen Ende des Ganges liegt, herüber kam und mich nach draußen rief. Der Meister [Morya] war in sein Zimmer gekommen und hatte ihm gesagt, dass ich noch nicht nach Indien reisen, sondern bleiben und HPB bei der *Geheimlehre* helfen sollte.

So bin ich also hier, für wie lange weiß ich nicht, mache Vorschläge und schreibe an der Arbeit.

[Eines Tages] sandten die Meister etwa eine Stunde lang im Salon Botschaften durch HPB, Fragen an mich, um sie herauszufordern. Jede Nachricht wirkte sich deutlich auf meiner Haut aus, bevor sie die Frage wiederholte.

Am 5. [April] reisten Olcott und Mohini nach London und ließen Madame und mich zurück, da sie angewiesen worden war, nicht nach London zu fahren. Am Abend saßen wir allein im Salon und unterhielten uns ausführlich über alte Zeiten.

Mit einem Mal spürte ich das bekannte Zeichen einer Botschaft des Meisters und sah, dass sie zuhörte. „Judge, der Meister fragt mich, welche ungewöhnlichste Anweisung er in diesem Augenblick wohl geben könnte." Ich erwiderte: „Dass Frau [Anna Kingsford] die Präsidentin der Londoner Loge wird." „Versuche es noch einmal." „Dass HPB nach London reisen soll." Dies traf zu, und er wies sie an, den sieben Uhr fünfundvierzig Express zu nehmen. Er gab die genauen Ankunftszeiten an den einzelnen Haltestellen und in London an. Sie trafen zu; denn wir hatten keinen Fahrplan im Haus. Der Auftrag missfiel ihr sehr, und angesichts ihres schlechten Gesundheitszustands und ihrer Körperfülle war es eine schreckliche Reise für sie. Gestern Abend brachte ich sie zum Bahnhof und sah sie mit einem kleinen Handgepäck in den Zug steigen. Das Ganze hatte etwas Befremdliches an sich, da sie mit Olcott hätte reisen können.

Immer wieder versicherte sie, dass sie den Sinn dieses Auftrags nicht zu erkennen vermochte, weil die Londoner annehmen würden, es sei nur um der Einflussnahme willen, da sie zuvor eine Teilnahme abgelehnt hatte und

Olcott bei ihrem Anblick sicherlich am liebsten fluchen würde. Aber die Situation in London war ernst, und vielleicht beabsichtigten sie dort irgendein Phänomen zu bewirken, das zum Guten führte. Nun war ich also allein in diesem Haus.

[Die Engländerin Anna Kingsford (1846-1888), eine esoterische Schriftstellerin und Ärztin, verfasste (in Zusammenarbeit mit Edward Maitland) *The Perfect Way* oder *The Finding of Christ* (1882), eine esoterische Interpretation des Christentums. – DHC]

15B. A. P. SINNETT
7. APRIL 1884, LONDON

[Sinnett 1922, 54-6]

Anfang April 1884 traf Oberst Olcott in London ein; Madame Blavatsky blieb in Nizza und Paris. Oberst Olcott wurde von einem jungen indischen Theosophen, Mohini, begleitet, der sich eine Zeit lang bei den theosophischen Aktivitäten hervortat. Er wurde uns als Chela des Meisters KH vorgestellt und herzlich empfangen.

Am 7. [April] sollte die wichtige Versammlung der [Londoner Loge der Theosophischen Gesellschaft] stattfinden. Sie wurde in den Räumen von Herrn Finch in Lincoln's Inn abgehalten und bezweckte die Neuwahl eines Präsidenten. Zahlreiche Mitglieder hatten mich vorgeschlagen, aber ich schreckte vor einer persönlichen Rivalität zwischen Frau [Anna] Kingsford und mir zurück. Aus diesem Grunde plante ich, Herrn Finch für das Amt zu nominieren.

Ich schlug also Herrn Finch ordnungsgemäß vor und glaube mich zu erinnern, dass Herr Maitland Frau Kingsford nannte. Als durch Handzeichen gewählt wurde (Oberst Olcott führte den Vorsitz), fiel die Wahl praktisch einstimmig auf Herrn Finch.

Die Aufregungen der Versammlung am 7. [April] beschränkten sich keineswegs auf die Wahlsituation. Ich war mitten in meiner Ansprache, als ich durch eine Unruhe draußen vor der Tür unterbrochen wurde und der gesamte Raum sich augenblicklich bewusst wurde, dass Madame Blavatsky eingetroffen war. Ich ging, um sie zu begrüßen. Einige Leute hatten sich um sie versammelt, und sie wurde der Versammlung offiziell vorgestellt.

Im Protokoll heißt es dazu: Sie „gab zu verstehen, dass Fragen von seiten der Mitglieder bezüglich unklarer Passagen in der *Entschleierten Isis* Beachtung finden und in der neuen Version dieses Buches, die sie unter dem Titel *Die Geheimlehre* herauszugeben gedachte, erklärt werden würden.

Herr Myers fragte, ob man für die "Psychic Research Society" aus Indien einen dokumentarischen Nachweis hinsichtlich der Fälle erhalten könnte, in denen die astralen Erscheinungen der Mahatmas zu verschiedenen Zeiten und an unterschiedlichen Orten wahrgenommen worden waren.

Madame Blavatsky bat Mohini, einige Informationen zu diesem Thema zu geben, und Mohini beschrieb die erst vor Kurzem erfolgte Erscheinung der Astralgestalt eines der Mahatmas in der Zentrale der Gesellschaft in Madras.

Nach Beendigung des Treffens verbrachte Madame Blavatsky mit uns eine Woche in Ladbroke Gardens, bevor sie wieder nach Paris zurückkehrte.

[Frederic W. H. Myers (1843-1901) war ein englischer Essayist, Schriftsteller und Forscher des Übersinnlichen. 1883 trat er der Theosophischen Gesellschaft bei. Er gehörte dem SPR-Komitee zur Untersuchung von Madame Blavatskys paranormalen Fähigkeiten und ihrer Behauptung, mit den Mahatmas in Verbindung zu stehen, an. Er gelangte zu der Überzeugung, dass sie eine Schwindlerin war und trat aus der Theosophischen Gesellschaft aus. Sein zweibändiges Hauptwerk wurde 1903 unter dem Titel *Human Personality and Its Survival of Bodily Death* veröffentlicht. - DHC]

15C. ARCHIBALD KEIGHTLEY
7. APRIL 1884, LONDON

[Keightley 1910, 110]

1884, kurz nachdem ich der Theosophischen Gesellschaft beigetreten war, sah ich Madame Blavatsky zum ersten Mal. Man hatte eine Versammlung einberufen, die in den Räumen eines Mitglieds in Lincoln's Inn stattfand. Zweck dieses Treffens war es, Meinungsverschiedenheiten zwischen Herrn

Sinnett einerseits und Frau Kingsford und Herrn Maitland andererseits bei-
zulegen. Oberst Olcott führte den Vorsitz und bemühte sich erfolglos um
eine Schlichtung. Neben ihm saßen die widerstreitenden Parteien, Mohini
M. Chatterji und ein oder zwei weitere Personen, die in einen langen, schmalen und fast gänzlich mit Mitgliedern der Gesellschaft angefüllten Raum
blickten.

Der Streit wurde heftiger, und der Raum füllte sich immer mehr. Neben
mir ließ sich völlig außer Atem eine beleibte Dame nieder. In diesem Augenblick erwähnte jemand an der Stirnseite des Zimmers irgendeine Handlungsweise von Madame Blavatsky, die von der stämmigen Dame mit den Worten
bestätigt wurde: „So ist es." In diesem Augenblick geriet alles in Aufruhr,
und alle rannten auf die Dame zu, während Mohini auf seinen Knien vor
ihren Füßen landete. Schließlich führte man sie mit viel Geschrei zum Ende
des Zimmers, wo die „hohen Götter" thronten, und versuchte fortzufahren,
aber die Versammlung musste vertagt werden.

Am folgenden Tag wurde ich Madame Blavatsky, meiner beleibten Nach-
barin bei dem Treffen, vorgestellt. Ihre Ankunft kam völlig unerwartet, und
ihre Abreise aus Paris erfolgte, wie sie mir lange Zeit später erzählte, nur „auf
Anordnung", eine halbe Stunde bevor sie losfuhr. Sie stieg in Charing Cross
aus, ohne zu wissen, wo das Treffen stattfand, nur in der Gewissheit, dass sie
daran teilnehmen musste. „Ich folgte meiner okkulten Nase", meinte sie. Auf
diese Weise gelangte sie vom Bahnhof zum Lincoln's Inn und in die Räume,
in denen es stattfand. Sie kam gerade rechtzeitig, denn ihr Eintreffen unterbrach eine Versammlung, die trotz Oberst Olcotts Bemühungen, Öl in die
Wogen zu gießen, alles andere als friedlich zu enden drohte.

15D. WILLIAM Q. JUDGE
MAI 1884, ENGHIEN, FRANKREICH

[HPB: In Memory, 52-5; neu gedruckt in Judge 1980, 2:17-20]

Im Frühjahr 1884 wohnte HPB in der Rue Notre Dame des Champs in
Paris. Abgesehen von einer gelegentlichen Ausfahrt oder einem Besuch, schrieb
sie den ganzen Tag über. Es kamen zahlreiche Besucher aus allen Schichten,
unter ihnen auch die Gräin d'Adhemar, die sofort eine tiefe Verehrung für

HPB bekundete und sie in das Chateau des Grafen von Enghien einlud, das unmittelbar außerhalb der Stadt lag. Die Einladung, die auch mich und Mohini Chatterji betraf, wurde angenommen, und wir zogen nach Enghien, wo HPB im unteren Geschoss zwei große Räume zur Verfügung gestellt wurden, während die anderen auf den oberen Etagen schliefen. Alle Annehmlichkeiten wurden unserer geliebten Freundin gewährt, und dort fuhr sie mit ihrer schriftstellerischen Arbeit fort.

Auf der einen Seite des Hauses befand sich ein See, während ausgedehnte, teilweise mit Wald bestandene, teilweise als Obst- und Blumengarten genutzte Flächen das Gebäude von der Straße abschirmten. Eine Freitreppe führte zur Empfangshalle hinauf; an einer Seite, der Straßenfront, lag das Billardzimmer, dessen hohes Fenster zum bleigedeckten Dach der Vorhalle wies. Vom Speisezimmer aus konnte man über den Rand des Sees blicken, und der anschließende Wohnraum lag auf der anderen Seite, im rechten Winkel zum Billardzimmer. Die an drei Seiten gelegenen Fenster dieses Wohnraums gaben den Blick auf den See und den Garten frei. An der Wand gegenüber der Speisezimmertür stand ein Flügel und zwischen den beiden Seitenfenstern eine verzierte Marmorplatte. Das Eckfenster am Kamin ging zum See hinaus.

Jeden Abend saß man eine Weile im Wohnraum und unterhielt sich. Dort und im Speisezimmer fanden einige Phänomene statt, die ebenso interessant waren wie die geistreichen, ernsthaften oder lustigen Worte von HPB. Oft spielte die Schwester der Gräfin d'Adhemar zum Entzücken von HPB, einer Kennerin auf diesem Gebiet, auf dem Klavier. Ich erinnere mich noch gut an eine Melodie, die damals in Paris gerade herausgebracht worden war und die ihr so gut gefiel, dass sie des öfteren um Wiederholung bat. Es war eine Melodie, welche höhere Ideale und die Schönheit der Natur vor das innere Auge rief. Viele lebhafte Diskussionen zwischen dem Grafen und HPB fanden dort statt. Oft wandte sie sich mitten im Gespräch plötzlich an Mohini und mich, die wir eifrig zuhörten, um genau die Gedanken zu wiederholen, die uns gerade durch den Kopf gegangen waren.

Eines Abends saßen der Graf und die Gräfin, ihr Sohn Raoul, HPB, Mohini, die Schwester der Gräfin und ich sowie noch jemand bei Tisch, als der starke, unvergessliche Duft, der engen Freunden von HPB als Begleiterscheinung von Phänomenen wohl bekannt war, wieder einmal um den Tisch zog. Einige nahmen ihn deutlich wahr. Viele Skeptiker messen dem natürlich keine Bedeutung bei, aber der Schreiber und andere wissen, dass dies an sich schon ein Phänomen darstellt und dieser Duft viele Kilometer weit als eine Botschaft von HPB oder anderen verborgenen Personen durch die Luft gesandt wurde, die oft die Phänomene oder die Lehren unterstützten.

Bei diesem Dinner, oder bei irgendeinem anderen im Laufe unseres Besuchs, waren wir alle gerade aus dem Blumengarten zurückgekehrt. Ich hatte eine kleine Rosenknospe gepflückt und sie auf den Rand des Wasserglases zwischen mir und der Schwester der Gräfin gelegt, die zu meiner Linken saß. HPB saß rechts neben mir. Diese Dame begann nun, über Phänomene zu sprechen und fragte, ob HPB die Fähigkeiten besäße, die man den indischen Yogis zuschriebe. Ich entgegnete ihr, dass sie zu solchen Phänomenen in der Lage sei, falls sie es wollte, und selbst die kleinste Rosenknospe augenblicklich zum Erblühen bringen könnte. In diesem Moment streckte HPB ihre Hand nach der Rose aus, berührte sie aber nicht, sondern fuhr in ihrer Unterhaltung und mit dem Essen fort. Wir beobachteten die Knospe bis zum Schluss des Dinners und sahen, wie sie in dieser Zeit anschwoll und zu einer nahezu voll ausgewachsenen Rose erblühte.

An einem anderen Abend saßen wir eine Weile ohne Licht im Wohnzimmer. Der Mond leuchtete über dem See und der lautlosen Natur, als HPB in einen gedankenverlorenen Zustand verfiel. Dann erhob sie sich plötzlich, trat an das Eckfenster und blickte auf das Wasser. In diesem Augenblick huschte ein sanftes Licht durch den Raum, und sie lächelte still.

[Im Hinblick auf diesen Abend] schreibt die Gräfin d'Adhemar: „HPB schien in Gedanken versunken, als sie sich unvermittelt erhob, an das offene Fenster trat und ihren Arm mit einer gebieterischen Geste erhob. In der Ferne vernahm man leise Musik, die sich, ständig näher kommend, in eine wunderbare Melodie verwandelte und den ganzen Raum erfüllte."

Wir alle hörten die Astralmusik sehr deutlich, und der Graf wies vor allem auf ihre Schönheit und Zartheit hin, als sie in unbekannten Fernen versank. Das ganze Haus war erfüllt von diesen Glockenklängen, die ich vernahm, wenn ich des Nachts noch wach lag und die anderen sich schon zur Ruhe begeben hatten. Sie glichen kleinen Signalen, die aus HPB's Zimmer kamen und gingen. So manches Mal rauschten sie an uns vorbei, wenn wir draußen unter den herrlichen Bäumen spazierten, manchmal von allen gehört, bisweilen auch nur von ein oder zwei Personen.

Ich nahm ein Buch mit, das ich dort nicht beenden konnte, brachte es

aber kurz vor meiner Abreise aus Frankreich nach Enghien zurück. Die Gräfin erzählte mir, dass jener Duft durch das Haus gezogen war, nachdem wir
es verlassen hatten. Zwei Tage nach HPB's Abreise hatten die d'Adhemars
einige Freunde zum Dinner eingeladen. Nach dem Essen hatte man sich in
das Wohnzimmer gesetzt und schon bald den Duft wahrgenommen. Er kam
in Schüben. Sie suchten nach seinem Ursprung und stießen bald auf die
Marmorplatte, wo er aus einer Stelle im Stein in solch überwältigenden Mengen
hervorquoll, dass man versucht war, die Fenster zu öffnen. Bei meiner Rückkehr nach Paris erzählte ich HPB davon, und sie meinte nur: „Das kann
vorkommen."

15E. VERA P. DE ZHELIHOWSKY
MAI 1884, PARIS

[Sinnett 1886, 266-9]

Wir waren zu viert in der *Rue Notre Dame des Champs* 46 – Mme. N. A. de
Fadejew, Mme. Blavatsky, der hervorragende russische Schriftsteller M. Solowjow und ich – und tranken um elf Uhr abends unseren Tee in dem kleinen
Wohnzimmer. Mme. B. wurde gebeten, etwas über ihren „Meister" zu erzählen und wie sie ihre übernatürlichen Fähigkeiten von ihm erworben hatte. Im Laufe ihrer Erzählungen bot sie uns an, einen Blick auf ein Bild von
ihm zu werfen, das sie in einem goldenen Medaillon um den Hals trug. Sie
öffnete den flachen Anhänger, *in dem nur eine einzige Miniatur Platz fand*. Er
ging von Hand zu Hand, und wir alle betrachteten das gut aussehende, in
Indien gemalte Antlitz eines Hindus.

Plötzlich fühlte sich unsere kleine Gesellschaft *seltsam* beunruhigt, eine
Empfindung, die sich kaum beschreiben lässt. Es war, als habe sich die Luft
verändert, wäre dünner geworden – die Atmosphäre wurde drückend, und
wir drei konnten kaum atmen. HPB bedeckte ihre Augen mit der Hand und
flüsterte: „Ich spüre, dass etwas geschehen wird. Irgendein Phänomen. Er
bereitet es vor."

Mit „Er" meinte sie ihren *Guru-Meister*, den sie als so mächtig erachtete

In diesem Augenblick heftete Herr Solowjow seinen Blick in eine Zimmerecke. Er sah eine Art Feuerball, der in seiner ovalen Form einem strahlenden

gold-bläulichen Ei glich. Kaum hatte er es uns gesagt, als wir aus der entferntesten Ecke des Korridors eine Harfenmlodie vernahmen, wie wir ihresgleichen noch niemals zuvor gehört hatten.

Die hellen Klänge wurden noch einmal wiederholt und erstarben dann. Es herrschte wieder Stille.

Ich stand auf und ging in den durch eine Lampe hell erleuchteten Gang hinaus. Es erübrigt sich zu sagen, dass alles leer und nichts zu hören war. Als ich in den Wohnraum zurückkehrte, fand ich H. P. Blavatsky genauso ruhig am Tisch zwischen Mme. de Fadejew und Herrn Solowjow sitzen wie vorher. Gleichzeitig sah ich ganz deutlich die Gestalt eines Mannes, gräulich, doch recht klar, neben meiner Schwester stehen, der, als ich ihn anschaute, zurücktrat, verblasste und in der gegenüberliegenden Wand verschwand. Dieser Mann – oder vielleicht seine Astralform – war schlank, mittelgroß, in eine Art Mantel gehüllt und trug einen weißen Turban auf dem Kopf. Die Vision dauerte nur wenige Sekunden, aber ich hatte Zeit, sie zu untersuchen und jedem zu erzählen, was ich wahrnahm. Doch sobald sie entschwunden war, fürchtete ich mich und fühlte mich schrecklich unruhig. Kaum wieder bei Sinnen, verblüffte uns ein anderes Phänomen, diesmal aber greifbar und objektiv. HPB öffnete plötzlich ihr Medaillon, und anstelle des einen Bildes von einem Meister waren dort zwei – ihr eigenes, dem seinen gegenüber.

Auf der anderen Seite des *Medaillons* lag unter dem ovalen Glas ihre eigene Miniatur, die sie beiläufig erwähnt hatte, *fest eingeklemmt*.

Das Medaillon wurde erneut von drei Zeugen genau untersucht und ging von Hand zu Hand.

Das war aber noch nicht alles. Eine Viertelstunde später wurde das magische Medaillon, *das wir drei nicht einen Moment aus den Augen verloren*, auf Wunsch wieder geöffnet – ihr Bild war nicht mehr vorhanden. Es war verschwunden.

15F. FRANCESCA ARUNDALE
30. JUNI – 16. AUGUST 1884, LONDON

[HPB: In Memory, 69 und Arundale 1932, 29-37, 40-2]

Am 30. Juni kehrte HPB nach London zurück und wohnte bei uns in Elgin Crescent Nr. 77, in Notting Hill.

Die wenigen Sommermonate des Jahres 1884, die sie in unserem Haus in Elgin Crescent verbrachte, waren durch seltsame und ungewöhnliche Ereignisse gekennzeichnet, die alle von der Tatsache zeugten, dass sich die Persönlichkeit, die sich Madame Blavatsky nannte, in fast allen Aspekten von ihrer Umgebung unterschied, und die Scharen von Besuchern aus allen Schichten sprachen für das Interesse, das sie hervorrief.

Gewöhnlich verbrachte sie die frühen Stunden des Tages mit Schreiben; sie begann um sieben Uhr, manchmal sogar früher, und es geschah nur ganz selten, dass ich sie nicht bereits an ihrem Schreibtisch vorfand, wenn ich gegen acht Uhr morgens in ihr Zimmer kam. Abgesehen von einer kurzen Mittagspause blieb sie dort bis drei oder vier Uhr nachmittags sitzen. Dann begann die Empfangszeit, und vom frühen Nachmittag bis zum späten Abend trafen pausenlos Besucher ein. Die alte Dame in ihrem Sessel in demselben Salon, der dem Andrang der Gäste kaum gewachsen war, wurde von Fragestellern umringt. Viele kamen natürlich nur aus Neugierde, da sie vom Ruhm ihrer großen Fähigkeiten gehört hatten.

Mohini M. Chatterji begleitete Madame Blavatsky, und wenn es seine Rundreisen erlaubten, gesellte sich Oberst Olcott hin und wieder zu uns. Dann gab es noch ein sehr wichtiges Mitglied aus Indien, nämlich Babula, HPB's Diener. Mit seinem malerischen Turban und dem weißen Gewand sorgte er für eine gewisse Sensation. Wenn an den Nachmittagen Tee serviert wurde, HPB's russischer Samowar auf dem Tisch glitzerte und leuchtete und Babula den Gästen Tee und Süßigkeiten anbot, waren wir gewiss ein einmaliges Haus im vorstädtischen London. Das Haus war stets voller Gäste, und da HPB oft Freunde zum Bleiben einlud, wusste ich nie, ob ich eine Person oder zwanzig Leute zum Lunch oder Dinner haben würde.

Das Haus war nicht sehr groß, aber es gab zwei geräumige, durch eine Falttür voneinander getrennte Zimmer, und es war schon ein besonderer Anblick, HPB in einem riesigen Sessel sitzen zu sehen, umgeben von gebildeten und modischen Leuten. Als brillante Unterhalterin verstand sie es, Jung und Alt in ihren Bann zu ziehen, während ihre anmutigen Finger pausenlos in den Tabakkorb griffen, der stets in Reichweite lag, um die kleinen Zigaretten zu drehen, die sie ununterbrochen rauchte. Dies war ihr sozialer Aspekt. Mohini Chatterji beantwortete sehr oft Fragen zur indischen Philosophie. Seine Vorträge waren sehr gefragt, und nur selten schlossen wir unsere Türen vor ein oder zwei Uhr früh.

Der kleine George Arundale besuchte in dieser Zeit eine in der Nähe gelegene Tagesschule. Eines Nachmittags wollte eine kleine Gruppe den zoologischen Garten besuchen. Wir fuhren mit der Kutsche und hatten das Kind bei uns. Man besorgte einen Rollstuhl für HPB, und dann besuchten wir die Tiere. Es ereignete sich kein okkultes Phänomen bei diesem Ausflug, wohl aber eine Kleinigkeit, die HPB's liebenswürdige Art zu Tage brachte. Das Kind lief umher, wie Kinder nun einmal sind. Es rannte neben dem Rollstuhl her, verlor plötzlich das Gleichgewicht und fiel zu Boden. Obwohl sie sich kaum zu bewegen vermochte, sprang HPB fast aus dem Wagen, warf ihren Schirm zur Seite und versuchte, dem Kind aufzuhelfen. Es war nur eine Kleinigkeit, zeigte aber ihr mitfühlendes Wesen.

Ein seltsames Geschehen, das mir stets in Erinnerung bleiben wird, ereignete sich zu Beginn ihres Aufenthalts bei uns. Damals wünschten sehr viele Leute, über HPB mit den Meistern in Verbindung zu treten und brachten manchmal Briefe mit, die sie weiterleiten sollte. HPB erklärte stets: „Es liegt nicht an mir, die Briefe weiterzuleiten; die Meister werden sie an sich nehmen, wenn sie es wollen." Die Briefe wurden in ein bestimmtes Schubfach in ihrem Zimmer gelegt. Manchmal erhielten die Briefschreiber eine Antwort durch HPB, sehr oft aber auch nicht; aber das Fach blieb offen. Eines Tages wollte Herr Sinnett den Meister K. H. etwas fragen, und dieser Brief wurde ebenfalls in die Lade gelegt. Nach einer Woche war immer noch keine Antwort eingetroffen. Ich grämte mich darüber, denn wir alle wünschten eine Antwort auf die Fragen. Jeden Tag schaute ich in das Schubfach, aber es blieb leer.

Eines Morgens ging ich gegen halb acht zu HPB (ich ging stets zuerst in ihr Zimmer). Wie immer, saß sie an ihrem Tisch und schrieb, und ich bemerkte: „Wie sehr wünsche ich mir doch, dass dieser Brief beantwortet wird." Sie schaute mir direkt ins Gesicht und erwiderte in strengem Ton: „Bringe mir den Brief." Ich legte ihn in ihre Hand. Auf dem Tisch stand eine Kerze, und sie forderte mich auf, sie anzuzünden, reichte mir den Brief und sagte: „Verbrenne ihn." Es tat mir leid, Herrn Sinnetts Brief zu verbrennen, aber ich folgte natürlich ihrer Anweisung. „Gehe jetzt in dein Zimmer und meditiere." Ich kehrte in mein Zimmer zurück, das ich gerade erst verlassen hatte. Es lag ganz oben, sozusagen unter dem Dach, denn alle anderen Räume wurden von unseren Gästen benutzt. Der kleine Junge und ich schliefen dort oben. Ich ging zum Fenster, von dem aus man auf einen Garten mit wunderschönen Bäumen schauen konnte. Vor dem Fenster befand sich eine mit einem rosafarbenen Tuch bedeckte Kiste. Ich stand eine Weile da und sann darüber nach, was HPB wohl meinte und worüber ich meditieren sollte.

Mein Blick fiel auf das Tuch, in dessen Mitte ein Brief lag, den ich vorher entweder nicht bemerkt oder der nicht dort gelegen hatte. Ich nahm den Umschlag auf und sah, dass er an niemanden adressiert war, sich aber dick anfühlte, woraus ich schloss, dass ein Brief darin lag. Ich hielt ihn in der Hand und betrachtete ihn genau, konnte aber weder Name noch Adresse darauf entdecken. Es musste sich um irgendetwas Okkultes handeln, und ich fragte mich, wem er wohl gehörte. Schließlich beschloss ich, den Brief HPB zu zeigen. In diesem Moment leuchteten mir auf dem Umschlag die klaren Schriftzüge des Meisters K. H. entgegen. Der Brief war an Herrn Sinnett gerichtet. Ich bin ganz sicher, dass der Name am Anfang und die vielen Male, die ich den Umschlag betrachtete, nicht darauf gestanden hatte. Der Brief enthielt eine Antwort auf den von mir verbrannten Brief, und ich freute mich sehr, sie in dieser seltsamen Weise entgegennehmen zu dürfen.

Es gab mehrere Geschehnisse dieser Art. Einen sehr privaten Brief, auf den ich gerne eine Antwort erhalten hätte, von dem aber niemand, nicht einmal HPB, wusste, legte ich nicht in die Lade, sondern trug ihn in meiner Tasche mit mir herum. Eines Abends saß ich bei ihr, und kurz bevor ich mich in mein Zimmer zurückzog, überreichte sie mir einen Brief in der bekannten Handschrift [des Meisters K. H.]

Es war eine Zeit ununterbrochener Aufregung. Viele bedeutende Leute kamen, um HPB zu sehen. Ich erinnere mich noch sehr gut an Frederick W. H. Myers, bekannt für seine Erforschung des Paranormalen. HPB war an jenem Nachmittag zufällig allein. Sie und Myers begannen, sich über die Phänomene zu unterhalten, die ihn sehr interessierten. „Ich wünschte, sie würden mir einen Beweis für ihre paranormalen Kräfte liefern", meinte er. „Wollen sie nicht irgendetwas unternehmen, um zu beweisen, dass es diese

Kräfte, von denen sie sprechen, überhaupt gibt?" „Was würde es nützen?", entgegnete Madame Blavatsky. „Selbst wenn sie sehen und hören würden, wären sie nicht überzeugt." „Lassen sie es doch darauf ankommen", warf er ein.

Sie schaute ihn einen Moment lang in ihrer seltsam durchdringenden Weise an, wandte sich mir zu und bat: „Bringe mir eine Fingerschale mit etwas Wasser darin." Sie saßen im vollen Licht eines Sommernachmittags, etwa einen Meter voneinander entfernt. Ich brachte die Wasserschale, die ich auf einen Hocker stellen sollte, der sich direkt vor Myers und in einiger Entfernung von ihrem Sitz befand. Wir verharrten einige Augenblicke in schweigender Erwartung, als vom Glas vier oder fünf Töne ausgingen, ähnlich wie die so genannten „Astral-Glocken".

Myers schaute sichtlich überrascht und blickte von HPB und ihren Händen in ihrem Schoß zu der Glasschale hinüber; es gab keine sichtbare Verbindung. Wieder erklang die Astralglocke, rein und klar, aber keine Bewegung von seiten Madame Blavatskys. Er wandte sich mir zu, und man konnte seine Verwirrung deutlich sehen. HPB lächelte und meinte: „Kein besonderes Wunder, nur das Wissen, einige Naturkräfte richtig zu lenken." Beim Abschied sagte Myers zu mir: „Fräulein Arundale, ich werde *niemals* mehr zweifeln."

Schade für den wankelmütigen, zweifelnden Verstand, denn noch keine vierzehn Tage später schrieb er, er sei nicht überzeugt, und die Töne hätten so und so hervorgebracht werden können. HPB zeigte sich keineswegs bestürzt. Sie meinte nur: „Ich wusste es, dachte aber, ich sollte ihm geben, wonach ihn verlangte." Dieser Vorfall zeigt, dass sich Überzeugung selten durch Phänomene erlangen lässt. Sie erregen die Aufmerksamkeit, und wenn der Verstand aufnahmefähig und bereit ist, sie zu erforschen und nicht darauf beharrt, dass das, was nicht verstanden wird, nicht sein kann, dann besteht die Möglichkeit, neue Tatsachen und Gesetze zu entdecken.

Ich sehe sie noch immer am frühen Morgen schreibend an ihrem Tisch sitzen, den Boden übersät von abgebrannten Streichhölzern, was mich als ordentliche Hausfrau zur Verzweiflung brachte, denn Tagesdecken, Tischdecken und Teppiche hätten in Flammen aufgehen und das Haus selbst beachtlichen Schaden davontragen können, da HPB die Angewohnheit zu eigen war, die angezündeten Streichhölzer achtlos wegzuwerfen. Ich erinnere mich auch noch lebhaft an die schwierigen Zeiten, weil HPB alles Herkömmliche völlig missachtete. Die Leute legten weite Strecken zurück, um sie zu sehen. Die Besuchszeit lag zwischen vier und fünf Uhr nachmittags. Manchmal aber weigerte sie sich aus uns unersichtlichen Gründen, ihr Zimmer zu verlassen.

Eines Nachmittags hatte sich ein Besucherpaar eingefunden und wartete darauf, sie zu sehen. Ich ging hinauf, um den Besuch anzumelden, aber für einen Empfang im Salon war sie nicht angemessen gekleidet. Als ich sie darauf aufmerksam machte, wurde sie ungehalten und meinte, Herr und Frau X sollten zu ihr herauf kommen. Vorsichtig hielt ich ihr vor, dass sich weder ihr Zimmer noch ihre Person in einem angemessenen Zustand befanden, Besucher zu empfangen. Sie meinte, ich könnte gehen, wohin ich wollte, sie aber werde so, wie sie war, hinunter gehen oder oben bleiben. Außerdem sollte ich ihr etwas zum Essen bringen, da sie hungrig war. Ich erfand alle möglichen Entschuldigungen, um die Besucher abzuweisen.

Am frühen Morgen verbrachte ich die angenehmste Zeit mit ihr, weil sie dann am zugänglichsten zu sein schien; sie lächelte, ihre Augen strahlten und sie schien alles, was man sagte oder auch verschwieg, zu verstehen und mitzuempfinden. Ich habe mich niemals vor HPB gefürchtet, obwohl sie sich mitunter einer sehr derben Sprache bediente. Man hatte immer das Gefühl, dass es sich dabei nur um eine *oberflächliche* Derbheit handelte.

15G. Laura C. Holloway
Juli 1884, London

[Langford 1912, 204-6]

[Hermann] Schmiechen, ein junger deutscher Künstler, lebte in London und versammelte eine Anzahl von Theosophen in seinem Studio. HPB, das Oberhaupt der Gäste, saß einem Podium gegenüber, auf dem [Schmiechens] Staffelei stand. Neben ihm saßen dort mehrere Personen, bis auf eine Ausnahme alles Frauen. Bekannte Leute gruppierten sich im Raum.

An deutlichsten erinnert sich die Schreiberin an das Bild von Madame Blavatsky, die gelassen Zigaretten rauchend in ihrem Sessel saß, und an zwei der Frauen auf dem Podium, die ebenfalls rauchten. Sie hatte einer dieser beiden Frauen [Laura Holloway selbst] „befohlen", eine Zigarette zu drehen und sie zu rauchen. Die Anweisung wurde nur zögernd befolgt, da es sich um den ersten Versuch handelte und der verwendete ägyptische Tabak angeblich Übelkeit hervorrufen sollte. HPB versprach, dass dies nicht geschehen werde, und ermutigt durch Frau Sinnett, die ebenfalls rauchte, wurde die Zigarette angezündet. Es trat eine seltsame Beruhigung der Nerven ein, und bald verlor sich das Interesse an den Leuten im Raum, und nur die Staffelei und die Hand des Künstlers nahmen ihre Aufmerksamkeit gefangen.

Obwohl die ungewollte Raucherin sich als Zuschauerin betrachtete, war es ihre Stimme, die die Worte hervorbrachte: „Fangen sie an." Rasch entwarf der Künstler den Umriss eines Kopfes. Bald schauten alle Anwesenden ihm bei seinem ungewöhnlich schnellen Arbeiten zu. Es herrschte tiefes Schweigen im Studio, als die ungewollte Raucherin sah, wie sich neben der Staffelei die Gestalt eines Mannes konturierte und bewegungslos stehen blieb, während Herr Schmiechen sich über seine Arbeit beugte. Sie lehnte sich zu ihrer Freundin hinüber und flüsterte: „Es ist der Meister K. H. Er skizziert ihn gerade. Er steht nahe bei Herrn Schmiechen."

„Beschreiben sie sein Aussehen und seine Kleidung", rief HPB. Und während sich die Leute im Raum über Madame Blavatskys Ausruf wunderten, beschrieb ihn die angesprochene Frau: „Er ist etwa so groß wie Mohini, schlank, mit einem wunderschönen, durchlichteten, lebendigen Antlitz und fließendem, schwarzem und von einer weichen Kappe bedeckten Lockenhaar. Er ist eine Symphonie aus Grau- und Blautönen. Er trägt die Kleidung eines Hindu – obwohl feiner und reicher, als ich es jemals gesehen habe – verbrämt mit einem Fell. Es ist sein Bildnis, das entsteht."

HPB erhob lautstark ihre Stimme und ermahnte den Künstler: „Geben sie Acht, Schmiechen; machen sie das Gesicht nicht zu rund; verlängern sie den Umriss und beachten sie den großen Abstand zwischen Nase und Ohren." Sie saß an einem Platz, an dem *sie weder die Staffelei sehen noch wissen konnte, was darauf war.*

Wieviele der damals im Studio Anwesenden die Gegenwart des Meisters wahrnahmen, weiß man nicht. Es gab mehrere übersinnlich veranlagte Personen im Raum. Dazu gehörte auch der Künstler Schmiechen, ansonsten hätte er das Bildnis nicht so genau schaffen können.

Henry Sidgwick, 1895

15H. HENRY SIDGWICK
9.-10. AUGUST 1884, CAMBRIDGE, ENGLAND

[Sidgwick 1906, 384-5]

Am 8. August kehrten wir wieder nach Cambridge zurück und nahmen am folgenden Tag nach dem Dinner an einem Treffen der dortigen Zweigniederlassung der "Society for Psychical Research" teil, bei dem Madame Blavatsky, Mohini und andere Theosophen vorgestellt wurden. Das Treffen fand in Oscar Brownings Räumen statt, in denen sich alle Mitglieder und noch mehr Außenstehende drängten. Es müssen über siebzig Leute gewesen sein. Ich hätte nicht gedacht, dass man während der Sommerferien so viele Menschen zusammenbringen könnte. Myers und ich sollten Mme. B. mit Fragen „fesseln", auf die Mohini zum Teil antwortete. Für ein paar Stunden gelang es uns recht gut. Das Interesse der bunt gemischten Menge, von der die Hälfte vermutlich kaum eine Vorstellung von der Theosophie besaß, wurde offensichtlich zufriedengestellt. Insgesamt machte Mme. B. einen positiven Eindruck auf mich. Zweifellos ähnelte der Inhalt ihrer Antworten ihrem Buch *Die Entschleierte Isis* in einigen seiner schlimmsten Aspekte. Aber ihre Art war offen und aufrichtig, und man kann sie sich kaum als die gewiefte Schwindlerin vorstellen, die sie sein müsste, wäre alles nur Betrug. Am 10. August nahmen wir zusammen mit Myers an einem theosophischen Lunch teil. Unser positiver Eindruck von Mme. B. blieb erhalten. Wenn man persönlichen Empfindungen Glauben schenken kann, ist sie ein aufrichtiges Wesen, energisch, intellektuell, emotionell und eine wirkliche Freude für die gute Menschheit. Diese Züge sind besonders bemerkenswert, da sie äußerlich – mit ihren Volants voller Zigarettenasche – nicht gerade anziehend wirkt. Wir mochten sie beide, Nora [Frau Sidgwick] und ich. Sollte sie eine Hochstaplerin sein, dann ist sie hervorragend, da ihre Bemerkungen nicht nur einen Anflug von Spontaneität und Zufälligkeit, sondern manchmal auch von einer amüsanten Indiskretion besitzen. Mitten in einem Bericht über die Mahatmas in Tibet, der uns einen höheren Blick für diese Persönlichkeiten geben sollte, sprudelte es aus ihr heraus, dass der oberste Mahatma die vertrocknetste alte Mumie sei, die sie jemals gesehen hätte.

[Henry Sidgwick, der erste Präsident der *Society for Psychical Research*, gehörte zu dem Spezialkomitee zur Untersuchung von Madame Blavatsky und ihrer Behauptungen. Sidgwick gelangte schließlich zu dem Schluss, dass HPB eine Schwindlerin war und ihre Mahatmas nicht existierten. - DHC]

Isabel Cooper-Oakley

Kapitel 16

DEUTSCHLAND UND RÜCKKEHR NACH INDIEN
1884 – 1885

Nach ihrem etwa fünfmonatigen Aufenthalt in Paris und London besuchte H. P. Blavatsky im Spätsommer und Frühherbst die Familie Gebhard in Elberfeld bei Wuppertal und schrieb eifrig an ihrem neuen Buch – der *Geheimlehre*.

Unterdessen schürten zwei ihrer Mitarbeiter in Adyar, Alexis und Emma Coulomb, eine boshafte Attacke gegen Blavatsky. Am 21. Dezember 1884 kehrte sie nach Adyar zurück und erfuhr die Einzelheiten der Angelegenheit. Sie wollte Klage gegen das Ehepaar erheben, das wegen der groben Verleumdung, dass es sich bei den Phänomenen um Betrug handelte, bereits Adyar verlassen musste. HPB wurde jedoch von einem Komitee leitender Mitglieder der Theosophischen Gesellschaft überstimmt und legte daraufhin entrüstet ihr Amt als geschäftsführende Sekretärin nieder. Am 31. März 1885 brach sie nach Europa auf und betrat niemals wieder indischen Boden.

Wie sich später herausstellte, fehlte der "Coulomb-Attacke" jegliche Grundlage. Sie basierte auf gänzlich oder teilweise gefälschten Briefen, die Madame Blavatsky geschrieben haben sollte und die Anweisungen für verschiedene betrügerische paranormale Phänomene enthielten. Eine christliche Missionszeitung in Madras veröffentlichte die am stärksten belastenden Abschnitte dieser Briefe.

Unterdessen hatte die *Society for Psychical Research* ein Spezialkomitee zur Untersuchung der von Madame Blavatsky aufgestellten Behauptungen berufen. Im Dezember 1884 traf Richard Hodgson, ein Mitglied der SPR, in Indien ein, um die Beschuldigungen der Coulombs zu untersuchen und darüber zu berichten. Den Untersuchungsergebnissen Hodgsons zufolge brandmarkte das Komitee im Dezember 1885 Madame Blavatsky in seinem Abschlussbericht als „eine der erfolgreichsten, einfältigsten und interessantesten Betrügerinnen der Geschichte". Hodgson beschuldigte Madame Blavatsky auch der russischen Spionage. Dieser Bericht Hodgsons an die SPR führte zu weiteren Angriffen auf H. P. Blavatsky, in denen ihr Unehrlichkeit, die Nichtexistenz der Meister und die Wertlosigkeit der Theosophie vorgeworfen wurde.

1963 analysierte und widerlegte Adlai Waterman (Pseudonym für Walter A. Carrithers, jun.) in seiner Arbeit *Obituary: The „Hodgson Report" on Madame Blavatsky** Hodgsons Anklagepunkte gegen Madame Blavatsky. Eine andere Widerlegung einiger der von Hodgson gegen HPB erhobenen Anschuldigungen finden sich in dem Artikel von Vernon Harrison: „J'accuse: An Examination of the Hodgson Report of 1885", veröffentlicht in *The Journal of the Society for Psychical Research*, London, April 1986, S. 286-310 und ausführlich in seinem Buch, *H. P. Blavatsky and the SPR: An Examination of the Hodgson Report of 1885* (Pasadena, CA: Theosophical University Press, 1997).**

16A. FRANCESCA ARUNDALE
AUGUST 1884, ELBERFELD, DEUTSCHLAND

[Arundale 1932, 44-6]

Im Sommer 1884 lud uns ein Freund in Elberfeld, Gustav Gebhard, ein, einige Wochen in seinem Haus zu verbringen. Die Einladung galt nicht nur Oberst Olcott, Madame Blavatsky und Mohini, sondern einer ganzen Gruppe, zu der auch meine Mutter, ich selbst, der kleine George, Bertram Keightley und einige andere gehörten.

Der Salon in Elberfeld war ein großer, hoher Raum mit sehr hohen Türen. Gewöhnlich saßen wir dort, bevor wir hinunter zum Dinner gingen. Es

---

* (Das Buch kann von der Blavatsky Foundation, P.O. Box 1844, Tucson, AZ 85702 erstanden werden.)
**Beide Bücher können über das Internet bestellt werden:
Waterman: www.azstarnet.com/~blafoun/obituary.htm
Harrison: www.theosociety.org/pasadena/hpb-spr/hpb-spr-h.htm

kam häufig vor, dass HPB oben blieb und dort etwas serviert bekam. An besagtem Abend beschloss sie, nicht mit uns zum Essen zu gehen. Sie machte es sich in einem riesigen Sessel bequem, und ihr Gastgeber fragte sie, was man ihr bringen sollte. Nach dem Essen kehrte die kleine Gesellschaft wieder in den Salon zurück und fand HPB still in ihrem Sessel sitzend vor, den sie anscheinend nicht verlassen hatte. Man versammelte sich um sie herum, und es entspann sich die übliche Unterhaltung, als jemand fragte: „Was ist das weiße Ding dort oben auf dem Türrahmen?" Man rückte einen hohen Stuhl heran, und das „weiße Ding" entpuppte sich als ein Briefumschlag [der einen Brief von Mahatma K.H. enthielt], der an mich als der Schatzmeisterin der Londoner Loge adressiert war. Es schien keinen besonderen Grund zu geben, ihn in dieser sonderbaren Weise zu senden. Vielleicht sollte er zeigen, dass HPB nichts damit zu tun hatte, denn sie hätte es wohl kaum geschafft, auf einen Stuhl zu klettern und den Brief dort oben hin zu legen.

16B. RUDOLPH GEBHARD
25.-26. AUGUST 1884
ELBERFELD, DEUTSCHLAND

[Sinnett 1886, 279-86]

Seit jeher habe ich mich sehr für Zauberkünste interessiert. In London fand ich Gelegenheit, bei Professor Field, einem Könner in seinem Fach, erfolgreichen Unterricht zu nehmen. Von dieser Zeit an habe ich überall Vorstellungen gegeben (als Amateur natürlich) und lernte fast alle bekannten „Zauberer" kennen, mit denen ich Taschenspielertricks austauschte. Da jeder seine Lieblingskunststücke besitzt, in denen er sich besonders hervortut, musste ich genau beobachten, um mich in den verschiedenen Richtungen der Karten- oder Münzentricks oder den berühmten spiritistischen Kunststücken zu vervollkommnen. Dadurch wurde ich mit der Zeit auf diesem Gebiet zu einem sehr präzisen Beobachter, weshalb ich mich berechtigt fühle, meine Meinung zu einigen der von mir bezeugten Phänomene zu äußern.

Zwei geschahen in unserem Haus in Elberfeld, während Mme. Blavatsky, Oberst Olcott und eine kleine Gesellschaft theosophischer Freunde sich dort aufhielten.

Im ersten Fall handelte es sich um einen Brief von Mahatma KH an meinen Vater. Es war gegen neun Uhr abends. Wir saßen im Salon und unterhielten uns über verschiedene Themen, als Mme. Blavatskys Aufmerksamkeit von etwas Ungewöhnlichem, das im Zimmer vor sich ging, gefangengenommen wurde. Nach einer Weile erklärte sie, die Gegenwart der „Meister" zu spüren, die wahrscheinlich beabsichtigten, sich uns gegenüber zu äußern. Daher forderte sie uns auf, darüber nachzudenken, was wir gerne geschehen sähen. Man besprach sich kurz und gelangte schließlich zu dem Ergebnis, dass mein Vater, G. Gebhard, einen Brief zu einer Frage erhalten sollte, die er selbst in Gedanken bestimmen konnte.

Mein Vater ängstigte sich zu jenem Zeitpunkt sehr um seinen Sohn in Amerika, meinen älteren Bruder, und hätte von dem Meister gerne einen Rat erhalten.

Unterdessen hatte Mme. Blavatsky, die wegen einer erst kürzlich überwundenen Krankheit auf dem Sofa ruhte, ihren Blick durch den Raum schweifen lassen. Plötzlich rief sie aus, sie habe eine Art Lichtstrahl auf das große Ölgemälde zuschießen gesehen, das hinter dem Klavier hing. Diese Aussage wurde zuerst von Frau Holloway bestätigt und dann von meiner Mutter, die zwar mit dem Rücken gegen das Bild, aber einem Spiegel gegenüber saß und in ihm den Lichtstrahl beobachtet hatte. Mme. B. bat Frau Holloway zu beschreiben, was sie sah. Diese meinte, es bilde sich etwas über dem Bild, sie könne aber nicht genau erkennen, was es sei.

Jeder blickte nun gespannt zu der Wand hoch oben unter der Decke, wo manche helle Lichter wahrnahmen. Ich muss gestehen, ich sah weder Lichter noch irgendetwas anderes Ungewöhnliches, denn ich bin nicht hellsehend. Als Madame Blavatsky erklärte, sie sei sich vollkommen sicher, dass dort etwas vor sich ging, stand ich auf, kletterte auf das Klavier, hob das Bild ein wenig von der Wand ab, nicht aber vom Haken, schüttelte daran und schaute dahinter – nichts! Das Zimmer war gut beleuchtet, und ich vermochte jeden Zentimeter des Bildes zu sehen. Da Madame Blavatsky beteuerte, sie sei sich sicher, dass sich dort etwas tue, kletterte ich noch einmal hinauf und versuchte es erneut.

Bei besagtem Bild handelte es sich um ein riesiges Ölgemälde, das mittels einer Kordel am oberen Ende schräg von der Wand abhing. Hob man den unteren Teil von der Wand, entstand hinter dem gesamten Bild ein Abstand von etwa fünfzehn Zentimetern bis zur Wand, der von den beiden seitlich des Bildes angebrachten Leuchtern vollständig ausgeleuchtet wurde. Aber auch beim zweiten Versuch konnte ich nichts entdecken. Um ganz sicher zu gehen, tastete ich mit der Hand den ungefähr neun Zentimeter dicken Rahmen ab – nichts!

Ich ließ das Bild zurückfallen, wandte mich an Madame Blavatsky und fragte, was man jetzt unternehmen sollte, als sie ausrief: „Ich sehe den Brief; dort ist er!" Ich drehte mich schnell um und sah in diesem Augenblick einen Brief von hinter dem Bild auf das Klavier fallen. Ich nahm ihn auf. Die Anschrift lautete: „Herrn Konsul G. Gebhard". Der Brief enthielt die erbetene Information. Ich muss recht betreten drein geschaut haben, denn die Gesellschaft lachte herzlich über den „Taschenspieler der Familie".

Für mich bedeutete dieser Vorfall eindeutig ein Phänomen. Niemand außer mir hatte das Bild angefasst; ich hatte es sorgfältig untersucht. Da ich nach einem Brief und nicht nach irgendeinem anderen Gegenstand Ausschau hielt, hätte er meiner Aufmerksamkeit nicht entgehen können. Der Brief maß zehn mal fünf Zentimeter, was man wirklich nicht als klein bezeichnen kann.

Betrachten wir dieses Phänomen aus der Sicht des Zauberkünstlers.

Nehmen wir an, man hätte mehrere, an verschiedene Personen adressierte Briefe vorbereitet, die unterschiedliche Themen behandelten. Ist es möglich, dass ein Taschenspieler einen Brief an einen bestimmten Platz legt? Durchaus – es hängt nur davon ab, an welchem Ort und ob dieser vorher bereits unsere Aufmerksamkeit erregt hat. Den Brief hinter einem Bild zu verstecken, wäre äußerst schwierig, jedoch machbar gewesen, falls unsere Aufmerksamkeit einen Moment lang abgelenkt und der Brief in diesem Augenblick hinter das Bild geworfen worden wäre. Was ist Taschenspielerkunst? Nichts anderes als eine mehr oder weniger rasche Bewegung in einem unbeobachteten Augenblick. Ziehe ich die Aufmerksamkeit des Beobachters zum Beispiel auf meine linke Hand, kann meine rechte eine unbeachtete Bewegung ausüben. Die „Schnelligkeit der Hand täuscht die Augen" – diese Theorie trifft nicht zu. Keine noch so rasche Bewegung entgeht dem scharf beobachtenden Auge. Entweder man verschleiert die erforderliche Bewegung durch eine unwichtige andere oder man lenkt die Aufmerksamkeit des Betrachters ab und führt in diesem Moment die nötige Bewegung rasch durch.

Nun galt in jenem Fall die gesamte Aufmerksamkeit bereits dem Bild, noch bevor man entschieden hatte, was man wollte. Vorher einen Brief dahinter zu verbergen, kommt nicht in Frage, denn er wäre bei meinen wiederholten Untersuchungen meiner Aufmerksamkeit nicht entgangen. Gesetzt den Fall, man hätte den Brief zuvor auf den Rahmen gelegt, hätte ich ihn mit meiner abtastenden Hand zum Absturz gebracht. Es vergingen jedoch dreißig Sekunden, ehe er in Erscheinung trat. Alle Punkte zusammengenommen, sehe ich keine Möglichkeit, dieses Phänomen mittels eines Tricks zu bewerkstelligen.

Am folgenden Nachmittag ging ich in Madames Zimmer. Da sie beschäftigt war, zog ich mich in den Salon zurück, in dem wir am Vorabend gesessen hatten. Plötzlich kam mir der Gedanke, das Bild noch einmal unter die Lupe zu nehmen. Ich befand mich allein im Raum, und niemand betrat es, während ich das Bild untersuchte. Dann ging ich wieder zu Madames Zimmer, aber sie war noch mit derselben Frau beschäftigt. Am Abend saßen wir alle beisammen.

„Die Meister haben sie heute beobachtet und zeigten sich höchst belustigt über ihre Versuche, herauszufinden, ob jener Brief nicht doch hinter dem Bild versteckt gewesen war."

Nun war ich vollkommen überzeugt, denn erstens war zu diesem Zeitpunkt niemand mit mir im Zimmer und zweitens hatte ich niemandem von meinem Experiment erzählt. Ich kann mir unmöglich erklären, wie Madame davon wissen konnte, außer aufgrund von Hellsichtigkeit.

16C. WSEWOLOD S. SOLOWJOW
26.-27. AUGUST 1884, BRÜSSEL, BELGIEN
UND SPÄTER IN ELBERFELD, DEUTSCHLAND

[Hastings 1943-4, 27-9]

Aufgrund eines Briefs meiner Landsmännin, Madame Helena Blavatsky, in dem sie mir von ihrem schlechten Gesundheitszustand berichtete und mich bat, sie in Elberfeld zu besuchen, entschloss ich mich zu dieser Reise. Da meine eigene Gesundheit zu wünschen übrig ließ, unterbrach ich sie in Brüssel, einer Stadt, die ich noch niemals gesehen hatte, um mich auszuruhen, da die Hitze unerträglich war.

Am 24. August verließ ich Paris. Am folgenden Morgen traf ich in Brüssel im Grand Hotel, in dem ich wohnte, Mlle. [Justine de Glinka] (Tochter eines russischen Botschafters und Hofdame der Kaiserin von Russland). Als sie erfuhr, dass ich mich auf dem Weg nach Elberfeld befand, um Mme. Blavatsky, die sie kannte und schätzte, zu besuchen, beschloss sie, mich zu begleiten. Wir verbrachten den Tag miteinander und wollten am nächsten Morgen mit dem Zug um neun Uhr weiterfahren.

Bereit zur Abreise, ging ich um acht Uhr zu Fräulein [de Glinkas] Zimmer und fand sie völlig aufgelöst vor. Der Beutel mit ihren sämtlichen Schlüsseln, den sie stets bei sich trug, war während der Nacht abhanden gekommen, obwohl die Zimmertür zugesperrt gewesen war. Da sie alle Koffer bereits abgeschlossen hatte, konnte sie die restlichen Habseligkeiten nicht wegpacken. Wir sahen uns gezwungen, die Abfahrt auf ein Uhr nachmittags zu verschieben und einen Schlosser zu holen, um den größten Koffer zu öffnen. Am Boden wurde der *Schlüsselbund gefunden, auch der Schlüssel, mit dem der Koffer abgeschlossen worden war, hing daran.* Da uns der ganze Morgen zur Verfügung stand, wollten wir spazierengehen. Ein plötzlicher Schwächeanfall zwang mich jedoch, mich auf mein Bett zu legen. Ich schloss die Augen, konnte aber nicht schlafen. Plötzlich sah ich mit geschlossenen Augen vor mir eine Reihe mir unbekannter Orte, die ich in allen Einzelheiten in mich aufnahm. Als die Bilder aufhörten, fühlte ich mich wieder frisch, ging zu Fräulein [de Glinka], erzählte ihr, was geschehen war und beschrieb ihr genau, was ich gesehen hatte.

Um ein Uhr fuhren wir ab. Nach ungefähr einer halben Stunde bemerkte Fräulein [de Glinka], die aus dem Fenster schaute: „Schauen sie, dort liegt eine ihrer Landschaften!" Ich erkannte sie sofort. Während der ganzen Fahrt sah ich mit offenen Augen, was ich am Morgen mit geschlossenen gesehen hatte. Ich war froh, Fräulein [de Glinka] meine Vision in allen Einzelheiten beschrieben zu haben. Die Strecke zwischen Brüssel und Elberfeld kannte ich überhaupt nicht, denn ich besuchte Belgien und diesen Teil Deutschlands zum ersten Mal.

Als wir am Abend Elberfeld erreichten, nahmen wir zwei Zimmer in einem Hotel und eilten zu Herrn Gebhards Haus, um Madame Blavatsky zu sehen. An jenem Abend zeigten uns Mitglieder der Theosophischen Gesellschaft, die bei Mme. Blavatsky weilten, zwei hervorragende Ölgemälde [von Herrn Schmiechen], die die Mahatmas [Morya] und Koot Hoomi darstellten. Besonders das Portrait von M beeindruckte uns sehr, und es verwundert nicht, dass wir uns auf dem Rückweg ins Hotel über ihn unterhielten und ihn vor Augen hatten. Fräulein [de Glinka] mag selbst berichten, was sie in jener Nacht erlebte. [Ihre Erfahrung ähnelte der von Solowjow. - DHC]

Mir widerfuhr Folgendes:

Ermüdet von der Reise, schlief ich friedlich ein, als mich plötzlich ein warmer, durchdringender Luftzug weckte. Ich öffnete die Augen und sah in dem trüben Licht, das durch die drei Fenster hereinfiel, die hochgewachsene Gestalt eines Mannes in einem langen, weißen, fließenden Gewand. Gleichzeitig hörte oder fühlte ich eine Stimme, die mich in einer mir unbekannten Sprache, die ich dennoch verstand, aufforderte, eine Kerze anzuzünden. Obwohl ich mich nicht fürchtete, schlug mein Herz wie wild. Ich zündete die Kerze an und sah auf meiner Uhr, dass es zwei Uhr war. Die Vision verschwand nicht. Vor mir stand ein lebendiger Mann. Ich erkannte sofort das schöne, auf dem am Abend betrachteten Bild wiedergegebene Original. Er setzte sich auf einen Stuhl in meine Nähe und begann zu reden. Er sprach recht lange. Unter anderem erklärte er mir, dass ich mich einer langen Vorbereitung unterziehen müsste, um ihn in seinem Astralkörper zu sehen. Die letzte Lektion war mir erteilt worden, als ich mit geschlossenen Augen die Landschaften wahrnahm, die ich noch am selben Tag in Wirklichkeit sah. Er ergänzte, dass ich über eine starke magnetische Kraft verfügte, die sich jetzt zu entfalten beginne. Ich fragte, wie ich diese Kraft nutzen sollte. Ohne darauf zu antworten, verschwand er.

Ich war alleine, die Tür meines Zimmers verschlossen. Ich glaubte an eine Halluzination und redete mir sogar ein, dass ich nun anfinge, den Verstand zu verlieren. Kaum war mir dieser Gedanke durch den Sinn gegangen, als der wunderbare Mann in seinen weißen Gewändern erneut erschien. Er schüttelte den Kopf und meinte lächelnd: „Ich bin keine Halluzination, und du verlierst nicht deinen Verstand. Frau Blavatsky wird dir morgen vor allen beweisen, dass mein Besuch Wirklichkeit gewesen ist." Dann entschwand er. Inzwischen zeigte meine Uhr auf Drei. Ich löschte die Kerze und schlief augenblicklich ein.

Als ich am folgenden Morgen mit Fräulein [de Glinka] Madame Blavatsky aufsuchte, meinte sie rätselhaft lächelnd: „Nun, wie haben sie die Nacht verbracht?" „Gut", erwiderte ich und fügte hinzu: „Haben sie mir irgendetwas zu sagen?" „Nein. Ich weiß nur, dass der Meister mit einem seiner Schüler bei ihnen gewesen ist."

Am selben Abend fand Oberst Olcott in seiner Tasche eine Notiz in der Handschrift von M, wie man allgemein beteuerte: „Natürlich bin ich bei ihm gewesen, aber wer kann die Augen dessen öffnen, der nicht sehen will."

Dies war die Anwort auf meine Zweifel, denn den ganzen Tag über hatte ich mir einzureden versucht, dass es sich nur um eine Halluzination gehandelt hatte, was Madame Blavatsky verärgerte.

Seit ich wieder in Paris bin, haben die Halluzinationen und seltsamen Dinge, die mich umgaben, aufgehört.

16D. LAURA C. HOLLOWAY
AUGUST – SEPTEMBER 1884, ELBERFELD, DEUTSCHLAND

[Holloway 1889]

Mme. Blavatsky konnte den Klang eines Glockenspiels hervorbringen, sanft, weich und ganz klar. Jeder von uns hörte ihn bei verschiedenen Gelegenheiten. Sie wusste, was in den anderen Teilen des Gebäudes vor sich ging. Eines Tages tadelte sie einen von uns für etwas, das im Park, ungefähr zwei Kilometer vom Schloss entfernt, geäußert worden war. Nach Aussage der Gastgeberin hatte Mme. B. ihr Zimmer während des ganzen Nachmittags nicht verlassen. Ich erinnere mich an eine Begebenheit, bei der ich mich mit der Entschuldigung, schreiben zu wollen, auf mein Zimmer zurückzog. Als wir uns am Abend im Salon versammelten, meinte sie zu meiner Verblüffung: „Sie haben heute nicht geschrieben; denn ich sah, wie sie die Zeit vertrödelten." Es traf zu; ich hatte den ganzen Nachmittag an dem großen Fenster gesessen, auf die Hügel geschaut, die Wolken beobachtet und über manches nachgedacht. Mme. Blavatsky hatte mich sehr beschäftigt, als ich über die schwerwiegende Frage nachdachte, ob ich bleiben oder nach England zurückkreisen sollte. Sie musste meine Gedanken aufgefangen haben, denn auf der Treppe meinte sie: „Sie werden mit mir zurückkreisen!" Innerlich wehrte ich mich dagegen, aber die Ereignisse gestalteten sich derart, dass ich tatsächlich in ihrer Begleitung nach London zurückkehrte.

Sie schien die Zukunft in vieler Hinsicht vorauszuahnen, und wenn sie etwas prophezeite, war ihre Stimme manchmal furchtbar anzuhören, da sie sich so erregte und heftig wurde. Sie war ein seltsamer Fall und tat seltsame

Dinge. Sie besaß phänomenale Kräfte, derer sie sich vorbehaltlos bediente. Ohne Ehrgeiz, ohne Zuhause, ohne heimatliche Bindungen oder starke Verhaftungen, schien sie allein in der Welt zu sein und war in vieler Hinsicht die gleichgültigste Person, die ich jemals gekannt habe. Rücksichtslos in ihren Aussagen, herausfordernd in ihrer Handlungsweise, machte sie sich Feinde, ohne darüber nachzudenken, und quälte diejenigen, die sie liebten, mit ihrer anscheinenden Gleichgültigkeit. Manchmal glaubte ich insgeheim, dass sie die Menschen, die sie umgaben, nach Wunsch mesmerisierte, konnte es aber niemals beweisen. Ihr Herz war nicht hart, aber es lag ihr wenig daran, ihre Zuneigung zum Ausdruck zu bringen. Sie bewegte sich in ihrer eigenen Welt, und niemand konnte sie genau kennen. Es kam vor, dass ich mich mit ihr in demselben Zimmer aufhielt und spürte, dass ihr wirkliches Selbst weit weg war. Ich habe beobachtet, wie sie nur einen einzigen Blick auf Fremde warf und mit ihnen sprach, als lägen deren vergangene Leben alle vor ihr.

Eines Tages betrat ich unangemeldet ihr Zimmer. Sie saß am Tisch und schrieb. Ich ging direkt auf sie zu und gab ihr einen versiegelten Brief, den ich an den Guru oder Lehrer geschrieben hatte, von dem sie mir Briefe übermittelte. „Ich möchte eine Antwort auf diesen Brief, und ich bin gekommen, um sie zu bitten, Madame, ihn weiterzuleiten." Sie schalt mich und fragte mich wütend, mit welchem Recht ich es wagte, bei ihr einzudringen und zu verlangen, Briefe an die Mahatmas zu senden. Ich ließ sie ausreden und bat sie ruhig, ihn zu übermitteln, da er wichtig war. „Nichts, das die Emotionen der Leute betrifft, ist wichtig", gab sie zurück. „Ihr alle glaubt, wenn ihr ein Gebet sprecht, muss es sofort von Jehova persönlich beantwortet werden. Ich bin des Unfugs überdrüssig." Kühl legte ich den Brief auf den Tisch, setzte mich ihr gegenüber und blickte auf mein Schreiben. Sie öffnete eine Schreibtischschublade und wies mich an, den Brief in die leere Lade zu legen. Ich schob ihn vom Tisch hinein und schloss sie selbst. Sie lehnte sich in ihrem Stuhl zurück, schaute mich interessiert an und meinte, mein Wille entwickelte sich. Ich gab ihr zu verstehen, dass ich viel in diesen Brief hineingelegt hatte und eine Antwort richtungsweisend für meine Zukunft sein werde. Einem plötzlichen Impuls folgend, fragte ich sie, ob der Brief fort war und öffnete, ohne ihre Entgegnung abzuwarten, selbst die Schublade. Er lag nicht mehr an seinem Platz. Ich schaute sorgfältig nach, konnte ihn aber nicht finden. Tage danach begegnete ich Mme. Blavatsky in der Halle. Sie bat mich, ihr die Treppe hinunter zu helfen. Ich nahm ihre Hand und fragte sie lächelnd: „Wo ist mein Brief?" Sie schaute mich einen Moment lang an, und in diesem Augenblick kam es mir aus irgendeinem Grund in den Sinn, dass er beantwortet worden war. Ich griff in meine Kleidertasche und fand einen chinesischen Umschlag mit einem Brief.

Die Welt hat sie wohl mehr als jede andere Frau ihrer Zeit ausgenutzt. Sie wird nicht nur von Individuen, sondern von Regierungen verdächtigt und verteidigt von denjenigen, die es als eine Ehre betrachteten, für sie zu sterben. Jemandem, der sie fragte, wer sie eigentlich sei, antwortete sie schlicht: „Ich bin ein alter buddhistischer Pilger, der durch die Welt wandert, um die einzig wahre Religion zu lehren, nämlich die Wahrheit."

16E. C. W. LEADBEATER
31. OKTOBER 1884, LONDON

[Leadbeater 1948, 57, 59-62]

Ich hatte einen Brief an den Meister Koot Hoomi gerichtet. Schließlich erhielt ich eine Antwort. Aber ich wusste keinen anderen Weg, einen weiteren Brief zu senden, als über Madame Blavatsky. Da sie im Begriff stand, am folgenden Tag nach Indien zu reisen, eilte ich nach London, um sie zu sehen.

Es kostete einige Mühe, sie dazu zu bringen, den Brief von Meister K.H. zu lesen, da sie sehr entschieden die Ansicht vertrat, dass eine solche Kommunikation nur für den Empfänger gedacht war. Ich musste darauf bestehen. Sie las ihn und fragte mich, was ich darauf zu erwidern wünschte. Ich gab ihr die Antwort und erkundigte mich, wie diese an den Meister weitergeleitet werden konnte. Sie meinte, er kenne sie bereits und bezog sich dabei auf ihre enge Verbindung zu ihm.

Daraufhin wies sie mich an, bei ihr zu bleiben. Ich musste sie sogar in ihr Schlafzimmer begleiten, wo sie ihren Hut aufsetzte und durfte nicht einmal zur Tür gehen, um nach einem Taxi zu pfeifen. Es war mir zu jenem Zeitpunkt völlig unklar, warum sie darauf bestand, in ihrer Nähe zu bleiben. Später erkannte ich, dass ich sie von dem Moment an, in dem sie den Brief gelesen hatte, bis zum Erhalt der Antwort des Meisters nicht einen Augenblick lang aus den Augen verlieren sollte. Unsere gemeinsame Fahrt in der Kutsche ist mir noch lebendig in Erinnerung. Meine schüchterne Verlegenheit war darauf zurückzuführen, dass ich mich einerseits geehrt fühlte, mit ihr fahren zu dürfen, andererseits aber befürchtete, ihr schrecklich unangenehm zu sein, da ich in den äußersten Winkel gepresst wurde und die Federung des Wagens auf ihrer Seite durch das Gewicht ihrer massigen Gestalt während der ganzen Fahrt ächzte. Herr und Frau Cooper-Oakley sollten sie nach Indien begleiten, und in jener Nacht waren wir auf dem Weg zu ihrem Haus.

Selbst zu jener späten Stunde hatten sich einige Freunde im Salon der Oakleys eingefunden, um Madame Blavatsky Lebewohl zu sagen, die sich in einen Sessel neben dem Kamin niederließ. Sie unterhielt sich mit den Anwesenden und rollte dabei eine ihrer nie ausgehenden Zigaretten. Plötzlich schnellte ihre rechte Hand mit der Innenfläche nach oben in seltsamer Weise in Richtung Feuer. Sie blickte genauso überrascht wie ich, der ich mit dem Ellbogen auf dem Kaminsims gelehnt in ihrer Nähe stand. Mehrere von uns beobachteten, wie sich ein weißlicher Dunst in ihrer Hand bildete und zu einem Brief verdichtete, den sie mir sofort mit den Worten gab: „Da ist ihre Antwort." Man scharte sich neugierig um mich, sie aber schickte mich nach draußen, um den Brief alleine zu lesen und wies mich an, nicht über dessen Inhalt zu sprechen. Es handelte sich nur um eine kurze Nachricht.

16E. ISABEL COOPER-OAKLEY NOVEMBER 1884, ÄGYPTEN

[HPB: In Memory, 14-5]

[Mitte Oktober gesellte] sich HPB zu Frau Oakley und mir und blieb bei uns bis zu unserer Abreise nach Indien. Die Hausgemeinschaft [in London] setzte sich aus HPB, meiner Schwester [Laura Cooper], Dr. [Archibald] Keightley, Herrn Oakley und mir zusammen. Anfang November 1884 verließen wir Liverpool in Richtung Port Said und nach Madras. Man wollte zuerst nach Kairo, um bestimmte Informationen über die Vorgeschichte der Coulombs einzuholen, die dort sehr bekannt waren, da uns Nachrichten von ihrem Verrat [gegenüber HPB] bereits einige Monate zuvor zu Ohren gekommen waren. Am 17. November 1884 erreichten wir Port Said und hielten uns einige Tage dort auf, bis Leadbeater zu uns stieß. Nach seinem Eintreffen fuhren wir mit dem Postschiff durch den Suez-Kanal nach Ismailia und von dort aus mit dem Zug nach Kairo. HPB zeigte sich als sehr interessante Reisegefährtin und gab uns ausführliche und ungewöhnliche Berichte über jeden Bereich Ägyptens. Ich wünschte, ich könnte an dieser Stelle jene Zeit in Kairo eingehender schildern, die Fahrten durch die eigenartigen, malerischen Basars und ihre Beschreibungen der Leute und ihrer Art und Weise. Einen besonders interessanten Nachmittag verbrachten wir im Boulak Museum an den Ufern des Nils, wo HPB den bekannten Ägyptologen Gaston Maspero mit ihren Kenntnissen in Erstaunen versetzte. Sie erklärte ihm die Einweihungsgrade der Könige und wie sie aus esoterischer Sicht zu verstehen waren. HPB und ich reisten von Kairo direkt nach Suez. Herr Oakley blieb in Kairo, um sich um Polizeiunterlagen über die Coulombs zu kümmern. Leadbeater stieß in Suez zu uns.

16G. C. W. LEADBEATER
NOVEMBER 1884, ÄGYPTEN

[Leadbeater 1948, 68, 71, 73-7]

In jenen Tagen gab es keine Eisenbahn von Port Said nach Kairo, das nur durch den Suez-Kanal bis Ismailia und von dort aus mit dem Zug zu erreichen war. Die Reise durch den Kanal geschah auf einem winzigen Dampfschiff, das einer Art Schlepper ähnelte. Jeden Tag verließ es Port Said gegen Mitternacht und lief am frühen Morgen in Ismailia ein.

Im fahlen Gold des ägyptischen Morgens machten wir am Kai von Ismailia fest. Da wir einige Stunden auf den Anschlusszug warten mussten, bot es sich an, vor der Abfahrt in einem Hotel zu frühstücken.

Im Laufe unserer Weiterreise unterhielt uns Madame Blavatsky mit höchst trübsinnigen Voraussagen für unser zukünftiges Schicksal.

„Ah, ihr Europäer", meinte sie, „ihr denkt, ihr betretet den okkulten Pfad und besiegt alle seine Mühen; ihr wisst nur wenig von dem, was vor euch liegt. Ihr habt nicht, wie ich, die Wracks am Wegrand gezählt. Die Inder wissen, was sie zu erwarten haben und sind bereits durch Prüfungen gegangen, die ihr euch in euren wildesten Träumen nicht vorzustellen vermögt, aber was wollt ihr armen schwachen Dinger schon unternehmen?"

Mit verrückt machender Monotonie spielte sie weiter die Unglücks-prophetin, aber die Ehrerbietung ihrer Zuhörerschaft verbot es, das Thema zu wechseln. Wir saßen in den vier Ecken des Abteils, Madame Blavatsky mit dem Gesicht in Richtung Lokomotive. Herr Oakley saß ihr mit der ergebe-nen Miene eines frühchristlichen Märtyrers gegenüber, während Frau Oakley, weinend und mit einem Gesichtsausdruck zunehmenden Entsetzens, mir gegenüber saß.

Damals beleuchtete man die Züge gewöhnlich mit rauchenden Öllam-pen. In der Deckenmitte eines jeden Abteils gab es ein großes rundes Loch, in das Träger, die über das Dach des Zuges rannten, diese Lampen von oben hineinseckten. Da wir bei Tag reisten, brauchten wir keine Lampen und konn-ten den blauen Himmel durch das Loch sehen. Herr Oakley und ich hatten sich zufällig in unserer Ecke zurückgelehnt und beobachteten, wie sich in dem Loch eine Art weißliche Dunstkugel bildete und zu einem zusammen-gefalteten Stück Papier verdichtete, das zu Boden fiel. Ich schoss vor, hob es auf und reichte es Madame Blavatsky, da ich annahm, dass eine derartige Kommunikationsform ihr galt. Sie entfaltete es sofort, las die Mitteilung und errötete.

„Oh je", meinte sie, „das kriege ich also dafür, dass ich versuche, euch Leute vor dem zu warnen, was vor euch liegt" – und warf mir den Brief zu.

„Darf ich ihn lesen?", fragte ich und erhielt die kurze Antwort: „Warum habe ich ihn Ihnen denn wohl gegeben?"

Ich las die Zeilen, die die Unterschrift des Meisters Koot Hoomi trugen. Gütig, doch recht entschieden bedauerte er, dass sie einigen ernsthaften und begeisterten Kandidaten einen solch düsteren Pfad prophezeite, der sie trotz aller Schwierigkeiten zu unaussprechlicher Freude führen sollte. Zum Schluss lobte er in freundlichem Ton jeden Einzelnen von uns namentlich.

Es erübrigt sich zu bemerken, dass uns alle Trost, Dankbarkeit und ein erhebendes Gefühl erfüllte. Obwohl keine Rüge liebenswürdiger ausgedrückt hätte sein können, war es offensichtlich, dass Madame Blavatsky sie nicht schätzte. Bevor unsere Unterhaltung begann, hatte sie in irgendeinem Buch gelesen, das sie für den *Theosophist* durchsehen wollte und saß immer noch mit dem aufgeschlagenen Buch auf ihren Knien und dem Papiermesser in der Hand da. Sie wandte sich wieder ihrer Lektüre zu und streifte beim Lesen den Wüstenstaub (der durch das offene Fenster herein wehte) mit dem Mes-ser von den Seiten. Als eine besonders starke Staubwolke herein trieb, sprang

Herr Oakley auf, um das Fenster zu schließen. Madame Blavatsky blickte ihn unheilvoll an und meinte mit tödlicher Verachtung: „Ein bisschen Staub wird ihnen doch wohl nichts ausmachen!" Armer Herr Oakley, er kroch in seine Ecke zurück wie eine Schnecke in ihr Haus, und unsere Führerin sagte bis Kairo keinen einzigen Ton mehr. Der Staub war gewiss unangenehm, aber nach dieser Bemerkung gedachten wir ihn besser schweigend zu ertragen.

16H. Isabel Cooper-Oakley
Dezember 1884 – März 1885, Adyar, Madras, Indien

[HPB: In Memory, 15-7]

Von Kairo aus reisten HPB und ich direkt nach Suez. Dort warteten wir zwei Tage auf das Dampfschiff nach Madras. Oberst Olcott und einige Mitglieder trafen in Colombo [Ceylon] auf uns, wo wir uns fast zwei Tage lang aufhielten und einige interessante buddhistische Tempel und Sumangala, den Hohenpriester, besuchten, der HPB offensichtlich sehr schätzte. Dann reisten wir weiter nach Madras. Ich werde niemals den seltsam malerischen Anblick vergessen, der sich uns bei unserer Ankunft [in Madras, am 21. Dezember] bot. Eine Abordnung in Begleitung von Blechbläsern kam uns in Booten entgegen. Durch das Auf und Ab der Wellen ertönte die Musik mal laut, mal fast erstickt. An Land wurde HPB von Hunderten von Mitgliedern erwartet, die sie in dem üppig mit Papierrosen geschmückten Wagen begeistert den Pier entlang geleiteten, wo sie dann von Scharen lächelnder dunkler Gesichter umringt wurde. Man fuhr zur Pachiappah Halle, wo wir mit Girlanden aus rosa Rosen begrüßt und mit einer Art Rosenwasser besprenkelt wurden. Dann führte ein Rajah HPB und mich zu seinem Gefährt und fuhr uns nach Adyar. Hier empfing man sie herzlich. Aus allen Teilen Indiens hatten sich Mitglieder für die bevorstehende Tagung [der Theosophischen Gesellschaft] zusammengefunden. Wir betraten die Halle, und sofort begann man über die alles überschattende Coulomb-Affäre zu reden.

Oberst Olcott berichtete uns von der Absicht der *Society for Psychical Research* [London], ein Mitglied zu schicken, um der Sache auf den Grund zu gehen. Einige Tage später traf der berüchtigte [Richard] Hodgson direkt aus

Cambridge ein. Er war gebürtiger Australier. Ich bin mir sicher, wäre ein älterer Mann gekommen, einer mit mehr Erfahrung und einem reiferen Urteilsvermögen, hätte sich die Coulomb-Affäre der Welt in einem völlig anderen Licht dargestellt. Hodgson betrieb seine Untersuchungen nicht unvoreingenommen. Da Madame Blavatsky überall als Schwindlerin hingestellt wurde, glaubte er es schließlich selbst. Nach einigen Interviews mit den Coulombs und den Missionaren konnten wir beobachten, wie sich seine Ansichten gegen die Überzeugung der Minderheit zu wenden begannen.

Sein Bericht war alles andere als genau, denn er überging einige sehr wichtige Beweise für das Auftreten von Phänomenen, die Oakley und ich ihm gaben. HPB und Oberst Olcott behandelten Hodgson ausgesprochen höflich und freundlich, und man erlaubte ihm, jede Ecke und jeden Winkel in Adyar zu durchforschen. Dennoch schenkte er der Aussage einer entlassenen Angestellten, deren schlechter Charakter inzwischen überall bekannt geworden war, mehr Vorrang und Glaubwürdigkeit als der von HPB und ihren Freunden, die kein finanzielles Interesse an der Sache besaßen.

Die Falltüren und Schiebefächer waren von [Alexis] Coulomb in HPB's Abwesenheit gefertigt worden, und seine Frau verkaufte HPB, die sie vor dem Hungertod bewahrt hatte, an die Missionare und fälschte die Briefe, die sie ihnen zeigte. Jeder einigermaßen intelligente Mensch mit ein wenig gesundem Menschenverstand konnte erkennen, dass die Türen und Fächer recht neu waren, so neu, dass man sie nicht bewegen konnte, *die Rillen frisch und unbenutzt.* Wenn Oakley und ich die größte Schiebetür mit vereinten Kräften nicht zu bewegen vermochten, ist es lächerlich anzunehmen, Madame Blavatsky sei es gelungen, um ihre Zaubertricks zu bewerkstelligen. Das Ganze war so schlecht konstruiert, dass jede Fälschung unweigerlich entdeckt worden wäre. Doch Hodgson war derart stark darauf erpicht, einen „Erfolg" zu liefern, dass er diese einfachen und offensichtlichen Dinge überging.

Unmittelbar nach der Tagung verließ er die Zentrale in Adyar und lebte bis zum Abschluss seiner Untersuchungen in Madras.

Diese Aufregungen führten dazu, dass HPB ernstlich erkrankte. Oberst Olcott befand sich auf dem Weg nach Burma, und Oakley und ich waren sozusagen alleine mit ihr. Es gab angstvolle Stunden in den drei Wochen, in denen ich sie pflegte und sie schließlich in eine Art Koma fiel, so dass die Ärzte sie aufgaben. Ob krank oder gesund, HPB war immer beschützt. Völlig allein mit ihr, oben unter dem Dach und kaum eine Seele in Rufweite, stieg ich jede Nacht die kurze Treppe hinauf und wanderte zwischen drei und vier Uhr morgens auf dem flachen Dach hin und her, um ein wenig frische Luft zu schöpfen. Beim Anblick des ersten Morgenlichts über der bengalischen Bucht fragte ich mich, warum ich keine Angst verspürte, obwohl sie kurz vor dem Tode zu stehen schien. Furcht in ihrer Nähe war unvorstellbar für mich.

Dann kam jene fürchterliche Nacht, in der die Ärzte sie aufgaben und behaupteten, nichts mehr für sie tun zu können. Sie lag seit einigen Stunden im Koma, und die Ärzte nahmen an, dass sie in diesem Zustand hinüber gehen würde. Aus menschlicher Sicht betrachtet, war dies wohl meine letzte Nachtwache. Was dann geschah, kann ich hier nicht im Einzelnen wiedergeben, eine Erfahrung, die ich niemals vergessen werde. Gegen acht Uhr am folgenden Morgen öffnete HPB plötzlich die Augen und fragte nach ihrem Frühstück. Es war das erste Mal seit zwei Tagen, dass sie wieder normal sprach. Ich holte den Arzt, den dieser Wandel völlig verblüffte. HPB meinte: „Nun, Doktor, sie glauben wohl nicht an unsere erhabenen Meister!" Von da an erholte sie sich zusehends. Der Arzt bestand darauf, sie so rasch wie möglich nach Europa zu schicken.

161. RICHARD HODGSON
DEZEMBER 1884 – MÄRZ 1885
MADRAS, INDIEN

[Hodgson 1885, 3:207-9, 261-2, 249-50, 241, 239, 245-6, 313-4, 317]

Im November [1884] machte ich mich auf den Weg nach Indien, um die mit der Theosophischen Gesellschaft in Zusammenhang stehenden Phänomene an Ort und Stelle zu untersuchen. Die Coulombs, die jahrelang eine Vertrauensstellung bei der Theosophischen Gesellschaft einnahmen, hatten Madame Blavatsky des Betrugs beschuldigt und diese Klage durch verschiedene Briefe und Dokumente, die angeblich von ihr geschrieben worden waren, erhärtet.

Aus diesen Blavatsky-Coulomb Unterlagen scheint hervorzugehen, dass von Madame Blavatsky Mahatma-Briefe vorbereitet und versandt wurden; dass es sich bei Koot Hoomi um eine fiktive Gestalt handelt; dass es sich bei den angeblichen „Astralformen" der Mahatmas um verkleidete Helfershelfer von Madame Blavatsky – gewöhnlich den Coulombs – handelte; dass angeblich okkulte Phänomene – einige davon in Verbindung mit dem so genannten Schrein in Adyar – geschickte Betrügereien waren, die Madame Blavatsky hauptsächlich mit Unterstützung der Coulombs durchführte.

Wir sind auf weitere anscheinend wichtige Phänomene gestoßen, die nicht unmittelbar durch die Blavatsky-Coulomb Briefe in Verruf kamen. Nehmen wir die „Klopfzeichen", die A. P. Sinnett als wichtiges Testphänomen bezeichnet. Die Klopfzeichen, die auftreten, wenn Madame Blavatsky ihre Hände auf den Kopf einer Person legt, habe ich erlebt, obwohl ich ihre Hände nicht sehen konnte, die sie mir auf den Hinterkopf legte, da sie hinter mir stand. Sie hatte mir nicht gesagt, was sie zu tun beabsichtigte, und ich nahm an, sie wollte mich „mesmerisieren". Die so genannten Schocks, die ich spürte, schrieb ich ungeduldigen Bewegungen ihrerseits zu. Um sie im Hinblick auf „Phänomene" betrachten zu können, wurden sie wiederholt, aber ich konnte Herrn Sinnett nicht zustimmen, der sie mit elektrischen „Stößen" verglich. Es fehlte das scharfe Prickeln. Leider vermag ich meine Fingergelenke nicht zum Krachen zu bringen, wohl aber das Daumengelenk, wenn auch recht grob und plump. Dieses Krachen an meinem Kopf entsprach dem Empfinden, das durch Madame Blavatskys zarte Hände hervorgerufen wurde.

Ich suchte auch die Coulombs auf, die im Haus von Frau Dyer wohnten. Bevor Emma Coulomb erschien, unterhielt ich mich zuerst eine Weile mit Alexis Coulomb. Im Laufe der anschließenden Unterhaltung erwähnte ich im Hinblick auf bestimmte Fälle die Vorahnung, dass es mir an einer zufriedenstellenden Theorie fehlte, um diese erklären zu können. In diesem Augenblick tauchte etwas Weißes auf, berührte mein Haar und fiel zu Boden. Es war ein Brief. Ich hob ihn auf. Er war an mich gerichtet. Herr und Frau Coulomb saßen neben beziehungsweise vor mir. Ich hatte keine Bewegung ihrerseits beobachtet, der man das Auftauchen des Briefes hätte zuschreiben können. Ich stand auf, untersuchte die Zimmerdecke, konnte aber nichts feststellen. Der Inhalt des Briefes bezog sich auf die soeben geführte Unterhaltung und lautete etwa folgendermaßen.

Die Ursache des Heute deutet auf die Auswirkung des Morgen – eine Knospe bürgt für die erblühte Rose. Sieht man ein Kornfeld, in dem sich die Eier der

Heuschrecke verbergen, weiß man, dass es niemals Frucht bringen wird; beim Anblick eines schwindsüchtigen Vaters und einer skrofulösen Mutter kann man ein krankes Kind vorhersagen. Alle diese Ursachen, die solche Wirkungen hervorbringen, besitzen ihrerseits ihre eigenen Auswirkungen – bis in die Unendlichkeit. Da in der Natur nichts verloren geht, sondern dem Akasha eingeprägt bleibt, gelangt die feine Wahrnehmung des Sehers, beginnend mit der Quelle, zu dem genauen Ergebnis.

Der neue Adept, Columbus

Monsieur Coulomb beschrieb mir den Ursprung des Briefes. Die Decke wurde von einem großen Balken getragen, auf dem rechtwinklig angeordnet kleinere Balken ruhten. Die Zwischenräume füllten mit Mörtel befestigte Holzblöcke. An einer Stelle hatte man den Mörtel ein wenig ausgekratzt, um einen flachen Brief auf den Hauptbalken schieben zu können. Ein Faden, der die gleiche Farbe wie die Zimmerdecke besaß, wurde zweifach um den Brief gewunden, von dem das eine Ende lose auf dem Brief und das andere in der Hand einer Person lag, die sich außerhalb befand. Der Faden lief von dem Brief die Decke entlang nach draußen und hing dort hinunter. Ich saß unter dem Hauptbalken. Das Thema der Unterhaltung wurde auf besagten Punkt gebracht, und der Verbündete auf der Veranda zog auf ein verabredetes Zeichen hin (ein Ruf an den Hund) an dem Faden, und der Brief fiel herunter. Der Faden wurde vollkommen fortgezogen, und der Spalt füllte sich innerhalb weniger Augenblicke mit Staub, so dass er keine sichtbaren Spuren hinterließ.

Die Decke von Madame Blavatskys Wohnraum war genauso gebaut und konnte daher für ähnliche Phänomene verwendet werden.

Ich zweifelte [auch] nicht daran, dass die [Astral]erscheinungen [der Mahatmas] durchaus von dem verkleideten Coulomb durchführbar gewesen waren. Ich habe ihn in der Verkleidung eines Mahatmas gesehen und kann verstehen, dass die Gestalt sehr beeindruckend wirken musste. Die verkleidete Person trägt einen Puppenkopf (mit Schultern), wie der eines Hindu mit Bart und Fehta [Turban]. Vorne fällt ein langes, fließendes Musselingewand herab, und wenn der Träger die Falten leicht auseinander hält, vermag er zu sehen und gegebenenfalls auch zu sprechen. Es scheint höchst unwahrscheinlich zu sein, dass einer der Augenzeugen diese Verkleidung hätte durchschauen können, selbst wenn die Gestalt näher und die Beleuchtung heller gewesen wäre.

269

Meiner Ansicht nach besitzt Oberst Olcotts Zeugenaussage keinen wissenschaftlichen Wert. Insbesondere seine Aussage bezüglich der angeblich „astralen" Erscheinung [des Mahatma Morya] in New York beweist nicht mehr, als dass er irgendeine Person, vielleicht einen Hindu, in seinem Zimmer gesehen hatte, die sich zu diesem Zweck als Mahatma verkleidete und für Madame Blavatsky arbeitete. Das Gleiche kann über alle Erscheinungen von Mahatmas gesagt werden.

Es erübrigt sich, hier mehr über die anderen angeblichen Erscheinungen von Mahatmas, sei es in ihren irdischen oder ihren „astralen" Körpern, zu berichten. Ein verkleideter Verbündeter ist im Allgemeinen die einfache und ausreichende Erklärung. Sie lässt sich sogar auf den Fall von Ramaswamier anwenden, dessen Erlebnisbericht Herrn Sinnett tief beeindruckte.

Unweigerlich taucht hier die Frage auf, was Madame Blavatsky dazu bewogen hat, sich der Mühe eines solchen Schwindels zu unterziehen. Ich muss gestehen, dass mich die Frage nach ihren Beweggründen ein wenig verwirrte, nachdem ich mich zu der Schlussfolgerung gezwungen sah, dass es sich bei ihren Behauptungen und Phänomenen um Betrug handelte.

Schließlich öffnete mir eine zufällige Unterhaltung die Augen. Ich hatte die Überlegung als wertlos abgetan, dass die Absichten der Theosophischen Gesellschaft politischer Natur wären und Madame Blavatsky eine „russische Spionin" sei. Aber ein unerwartetes Gespräch mit Madame Blavatsky, das sich aus ihrer plötzlichen und seltsamen Erregung über die Nachrichten von den unlängst erfolgten Bewegungen der Russen an der afghanischen Grenze ergab, verleitete mich dazu, mir ernsthaft die Frage zu stellen, ob sie es sich möglicherweise zur Aufgabe gemacht hatte, eine Abneigung gegen die Britische Regierung unter den Indern zu schüren.

Meiner persönlichen Erfahrung mit Madame Blavatsky zufolge zweifele ich kaum daran, dass sie im Grunde genommen ausschließlich die Förderung der russischen Interessen im Sinn hatte. Dennoch möchte ich diesen Punkt nur als Mutmaßung ansprechen, welcher mir aber die bekannten Ereignisse ihrer Laufbahn in den letzten dreizehn, vierzehn Jahren am besten zu erklären scheint.

Es gibt wohl kaum jemanden, der es in Frage stellt, dass es sich bei ihr um eine Frau mit bemerkenswerten Fähigkeiten handelt. Trotz der kürzlichen Enthüllungen wird sie mit Sicherheit genügend Schüler behalten, denen sie die Ethik des Gehorsams gegenüber den imaginären Mahatmas weiterhin einschärfen kann. Sie verfügt über unzählige Hilfsmittel. So wird sie wohl auch in Zukunft die Leichtgläubigkeit der Menschen mit Hilfe von gefälschten Briefen, Falschaussagen von Chelas und anderem betrügerischen Beweismaterial fördern. In Einklang mit den Prinzipien, nach denen unsere Gesellschaft [Society for Psychical Research] vorgeht, kann ich nur sagen, dass es unter den Pseudo-Mysterien der russischen Lady, alias Koot Hoomi Lal Sing, alias Mahatma Morya, alias Madame Blavatsky, kein echtes Phänomen gibt.

16J. HENRY S. OLCOTT
7. - 8. FEBRUAR 1885, ADYAR, MADRAS, INDIEN

[Olcott 1932, 732-4]

Wieder hat unser Meister [Morya] im Hinblick auf HPB dem Tod ein Schnippchen geschlagen. Vor wenigen Tagen lag sie noch im Sterben, und ich wurde aus Burma telegraphisch zurückgeholt, mit wenig oder gar keiner Aussicht, sie wiederzusehen. Als drei Ärzte sie im Koma aus dem Leben scheiden sahen, kam *Er*, legte ihr die Hand auf, und alles änderte sich.

Vorgestern sahen die Dinge so schlecht aus, dass Subba Row und Damodar den Mut verloren und angstvoll die Theosophische Gesellschaft vor die Hunde gehen sahen. Gestern nun tauchte hier ein indischer Yogi in den üblichen safranfarbenen Gewändern auf, begleitet von einer weiblichen Asketin, seiner angeblichen Schülerin. Ich wurde gerufen, setzte mich, und wir schauten uns schweigend an. Dann schloss er die Augen, konzentrierte sich und übermittelte mir gedanklich seine Botschaft. Er war von dem Mahatma [Narayana] in Tirivellum (der HPB die „Replies to an English F.T.S." diktiert hatte) gesandt worden, um mir zu versichern, dass ich *nicht* alleine gelassen werden würde. Er rief mir meine Unterhaltung vom 7. mit [Damodar] und [Subba Row] ins Gedächtnis. Mental fragte er mich, ob ich einen Augenblick lang hätte glauben können, dass er, der mir gegenüber immer so aufrichtig gewesen war, mich hätte alleine weitermachen lassen. Daraufhin gingen er und die Schülerin in HPB's Krankenzimmer hinauf, wo sie – entgegen jeder Hindu Gepflogenheit – direkt auf die [alte Dame] zuging, einige Handbewegungen über sie machte und auf Anordnung des Gurus Mantras zu sprechen begann. Dann zog der Guru eine Kugel *nirukti* (heilige Asche), in der Größe einer Orange, unter seinem Gewand hervor, die man zur äußeren Anwendung nach dem Bad in den Hindu Tempeln benutzt, und bat seine Schülerin, sie in einen kleinen Schrank zu legen, der am Kopfende des Bettes hing. Er sagte HPB, dass sie einfach an ihn *in seiner gegenwärtig sichtbaren Gestalt* denken und in Gedanken dreimal seinen Namen wiederholen sollte, falls sie ihn brauchte. Man sprach noch ein paar allgemeine Worte miteinander – dann gingen sie fort.

Vera und Charles Johnston und Henry Olcott hinter HPB und deren Schwester,
Vera de Zhelihovsky, London , 1888

KAPITEL 17

VON INDIEN NACH ITALIEN UND DEUTSCHLAND

1885 – 1886

Bei den beiden Versammlungen der Society for Psychical Research (SPR), die am 29. Mai und 26. Juni 1885 stattfanden, trug Richard Hodgson einen vorläufigen Bericht über seine Untersuchungen der Phänomene von HPB vor. Da die boshafte Verleumdung der Coulombs H. P. Blavatskys Gesundheit zugesetzt hatte, verließ sie Indien und reiste zunächst nach Italien. Ende Juli 1885 trat sie die Reise nach Deutschland an, unterbrach diese kurz in St. Cergues in der Schweiz und traf Mitte August in Würzburg ein. Dort besuchten sie zahlreiche Freunde, unter ihnen auch die Sinnetts, bevor sie sich ihrer Arbeit an der *Geheimlehre* widmete.

Gegen Ende 1885 gesellte sich die Gräfin Wachtmeister zu ihr, die ihre Gefährtin und Assistentin wurde. Ihr ruhiges, produktives Leben fand eine Unterbrechung, als am letzten Tag des Jahres eine Kopie des SPR-Berichts eintraf. Nach der anfänglichen Erschütterung über diesen Bericht nahm HPB wieder ihre Arbeit an dem neuen Buch auf. Die Gräfin berichtet in diesem Zusammenhang von einer Reihe ungewöhnlicher Techniken. Zur selben Zeit empfing HPB zahlreiche Besucher, zu denen auch Emily Kislingbury und Mary und Gustav Gebhard gehörten. Anfang Mai 1886 verließ Gräfin Wacht-meister in Begleitung von Mary Gebhard Würzburg, um Franz Hartmann in Österreich zu besuchen. HPB und Emily Kislingbury fuhren unterdessen nach Belgien und verbrachten den Sommer in Ostende. Gustav Gebhard überredete HPB, vorher mit ihm einen Abstecher nach Elberfeld zu machen, das heute zu Wuppertal gehört). Dort wurde HPB von ihrer Schwester Vera

Zhelihowsky und ihrer Nichte Vera, die später Charles Johnston heiraten sollte, besucht.

17A. CHARLES JOHNSTON
JUNI 1885, LONDON

[Johnston 1907, 17-8]

Im Laufe des Jahres 1884 hatte die Society for Psychical Research begonnen, sich sehr für die in *The Occult World* und im *Theosophist* beschriebenen Phänomene zu interessieren und ein Komitee mit der Erforschung dieser Phänomene beauftragt. Man hatte bereits einen sehr befriedigenden vorläufigen Bericht herausgegeben* und beschloss, diesen durch weitere Nachforschungen in Indien zu ergänzen. Ein junger Erforscher paranormaler Phänomene, Richard Hodgson, wurde mit diesem Auftrag nach Indien geschickt.

Während dieser Zeit war es in Adyar, der Zentrale der Theosophischen Gesellschaft, zu einigen Zwischenfällen gekommen. In Abwesenheit von Mme. Blavatsky und Oberst Olcott, die sich in Europa aufhielten, wurden zwei Mitglieder der Gesellschaft [Alexis] und [Emma] Coulomb, die jahrelang in der Zentrale in Bombay und Madras Unterschlupf gefunden hatten, gebeten sich zurückzuziehen. Man warf ihnen Unterschlagung von Geldern, üble Nachrede und Schwindelei vor, weshalb sie nicht länger in der Gesellschaft eine Vertrauensstellung einnehmen konnten.

Diese beiden Personen rächten sich umgehend mit einem Angriff auf Mme. Blavatsky, den eine [christliche] Missionszeitschrift in Madras veröffentlichte. Darin hieß es, dass es sich bei den in *The Occult World* und anderweitig beschriebenen Phänomenen um Sinnestäuschungen handelte, von denen viele von diesen beiden Mitgliedern [den Coulombs], die jetzt ihre Missetaten bereuten, durchgeführt worden waren. Sie veröffentlichten angeblich von

---

*[Die Society for Psychical Research druckte 1884 den einhundertdreißig Seiten umfassenden, „sehr befriedigenden vorläufigen Bericht" als *Ersten Bericht des Komitees der Society for Psychical Research zur Ermittlung des Beweises für unglaubliche Phänomene, hervorgebracht von gewissen Mitgliedern der Theosophischen Gesellschaft*. Obwohl als Originalausgabe kaum noch erhältlich, kann der Bericht folgender website entnommen werden: www.sites.netscape.net/dhcblainfo/sprrpcontents.htm. - DHC]

Mme. Blavatsky geschriebene Briefe, die den Vorwurf des Betrugs erhärteten. Die Briefe selbst konnten zwecks einer Überprüfung nicht eingesehen werden, und die vermeintlichen Kopien strotzten vor Fehlern, Gemeinheiten und Kindereien und besaßen kaum Ähnlichkeit mit dem Schreibstil der großen theosophischen Autorin.

Kurz danach traf Richard Hodgson in Indien ein. Die Gedanken und Methoden dieser beiden zurückgetretenen Mitglieder, die sich der Schwindelei bezichtigten, sagten ihm in gewisser Weise zu, und er übernahm praktisch ihre Ansichten und Anmaßungen bezüglich der Phänomene, die er untersuchen sollte. Nach einem kurzen Aufenthalt in Indien kehrte er Anfang 1885 nach England zurück. Ende Juni 1885 trug er einen Teil seines Berichts über die Phänomene bei einem Treffen der Society for Psychical Research vor.

Dieses Treffen bewirkte einen Wendepunkt in der öffentlichen Einstellung gegenüber der Theosophischen Bewegung. Die ohnehin kaum freundliche Gesinnung wurde feindselig und ungläubig. Mme. Blavatsky wurde als Schwindlerin behandelt und ihre Freunde als Narren. Die Öffentlichkeit akzeptierte Hodgsons Ansicht, ohne sie zu hinterfragen oder zu untersuchen.

Neben anderen nahm auch ich an diesem schicksalhaften Treffen teil. Nachdem Hodgson seinen Bericht vorgetragen hatte, mischten sich Mitglieder des Komitees unter die Zuhörerschaft und diskutierten darüber. Zu ihnen gehörte F.W.H. Myers. Ich erinnere mich, auf seine Frage, welchen Eindruck dieses Treffen auf mich gemacht hatte, geantwortet zu haben, dass die ganze Angelegenheit skandalös und unfair sei und ich ihr aufgrund von Hodgsons Darstellung unverzüglich zugestimmt hätte, wäre ich nicht ein Mitglied der Theosophischen Gesellschaft.

17B. A. P. SINNETT
APRIL – OKTOBER 1885
WÜRZBURG, DEUTSCHLAND

[Zusammengestellt aus Sinnett 1922, 79, 83; und Sinnett 1886, 302-3]

[Madame Blavatsky verließ Indien] und traf im April 1885 in Neapel [Italien] ein, wo sie einige Monate lang im Hotel Torre del Greco wohnte und dann nach Würzburg [Deutschland] weiterreiste. Meine Frau und ich besuchten sie 1885 auf unserer Herbstrundreise in der Ludwigstraße 6 in Würzburg.

Im September 1885, als meine Frau und ich sie sahen, lag die „Geheimlehre" noch unangetastet. Mme. Blavatsky war einfach, aber angenehm und ruhig untergebracht und lebte zu diesem Zeitpunkt in Gesellschaft ihrer Tante, Mme. de Fadejew. Natürlich kochte sie vor Wut über das Unrecht, das ihr die S.P.R. zugefügt hatte. Insgesamt gesehen schien ihr gesundheitlicher und geistiger Zustand besser zu sein, als wir erwartet hatten. Einige Anzeichen ließen darauf schließen, dass die „Geheimlehre" bald weitergeführt werden würde.

Ungefähr einen Monat nach unserer Rückkehr nach London erhielt ich einen Brief von Mme. Blavatsky, in dem es unter anderem hieß:

Ich bin sehr mit der „Geheimlehre" beschäftigt. Die New Yorker Sache [die Umstände, unter denen die Entschleierte Isis *geschrieben wurde] wird wiederholt – nur sehr viel klarer und besser. Ich beginne zu glauben, dass es unseren Anspruch geltend machen wird. Diese Bilder, Rundblicke, Szenen, vorsintflutlichen Dramen und all das! Habe sie niemals besser gesehen oder gehört.*

17C. GRÄFIN CONSTANZE WACHTMEISTER
OKTOBER – DEZEMBER 1885
WÜRZBURG, DEUTSCHLAND

[Wachtmeister 1893, 16-21, 22-3, 25-6, 32]

Im Herbst 1885 traf ich Vorbereitungen, mein Zuhause in Schweden zu verlassen und den Winter mit einigen Freunden in Italien zu verbringen und auf dem Weg Madame Gebhard einen versprochenen Besuch in ihrem Haus in Elberfeld abzustatten.

Im Zuge der Vorbereitungen angesichts meiner langen Abwesenheit geschah etwas Ungewöhnliches, wenn auch nicht Einmaliges. Ich war gerade dabei, einige Artikel beiseite zu legen, die ich mit nach Italien zu nehmen gedachte, als ich eine Stimme sagen hörte: „Nimm dieses Buch mit, es wird dir auf deiner Reise nützlich sein." Ich besitze die Fähigkeit des Hellsehens und Hellhörens. Ich blickte auf einen Manuskriptband, den ich zu einem Stapel von Dingen gelegt hatte, den ich für die Zeit meiner Abwesenheit

Gräfin Constanze Wachtmeister

wegschließen wollte. Für einen Ferienaufenthalt schien dieses *Vademekum*, eine Sammlung von Notizen über das Tarot und Abschnitte aus der Kabbala, die ein Freund zusammengestellt hatte, eher ungeeignet zu sein. Trotzdem beschloss ich, das Buch mitzunehmen und legte es auf den Boden eines meiner Reisekoffer.

Im Oktober 1885 verließ ich Schweden und erreichte Elberfeld, wo mich Madame Gebhard herzlich willkommen hieß. Meine Freunde drängten mich unaufhörlich, sie in Italien zu treffen, und so wurde schließlich der Abreisetermin festgelegt.

Als ich Madame Gebhard davon berichtete, erzählte sie mir von einem Brief, den sie von HPB erhalten hatte, die sich in schlechtem körperlichen und seelischen Gesundheitszustand befand. Ihre einzigen Gefährten waren ein Diener und ein Herr aus Indien. „Gehen sie zu ihr", meinte Madame Gebhard, „sie braucht Zuneigung, und sie können sie aufheitern."

Ich dachte darüber nach. Madame Gebhard zeigte sich sichtlich erfreut, als ich ihr meine Entscheidung mitteilte und einen Brief an „die alte Dame" zeigte, in dem ich vorschlug, einige Wochen mit ihr in Würzburg zu verbringen, falls sie es wünschte. Wir warteten gespannt auf eine Antwort. Als diese schließlich eines Tages auf dem Frühstückstisch lag, verwandelte sich unsere erregte Erwartung bald in Bestürzung seitens Madame Gebhard und Enttäuschung meinerseits über die mehr oder weniger höfliche Ablehnung. Madame Blavatsky bedauerte, dass sie keinen Platz für mich hatte. Außerdem nahm das Schreiben an der *Geheimlehre* sie so stark in Anspruch, dass es ihr an der Zeit fehlte, Besucher zu unterhalten. Sie hoffte aber auf eine Begegnung auf meinem Rückweg von Italien. Nach der ersten Enttäuschung blickte ich hoffnungsvoll dem Süden entgegen.

Mein Gepäck stand bald bereit, und es wartete bereits ein Taxi vor der Tür, als man mir ein Telegramm mit den Worten in die Hand drückte: „Kommen sie sofort nach Würzburg, Eintreffen unverzüglich erwünscht – Blavatsky."

Diese Nachricht überraschte mich natürlich. Es gab kein Zögern, und anstatt eine Fahrkarte nach Rom zu lösen, nahm ich eine nach Würzburg.

Es war bereits Abend, als ich Madame Blavatskys Unterkunft erreichte und in Erwartung ihres Empfangs klopfenden Herzens die Treppen hinaufstieg.

Er war warm und herzlich; und nach einigen Begrüßungsworten meinte sie: „Ich muss mich für mein seltsames Verhalten entschuldigen und will ihnen die Wahrheit sagen: Ich wollte sie nicht. Es gibt nur ein Schlafzimmer hier, und ich dachte, sie sind eine vornehme Dame und wollten es nicht mit mir teilen. Meine Art ist wahrscheinlich nicht die ihre. Ich wusste, wenn sie kommen würden, müssten sie viele Dinge in Kauf nehmen, die ihnen wahrscheinlich unangenehm sind. Aus diesem Grunde lehnte ich ihr Angebot ab und schrieb dementsprechend. Nachdem ich den Brief aufgegeben hatte, forderte der Meister mich auf, ihnen mitzuteilen, dass sie kommen sollten. Ich missachte niemals das Wort des Meisters und telegraphierte ihnen unverzüglich. Seither habe ich versucht, das Schlafzimmer etwas wohnlicher zu gestalten. Ich habe eine große Trennwand gekauft, so dass sie auf der einen und ich auf der anderen Seite schlafen. Ich hoffe, es wird nicht zu unbequem für sie sein."

Ich entgegnete, dass ich zugunsten der Freude ihrer Gesellschaft gerne auf jede gewohnte Annehmlichkeit verzichten wollte.

Auf dem Weg in das Speisezimmer meinte sie ganz unvermittelt: „Der Meister sagt, sie haben ein Buch bei sich, das ich sehr benötige."

„Ich habe keine Bücher bei mir", erwiderte ich.

„Denken sie noch einmal nach; der Meister sagt, man habe sie in Schweden aufgefordert, ein Buch über das Tarot und die Kabbala mitzunehmen."

Da erinnerte ich mich an die bereits geschilderten Umstände. Von dem Augenblick an, in dem ich das Buch zuunterst in meinen Koffer gelegt hatte, war es meinem Blick und meinem Gedächtnis entfallen. Ich lief in das Schlafzimmer, schloss den Koffer auf und fand es unverändert in derselben Ecke liegen, in die ich es hineingelegt hatte. Das war aber noch nicht alles. Als ich mit dem Buch in der Hand in das Speisezimmer zurückkehrte, machte Madame Blavatsky eine Handbewegung und rief: „Bleiben sie stehen und öffnen sie es noch nicht. Nun schlagen sie Seite zehn auf; in der sechsten Zeile werden sie folgende Worte finden...." – und sie zitierte einen Abschnitt.

Ich öffnete das Buch, von dem HPB keine Ausgabe besitzen konnte, da es sich, wie bereits erwähnt, um ein Manuskript handelte, das aus handgeschriebenen Notizen und Auszügen für meinen persönlichen Gebrauch bestand; doch auf der von ihr angegebenen Seite und Zeile fand ich genau die von ihr zitierten Worte.

Als ich ihr das Buch überreichte, wagte ich, sie zu fragen, weshalb sie es haben wollte.

„Oh", erwiderte sie, „für die *Geheimlehre*. Das ist meine neue Arbeit, an der ich so fleißig schreibe. Der Meister sammelt Material für mich. Er wusste von dem Buch und forderte Sie auf, es mitzubringen, um es als Quellenangabe bei der Hand zu haben."

An jenem ersten Abend wurde nicht gearbeitet, aber am folgenden Tag begann ich zu erkennen, welchen Weg HPB's Leben nahm und welche Rolle ich darin während der Zeit meines Aufenthalts zu spielen hatte.

Die Schilderung eines einzigen Tages wird einen Einblick in ihren damaligen Tagesablauf vermitteln.

Um sechs Uhr weckte mich der Diener, der mit einer Tasse Kaffee für Madame Blavatsky ins Zimmer trat, die sich nach dieser kleinen Erfrischung erhob, ankleidete und um sieben Uhr an ihrem Schreibtisch im Wohnzimmer saß.

Sie erklärte mir, dass dies ihre gleichbleibende Gewohnheit sei und das Frühstück um acht Uhr serviert werden würde. Nach dem Frühstück ließ sie sich an ihrem Schreibtisch nieder, und die ernsthafte Tagesarbeit begann. Um ein Uhr gab es Mittagessen, zu dem ich HPB mit einer kleinen Tischglocke rief. Manchmal kam sie sofort; mitunter blieb ihre Tür noch für Stunden geschlossen, bis unser schweizerisches Mädchen, dem Weinen nahe, zu mir kam und fragte, was man mit Madames Dinner anfangen sollte, das entweder kalt, ausgetrocknet, verbrannt oder völlig verdorben war. Schließlich kam HPB, erschöpft von dem stundenlangen anstrengenden Arbeiten und Fasten, und entweder wurde ein anderes Essen gekocht oder ich ließ im Hotel ein nahrhaftes Mahl für sie besorgen.

Um sieben Uhr abends legte sie ihre Schreibarbeit beiseite. Nach dem Tee verbrachten wir gewöhnlich einen wunderbaren Abend.

Bequem in ihrem großen Sessel sitzend, pflegte sie die Karten für eine Patience zu legen, um ihren Geist zu beruhigen, wie sie meinte. Dieser mechanische Vorgang des Kartenlegens scheint es ihrem Geist ermöglicht zu haben, sich von dem Druck der konzentrierten Anstrengung der täglichen Arbeit zu befreien. Abends wollte sie nicht über die Theosophie reden. Nach der geistigen Anspannung während des Tages benötigte sie vor allen Dingen Ruhe, weshalb ich möglichst viele Zeitschriften herbeischaffte, aus denen ich Artikel und Berichte vorlas, von denen ich annahm, dass sie sie am meisten interessieren und erfreuen würden. Um neun Uhr ging sie zu Bett und umgab sich mit ihren russischen Zeitungen, in denen sie gewöhnlich bis spät in die Nacht las.

Auf diese Weise verstrichen unsere Tage. Manchmal ließ sie die Tür zwischen ihrem Schreibzimmer und dem Speisezimmer, in dem ich saß, offen stehen. Wir unterhielten uns dann hin und wieder oder ich schrieb Briefe für sie und besprach mit ihr den Inhalt der eingegangenen Post.

Dieses stille, fleißige Dasein nahm so eine Weile seinen Verlauf, und die Arbeit machte Fortschritte, bis uns eines Tages aus heiterem Himmel ein Blitzstrahl traf. Ohne die geringste Vorwarnung erhielt HPB eine Kopie des bekannten Berichts der Society for Psychical Research. Ich werde niemals jenen Tag oder den leeren, starren Blick der Verzweiflung vergessen, den sie mir zuwarf, als ich ihr Zimmer betrat und sie mit dem geöffneten Buch in der Hand dort sitzen sah.

„Dies", rief sie, „ist das Karma der Theosophischen Gesellschaft, und es fällt auf mich. Ich bin der Sündenbock. Ich muss all die Sünden der Gesellschaft tragen, und nun, da man mich als die größte Betrügerin des Jahrhunderts und eine russische Spionin hinstellt, wer wird mir da noch zuhören oder die *Geheimlehre* lesen? Wie kann ich die Arbeit des Meisters weiterführen? Diese verwünschten Phänomene, die ich nur bewirkt habe, um Freunden eine Freude zu bereiten und diejenigen, die mich umgaben, zu unterweisen! Welch eine schreckliche karmische Last! Wie werde ich das durchstehen? Wenn ich sterbe, wird die Arbeit des Meisters vergeudet und die Gesellschaft ruiniert sein!"

In ihrem leidenschaftlichen Ausbruch ließ sie keine Vernunftsgründe zu, sondern wandte sich gegen mich und fragte: „Warum gehen sie nicht? Warum verlassen sie mich nicht? Sie sind eine Gräfin. Sie können sich hier nicht mit einer zerbrochenen, von der ganzen Welt verspotteten Frau abgeben, einer Frau, auf die man als eine Taschenspielerin und Schwindlerin mit dem Finger zeigt. Gehen sie, bevor meine Scham sie beschmutzt."

„HPB", entgegnete ich, ihr fest in die Augen blickend, „sie wissen, dass der Meister lebt und ihr Meister ist und dass die Theosophische Gesellschaft von ihm gegründet wurde. Wie kann sie denn dann untergehen? Und da ich dies ebenso gut weiß wie sie, da ich nicht an der Wahrheit zweifele, wie können sie nur einen Augenblick lang annehmen, dass ich sie und die Sache, der wir beide zu dienen gelobten, im Stich lasse? Selbst wenn sich jedes Mitglied der Theosophischen Gesellschaft als Verräter erweisen sollte, werden sie und ich bleiben und warten und arbeiten, bis die guten Zeiten wiederkommen."

Es überrascht nicht, dass die Arbeit an der *Geheimlehre* in diesen stürmischen Tagen zum Stillstand kam und der nötige Abstand und die geistige Ruhe nur schwerlich wiedergefunden werden konnten, als man sie schließlich wieder aufnahm.

17D. GRÄFIN CONSTANZE WACHTMEISTER
JANUAR – MAI 1886
WÜRZBURG, DEUTSCHLAND

[Wachtmeister 1893, 32-3, 43-5, 49-50, 55-56, 59-61]

Einmal betrat ich während dieser Zeit HPB's Schreibzimmer und fand überall auf dem Boden weggeworfene Manuskriptblätter verstreut. Als ich fragte, was dieses Durcheinander zu bedeuten hatte, antwortete sie: „Ich habe zwölf

Mal versucht, diese eine Seite richtig zu schreiben, und jedes Mal sagt der Meister, sie sei falsch. Ich glaube, ich werde noch verrückt, wenn ich sie so oft schreiben muss. Bitte, lassen sie mich alleine, ich werde nicht eher aufhören, als bis ich es geschafft habe – und wenn es die ganze Nacht dauert."

Ich brachte ihr eine Tasse Kaffee zur Stärkung und ließ sie mit ihrer schwierigen Aufgabe allein. Eine Stunde später rief sie mich; ich ging zu ihr und stellte fest, dass der Abschnitt schließlich zur Zufriedenheit abgeschlossen war. Die Arbeit daran muss schrecklich gewesen sein, und die Ergebnisse waren zu dieser Zeit nur dürftig und ungewiss.

Sie lehnte sich in ihrem Sessel zurück und genoss ihre Zigarette und das Gefühl der Erleichterug nach einer solchen Anstrengung. Ich hockte auf der Armlehne ihres großen Stuhls und fragte, wie sie beim Niederschreiben dessen, was ihr gegeben wurde, Fehler machen konnte. Sie erwiderte: „Nun, ich mache Folgendes. Ich bilde sozusagen eine Art Vakuum in der Luft vor mir und konzentriere meinen Blick und meinen Willen darauf, und bald läuft Szene um Szene wie die aufeinanderfolgenden Bilder eines Diodramas ab, oder wenn ich eine Referenz oder eine Information aus irgendeinem Buch benötige, konzentriere ich meinen Geist, und das astrale Gegenstück des Buches erscheint, dem ich dann entnehmen kann, was ich brauche. Je freier mein Geist von Ablenkung und Verdruss ist, je mehr Energie und gespannte Aufmerksamkeit er besitzt, desto leichter fällt es mir. Aber nach dem heutigen Ärger konnte ich mich nicht genug konzentrieren, und jedesmal, wenn ich das richtige Zitat zu erhalten versuchte, war alles falsch. Der Meister sagt, es sei nun richtig. Lassen sie uns jetzt eine Tasse Tee trinken gehen."

Da ich in jenen Tagen in solch enger und vertrauter Beziehung zu HPB lebte, war es nur allzu natürlich, dass ich viele der Phänomene, die sich in ihrer Nähe abspielten, beobachtete.

Ein Vorfall wiederholte sich über einen längeren Zeitraum hin, der mich tief beeindruckte und mir die Gewissheit gab, dass sie von unsichtbaren Schutzengeln beobachtet und behütet wurde. Von meiner ersten bis zur letzten Nacht in ihrem Zimmer vernahm ich in regelmäßigen Abständen eine Reihe von Klopfzeichen auf dem Tisch neben ihrem Bett. Sie begannen jeden Abend um zehn Uhr, um sich in Intervallen von zehn Minuten bis zum folgenden Morgen um sechs Uhr fortzusetzen. Es waren helle, klare Klopfzeichen, wie ich sie zu keiner anderen Zeit hörte. Manchmal hielt ich meine Uhr eine ganze Stunde lang in der Hand, und die Klopfzeichen setzten regelmäßig ein, sobald die Pause beendet war. Es spielte keine Rolle, ob HPB wach war oder schlief, dieser Vorgang lief stets in derselben Gleichförmigkeit ab.

Als ich um eine Erklärung für diese Klopfzeichen bat, wurde mir gesagt, dass es sich um die Auswirkungen einer so genannten Art von übersinnlichem Telegraphen handelte, der sie mit den Lehrern in Verbindung brachte. Zudem achteten die Chelas während ihrer astralen Abwesenheit wohl auf ihre körperliche Hülle.

Ein anderes Geschehen bewies mir, dass es in ihrem Umfeld Kräfte gab, deren Natur und Wirkungsweise aufgrund allgemein anerkannter Theorien und Materiegesetze nicht erklärt werden konnten.

HPB las ihre russischen Zeitungen, nachdem sie zu Bett gegangen war, und sie löschte das Licht nur selten vor Mitternacht. Zwischen meinem Bett und dieser Lampe stand eine Wand. Trotzdem störte mich ihr helles Licht, das von den Wänden und der Decke zurückstrahlte, beim Schlafen. Eines Nachts brannte es noch nach ein Uhr. An ihren regelmäßigen Atemzügen erkannte ich, dass HPB eingeschlafen war. Leise stand ich auf und löschte die Lampe. Das Schlafzimmer wurde immer vom fahlen Licht einer Nachtlampe erhellt, das aus dem Arbeitszimmer durch die offenen Türen drang. Als ich zu meinem Bett zurückging, flammte die Lampe, die ich soeben gelöscht hatte, erneut auf, und der Raum war hell erleuchtet. Welch eine seltsame Lampe, dachte ich bei mir, vielleicht ist die Feder nicht in Ordnung. Ich drückte sie wieder hinunter und wartete, bis der letzte Funke verloschen war und hielt sie sogar noch eine Minute lang unten. Ich ließ los und wartete einen Augenblick, als die Flamme zu meiner großen Überraschung erneut aufflammte und das Licht hell wie immer erstrahlte. Das verwirrte mich sehr, und ich beschloss, bei der Lampe stehen zu bleiben und sie gegebenenfalls während der ganzen Nacht auszudrehen, bis ich den Grund für ihre Verschrobenheit herausgefunden hatte. Zum dritten Mal machte ich sie aus und beobachtete, was passieren würde. Zum dritten Mal flammte sie wieder auf, und dieses Mal sah ich, wie eine braune Hand den Hebel langsam und vorsichtig drehte. Da mir das Wirken von Astralkräften und Astralwesen auf der physischen Ebene vertraut war, nahm ich an, dass es sich um die Hand eines Chelas handelte und kehrte zu meiner Couch zurück, da es wohl einen Grund für das Brennen der Lampe geben musste. Aber Neugierde und Halsstarrigkeit schienen mich in jener Nacht gefangenzunehmen. Ich wollte mehr

wissen und rief: „Madame Blavatsky!" Dann lauter: „Madame Blavatsky!"
und wieder: „Madame Blavatsky!" Plötzlich hörte ich einen Aufschrei: „Oh,
mein Herz, mein Herz! Gräfin, sie haben mich fast umgebracht"; und dann
erneut: „Mein Herz! Mein Herz!" Ich flog zu ihrem Bett. „Ich war beim
Meister", murmelte sie „Warum haben sie mich zurückgerufen!" Ich war tief
beunruhigt, denn ihr Herz jagte wild unter meiner Hand.

Ich verabreichte ihr eine Dosis Digitalis und blieb bei ihr, bis die Symptome verklungen und sie ruhiger geworden war. Dann erzählte sie mir, wie
Oberst Olcott sie einmal in derselben Weise beinahe umbrachte, indem er
sie plötzlich zurückrief, als ihr Astralkörper ihre physische Hülle verlassen
hatte. Ich musste ihr versprechen, niemals mehr ein solches Experiment mit
ihr zu machen, ein Versprechen, das ich ihr gerne gab, denn es grämte mich
zutiefst, ihr solches Leid zugefügt zu haben.

Die kleine, aber gemütliche Wohnung in Würzburg umfasste geräumige,
lichte Zimmer im Erdgeschoss, so dass HPB bequem ein und auszugehen
vermochte. Aber während der ganzen Zeit meines Aufenthalts konnte ich sie
nur dreimal dazu überreden, frische Luft zu schöpfen. Sie schien diese Aus-
fahrten zu genießen, aber die Vorbereitungen erschöpften sie, und sie betrachtete das Ganze als bloße Zeitverschwendung. Ich selbst ging jeden Tag
eine halbe Stunde lang spazieren, da ich die Luft und die Bewegung hilfreich
für meine Gesundheit hielt. Bei einem dieser Spaziergänge geschah etwas
Seltsames. Ich kam an einer Parfümerie vorbei und sah im Schaufenster Sei-
fenstücke in einer Glasschale liegen. Ich ging in das Geschäft und suchte mir
eine Seife aus, da ich welche benötigte. Ich beobachtete, wie der Mann die
Seife einwickelte, nahm das Päckchen aus seiner Hand entgegen, steckte es in
meine Tasche und setzte meinen Spaziergang fort. Zu Hause angekommen,
ging ich direkt auf mein Zimmer, ohne vorher HPB gesehen zu haben und
zog Hut und Mantel aus. Ich wickelte das Seifenstück aus und entdeckte ein
zusammengefaltetes Stück Papier. Ich hielt es für einen Werbezettel. Ich erinnerte mich aber nicht daran, dass der Mann, der die Seife einpackte, einen
Zettel mit hinein gelegt hatte. Das mutete mich seltsam an. Der Zettel fiel
zu Boden. Ich hob ihn auf, entfaltete ihn und entdeckte einige an mich
gerichtete Bemerkungen von HPB's Meister in der mir bekannten Handschrift. Sie gaben mir eine Erklärung für die Ereignisse, die mich in den
vergangenen Tagen beschäftigt hatten sowie Richtlinien für mein zukünftiges Verhalten. Die Angelegenheit war von besonderem Interesse für mich, da

sie ohne HPB's Wissen und unabhängig von ihr geschah, denn sie saß zu jenem Zeitpunkt schreibend an ihrem Tisch.

Ich habe viele Dinge erwähnt, die mit dem Schreiben der *Geheimlehre* nicht in unmittelbarem Zusammenhang stehen. Einige Einzelheiten aus HPB's Leben zu jener Zeit scheinen mir aber zu einem besseren Verständnis dieser Frau beizutragen, die ein solch fabelhaftes Werk verfasste. An vielen Tagen saß sie stundenlang am Schreibtisch und schrieb, und nichts hätte aus äußerer Sicht monotoner und ermüdender sein können als dieses Leben. Doch ich vermute, dass sie sich in dieser Zeit sehr viel in den inneren Welten aufhielt und Dinge sah, die sie für die Nüchternheit ihres Alltags entschädigten. Es gab jedoch eine eigenartige Zerstreuung. Dem Schreibtisch gegenüber hing eine Kuckucksuhr an der Wand, die sich recht merkwürdig verhielt. Manchmal schlug sie wie ein lauter Gong und dann wieder seufzte und stöhnte sie wie besessen und kuckuckte völlig unerwartet. Luise, unser Mädchen, fürchtete sich vor ihr und gestand mir eines Tages, dass sie glaubte, der Teufel säße darin. „Nicht, dass ich an den Teufel glaube", meinte sie, „aber dieser Kuckuck spricht manchmal geradezu mit mir." Und das tat er tatsächlich. Eines Tages kam ich in das Zimmer und sah, wie es mir schien, von allen Seiten elektrische Lichtstrahlen herausströmen. Ich machte HPB darauf aufmerksam, und sie erwiderte: „Oh, es ist nur der geistige Telegraph; sie verstärken ihn heute Nacht für die morgige Arbeit." Das Leben in dieser Umgebung und die ständige Verbindung zu diesen gewöhnlich unsichtbaren Kräften schien mir die Wirklichkeit zu sein, während die äußere Welt verschwommen und unbefriedigend wirkte.

Der Winter verstrich, und der Frühling nahte. Eines Morgens erhielt HPB einen Brief von einer langjährigen Freundin, Evelyn Kislingbury, die uns besuchen wollte. In diese Zeit fiel auch der Besuch der Gebhards. Es war inzwischen mitten im Frühjahr, und wir mussten Pläne für den Sommer schmieden. HPB beschloss, die Sommermonate mit ihrer Schwester und ihrer Nichte in Ostende zu verbringen.

Frau Gebhard plante einen kurzen Aufenthalt in Österreich und überredete mich, sie nach Kempten zu begleiten. Wir begannen zu packen. In wenigen Tagen waren HPB's Kisten verschnürt und verschlossen, und die ereignisreiche Reise konnte beginnen. Evelyn Kislingbury fuhr nach London zurück und versprach, HPB bis Ostende zu begleiten.

Es war stets ein gewaltiges Unterfangen, wenn HPB verreiste, und ich blickte erschrocken auf die neun Gepäckstücke, die in ihrem Zugabteil verstaut werden mussten. Wir brachen zeitig zum Bahnhof auf, platzierten HPB, umgeben von ihren Habseligkeiten, in eine Ecke und versuchten unterdessen, mit dem Zugführer zu vereinbaren, dass sie mit Evelyn Kislingbury und Luise, ihrem Mädchen, alleine im Abteil sitzen konnte. Dann begann die schwierige Aufgabe, das Gepäck aufzutürmen, das aus Kissen, Decken, Handtaschen und der kostbaren Kiste mit dem Manuskript der *Geheimlehre* bestand. Arme HPB. Wochenlang war sie nicht aus ihrem Zimmer gekommen und musste jetzt alleine den Bahnsteig entlang gehen, was nur unter großen Schwierigkeiten geschah. Wir hatten sie gerade bequem untergebracht und freuten uns, dass die beschwerliche Aufgabe zufriedenstellend erledigt war, als einer der Beamten zur Tür kam und heftig gegen das viele Gepäck im Abteil zu protestieren begann. Er sprach in Deutsch, HPB antwortete in Französisch, und ich fragte mich, wohin das alles wohl führen würde, als glücklicherweise der Pfeifton ertönte und der Zug sich langsam in Bewegung setzte.

17E. VERA JOHNSTON (HPB'S NICHTE)
JUNI 1886, ELBERFELD, DEUTSCHLAND

[Wachtmeister 1893, 107-8]

Im Juni 1886 hielt ich mich bei meiner Tante in Elberfeld auf. Nachmittags las sie gewöhnlich vor, was sie am vorangegangenen Abend an der *Geheimlehre* geschrieben hatte.

Wenn ich am Morgen aus dem Schlafzimmer, das ich zusammen mit meiner Mutter im Haus von Frau Gebhard bewohnte, herunterkam, war meine Tante bereits in ihrer Arbeit vertieft. Eines Tages bemerkte ich offensichtliche Spuren von Verwirrung in ihrem Gesicht. Da ich sie nicht stören wollte, setzte ich mich still hin und wartete darauf, dass sie zu sprechen begann. Sie schwieg lange Zeit und starrte auf einen Punkt an der Wand, eine Zigarette zwischen ihren Fingern, wie sie es gewohnt war. Schließlich redete sie mich an: „Vera, weißt du, was ein *pi* ist?"

Erstaunt über eine solche Frage, erwiderte ich, dass meiner Ansicht nach ein *pie* eine Art englisches Gericht sei.

„Bitte, mache dich nicht zum Narren", entgegnete sie eher ungehalten,

„verstehst du denn nicht, ich frage dich in deiner Eigenschaft als mathematische Expertin. Sieh dir dies einmal an."

Ich schaute auf das Blatt Papier, das vor ihr auf dem Tisch lag. Es war übersät von Zahlen und Berechnungen, und ich erkannte bald, dass die Gleichung π = 3.14159 überall falsch eingesetzt worden war. Es hieß immer π = 31.4159. Freudig triumphierend, beeilte ich mich, sie auf den Fehler aufmerksam zu machen.

„Das ist es", rief sie aus. Das Komma hat mich schon den ganzen Morgen irritiert. Ich habe mich gestern beeilt, alles niederzuschreiben, was ich sah, und als ich heute die Seite betrachtete, spürte ich sofort, dass etwas nicht stimmte. Ich konnte mich einfach nicht mehr erinnern, wo das Komma stand, als ich die Zahl sah."

Damals wusste ich wenig über die Theosophie und die Art und Weise, in der meine Tante schrieb. Es überraschte mich daher, dass sie nicht fähig war, einen solch geringfügigen Fehler in einer so komplizierten Berechnung, die sie mit eigener Hand niedergeschrieben hatte, zu korrigieren.

„Du bist sehr unbedarft", meinte sie, „wenn du wirklich annimmst, dass ich all die Dinge, die ich niederschreibe, wirklich weiß und verstehe. Wie oft muss ich dir und deiner Mutter noch erklären, dass mir alles, was ich aufschreibe, diktiert wird und ich manchmal Manuskripte, Zahlen und Wörter vor mir sehe, von denen ich niemals etwas gewusst habe."

H.P. Blavatsky, Portrait von Hermann Schmiechen, 1885

Kapitel 18

BELGIEN UND ENGLAND
DIE GEHEIMLEHRE
1886 – 1887

Im Juli 1886 ließ sich Blavatsky in Ostende in Belgien nieder und fuhr fort, an der *Geheimlehre* zu schreiben. Anfang 1887 drängten mehrere englische Theosophen HPB, nach London zu kommen, um dort das Zentrum der theosophischen Arbeit zu bilden. Anfang März erkrankte sie jedoch an einer schweren Niereninfektion. Belgische und englische Ärzte gaben ihr nur noch eine kurze Lebensspanne. Sie schrieb ihr Testament und traf Maßnahmen für ihre sterblichen Überreste. Über Nacht wurde sie wieder gesund, nachdem ihr Meister ihr die Entscheidung überlassen hatte, ob sie sterben oder weiter leben und die *Geheimlehre* vollenden wollte. Unterstützt von Bertram und Archibald Keightley zog sie nach London um. Nach ihrer Ankunft, am 1. Mai 1887, ließ sie sich zunächst im Haus von Mabel Collins, genannt „Maycot", nieder und blieb dort knapp vier Monate. Das Haus wurde sofort zu einem aktiven Zentrum.

HPB schrieb unablässig an ihrem großen Werk, das schließlich vollendet und von Oktober bis Dezember 1888 in zwei dicken Bänden veröffentlicht wurde. Bertram Keightley und Archibald Keightley, deren finanzieller Hintergrund eine ungeheure Hilfe darstellte, waren ihre unermüdlichen Assistenten bei der Abschrift und Herausgabe des Manuskripts.

Die Geheimlehre bildet den krönenden Abschluss von HPB's literarischer Laufbahn. Band I befasst sich hauptsächlich mit der Evolution des Universums. Den Rahmen bilden sieben Stanzen, übersetzt aus dem Buch Dzyan, kommentiert und erklärt von HPB. Außerdem findet sich darin eine eingehende Erläuterung der grundlegenden Symbole aller großen Religionen und

291

Mythologien der Welt. Band II enthält eine weitere Serie von Stanzen aus dem Buch Dzyan, die die Menschen-Evolution beschreiben.

18A. GRÄFIN CONSTANCE WACHTMEISTER
OKTOBER 1886 – APRIL 1887, OSTENDE, BELGIEN

[Zusammengestellt aus HPB: In Memory, 20 und Wachtmeister 1893, 71-6]

Im Oktober 1886 traf ich in Ostende wieder mit HPB zusammen. Sie hatte eine angenehme Bleibe dort gefunden und empfing mich mit der ganzen Wärme ihres freundlichen Wesens. Wir nahmen unser eintöniges aber interessantes Leben wieder auf und beobachteten erfreut, wie sich die Manuskriptstöße der *Geheimlehre* allmählich türmten. Aufgrund unserer Nähe zu England schwirrten auch hier die Leute um HPB, und wir empfingen zahlreiche Besucher.

Ende des Winters [März 1887] wurde HPB sehr krank.

Zu meinem Kummer musste ich feststellen, dass sie gegen Mittag ermüdete und oft nicht fähig war, eine Stunde am Stück zu arbeiten. Dieser Zustand verschlimmerte sich zusehends. Als der Arzt von einer Niereninfektion sprach, wurde ich unruhig und telegraphierte Madame Gebhard, sie möge kommen. Sie willigte ein, und ich war sehr dankbar, denn ich wusste, ich würde sie in wenigen Stunden sehen.

Als sie eintraf, fiel eine schwere Last von meinen Schultern. HPB's Befinden hatte sich in der Zwischenzeit stark verschlechtert, und der belgische Arzt, die Liebenswürdigkeit in Person, probierte ein Mittel nach dem anderen aus, doch ohne besonderen Erfolg. Ich begann, mich zu ängstigen und wusste nicht, welchen Weg ich einschlagen sollte. HPB befand sich in einem dumpfen, lethargischen Zustand und schien stundenlang bewusstlos zu sein. Nichts erregte ihre Aufmerksamkeit. Schließlich hatte ich eine glänzende Idee. In der Londoner [theosophischen] Gruppe gab es einen Doktor Ashton Ellis. Ich schickte ihm ein Telegramm, in dem ich HPB's Zustand beschrieb und ihn bat, unverzüglich zu kommen.

In jener Nacht saß ich angstvoll an ihrem Bett und lauschte auf jedes Geräusch, das sie von sich gab, bis schließlich gegen drei Uhr morgens die Türglocke läutete. Ich flog zur Tür, öffnete sie, und der Arzt trat herein.

Aufgeregt schilderte ich ihm ihre Symptome und beschrieb die bisher verabreichten Medikamente. Daraufhin ging er zu ihr und ließ sie eine Medizin trinken, die er mitgebracht hatte.

Am folgenden Tag besprachen sich die beiden Ärzte. Der belgische Doktor meinte, er habe noch niemals erlebt, dass jemand mit einer solchen Nierenschädigung überlebte. Er war überzeugt, dass es keine Rettung mehr für sie gab. Herr Ellis vertrat ebenfalls die Ansicht, dass es äußerst selten sei, in einem derartigen Zustand so lange zu leben. Vor seinem Eintreffen in Ostende hatte er einen Spezialisten konsultiert, der die gleiche Meinung vertrat, aber riet, neben der einzunehmenden Medizin Massage zu versuchen, um die gelähmten Organe anzuregen.

Die Nacht verlief ruhig, und am nächsten Tag massierte Doktor Ellis sie mehrmals, bis er müde wurde. Aber es ging ihr nicht besser. Zu meinem Entsetzen begann ich, diesen Totengeruch wahrzunehmen, der einer Auflösung oft vorausgeht. Ich wagte kaum zu hoffen, dass sie die Nacht noch überleben würde. Ich saß alleine an ihrem Bett, als sie die Augen öffnete und mir sagte, wie froh sie sei, sterben zu dürfen und dass der Meister sie nun endlich frei lasse. Dennoch sorgte sie sich noch um die *Geheimlehre*. Ich sollte auf die Manuskripte achten und sie mit der Anweisung, sie zu drucken, an Oberst Olcott weiterleiten. Sie hatte gehofft, der Welt mehr geben zu können, aber der Meister wusste es am besten. In dieser Weise fuhr sie fort, mir mit Unterbrechungen viele Dinge zu sagen. Zuletzt versank sie in einen Zustand der Bewusstlosigkeit, und ich fragte mich, wie alles enden würde.

Ich konnte mir nicht vorstellen, dass sie sterben und ihr Werk unvollendet liegen lassen würde. Und dann die Theosophische Gesellschaft – was würde aus ihr werden? Wie konnte ein Meister, als Oberhaupt dieser Gesellschaft, es zulassen, dass sie zerfiel? Ich erinnerte mich, dass er HPB angeblich gesagt hatte, sie sollte Schüler um sich scharen und sie unterrichten. Wie konnte dies geschehen, wenn sie starb? Ich öffnete meine Augen, blickte sie an und fragte mich, ob es möglich sein konnte, dass sie sich so gequält, gelitten und bemüht hatte, um mitten in ihrer Arbeit zu sterben?

Niemand, der sie kannte, verstand sie wirklich. Selbst für mich, die ich so viele Monate mit ihr verbracht hatte, blieb sie ein Rätsel mit ihren seltsamen Kräften, ihrem unwahrscheinlichen Wissen, ihrem außergewöhnlichen Einblick in die menschliche Natur und ihrem geheimnisvollen Leben, das sie in für gewöhnliche Sterbliche unbekannten Regionen verbrachte, so dass, trotz der Nähe ihres physischen Körpers, ihre Seele weit fort im Gespräch mit anderen weilte.

Solche Gedanken gingen mir durch den Kopf, als ich in jener Nacht Stunde um Stunde sorgenvoll an ihrem Bett saß und zusehen musste, wie sie anscheinend immer schwächer wurde. Eine Woge der Mutlosigkeit überkam mich, und ich fühlte, dass ich diese edle Frau wirklich liebte und mein Leben ohne sie leer sein würde. Meine Seele bäumte sich auf bei dem Gedanken, sie verlieren zu müssen. Ich schrie auf und wusste nichts mehr.

Als ich die Augen öffnete, stahl sich das fahle Morgenlicht herein, und der fürchterliche Gedanke befiel mich, dass ich geschlafen hatte und HPB unterdessen vielleicht gestorben war – gestorben, während ich meine Nachtwache verschlief. Entsetzt wandte ich mich zum Bett und sah HPB's klare graue Augen ruhig auf mich gerichtet. „Kommen sie, Gräfin."

Ich hastete an ihre Seite. „Was ist geschehen – sie sehen so anders aus als in der vergangenen Nacht?"

Sie entgegnete: „Ja, der Meister ist hier gewesen; er gab mir die Wahl, zu sterben und frei zu sein oder zu leben und die *Geheimlehre* zu beenden. Er sprach von der schrecklichen Zeit, die mich in England (denn dorthin werde ich gehen) erwarten wird und wie sehr ich zu leiden haben werde. Aber als ich an die Schüler dachte, die ich unterrichten darf und an die Theosophische Gesellschaft, der bereits mein Herzblut gehört, nahm ich das Opfer an. Um die Sache jetzt abzuschließen, holen sie mir eine Tasse Kaffee, etwas zu essen und reichen sie mir die Tabakdose."

Ich beeilte mich, ihr die Dinge zu besorgen und erzählte Madame Gebhard von den guten Neuigkeiten.

18B. ARCHIBALD KEIGHTLEY
FEBRUAR – APRIL 1887, OSTENDE, BELGIEN

[Keightley 1892]

Anfang 1887 waren verschiedene Mitglieder der Theosophischen Gesellschaft in London der Meinung, dass die Theosophie einiger frischer Impulse bedurfte, damit das Zentrum nicht auf ein paar Einzelne beschränkt bliebe, die sich nur ihren Studien widmeten und auch in Zukunft widmen würden. Man diskutierte die Frage, auf welche Weise ein lebendiges Interesse an den Wahrheiten der Theosophie geweckt und die Beachtung der ethischen Philosophie erneuert werden könnte. Wir hatten alle das Gefühl, im Dunkeln zu arbeiten und die wirkliche Grundlage, auf der die Philosophie ruhte, nicht zu kennen.

Offensichtlich benötigten wir einen Führer, der unsere Bemühungen geschickt lenkte. Wir beschlossen, dass jeder getrennt an H. P. Blavatsky, die sich in Ostende aufhielt, schreiben und der Gründerin der TG und Botschafterin der Meister die Lage aus seiner Sicht schildern sollte. Wir baten sie, uns eine einzige, richtungsweisende Antwort zu geben. Sie aber antwortete mit acht oder zwölf Seiten auf jede einzelne Anfrage. Daraufhin ersuchten wir sie, zu uns zu kommen und uns zu helfen. Sie entgegnete, zuerst die *Geheimlehre* abschließen zu müssen, ehe sie sich einer anderen Arbeit zuwenden konnte.

Wir schrieben zurück, dass sie die *Geheimlehre* ebenso gut, wenn nicht sogar besser, in London fertigstellen könnte. Da sie nicht zustimmte, reiste Bertram Keightley Ende Februar oder Anfang März nach Ostende und besprach die Angelegenheit persönlich mit ihr. Schließlich willigte sie ein, Ende April nach London zu kommen, wo wir ihr am Rande der Stadt ein Haus zu mieten gedachten, damit sie ungestört weiterarbeiten konnte. Kurz nach seiner Rückkehr reiste ich selbst spontan nach Ostende. Nachdem ich mein Gepäck im Hotel untergebracht hatte, suchte ich Madame Blavatsky auf, die mich sehr freundlich empfing, obwohl sie mich kaum kannte. Sie bestand darauf, mein Gepäck aus dem Hotel herbeizuschaffen und während meines Aufenthalts in Ostende in ihrem Haus zu weilen. Zu dieser Zeit bewohnte sie mit einem schweizerischen Mädchen und Gräfin Wachtmeister, die ihr Gesellschaft leistete, die untere Etage. Ich wurde sofort mit der *Geheimlehre* bekannt gemacht, die ich lesen, korrigieren und kürzen sollte, ein Privileg, das ich mir natürlich nicht entgehen ließ.

Madame Blavatsky hatte damals seit dem vorangegangenen November niemals ihr Schreib- und Schlafzimmer verlassen oder das Esszimmer betreten, ehe dort nicht die Fenster geschlossen und der Raum geheizt worden waren. Aufgrund wiederholter Nierenentzündungen befürchtete sie, dass die leichteste Erkältung der Vollendung ihres Werkes schaden könnte.

Mit ihrer erneuten Versicherung, am 1. Mai in London einzutreffen, kehrte ich nach England zurück, nicht ohne ihr versprochen zu haben, noch einmal nach Ostende zu kommen, um ihr bei ihrer Reise nach London zu helfen. Einige Stunden nach meiner Ankunft in London erhielt Dr. Ashton Ellis, ein Mitglied unserer Gesellschaft, ein Telegramm von Gräfin Wachtmeister, in dem es hieß, dass sich Madame Blavatsky eine erneute Nierenentzündung zugezogen hatte, im Koma lag und in Lebensgefahr schwebte. Dr. Ellis reiste nach Ostende. Ebenso wie ihn überraschte es auch uns, dass sie sich innerhalb weniger Tage von diesem kritischen Zustand erholte. Sie hatte bereits Vorbereitungen für ihr Ende getroffen, bevor sie ins Koma fiel, Papiere verbrannt und ein Testament geschrieben. Später erzählte sie mir, dass ihr Leben durch das unmittelbare Eingreifen ihres Meisters gerettet worden war. Erneut zeigte sich ihre Ausdauer, denn sobald sie in der Lage war, das Bett zu verlassen, arbeitete sie an der *Geheimlehre*.

Mitte April fuhr [Bertram] Keightley wieder hinüber, und ich folgte ihm um den 25. oder 26. Wir waren bestürzt, als Madame Blavatsky uns eröffnete, bei diesem Wetter nicht reisen zu können, insbesondere wegen ihrer kürzlichen schweren Erkrankung. Ihr Vermieter erklärte, sie müsse das Haus verlassen, da die Zimmer vermietet seien. Zwingende Gründe hatten Gräfin Wachtmeister nach Schweden gerufen; aber sie hatte versprochen, Madame Blavatsky in London aufzusuchen. Außer uns half noch ein Freund von Dr. Ellis beim Umzug.

Der schicksalhafte Tag kam. Er zeigte sich nicht hell und kalt, sondern kalt und nebelig. Der Nieselregen durchdrang alles, was er berührte, und das Thermometer zeigte fünf Grad. Wir gingen davon aus, dass Madame Blavatsky sich weigerte, umzuziehen, was wir vollkommen verstanden hätten. Doch sie befand sich an jenem Morgen in Aufbruchstimmung, die Koffer standen gepackt, und alles war bereit.

Der Wagen traf ein, man half Madame Blavatsky beim Einsteigen und fuhr zum Kai. Man muss bedenken, dass sechs Monate lang kein Fenster in ihrem Zimmer geöffnet worden war, wenn sie darin saß (und nur kurz gelüftet wurde, sobald sie es verlassen hatte). Die Zimmertemperatur hatte immer bei zweiundzwanzig Grad gelegen, da sie annahm, alles, was darunter lag, würde sie umbringen. Hinzu kam, dass sie vor Rheumatismus kaum laufen konnte und unter starker Gicht litt. Aufgrund des niederen Wasserstands führte nur ein schmaler Gehsteig steil hinauf zum Deck. Man kann sich unsere Bestürzung vorstellen. Madame Blavatsky ergriff wortlos das Geländer und ging langsam und ohne Hilfe an Deck. Sichtlich erschöpft von der Anstrengung, sank sie in ihrer Kabine unter Schmerzen auf das Sofa. Abgesehen von der Tatsache, dass sie zum ersten Mal in ihrem Leben seekrank wurde, was sie sehr verblüffte, verlief die Reise bis Dover ereignislos.

Da der Pegel immer noch niedrig stand, musste sie von vier robusten Hafenarbeitern getragen werden. Die größte Schwierigkeit stand aber noch bevor. Die Bahnsteige sind niedrig, die englischen Zugabteile jedoch hoch. Mit vereinten Kräften hob man Madame Blavatsky in den Waggon. Die Reise nach London verlief ohne Zwischenfälle. Im Rollstuhl brachte man sie in dem von uns bereiteten Haus unter. Insgeheim befürchtete ich, dass die Reise ernsthafte Auswirkungen haben würde. Aus welchem Grund auch immer, sie schien sich nach ihrer Ankunft in London eine Zeit lang besserer Gesundheit zu erfreuen als während der vorangegangenen Monate.

Einen Tag nach ihrer Ankunft arbeitete sie morgens um sieben Uhr bereits an der *Geheimlehre*.

18C. JULIA W. KEIGHTLEY
(FRAU VON ARCHIBALD KEIGHTLEY)
1886 – 1891 PENNSYLVANIA

[Wachtmeister 1893, 121-5; dieser Bericht wurde mit „R. S." unterzeichnet, stammt aber von Julia W. Keightley]

Viele tausend Meilen weit von England entfernt lebend, bin ich Madame Blavatsky niemals persönlich begegnet. Wie viele andere meiner Bekannten, hörte ich zum ersten Mal von ihr, als mir das Heft der S. P. R. in die Hände fiel, in dem sie als Betrügerin und der Hodgson-Coulomb-Klatsch als Wahrheit dargestellt wurde.

Aufgrund meiner eigenen Erfahrung gelangte ich bald zu der Erkenntnis, dass sie nicht das war, was sie zu sein schien. Ich bat sie, mich zu unterrichten. Durch die Tatsache, dass ich ihr vertraute und ihr Glauben schenkte, ging mein Wunsch in Erfüllung. Der Glaube ruft in unserer Aura und in unseren inneren Körpern magnetische Anziehungskräfte hervor, die sich von denen der Zusammenziehung und der Verdichtung, die durch Zweifel und Kritik entstehen, stark unterscheiden. Meine Aura und meine inneren Körper wurden buchstäblich belebt. Die Kraftfelder, in denen sich Männer und Frauen entfalten, werden noch zu wenig verstanden. Glaube und Hingabe müssen zuerst da sein.

Nachdem HPB mich als Schülerin angenommen hatte, wurden keine Regeln festgelegt, keine Pläne aufgestellt. Ich ging weiterhin meiner Alltagsarbeit nach, und des Nachts, wenn ich eingeschlafen war, begann das neue Leben. Wenn ich am Morgen aus dem Schlaf erwachte, der so tief gewesen war, dass die Geschehnisse der Nacht noch lebhaft in Erinnerung waren, wusste ich, dass ich HPB aufgesucht hatte. Ich gab denjenigen, die bei ihr wohnten, eine bis auf die abgetragenen Stellen oder Löcher im Teppich genaue Beschreibung der Zimmer, in denen ich empfangen worden war. Beim ersten Besuch gab sie mir zu verstehen, dass ich als ihre Schülerin angenommen wurde. Danach empfing sie mich in verschiedener Weise und zeigte mir Bilder, die wie Landschaftsaufnahmen an den Zimmerwänden entlang glitten.

Manchmal, aber sehr selten, wachte ich auf, und sie stand am Fußende meines Betts. Ich stützte mich auf meinen Ellbogen, und sie begann mit ihrer Zeichensprache. Während die Harmonien der Natur das vom Mondlicht erhellte Zimmer erfüllten, glitten die wunderbar lebendigen Bilder über die Wände. Die ganze Szene war für mich vollkommen objektiv. Ich nahm das Umfeld und die natürlichen Geräusche bewusst wahr und meinen kleinen Hund in die Arme, der bei ihrem Anblick zitterte und winselte. Ich gewöhnte mich an HPB's Mimik. Ich sehe sie noch vor mir stehen, ihr altes, schäbiges, heiß geliebtes Nachtgewand um sich geschlungen, während sie vor mir den Raum eröffnete und sich dann in ihr eigenes wirkliches Sein ausdehnte.

Ich besitze kaum mehr als ein halbes Dutzend Briefe von ihr, und diese enthalten keine Belehrungen. Sie sprechen äußere Angelegenheiten an und weisen diese Eigenart auf. In der Nacht forderte sie mich auf, bestimmte Personen in bestimmten Dingen zu beraten. Ich gehorchte, bezog mich auf sie, und kurz darauf erreichte mich ihr Brief mit den Anweisungen, die ich vorher in der Nacht gehört hatte. Auf diese Weise konnte ich beweisen, dass ich tatsächlich ihren Wunsch aus Übersee vernahm, denn es handelte sich immer um einen plötzlichen Notfall, der ein, höchstens zwei Tage vorher eingetreten war. So konnte ich meine Erfahrung abhaken und manchmal ein Ereignis vorhersagen.

18D. BERTRAM KEIGHTLEY
MAI 1887 – OKTOBER 1888, LONDON

[Wachtmeister 1893, 90-5]

Ein oder zwei Tage vor unserer Ankunft in Maycot übergab HPB Dr. [Archibald] Keightley und mir das gesamte, so weit fertiggestellte Manuskript [der *Geheimlehre*] mit der Bitte, es zu lesen, zu korrigieren und zu behandeln, als sei es unser eigenes – was wir natürlich nicht taten, da wir ihr Wissen viel zu hoch schätzten, als dass wir uns die Freiheit genommen hätten, an einem solch wichtigen Werk zu arbeiten.

Wir lasen den Stoß der Manuskriptblätter sehr sorgfältig durch, verbesserten, falls unumgänglich, das Englisch und die Zeichensetzung und legten es ihr nach langer Beratung vor. Ich erinnere mich an das ungute Gefühl, das mich beschlich, da die Arbeit meiner Meinung nach einem genauen Plan entsprechend völlig überarbeitet werden musste, weil das Buch der *Isis Entschleiert* glich, nur sehr viel schlimmer im Hinblick auf Anordnung und Folgerichtigkeit.

Nachdem wir uns eine Weile unterhalten hatten, schickte uns HPB zu Tophet und meinte, wir sollten damit machen, was wir wollten. Sie war der Sache überdrüssig geworden, hatte sie an uns abgetreten und wir sollten jetzt das Beste herausholen.

Wir zogen uns zurück und berieten uns. Schließlich legten wir ihr einen Plan vor, nach dem das Werk in vier Bände aufgeteilt werden sollte, von denen der erste sich mit der Evolution des Kosmos, der zweite mit der Evolution des Menschen, der dritte mit dem historischen Teil, das heißt der Lebensbeschreibung einiger großer Okkultisten, befasste und der vierte schließlich den praktischen Okkultismus enthalten würde, sollte sie jemals die Zeit finden, darüber zu schreiben.

HPB segnete diesen Vorschlag ab.

Der nächste Schritt bestand darin, das Manuskript erneut zu lesen und es im Hinblick auf die Themen der beiden ersten Bände, Kosmogonie und Anthropologie, neu zu gestalten. Nachdem HPB der Anordnung zugestimmt hatte, wurde das Manuskript mit der Schreibmaschine geschrieben, nochmals gelesen, korrigiert und mit dem Originalmanuskript verglichen.

Der gesamte Kommentar zu den Stanzen des Dzyan betrug nicht mehr als zwanzig Seiten. Wir sprachen mit ihr darüber und machten ihr den Vorschlag, einen umfassenden Kommentar zu schreiben, wie sie es dem Leser in den einleitenden Worten versprochen hatte. Ihre Anwort war typisch für sie: „Was soll ich denn da sagen? Was wollt ihr denn wissen? Warum, es ist doch

H.P. Blavatsky im „Maycot" in London, 1887

alles ganz eindeutig!!!" Wir konnten das nicht so sehen. Sie wollte nicht, und wir zogen uns zurück, um darüber nachzudenken.

Die Lösung sah folgendermaßen aus: Jeder Vers der Stanzen wurde aufgeschrieben (oder aus dem maschinengeschriebenen Manuskript ausgeschnitten) und oben auf ein Blatt Papier geklebt. Auf einem anderen, daran gehefteten, losen Blatt notierten wir alle Fragen, die uns zu dem jeweiligen Vers in den Sinn kamen. HPB trug eine große Anzahl zusammen, ließ uns ausführliche Erklärungen oder eigene Ideen hinzufügen und erweiterte so ihre bereits geschriebenen eigenen Ausführungen. Auf diese Weise wurde die Arbeit erledigt.

Das Manuskript war aber noch keineswegs druckreif. Deshalb schrieben Dr. Keightley und ich es abwechselnd mit der Maschine ab und erhielten eine saubere Abschrift der ersten drei Bände, die wir schließlich in die Druckerei gaben.

Zu dem weiteren Werdegang der *Geheimlehre* ist nicht viel zu sagen – obwohl noch Wochen harter Arbeit vor uns lagen. HPB las zweimal die Korrekturfahnen, einmal eine Seitenkorrektur, berichtigte, fügte hinzu und änderte bis zum letzten Moment.

Phänomene im Zusammenhang mit der *Geheimlehre* gab es nicht wenige, wie Zitate aus Büchern, die es nicht im Haus gab und die nach langem Suchen manchmal im Britischen Museum unter den seltenen Büchern gefunden wurden.

Bei der Bestätigung solcher Zitate stellte ich gelegentlich fest, dass die Seitenzahlen verdreht waren, wie S. 321 anstatt S. 123, was auf die Umkehr der im Astrallicht wahrgenommenen Objekte hinweist.

Was den Wert der Arbeit betrifft, wird die Nachwelt ihr Urteil abgeben müssen. Nachdem ich mich eingehend damit beschäftigt habe, sie aber weder als Offenbarung noch als Dogma betrachte, bin ich persönlich zutiefst davon überzeugt, dass HPB's *Geheimlehre* einen unschätzbaren Wert besitzt und wie kein anderes Werk wertvolle Hinweise und Quellen zum Studium von Mensch und Natur liefert.

18E. Charles Johnston
Frühjahr 1887, London

[Johnston 1900]

Der lieben alten „HPB", wie ihre Freunde sie nennen, begegnete ich zum ersten Mal im Frühjahr 1887. Einige ihrer Schüler hatten ein hübsches Haus in Norwood gemietet, wo das riesige Glasmittelschiff und die beiden Türme des Crystal Palace über ein Labyrinth von Straßen- und Häuserreihen leuchteten. London zeigte sich von seiner rußigsten Seite. Die Plätze und Gärten dufteten nach Flieder und Goldregen. Die ständige Dunstglocke hatte sich zu einem grauen Schleier verdünnt, der in der Nachmittagssonne schimmerte, durchbohrt von den riesigen Türmen von Westminster und tausend Spitzen und Kaminen. Von jedem Haus zog eine Rauchwolke ostwärts.

HPB beendete gerade ihre Tagesarbeit, weshalb ich eine halbe Stunde mit ihrem freiwilligen Sekretär auf dem oberen Stockwerk zubrachte, der ihr hingebungsvoll diente. Ich kannte ihn seit zwei Jahren. Wir sprachen von alten Zeiten und HPB's großartigem Buch, der *Geheimlehre*. Er las mir Stanzen über die universelle kosmische Nacht vor, als die Zeit nicht existierte; über die strahlenden Söhne der manvantarischen Morgendämmerung; das Heer der Stimme; über die schrecklichen und bösen Wassermenschen und die Schwarzmagier des untergegangenen Atlantis; über die Söhne von Wille und Yoga und den unüberschreitbaren Ring; über den großen Tag des Sei-bei-uns, an dem alle eins sind, indem „du und andere, ich und ihr" sich vereinen.

So verflog die halbe Stunde, und ich ging hinunter, um die alte Dame zu besuchen. Mit einem ihrer dunkelblauen Gewänder bekleidet, die sie so sehr liebte, saß sie in ihrem Schreibzimmer und wollte sich gerade von ihrem Schreibtisch erheben. Zuerst fiel mir ihr Kraushaar auf, und als sie sich umdrehte ihre ausdrucksvollen Augen. „Mein lieber Junge!", begrüßte sie mich herzlich. „Gut, sie zu sehen. Kommen sie, wir wollen uns unterhalten. Sie kommen gerade rechtzeitig zum Tee." Und dann schüttelte sie mir die Hand.

Mit durchdringender Stimme rief sie „Louise!", und ihr schweizerisches Mädchen erschien und musste einen Schwall von Anweisungen in französischer Sprache über sich ergehen lassen. HPB machte es sich in ihrem Sessel bequem, griff nach der Tabakdose und begann, mir eine Zigarette zu drehen.

Die Bündchen einer Wollgarnitur, die ihre Handgelenke umgaben, hoben die wohlgeformten, zarten Hände hervor, als ihre geschickten, vom Nikotin stark verfärbten Finger das weiße Reispapier um den türkischen Tabak rollten.

Spöttisch lächelnd, meinte sie: „Sie haben doch sicher den SPR-Bericht gelesen? – Die gespenstische Forschungsgesellschaft* – und wissen, dass ich eine russische Spionin bin und die Meisterschwindlerin des Jahrhunderts!"

„Ich habe den Bericht gelesen. Aber ich kannte den Inhalt bereits. Ich war bei dem Treffen zugegen, als er vor zwei Jahren zum ersten Mal vorgelesen wurde."

„Nun", meinte HPB, immer noch belustigt lächelnd, „und welchen Eindruck hat das muntere Lämmchen aus Australien [Richard Hodgson] auf sie gemacht?"

„Einen sehr tiefen. Ich denke, er muss ein sehr guter Junge sein, der immer zum Tee nach Hause kam und dem der Herr eine gute Portion Eigendünkel mitgegeben hat. Wenn er sich etwas in den Kopf gesetzt hatte, bahnte er sich kühl seinen Weg, ohne die widerlegenden Tatsachen überhaupt zu beachten. Was A.P. Sinnett in *The Occult World* sagt, scheint mir durch diesen Bericht keineswegs erschüttert zu werden."

„Es freut mich, dass sie so denken, mein Lieber", entgegnete sie höflich, „denn jetzt kann ich ihnen mit gutem Gewissen eine Tasse Tee anbieten." Louise hatte auf dem Ecktisch ein weißes Tischtuch ausgebreitet, ein Tablett hereingetragen und eine Lampe angezündet. Bald darauf erschien auch der Sekretär, der einen scharfen Verweis über sich ergehen lassen musste, weil er angeblich zu spät kam, was aber nicht der Fall war. Dann wandten wir uns wieder den Forschern des Übersinnlichen zu.

„Sie werden niemals viel ausrichten", meinte HPB. „Sie bewegen sich zu stark auf der materiellen Ebene und sind überängstlich. Sie befürchten einen Sturm zu entfachen, wenn sie zugeben wollten, dass unsere Phänomene echt sind. Man stelle sich vor, was dies bedeutete! Sie würden die moderne Wissenschaft und alles, was ich über die Bewohner der unsichtbaren Welt und ihre ungeheuren Kräfte gelehrt habe, praktisch unseren Mahatmas zugeschrieben haben. Allein der Gedanke ließ sie zusammenzucken, und so machten sie die arme Waise im Exil zum Sündenbock." Und ihre Augen funkelten in belustigtem Selbstmitleid.

---

* Wortspiel der englischen Sprache: Spookical Research Society

„So ungefähr muss es gewesen sein", entgegnete ich, „denn dem Bericht fehlt einfach jegliches Rückgrat. Er ist der Schwächste, den ich jemals in dieser Hinsicht gelesen habe. Es gibt von Anfang bis Ende nicht eine einzige Spur von einem echten Beweis."

„Denken sie wirklich so? Das ist gut!", rief HPB aus. Und dann wandte sie sich an den Sekretär und bezichtigte ihn, gierig, träge, unsauber, unmethodisch und ganz allgemein wertlos zu sein. Als er sich ungeschickt zu verteidigen versuchte, brauste sie auf und fuhr ihn an, er sei „als Schlappschwanz geboren, lebe wie ein Schlappschwanz und werde als solcher sterben". Er verlor die Beherrschung und kleckerte sein Ei auf das weiße Tischtuch.

„Da!", schrie HPB und starrte ihn wütend an. Beifall heischend blickte sie zu mir herüber. Dies war ihre Art, ihre Schüler in Gegenwart von völlig Fremden auszuschimpfen. Es spricht nur für jene, dass diese sie dennoch liebten.

„Es gibt etwas an dem Bericht, das ich gerne von ihnen erklärt haben möchte. Wie verhält es sich mit dem Schriftbild der okkulten Briefe [der Meister]?"

„Nun, was soll damit sein?", fragte HPB interessiert.

„Es heißt, sie hätten die Briefe selbst geschrieben und sie trügen eindeutige Kennzeichen ihrer Handschrift und ihres Schreibstils. Was sagen sie dazu?"

„Lassen sie es mich folgendermaßen erklären", entgegnete sie nach einem langen Blick auf das Ende ihrer Zigarette. „Haben sie sich jemals mit Gedankenübertragung beschäftigt? Dann ist ihnen sicherlich aufgefallen, dass die Person, die das Mentalbild empfängt, dieses sehr oft mit ihren eigenen Gedanken färbt oder leicht abwandelt, obgleich es sich um eine absolut echte Gedankenübertragung handelt. In ähnlicher Weise verhält es sich mit den mental vorgeformten Briefen. Einer unserer Meister, der vielleicht kein Englisch kennt und natürlich keine englische Schreibweise beherrscht, möchte einen Brief als Antwort auf eine mental an ihn gerichtete Frage schicken. Nehmen wir an, er ist in Tibet und ich bin in Madras oder London. Die Antwort hat er in Gedanken bereit, nicht aber in englischen Worten. Zuerst muss er diesen Gedanken meinem Gehirn einprägen oder dem irgendeiner anderen Person, die Englisch spricht. Dann muss er die in dem Gehirn aufsteigenden Wortformen aufnehmen, um den Gedanken zu beantworten. Dann muss er gedanklich ein klares Schreibbild der Worte schaffen, deren Formen er über mein Gehirn oder das eines anderen aufnimmt. Durch mich oder einen Chela, mit dem er magnetisch verbunden ist, muss er diese Wortformen zu Papier bringen, indem er sie zuerst in den Geist des Chelas sendet und dann dem Papier einprägt, wobei er das magnetische Kraftfeld des Chelas benutzt, um sie zu drucken, und das Material, schwarz oder blau oder rot, aus dem Astrallicht sammelt. Da sich alle Dinge im Astrallicht auflösen, vermag der Wille des Magiers sie wieder hervorzuholen. Er kann also Pigmentfarben für die Buchstaben im Brief herausziehen, indem er das Magnetfeld des Chelas benutzt, um sie zu drucken. Den gesamten Vorgang kann er mittels seiner eigenen, viel stärkeren Magnetkraft, nämlich dem Strom seiner mächtigen Willenskraft, lenken."

„Das klingt sehr einleuchtend", erwiderte ich. „Würden sie mir zeigen, wie es geschieht?"

„Dazu müssten sie hellsehend sein", meinte sie klar und nüchtern, „um die Strömungen sehen und lenken zu können. Aber dies ist der Punkt; nehmen wir an, der Brief wird durch mich manifestiert. Es bliebe nicht aus, dass er Spuren meiner Ausdrucksweise, sogar meiner Handschrift aufwiese. Trotzdem handelte es sich um ein vollkommen echtes Phänomen und eine wirkliche Botschaft von dem jeweiligen Meister. Außerdem übertreiben sie die Ähnlichkeit der Schrift. Und die Experten sind nicht unfehlbar. Es hat Experten gegeben, die ebenso sicher waren, dass ich diese Briefe unmöglich geschrieben haben konnte – und sie waren genauso gut. Aber der Bericht erwähnt sie nicht. Es gibt Briefe, die in der gleichen Weise auftauchten, während ich mich Tausende von Meilen entfernt aufhielt. Dr. Hartmann erhielt mehr als einen im indischen Adyar, während ich in London war. Ich hätte sie wohl kaum selbst schreiben können. Sie haben doch einige der okkulten Briefe gesehen. Was sagen sie denn dazu?"

„Ja", Sinnett zeigte mir eine große Anzahl von ihnen; die ganze Serie, auf der die beiden Werke *The Occult World* und *Esoteric Buddhism* basieren. Einige von ihnen sind in Rot geschrieben, mit Tinte oder Bleistift, die meisten aber in Blau. Zuerst glaubte ich, es sei Bleistift und versuchte, die Schrift mit dem Daumen zu verwischen, aber es gelang mir nicht."

„Natürlich nicht", meinte sie lächelnd, „die Farbe ist in die Papieroberfläche getrieben. Aber was sagen sie zu der Handschrift?"

„Darauf möchte ich jetzt eingehen. Es gab zwei Schriftbilder, eins in Rot und eins in Blau. Sie waren vollkommen verschieden voneinander und ähnelten ihrer Schrift nicht. Ich habe die Handschriften eingehend untersucht.

Die beiden Schriftzüge wiesen eindeutige Unterschiede auf. Die blaue Handschrift gehörte offensichtlich einem sehr gütigen, ausgeglichenen, aber willensstarken Mann; logisch, gelassen und unwahrscheinlich geduldig, um seine Absicht klar zu machen. Alles in allem handelte es sich um die Handschrift eines gebildeten und sehr sympathischen Mannes."

„Was ich nicht bin", meinte HPB lächelnd. „Das ist Mahatma Koot Hoomi; er ist ein gebürtiger Brahmane aus Kaschmir und hat Europa ausgiebig bereist. Die *Occult World*-Briefe stammen von ihm, und er hat Sinnett den größten Teil des Materials für das Buch *Esoteric Buddhism* geliefert. Aber sie haben ja alles darüber gelesen."

„Ja, ich erinnere mich, er sagt, sie kreischen mit einer Stimme wie Sarasvatis Pfau durch den Weltraum. Etwas, was sie wohl kaum über sich selbst sagen würden."

„Natürlich nicht", erwiderte sie. „Ich weiß, ich bin eine Nachtigall. Aber was ist mit der anderen Handschrift?"

„Die rote? Oh, die ist völlig anders. Sie ist wild, ungestüm, dominierend, stark; sie gleicht Vulkanausbrüchen, während die andere Schrift an die Niagara-Fälle erinnert. Die eine ist Feuer, die andere Meer. Sie sind vollkommen verschieden und ganz anders als ihre. Aber die zweite ähnelt der ihren mehr als die erste."

„Das ist mein Meister", erklärte sie, „den wir Mahatma Morya nennen. Ich habe hier ein Bild von ihm."

Sie zeigte mir ein kleines Ölgemälde. Wenn ich jemals wahre Ehrerbietung und Ehrfurcht in einem Menschenantlitz gesehen habe, dann in ihrem, als sie von ihrem Meister sprach. Er gehörte zu den Rajputen, einem der Kriegsvölker der Wüste Indiens, der edelsten und feinsten Nation der Welt. Ihr Meister war von stattlicher Größe und hervorragendem Körperbau, eine vollkommene männliche Schönheit. Sogar das Bild strahlte eine wunderbare Macht und Faszination aus; die Kraft und das Feuer allein in seinem Antlitz; die klaren, bronzefarbenen Gesichtszüge; das tiefe Schwarz der Haare und des Bartes – alles drückte männliche Stärke aus. Ich fragte sie nach seinem Alter.

„Mein Lieber, ich kann es ihnen nicht genau sagen, denn ich weiß es nicht. Ich will ihnen jedoch Folgendes erzählen. Mit Zwanzig bin ich ihm zum ersten Mal begegnet – im Jahr 1851. Damals stand er auf der Höhe seines Mannestums. Ich bin jetzt eine alte Frau, er aber nicht um einen Tag gealtert. Er steht immer noch auf der Höhe seines Mannestums. Das ist alles, was ich ihnen dazu sagen kann. Daraus mögen sie ihre eigenen Schlüsse ziehen."

Dann berichtete sie mir von anderen Meistern und Adepten, die sie kannte. Sie hatte Adepten verschiedener Rassen kennengelernt, aus Nord- und Südindien, Tibet, Persien, China und Ägypten; aus unterschiedlichen europäischen Nationen – griechische, ungarische, italienische und englische; dann aus bestimmten Rassen Südamerikas, wo es eine Loge von Adepten geben soll.

„Und nun, mein Lieber, ist es spät geworden, und ich bin müde. Ich möchte ihnen Gute Nacht sagen!" Und die alte Dame entließ mich mit jener Würde, die sie niemals verlor, da diese einfach zu ihr gehörte. Sie war die vollkommenste Aristokratin, der ich jemals begegnet bin.

Es war etwas an ihrer Persönlichkeit, ihre Haltung, das Licht und die Kraft ihrer Augen, das von einem weiteren, tieferen Leben sprach. Dies war und blieb das Größte an ihr; dieses Gefühl von einer größeren Welt, einer tieferen Kraft, einer unsichtbaren Macht. Diejenigen, die in Einklang mit ihrer starken Seele schwangen, empfanden es als eine Offenbarung, und es ließ sie dem Weg, den sie wies, folgen. Denjenigen, die nicht mit ihren Augen zu sehen vermochten, die sich nicht bis zu einem gewissen Grad auf ihre Vision einstellen konnten, bedeutete diese Eigenschaft eine Herausforderung, ein Reiz, ein Missklang und eine zerstörerische Kraft, die sie schließlich zu einer Verhaltensweise wütender Feindseligkeit und Verleumdung führten.

Sie war größer als irgendeines ihrer Werke und besaß eine lebendigere Kraft als ihre Schriften.

H.P. Blavatsky im Jahre 1889

Kapitel 19

LANSDOWNE ROAD, LONDON
1887 – 1888

Innerhalb weniger Wochen nach der Ankunft von HPB in England wurde die Blavatsky-Loge eingerichtet, bei deren Zusammenkünften sie den Mittelpunkt bildete. Ihre Zeit war ausgefüllt mit Schreiben, Gesprächen, Begegnungen und ihrem Kartenspiel (das im Englischen auch als „Patience" bezeichnet wird). Sie brachte auch eine neue Zeitschrift heraus, die den Titel *Lucifer* trug, womit sie sich teilweise über die herkömmlichen Vorstellungen lustig machen wollte, die die Leute mit diesem Begriff verbanden.

Anfang September 1887 zog HPB in die Holland Park Gegend von London um, in ein Haus in der Lansdowne Road 17, wo sie ihre vielseitige Tätigkeit fortführte. Kurz darauf erschien die erste Ausgabe des *Lucifer* – einer Zeitschrift, die den Zweck verfolgte, „die verborgenen Dinge der Dunkelheit ans Licht zu bringen". Etwa um dieselbe Zeit wurde der Theosophische Verlag in London gegründet.

19A. ARCHIBALD KEIGHTLEY
MAI 1887 – 1889
LONDON

[Keightley 1910, 113-9]

Es dauerte nicht sehr lange, bis man Mme. Blavatskys Anwesenheit spüren konnte. Die Leute begannen, sich um sie zu scharen, und Maycot wurde zum Wallfahrtsort. Es war eine bemerkenswerte Erfahrung, die Ankömmlinge zu beobachten. Einigen wurde eine private Unterredung gewährt, andere in Gesellschaft von uns, die wir mit im Haus wohnten, empfangen. Und wie sie behandelt wurden! Manchmal argumentativ, manchmal sarkastisch, sehr selten um Glauben oder Gerechtigkeit buhlend, immer mit derselben treibenden Kraft, die weder sie selbst noch irgendjemanden anderen, der das Werk des Meisters in irgendeiner Weise hätte fördern können, schonte.

Für Mme. Blavatsky begann der Tag als solcher vor sieben Uhr. Wann er wirklich anfing, weiß ich nicht. Der Körper brauchte seinen Schlaf, da er nicht allzu schonungslos getrieben werden durfte. Ich hatte Grund zu der Annahme, dass viele Nachtstunden dem Schreiben gewidmet waren, was sie aber nicht daran hinderte, zur gewohnten Stunde an ihrem Schreibtisch zu sitzen. Man sah sie nicht eher, als bis sie nach ihrem Mittagessen rief. Wenn ich von Mittagessen spreche, bedeutet dies nicht zu einer festgesetzten Stunde, denn es konnte zwischen zwölf und vier Uhr nachmittags sein, eine Tatsache, die einen Koch natürlich aus der Ruhe brachte. Wehe dem, der diese Arbeitsstunden störte, denn je stiller sie sich verhielt, desto stärker war sie beschäftigt.

Um sechs Uhr dreißig nahm Mme. Blavatsky schließlich mit uns anderen ihr Abendessen ein. Sobald der Tisch abgeräumt war, gab es Tabak und Gespräche, vorwiegend ersteres, obgleich letzteres auch nicht zu kurz kam. Ich wünsche, ich besäße das Erinnerungsvermögen und die Kraft, jene Unterhaltungen wiederzugeben. Es gab kaum etwas, über das nicht diskutiert wurde. Hier war ein Geist, angefüllt mit Kenntnissen, die ausgedehnte Reisen, Lebenserfahrung und die Erfahrung „unsichtbarer" Dinge angehäuft hatten, verbunden mit einer scharfen Wahrnehmungsgabe, die das Wirkliche und Echte hervorholte.

Eine Sache konnte Mme. Blavatsky nicht ausstehen – Lug und Trug und

Scheinheiligkeit. Sie kannte kein Erbarmen; sah sie echtes Bemühen, wenn auch noch so falsch, scheute sie keine Mühe, Rat und Berichtigung zu geben. Sie war immer aufrichtig, musste aber, wie ich später erfuhr, mitunter schweigen, damit andere ihre eigenen Erfahrungen machen und Einsichten gewinnen konnten, selbst wenn sie sich dabei mitunter selbst täuschten. Ich habe sie niemals eine Unwahrheit sagen gehört, wusste aber, dass sie manchmal nichts sagen durfte, weil die Fragesteller kein Recht besaßen, die Information zu erhalten. In solchen Fällen wurde sie, wie mir später zu Ohren kam, der vorsätzlichen Unwahrheit bezichtigt.

Mit solchen Gesprächen verstrichen die Abende, und sie legte dabei ihre „Patiencen". Neben vielen anderen Dingen lernte ich, dass das Kartenlegen das Gehirn beschäftigt, während HPB in einer völlig anderen Arbeit vertieft war. Sie konnte ihre Patience legen und gleichzeitig an der Unterhaltung im Zimmer teilhaben, sich dem „oberen Stockwerk", wie wir es nannten, zuwenden und sehen, was in ihrem eigenen Zimmer und an anderen Stellen im Haus und außerhalb vor sich ging.

Bei einem dieser Gespräche bemerkte Mme. Blavatsky, dass es ihr Schwierigkeiten bereite, ihre Ansichten im *Theosophist* zum Ausdruck zu bringen. Diese Zeitschrift hatte sie mit Oberst Olcott in Indien herauszugeben begonnen. Er trug jetzt die Verantwortung und veröffentlichte das Blatt nach seinen eigenen Richtlinien. Mit dem Beginn ihrer Arbeit in England gewann der unmittelbare Ausdruck *ihrer* Sichtweise an Bedeutung. Man beschloss die Herausgabe einer neuen Zeitschrift und besprach den Titel. „Wahrheit", „Fackel" und eine Reihe anderer Vorschläge wurden gemacht und abgelehnt. Dann redete man von „Lichtbringer" und schließlich von „Luzifer" als einer Abkürzung. Dieser Titel wurde von einigen heftig zurückgewiesen, da er zu diabolisch klang und in ihren Augen gegen den Anstand verstieß. Gott behüte! Das war der Titel!

Die Blavatsky-Loge bestand ursprünglich aus einer Gruppe von Leuten, die darauf vorbereitet waren, HPB vorbehaltlos zu folgen, und es wurde ein diesbezügliches Gelöbnis ausgearbeitet, dem wir uns alle unterzogen, und dann begannen die Zusammenkünfte. Jeden Donnerstagabend trafen wir uns in Mme. Blavatskys Zimmer, das in das Esszimmer überging. Die Leute strömten herein, so dass die Räume zu klein wurden. Ihr Interesse galt den Fragen, die sie Mme. Blavatsky zur Beantwortung vorlegten. Einiges davon wurde in *Transactions of the Blavatsky Lodge* gedruckt.

311

Der unter solchen Umständen ablaufende Vorgang ist es wert, beschrieben zu werden. Man legte die These oder den Kommentar vor, der begeistert aufgenommen oder beredt zurückgewiesen wurde – mit einer Beredtheit, die dazu dienen sollte, einen aus dem Gleichgewicht zu bringen und den Eindruck zu vermitteln, höchst böswillig Mme. Blavatskys Arbeitspläne umzustoßen. Trat aber die Aufrichtigkeit der Absicht zu Tage, konnte man einen Wandel in ihr beobachten. Ihr Verhalten und sogar ihr Gesichtsausdruck veränderten sich. „Schall und Rauch" verflogen, sie wurde sehr still, und ihr Gesicht schien größer, massiger zu werden. Jeder Punkt, den man vorbrachte, wurde bedacht, und ihre Augen – jene wunderbaren Augen – nahmen diesen Ausdruck an, den wir zu erkennen lernten. Dieser Blick glich einer Belohnung, die man sich verdienen musste, denn er bedeutete, dass das Herz durchforscht und kein Falsch darin entdeckt worden war und HPB die Aufsicht führte.

Man darf nicht vergessen, dass in dieser anstrengenden und mühevollen Zeit Mme. Blavatsky eine kranke Frau war, immer unter Schmerzen litt und oft kaum laufen konnte. Aber ihr unbeugsamer Wille und ihre Hingabe zwangen sie aus ihrem Bett an den Schreibtisch und ließen sie unbeirrt die *Geheimlehre* in Druck geben, den *Lucifer* herausbringen, ihre russischen Artikel und diejenigen für die Zeitschriften *Lucifer*, *Theosophist* und *Path* schreiben, persönliche und allgemeine Besucher empfangen und nicht zuletzt einen umfangreichen privaten Briefwechsel führen.

Zu dieser Zeit bekam ich eine Art Wundrose, begleitet von hohem Fieber, und musste das Bett hüten. Mme. Blavatskys Arzt war zufällig gekommen und schaute nach mir. Ich weiß nicht, was gesprochen wurde, nur dass Mme. Blavatsky die steilen Treppen herauf gekommen war (sie, die wegen der Schmerzen, die es ihr verursachte, niemals Treppen stieg), um sich selbst ein Urteil über meinen Zustand zu bilden. Sie saß da, schaute mich an, sprach und hielt dabei ein Glas Wasser in ihren Händen. Dieses Wasser trank ich später. Dann ging sie wieder hinunter und bat mich, ihr zu folgen.

Ich ging hinunter, wurde aufgefordert, mich auf das Sofa in ihrem Zimmer zu legen und man deckte mich zu. Im Halbschlaf sah ich sie an ihrem Schreibtisch mit dem Rücken zu mir sitzen. Wie lange ich so dort gelegen hatte, weiß ich nicht, aber plötzlich zuckte ein karmesinroter Lichtstrahl an meinem Kopf vorbei. Ich sprang auf und wurde durch die Rückenlehne ihres riesigen Stuhls mit den Worten begrüßt: „Lege dich hin, warum beachtest

du es überhaupt?" Ich legte mich nieder und schlief ein. Als man mich zu
Bett schickte, schlief ich erneut ein und fühlte mich am folgenden Morgen,
abgesehen von einer kleinen Schwäche, sehr wohl. Es war das einzige Mal,
dass ich das karmesinrote Licht sah. Blassblaues Licht hingegen habe ich, wie
andere auch, an Zimmergegenständen hängen und dann umher schwirren
gesehen. Einer von uns berührte es eines Tages hastig, als Mme. Blavatsky
sich im Nachbarzimmer aufhielt. Er wurde elektrisiert, aber auch vom Klang
ihrer Stimme. Sie schalt ihn, nannte ihn beim Namen und fragte, was er sich
um Himmels willen dabei gedacht hatte, aus lauter Neugierde in Dinge
einzugreifen, die ihn nichts angingen. Ich bin sicher, diesen doppelten Schrecken hat er niemals vergessen.

Die Treffen der Blavatsky-Loge waren ungewöhnlich. Wir saßen in der
Runde, unterhielten uns zwanglos und stellten Mme. Blavatsky Fragen. Die
Gruppe setzte sich aus den verschiendartigsten Männern und Frauen zusammen. Besondere Freude bereitete es uns, wenn Mme. Blavatsky nach Art des
Sokrates eine andere Frage stellte, um selbst Informationen einzuholen. Es
erwies sich als eine sehr wirkungsvolle Methode und verwirrte oft den Fragesteller. Wurde die Frage aus echtem Wissensdurst heraus gestellt, scheute sie
keine Mühe, sie ausführlich zu beantworten. Wurde die Angelegenheit jedoch angesprochen, um sie zu ärgern oder zu verwirren, hatte es für den
Fragesteller ein böses Ende. Die Treffen verschlangen viel Zeit, aber Mme.
Blavatsky erfreute sich am geistreichen Gefecht. Alle Nationen waren in jenen Räumen an den Donnerstagabenden vertreten, und man konnte niemals
sagen, wer anwesend sein würde. Manchmal waren unsichtbare Besucher
zugegen, die einige von uns sahen. Die Folgen gestalteten sich seltsam.

Mme. Blavatsky war sehr kälteempfindlich, weshalb man ihre Räume gut
heizte, die bei den Treffen oft unangenehm heiß waren. Eines Abends ging
ich vor dem Treffen hinunter und stellte fest, dass der Raum einer Eiskammer
glich, obwohl das Feuer und alle Lichter brannten. Als ich sie darauf aufmerksam machte, meinte sie lachend: „Oh, ich hatte einen meiner Freunde
hier und habe vergessen, seine Atmosphäre zu beseitigen." Ein anderes Mal
füllte sich das Zimmer allmählich, bis schließlich kein Platz mehr frei war.
Auf dem Sofa saß ein vornehmer Hindu in voller Aufmachung, mit Turban
und Gewand. Die Diskussion nahm ihren Lauf, und unser vornehmer Gast
zeigte sich sehr interessiert, denn er schien die Bemerkungen jedes Sprechers
gewissenhaft zu verfolgen. Der Präsident der Loge kam an jenem Abend sehr

spät und schaute sich suchend nach einem Platz um. Er ging auf das Sofa zu und setzte sich – mitten in den vornehmen Hindu, der, augenblicklich und ein wenig überrascht, *verpuffte* und *verschwand.*

Im Laufe des Winters waren die Dinge in Amerika in Bewegung geraten, und das Interesse an der Theosophie hatte allmählich zugenommen. Ich wurde in Mme. Blavatskys Zimmer gerufen und gefragt: „Arch, wann kannst du nach Amerika reisen?" Drei Tage später war ich unterwegs. Die Reise erwies sich als ein seltsames Erlebnis für mich, denn ich hatte noch niemals eine solch weite Schiffsreise unternommen. In meiner Kabine zogen leichtes Klopfen und Krachen meine Aufmerksamkeit an. Es konnte natürlich am Schiff liegen. Aber eine Reihe von kleinen Blitzlichtern, besonders in der Nacht, erhöhten meine Aufmerksamkeit. Es kam mir in den Sinn, dass diese Lichter ebenso wie das Klopfen und Krachen etwas mit HPB zu tun haben mussten, denn ich hatte inzwischen gelernt, dass die meisten dieser „Geschehnisse" eine Bedeutung besaßen. Später erfuhr ich in einem Brief und auch als ich nach Hause zurückkehrte, dass sie mir genau sagen konnte, was ich wann und wo im Laufe meiner Reise und meines Aufenthalts in Amerika unternommen hatte. Man erklärte mir, dass jenes Klopfen und Krachen und die Lichter das Kommen und Gehen von Elementarformen einer Kraft anzeigten, die einen Schnappschuss von mir und meinem Vorgehen machte.

19B. WALTER R. OLD
SOMMER 1887, LONDON

[HPB: In Memory, 38-9]

Im Laufe des Jahres 1887 stand ich in ständigem Briefwechsel mit Mitgliedern der Theosophischen Gesellschaft, und es ärgerte mich jeden Tag, dass ich [Madame Blavatsky], die treibende Kraft der okkulten Renaissance des 19. Jahrhunderts, noch nicht gesehen hatte. [Dann] traf ein Brief von einem Londoner Freund ein, der mir mitteilte, dass er einige Freunde in sein Haus eingeladen hatte, um Fragen zu besprechen, an denen ein gemeinsames Interesse bestand. Er schlug vor, mich am folgenden Tag mit zu „HPB" zu nehmen, falls ich kommen würde.

In dem einzigen Gedanken, HPB sehen zu können, willigte ich ein. An jenem Abend schien die Zeit still zu stehen, nur um sich über meine Ungeduld lustig zu machen. Schließlich dämmerte der Morgen herauf und erhob sich in einen wundervollen Sommertag. Gegen Mittag standen mein Freund und ich vor dem Haus, aus dem, wie er sagte, das ganze Leben der Theosophischen Gesellschaft kam. Man führte uns in den Salon, so nannte man das Zimmer wohl, obwohl ich niemals ein vergleichbares Zimmer gesehen oder erwartet hatte zu sehen. Nein, ich lag falsch, denn nach wenigen Augenblicken erhob sich HPB aufgrund der vertrauten Begrüßung meines Freundes von ihrem Schreibtisch, wo sie durch einen ungewöhnlich großen Sessel verdeckt gewesen war. Sie kam auf uns zu und begrüßte uns.

Die größten und strahlendsten blauen Augen, die ich jemals gesehen habe, waren auf mich gerichtet, als sie meine Hand ergriff. Meine erwartete Verwirrung verschwand bei den ersten Worten. Ich fühlte mich sofort bei ihr zu Hause. „Nein, ich will nicht mit „Madame" angeredet werden, nicht von meinem besten Freund. Bei meiner Taufe war keine Rede davon, und wenn sie erlauben, möchte ich einfach nur HPB sein. Setzen sie sich dorthin; sie rauchen natürlich; ich werde ihnen eine Zigarette drehen. E...., du Dummkopf (damit meinte sie meinen Freund), falls du meine Tabakdose drüben finden kannst, werde ich dich fälschlicherweise für einen Gentleman halten." Lachend, wie ein verspieltes Kind, erklärte sie mir, dass E... und sie „alte Freunde" seien und sie ihn sehr mochte, er aber oft „ihr hohes Alter und ihre Einfalt ausnutzte". Er widersprach ihr schlagfertig, brachte den Tabak herbei, und HPB drehte für uns alle Zigaretten. Dann gingen wir zu einem ernsthafteren Gespräch über. HPB fragte mich nach meinem Studium der Theosophie und des westlichen Okkultismus, berichtete mir von dem Erfolg der theosophischen Bewegung und von dem, was sich die Leute so erzählten und die Zeitungen aufbauschten und wie falsch dies alles war, weil sie es nicht verstanden, ihre Geschichtsbücher vergessen hatten und die Richtung der Bewegung nicht erkennen konnten. Dann bat sie mich, über mich selbst zu berichten und gab mir einige praktische Ratschläge. Bald darauf verabschiedete ich mich von der interessantesten Person, die ich jemals gesehen hatte.

Mein kurzer Besuch im Hause der Theosophen hatte mich zutiefst beeindruckt; am deutlichsten erinnere ich mich an HPB's unübertrefflich freundliche Verhaltensweise, ihre furchtlose Offenheit, ihre bemerkenswerte Lebhaftigkeit und vor allem an ihre Begeisterung, mit der sie über die Arbeit

315

sprach, die vor der Theosophischen Gesellschaft lag. Als man mir Monate später vorschlug, in London, in der damals in der Lansdowne Road gelegenen Zentrale, zu wohnen, willigte ich erfreut ein.

19C. ALICE L. CLEATHER
1887 LONDON

[Cleather 1923, 2-4]

Als HPB 1887 von Ostende nach London zog, wohnte ich mit meinem Mann und den zwei Kindern in Eastbourne. Kurz nach meinem Beitritt zur Theosophischen Gesellschaft begegnete ich Bertram Keightley, der mir half und mich ermutigte – wie von einem älteren zu einem jüngeren Mitglied. Er kannte meinen brennenden Wunsch, HPB kennenzulernen und bemühte sich freundlicherweise darum, falls die Möglichkeit bestand, in Maycot, in Norwood (einem Londoner Vorort) ein Treffen mit ihr zu arrangieren. Aber er warnte mich, dass es schwierig sein könnte, da „unsere alte Dame" dazu neigte, nun – manchmal ein wenig launisch zu sein. Ihre angebliche Launenhaftigkeit kümmerte mich wenig, wenn sie mich nur empfangen wollte. Ich war fest davon überzeugt, auf eine geistige Krise zuzusteuern, und alles schien von einer Begegnung mit ihr abzuhängen. Ich musste und würde sie sehen.

Es ging uns damals finanziell nicht besonders gut, und eine Reise von Eastbourne nach London und zurück war kein einfaches Unterfangen. Ich verfügte über eine kleine, für den Notfall zurückgelegte Summe. Ich beschloss, sie für meine Pilgerreise zu verwenden. Ich fühlte mich tatsächlich wie eine Pilgerin, die zu einem unbekannten Ziel aufbrach. Aufgeregt und voller Hoffnung fuhr ich nach London. Bei einer Freundin konnte ich Unterschlupf finden, was mir die Ausgaben für ein Zimmer ersparte. Maycot war eine kleine Villa, in der damals Kenningale Cook (eine bekannte Schriftstellerin), bei den Theosophen vertrauter unter ihrem Mädchennamen Mabel Collins, die Verfasserin von *Licht auf den Pfad*, wohnte.

Ich erinnere mich, dass Keightley mir auf dem Weg nach Norwood erzählte, dass die häufigen „Auseinandersetzungen" zwischen ihr und HPB „die halbe Straße hinunter gehört werden" konnten – wenn die Fenster offen standen! Von der Western Norwood Haltestelle aus gingen wir zu Fuß – und er hatte tatsächlich Recht! Als wir uns Maycot näherten, schallten uns laute und offensichtlich ärgerliche Stimmen entgegen. Ich war entsetzt, und Keightley murmelte, er fürchtete, „die alte Dame hätte einen ihrer Temperamentsausbrüche", was nicht gerade ermutigend auf mich wirkte, besonders als er hinzufügte, dass sie mich wahrscheinlich nicht sehen wollte. *Und so geschah es!* Nichts konnte sie bewegen, was ich sie selbst zu Keightley sagen hörte, (der mich draußen an der Treppe zurückgelassen hatte). Sie schimpfte mit ihm, in einem solch wichtigen Augenblick eine völlig Fremde anzubringen. Vergeblich erinnerte er sie daran, dass sie selbst diesen Zeitpunkt ausgesucht hatte und ich von außerhalb gekommen war, um diesen Termin einzuhalten. Sie zeigte sich unnachgiebig, sogar ärgerlich (so glaubte ich jedenfalls damals). Traurig musste ich nach London und dann nach Eastbourne zurückfahren, meine „Ersparnisse" verloren und meine „großen Hoffnungen" zerschmettert. Ich war wirklich sehr niedergeschlagen, da ich annahm, „unwürdig" zu sein. Trotzdem gab ich meinen Entschluss nicht auf, HPB zu sehen – würdig oder unwürdig.

Ende desselben Jahres (1887) erfüllte sich mein Herzenswunsch endlich. Wieder spielte Keightley den *deus ex machina*. Er konnte für mich eine Einladung in die Lansdowne Road 17 erwirken und begleitete mich eines Nachmittags dorthin. HPB war von Maycot in den Westteil Londons gezogen, und wir hatten Eastbourne verlassen und wohnten nun in Harrow, einem nordwestlich gelegenen Vorort, was eine Reise nicht länger schwierig gestaltete. Als man uns in jenes bekannte doppelte Zimmer führte, heftete sich mein Blick sofort auf die Gestalt einer stämmigen Frau mittleren Alters, die mit dem Rücken zur Wand an einem Kartentisch saß und offenbar Patience legte. Ihr Kopf und ihr Gesicht fesselten mich. Als sie aufblickte und mich ansah, nachdem Keightley mich vorgestellt hatte, erschrak ich vor diesen ungewöhnlich durchdringenden blauen Augen, die buchstäblich „ein Loch" in mein Gehirn „bohrten". Sie blickte mir einige Sekunden lang fest in die Augen, wandte sich an Keightley und meinte ungehalten: „Sie haben mir niemals gesagt, dass sie so ist!" Seine Beteuerungen ignorierte sie vollkommen. Was genau sie mit „so ist" meinte, habe ich niemals erfahren.

19D. REGINALD W. MACHELL
HERBST 1887 – 1888 LONDON

[Tingley 1921, 34-5]

1887 lernte ich Madame Blavatsky in London kennen, wo ich sie in ihrem Haus in der Lansdowne Road besuchte. 1888 trat ich der Theosophischen Gesellschaft bei und nahm an den Treffen der Blavatsky-Loge teil, die damals in dem Haus der Gründerin der Gesellschaft in der Lansdowne Road stattfanden. Madame Blavatsky war bei allen meinen wöchentlichen Besuchen zugegen und nahm an allen Vorgängen teil, beantwortete Fragen bezüglich der theosophischen Lehre und sprach zu einem umfassenden Themenbereich, der mehr oder weniger stark mit dem Hauptthema, der Theosophie, in Zusammenhang stand.

Was mich besonders zu diesem Thema hinzog, war meine tiefe Überzeugung von der absoluten Aufrichtigkeit der Gründerin der Gesellschaft und ihrer Fähigkeit, die wahren Lehren der Theosophie zu erläutern und jemanden, der ein höheres Leben anstrebte, zu führen. Meine Überzeugung gründete sich auf meine eigenen Beobachtungen, eine persönliche Charakterbeurteilung und nicht auf die Meinung anderer Leute. Kamen mir Geschichten zu Ohren, die nicht mit meinen eigenen Beobachtungen und Schlussfolgerungen übereinstimmten, ließ ich mich nicht durch sie beeinflussen, sondern fand Zuflucht in meinem Glauben an Madame Blavatsky als eine spirituelle Lehrerin, erhärtet durch ihre Werke.

Je mehr ich mich mit diesen Werken beschäftigte, desto stärker wurde mein Glaube an ihre Mission und ihre Fähigkeit, der Welt die ihr anvertrauten Lehren zu übermitteln. Ihre Hingabe an die Sache der Theosophie schien mir uneingeschränkt und völlig uneigennützig zu sein.

Ich sah, dass sie unter den Verleumdungen, die hinsichtlich ihres früheren Lebens in Umlauf waren, sehr litt, spürte aber, dass keine Verleumdung sie von ihrer Aufgabe abhalten konnte, der sie trotz ihres Gesundheitszustands, der ein Arbeiten unmöglich zu machen schien, nachging.

Es war offensichtlich, dass ihre aufopfernde Hingabe an die Theosophie keinen anderen Lohn als öffentliche Anprangerung und Schmähungen einbringen konnte und andererseits die sehr zweifelhafte Unterstützung jener, die ängstlich darauf bedacht waren, ein wenig von dem ungeheuren Wissen zu erhaschen, über das sie offensichtlich verfügte. Während sich einige ernsthafte Anhänger aufrichtig bemühten, ein spirituelles Leben zu leben und der Lehrerin zu folgen, verlangte es die Mehrheit derjenigen, die sich ihre Anhänger nannten, in Wirklichkeit nach Wissen, das sie zu eigennützigen Zwecken, nicht zum Wohle der Menschheit, einsetzen konnten. Einige von ihnen ärgerten sich über den „Papageienschrei der Brüderlichkeit", wie sie es verächtlich nannten. Brüderlichkeit, welche die „alte Dame" unablässig als die Grundlage der Theosophie hervorhob, in der jene aber „bloße Ethik" sahen.

Obwohl ihre erklärten Anhänger fortlaufend versagten, sie zu verstehen, und trotz der skrupellosen Fehldarstellungen seitens ihrer offenen Feinde, verlor sie niemals den Glauben an die Sache oder schwankte in ihrer Hingabe an die Aufgabe, die sie übernommen hatte. Seelisch und körperlich leidend, arbeitete sie unermüdlich, und ihre Schriften zeigten keine Spur ihres physischen Zustands, was ihr Leben zu einem Rätsel in sich selbst und ihre literarische Leistung zu einem Wunder machte.

Warum Angriffe auf ihren Charakter widerlegen, wenn es solche Monumente ihrer edlen Seele und ihrer Intelligenz gibt, wie *Die Geheimlehre, Die Stimme der Stille, Die Entschleierte Isis* und *Der Schlüssel zur Theosophie*?

19E. BERTRAM KEIGHTLEY
MAI – JUNI 1888, LONDON

[Keightley 1931, 21-3]

HPB schrieb den Leitartikel für *Lucifer* immer selbst, und unter verschiedenen Pseudonymen auch zahlreiche andere Artikel. Sie liebte es, diese mit irgendeinem Zitat zu beginnen, dessen Quelle sie aber gewöhnlich nicht angab. Mir oblag es dann, mich der Mühe zu unterziehen, den Quellennachweis zu erbringen, was oft einen Besuch im Lesesaal des Britischen Museums erforderte, selbst wenn es mir gelang, flehentlich bittend und nachdem ich liebevoll „verflucht" worden war, einige Referenzen aus ihr herauszuziehen.

Eines Tages reichte sie mir wie üblich für die nächste Ausgabe eine Abschrift ihres Beitrags, der mit einigen Versen begann. Ich quälte sie, mir die

Quelle dafür anzugeben. Sie nahm das Manuskript zurück, und als ich es mir später anschaute, hatte sie lediglich den Namen „Alfred Tennyson" unter die Verszeilen geschrieben. Ich wusste nicht mehr ein und aus, denn ich kannte meinen Tennyson ziemlich gut und war mir sicher, diese Zeilen in keinem seiner Gedichte gelesen zu haben. Außerdem waren sie nicht sein Stil. Ich durchstöberte meinen Tennyson, konnte sie nicht finden, befragte jeden, den ich traf – alles umsonst. Daraufhin kehrte ich zu HPB zurück, erzählte ihr die ganze Geschichte und versicherte ihr, dass diese Zeilen nicht von Tennyson sein konnten und ich sie nicht unter seinem Namen zu drucken wagte, ohne eine genaue Quellenangabe von ihr zu erhalten. HPB verfluchte mich und schickte mich zur Hölle. Der *Lucifer musste* an jenem Tag unbedingt in Druck gehen, weshalb ich noch einmal betonte, den Namen zu streichen, falls sie mir nicht *vorher* eine Referenz gab. Bevor ich anfing, suchte ich sie nochmals auf. Sie gab mir ein Stück Papier, auf dem die Worte geschrieben standen: *The Gem* – 1831. „Nun, HPB", meinte ich, „das ist ja noch schlimmer, denn ich bin ganz sicher, dass Tennyson niemals ein Gedicht mit diesem Titel verfasst hat." HPB erwiderte nur: „Mach, dass du raus kommst!"

Ich ging also in den Lesesaal des Britischen Museums und fragte dort nach. Man konnte mir nicht helfen. Alle stimmten darin überein, dass es sich nicht um ein Gedicht von Tennyson handeln konnte. Schließlich bat ich, Richard Garnett, den damaligen berühmten Vorsitzenden, sehen zu dürfen. Ich erklärte ihm die Lage, und auch er stimmte mir zu, dass die Zeilen nicht von Tennyson geschrieben worden sein konnten. Doch nachdem er eine Weile darüber nachgedacht hatte, fragte er mich, ob ich im Zeitschriftenkatalog nachgesehen hatte. Ich verneinte. „Nun", meinte er, „ich erinnere mich dumpf, dass es einmal eine kurzlebige Zeitschrift mit dem Titel *Gem* gegeben hat. Es mag die Sache wert sein, darin nachzuforschen." Und tatsächlich, in der Ausgabe des von HPB auf dem Zettel angegebenen Jahres fand ich ein kurzes Gedicht, unterzeichnet mit „Alfred Tennyson", das die beiden von HPB wörtlich zitierten Strophen enthielt. Jeder kann sie jetzt in der zweiten Ausgabe des *Lucifer** lesen, aber ich habe sie niemals in der angeblich vollständigsten und vollkommensten Ausgabe der Werke Tennysons gesehen.

---

*[Das Gedicht „No More" schrieb A. Tennyson im Alter von siebzehn Jahren. Es ist in den heutigen Ausgaben seiner Werke enthalten. Ein Faksimile besagter Seiten aus dem *Gem* von 1831, die das Gedicht enthalten, findet sich in *Collected Writings* 9:321-2. [DHC]

19E. William Kingsland
2. Juni 1888, London

[Kingsland 1928, zusammengestellt aus 18-9, 24, 258, 259, 261]

Ich hatte das Glück, Madame Blavatsky am 2. Juni 1888 zum ersten Mal zu begegnen, als sie in Notting Hill, Lansdowne Road 17, wohnte und eine beachtliche Schar ergebener Mitarbeiter um sich versammelt hatte. Es war nicht meine erste Begegnung mit der Theosophie, denn ich hatte bereits seit zwei Monaten die von A.P. Sinnett wöchentlich in seinem eigenen Haus abgehaltenen Zusammenkünfte besucht; ich hatte seine *Occult World* und *Esoteric Buddhism* und die frühen Ausgaben des in Indien herausgegebenen *Theosophist* gelesen. Diese Literatur eröffnete mir eine neue Gedankenwelt und neue geistige Reiche, nach denen zu streben sich lohnte. Die Theosophie ließ in mir eine Saite erklingen, auf die mein Innerstes sofort reagierte. Hier wurde nicht bloß die Möglichkeit eines unumstößlichen Wissens offenbart, wo Wissenschaft, Philosophie und Religion nur Vermutungen anstellten, sondern die Kosmologie und Anthropologie dieser „Uralten Weisheit" schienen mir die einzige Erklärung für das zu sein, was wir wissenschaftlich und historisch von der Welt, in der wir leben, von unserer menschlichen Natur und den literarischen Aufzeichnungen vergangener Zeiten eigentlich wissen. Diesen rationalen Überlegungen lag ein undefinierbares Gefühl zugrunde – das viele andere Leute auch erlebt haben – dass ich mit diesem Wissen nicht zum ersten Mal in Berührung kam, sondern nur mein äußeres Bewusstsein etwas hervorholte, was meinem inneren Selbst bereits vertraut war. Begierig, mehr zu erfahren, trachtete ich danach, diese bemerkenswerte Frau kennenzulernen, die großartige Bahnbrecherin dieser modernen Bewegung zur Wiederbelebung der alten okkulten Lehren und Überlieferungen. Es waren im Grunde genommen die *Lehren*, nicht die Frau, die mich anzogen. Ich wollte zur Quelle vordringen; aber ich hielt mich zurück, mir eine Meinung über die Persönlichkeit einer Frau zu bilden, die zum damaligen Zeitpunkt des Betrugs und der Scharlatanerie bezichtigt wurde.

Es gab keine emotionale Annäherung meinerseits, und ich vermied jegliches Urteil, zu dem ich angesichts ihrer temperamentvollen und höchst auffallenden persönlichen Merkmale geneigt war. Ich bat sie niemals, irgendwelche okkulte Phänomene zu bewirken und sah sie diese auch niemals hervorbringen. Diese Phänome, auf die viele ihr ganzes Vertrauen setzten und die ihr wahrscheinlich mehr Feinde als Freunde einbrachten, schienen mir im Gegensatz zu den Lehren immer zweitrangig zu sein, obgleich sie meiner Meinung nach nicht bloß überbewertet worden waren, sondern auch in sich selbst nicht unmöglich zu sein schienen. Die Erforschung des Paranormalen hat seither große Fortschritte zu verzeichnen, und man kann heute wohl sagen, dass die prinzipielle Möglichkeit der Phänomene wissenschaftlich belegt werden kann.

Die bemerkenswerten Kräfte, die H. P. Blavatsky von Kindheit an unbestreitbar besaß und die sie bei zahlreichen Gelegenheiten ohne Zweifel an den Tag legte, demonstrieren die Tatsache, dass solche Kräfte zur Verfügung stehen und nicht nur in „medialer" Weise, sondern schon durch den richtigen Gebrauch des geschulten Willens eingesetzt werden können. Das aber ist nichts Neues; es ist das uralte Wissen des Ostens und nennt sich *Yoga*.

Ich konnte nicht sehen, wie irgendeines der Phänomene, die sie angeblich bewirkt hatte, den Beweis für die Wahrheit der Lehren darstellen sollte, obgleich sie möglicherweise die Existenz der Meister sowie die Tatsache erhärteten, dass jedes Individuum unbekannte und unentwickelte paranormale Kräfte und Fähigkeiten besitzt. Ich ging jedoch davon aus, dass, trotz des SPR-Berichts, ihre phänomenalen Kräfte von einer sehr großen Anzahl glaubwürdiger Zeugen bestätigt worden waren. Ich behielt mir natürlich eine Menge Schlussfolgerungen vor; aber ich habe niemals einen Grund gesehen, auf meine ersten positiven Eindrücke zurückzugreifen und habe seither die Philosophie, die ich von ihr lernte, zur Grundlage aller meiner eigenen literarischen Arbeiten gemacht.

Die H. P. Blavatsky, die ich persönlich kannte, war mit Sicherheit nicht die „erfolgreiche Betrügerin", die uns in dem SPR-Bericht vorgestellt wird. Wenn diese Persönlichkeit jemals existiert haben sollte, muss sie bis zu dem Zeitpunkt, als ich die Verfasserin der *Geheimlehre* kennenlernte, vollkommen verschwunden sein.

Trotzdem, der SPR-Bericht wird sogar jetzt noch manchmal als eindeutiger *Beweis* dafür zitiert, dass die mit Mme. Blavatsky in Zusammenhang stehenden paranormalen Phänomene Betrug und die Meister oder Mahatmas, von denen sie angeblich ihre Lehren erhalten hatte, ihre eigene Erfindung waren und nicht tatsächlich existierten. Der Bericht bietet keine Beweisführung für die eine oder andere Annahme, die vor einem Gerichtshof bestehen könnte.

Die Kritiker scheinen zu glauben, dass, wenn sie genügend Dreck auf die Frau werfen, die der Welt die theosophische Lehre brachte, sie damit diese Lehren selbst weitgehend unglaubwürdig machen. Angesichts der großen Leistung, die Madame Blavatsky mit ihren Werken (*Die Geheimlehre, Der Schlüssel zur Theosophie* und *Die Stimme der Stille)* vollbrachte, wird es dieses literarische Werk und seine allmähliche Annahme sein, durch die ein frischer Strom geistiger Lehren in eine Welt dringt, die in den Materialismus abgesunken ist, und nicht jener Bericht, nach dem die Nachwelt H. P. Blavatsky beurteilen wird. Die Lehren und das literarische Werk, die sie der Welt schenkte, werden mit Sicherheit ihren Namen im Laufe der Zeit unter den großen Lichtbringern der Welt einreihen.

Alice Leighton Cleather

Kapitel 20

LONDON
DIE ESOTERISCHE SCHULE
UND DAS LEBEN MIT HPB
1888

Der Oktober 1888 war für Madame Blavatsky und die Geschichte der Theosophischen Gesellschaft ein wichtiger Monat. Sie übernahm die alleinige Herausgabe des *Lucifer*, die sie sich vorher mit Mabel Collins geteilt hatte. Am 9. Oktober gründete Oberst Olcott, der sich zu dieser Zeit in England aufhielt, die Esoterische Abteilung (oder Schule) zum Zwecke intensiver Studien der esoterischen Philosophie, mit HPB als Leiterin. HPB verfasste schließlich drei „Anweisungen der Esoterischen Schule" für die Mitglieder. Auch die Britische Sektion der Theosophischen Gesellschaft wurde zu dieser Zeit von Oberst Olcott, mit der Blavatsky-Loge als Hauptgruppe, organisiert und begründet. Am 20. Oktober wurden fünfhundert Ausgaben des ersten Bandes der *Geheimlehre* gedruckt, die bereits vor der Herausgabe verkauft waren. Der zweite Band erschien später im Jahr. Ende des Jahres hielt sich William Quan Judge in Irland und England auf, wo er HPB bei dem Entwurf der Regeln für die Esoterische Schule half.

20A. ALICE L. CLEATHER
OKTOBER – NOVEMBER 1888
LONDON

[Cleather 1923, 15-6]

Im *Lucifer* der Oktober-Ausgabe des Jahres 1888 hatte eine Anzeige gestanden, dass man unter der Führung von HPB eine „Esoterische Schule der Theosophischen Gesellschaft" zu gründen gedachte und diejenigen, die ihr beitreten und sich an ihre Regeln halten wollten, ihre Namen einreichen sollten. Frau Chowne und ich, und wenn ich mich recht entsinne auch Oberst Chowne, antworteten sofort; aber wir hörten eine Zeit lang nichts. Eines Tages besuchte mich Frau Chowne in Harrow – ich war zu diesem Zeitpunkt erkrankt – und brachte mir das Gelübde für die Esoterische Schule von HPB, das ich abschreiben und unterzeichnen sollte. HPB hatte ihr gesagt, dass wir nach Einsendung des unterzeichneten Gelöbnisses auf innerer Ebene *vom Meister* „geprüft" werden würden (ob man sich eignete). Frau Chownes genaue Worte lauteten: „Ausgewählt und geprüft". Anhand unserer vergangenen Leben und dessen, was über unser *wahres Selbst* in Erfahrung gebracht wurde, sollte entschieden werden, ob wir als Kandidaten angenommen wurden. Später erzählte sie mir, dass HPB sie bei der Übergabe unserer unterzeichneten Gelübde sehr ernst – fast feierlich – angeschaut und gesagt hatte: „Es ist ein großes Vertrauen, das sie in mich gesetzt haben."

Wir warteten also. Tage und Wochen vergingen, aber nichts geschah. Ich hatte fast Frau Chownes Warnung vergessen, was geschehen *könnte*, als ich eines Dienstagsnachts (es war Vollmond) etwas Wunderbares erlebte. Ich wusste, ich war ich selbst und lag halb wachend, halb schlafend zu Hause in meinem Zimmer. Dennoch befand ich mich in einem ägyptischen Tempel von ungeheurer Erhabenheit und durchlebte unbeschreibliche, geradezu feierliche Dinge. Dieses Erlebnis begann kurz nach zehn Uhr abends. Fast genau in dem Augenblick, als die benachbarte Kirchturmuhr Mitternacht schlug, verlor ich in einer überwältigenden und nahezu schrecklichen Lichtflamme, die mich gänzlich zu umhüllen schien, das Bewusstsein. Am nächsten Morgen notierte ich alles, an das ich mich erinnern konnte, in mein Tagebuch und ging am Donnerstag, wie üblich, in die Lansdowne Road zur Logenversammlung. Ich traf etwas früher ein. HPB wusste wohl, wer gekommen war, denn sie rief mich zu sich und meinte ernst: „Der Meister hat mir in der *vergangenen Nacht* mitgeteilt, dass sie angenommen sind." Kein Wort mehr! Ich erkannte sofort, dass mein Erlebnis in jener Nacht meine „Prüfung" gewesen war. Ich erzählte HPB davon, die nur mehrmals nickte, sich aber nicht dazu äußerte.

Frau Chowne erzählte mir später, dass sie und ihr Mann ähnliche Erfahrungen gemacht hatten und fügte hinzu, dass nur wenige der ersten Bewerber in dieser Weise „geprüft" worden waren und es nicht generell so gehalten wurde.

20B. WILLIAM Q. JUDGE
DEZEMBER 1888
LONDON

[Judge 1889]

Mme. Blavatsky lebt mit Gräfin Wachtmeister in Holland Park, in London, und arbeitet hart für die Theosophie. Sie verlässt kaum das Haus und schreibt von morgens halb sieben bis zum Abend ununterbrochen an Artikeln für ihre Zeitschrift, *Lucifer*, oder andere theosophische Veröffentlichungen. Sie beantwortet Briefe und bereitet das Material für weitere Bände ihres gigantischen Werkes *Die Geheimlehre* vor. Am Abend empfängt sie zahlreiche Besucher – Fragesteller, Kritiker, Neugierige, Freunde – und heißt alle mit einer solch charmanten Anmut, Freundlichkeit und Einfachheit willkommen, dass sich jeder bei ihr zu Hause fühlt. Abgesehen von ihren engsten Freunden, die ein, zwei Stunden länger bleiben, haben sich im Allgemeinen alle gegen zehn Uhr zurückgezogen.

Obwohl Mme. Blavatsky ihre Lebensmitte überschritten hat und seit fast drei Jahren, den Londoner Ärzten zum Trotz, die sie wegen einer schweren Nierenkrankheit, die sie jeden Moment töten könnte, aufgegeben hatten, immer noch lebt, scheint sie niemals zu ermüden. Sie bildet den sprühenden Mittelpunkt jeder Unterhaltung, gleichermaßen versiert in der englischen, französischen, italienischen und russischen Sprache, und geht, falls erforderlich, in Sanskrit oder Hindi über. Ob sie nun arbeitet oder spricht, stets scheint sie Zigaretten aus türkischem Tabak zu rollen, anzuzünden und zu rauchen. Was ihre persönliche Erscheinung betrifft, scheint sie sich seit ihrem Aufenthalt in Amerika, der nun schon viele Jahre zurückliegt, überhaupt nicht verändert zu haben, außer dass sie vielleicht etwas kräftiger geworden ist. Ihre Haltung zeichnet sich durch ein ausgewogenes Ineinandergreifen von Energie und großer Liebenswürdigkeit aus.

Ihre okkulten Kräfte zeigt sie jetzt nicht mehr, höchstens im Freundeskreis, aber ich konnte während meines Aufenthalts feststellen, dass sie Dinge tun kann, die sich durch die Gesetze der „exakten" Wissenschaft nicht erklären lassen. Vor zwei Jahren verlor ich hier in New York ein Schriftstück, das von großem Interesse für mich war. Ich glaube, außer mir wusste niemand davon, da ich es niemals erwähnt habe. Vor etwa vierzehn Tagen saß ich eines Abends mit B. Keightley und einigen anderen Personen in Mme. Blavatskys Salon und dachte zufällig an dieses Schriftstück. Madame erhob sich, ging in das angrenzende Zimmer und kehrte fast augenblicklich wieder zurück und reichte mir ein Blatt Papier. Ich entfaltete es und sah, dass es sich um ein genaues Duplikat des Schriftstücks handelte, das ich zwei Jahre vorher verloren hatte. Es war eigentlich ein Faksimile, wie ich sofort erkannte. Ich bedankte mich bei ihr, und sie meinte: „Nun, ich sah es in ihrem Kopf, dass sie es wollten."

Der silberne Glockenklang im Astralen, der hier in New York von vielen über ihrem Kopf vernommen wurde, folgt ihr immer noch. Für diejenigen, die mit ihrem Leben und ihrer Arbeit vertraut sind, steht es außer Frage, dass die Adepten sie ständig unterstützen, besonders ihr Meister, der Mahatma Morya, dessen Portrait in ihrem Arbeitszimmer hängt und das schöne Antlitz eines dunkelhäutigen Inders zeigt, das Sanftmut, Weisheit und Erhabenheit ausstrahlt. Es scheint nicht möglich zu sein, dass er, der in Tibet weilt, augenblicklich auf eine Frage antwortet, die sie mental hier in London stellt, und das entweder mittels eines mentalen Eindrucks oder einer gedanklich vorgefertigten Botschaft. Aber es geschieht immer wieder.

Ihre engsten Freunde in London sind Gräfin Wachtmeister, die Keightleys, Mabel Collins und Dr. Ashton Ellis. A. P. Sinnett schaut gelegentlich vorbei.

20C. ANONYM
DEZEMBER 1888, LONDON

[„Theosophy and Theosophists" 1888]

Ich kam gleichsam aus der Schattenwelt, als ich Madame Blavatsky vor ein paar Tagen besuchte. Eine lustige kleine Nachricht steckte in meiner Tasche, die mich zum Tee einlud und warnte, dass die Absenderin „so leicht zu interviewen sei wie ein heiliges Krokodil auf dem alten Nil". Der Umschlag dieser Nachricht trug ein mystisches Symbol und das unbestreitbare Motto, dass keine Religion höher als die Wahrheit sei.

Man führte mich in ein gemütliches kleines Zimmer im Erdgeschoss eines stattlichen Hauses, in dem zwei Lampen und ein Gasherd wie ein Dreigestirn glühten. Es roch stark nach türkischem Tabak, und hinter der roten Dunstscheibe einer Zigarette sah ich die breite, eindrucksvolle Gestalt von Madame Blavatsky. Klein, gedrungen und eher von schwarzer Seide umwickelt als darin gekleidet, ist sie eine sehr bemerkenswerte Erscheinung. Das dunkelhäutige Gesicht sieht zunächst ein bisschen schwer aus (mein erster Eindruck war der einer femininen Reinkarnation des Cagliostro) mit seinen weiten Nasenflügeln, großen, sanften Augen und vollen Lippen. Aber nach und nach erkennt man ein bewegliches und ausdrucksvolles Antlitz, sehr sympathisch und sehr intellektuell. Nach dieser groben Personenbeschreibung (eine Freiheit, für die sich der Interviewer immer aufrichtig bei dem Interviewten entschuldigen sollte) möchte ich auf die zarte Molligkeit ihrer Hände hinweisen.

Eine runde, geschnitzte Holzdose neben ihrem Ellbogen versorgt Madame Blavatsky mit dem Tabak für die Zigaretten, die sie unablässig von sechs Uhr morgens, wenn sie mit ihrer Arbeit beginnt, bis tief in die Nacht, wenn sie das Licht löscht, raucht. Neben der Tabakdose gibt es nur noch einen anderen bemerkenswerten Gegenstand in ihrem Heiligtum, das Portrait des Mahatma Morya (eines Nachfahren der alten Dynastie der Moryas, wie sie sagt), den sie ihren Meister nennt. Das Bild zeigt das schöne, sanfte und weise Antlitz eines dunkelhäutigen Inders. Sie erzählte mir, dass sie diesen Seher verschiedene Male in seinem physischen Körper gesehen habe; einmal in England, bei verschiedenen Gelegenheiten in Indien und vor Jahren, als sie ihn in Tibet besuchte. Eine romantische, keineswegs ungefährliche Pilgerreise, die sie in einige buddhistische Klöster oder Lamaklöster führte, wo sie sich mit den Einsiedlern unterhielt. Die Schüler von Madame Blavatsky erzählen sich viele Geschichten über die ungewöhnliche Weise, in der ihr Mahatma mit ihr kommuniziert. Briefe, die niemals den Postweg gegangen sind, flattern ihr in den Schoß. Zitate aus der Literatur, die sie manchmal nicht finden kann, werden ihr auf Papierfetzen in die Hand gelegt. In dem Manuskript, das sie abends auf ihrem Schreibtisch zurücklässt, findet sie oft am Morgen Passagen in der Handschrift des Mahatma Morya korrigiert, erweitert, neu geschrieben, mit Randbemerkungen versehen und so fort.

H.P. Blavatskys Salon in der Lansdowne Road in London

Überraschend sind auch die Kräfte, über die Madame selbst, nach Aussage ihrer theosophischen Mitarbeiter, verfügen soll. Denjenigen, die in der Lansdowne Road mit ihr zusammen leben, begegnen jeden Tag verblüffende Wunder. Man glaubt, dass die in uns schlummernden paranormalen Kräfte unter bestimmten Umständen entwickelt werden können. Ich denke, jede Form magischen Wirkens und der Glaube an das so genannte Astrale bilden den grundlegenden Glaubensbestand der Theosophen. Diese Phänomene werden nicht von jedem bezeugt, und ich brauche wohl kaum hinzuzufügen, dass Madame Blavatsky (obwohl sie mir freizügig den Inhalt ihrer Tabakdose anbot) nicht geneigt war, ein Wunder für mich zu bewirken. Ihre Ablehnung erwies sich zweifellos als weise, denn wenn ich eines dieser unheimlichen Zeichen mit eigenen Augen gesehen hätte, wer von euch hätte meinem Bericht darüber Glauben geschenkt?

Wir sprachen über viele Dinge.

„Was versteht man unter Theosophie, Madame?", fragte ich. „Bezeichnen sie sie als Religion?"

„Mit Sicherheit nicht", entgegnete sie, „es gibt schon zu viele Religionen in der Welt. Ich beabsichtige nicht, noch eine hinzuzufügen."

„Welche Einstellung besitzt die Theosophie diesen allzu zahlreichen Religionen gegenüber?"

Auf diese Frage erging sich Madame Blavatsky in eine lange und interessante Erläuterung, aus der ich schloss, dass die Theosophie die Religionen einerseits als gut, andererseits aber auch alle als schlecht betrachtet. Allen liegen gewisse Wahrheiten zugrunde, und alle werden von bestimmten Falschheiten überlagert. Die meisten Glaubensüberzeugungen besitzen einen guten Kern; alle sind sie mehr oder weniger falsch in ihrer äußeren Manifestation; und all das Drum und Dran der Religionen, die Zurschaustellung und die Zeremonien lehnen die Theosophen völlig ab. Es gibt nur wenige und einfache Bedingungen für den Beitritt in die Theosophische Gesellschaft. Es genügt, sich zu ihrer Zielsetzung zu bekennen, die drei Hauptpunkte aufweist – die Förderung einer universellen Bruderschaft der Menschen, das Studium der Religionen und die Entwicklung der im Menschen schlummernden geistigen Fähigkeiten. Letzteres gilt für die fortgeschrittenen Mitglieder, denen Zugang zur Esoterischen Abteilung der Gesellschaft gewährt wurde.

In ihrer energischen, intellektuellen Art ist Madame selbst wohl genauso dogmatisch wie der dogmatischste Professor der so genannten exakten Wissenschaft. Der Dogmatismus, in der Zustimmung wie in der Ablehnung, scheint tatsächlich das Abzeichen der gesamten theosophischen Sippschaft zu sein.

Es wurde sieben Uhr, bis Madame Blavatsky mein Interesse oder ich, wie ich hoffte, ihre Geduld erschöpft hatte; und um sieben Uhr versammelte sich der Haushalt zum Dinner.

Der Haushalt besteht aus sechs oder sieben Personen, zu dem ein junger

Arzt, ein französischer Jura-Student, ein Amerikaner (ein Freund von Edison) und eine schwedische Gräfin gehören. Die Erfolgsaussichten von Madames neuem Werk – *Die Geheimlehre*, dessen erste Ausgabe, die bereits zur Verfügung steht, obwohl die Bände gerade erst aus der Druckerei kamen –, wurden während der Mahlzeit besprochen. Madames Jahre – sie grenzt an die Sechzig – und die gelegentlichen Sprachschwierigkeiten, sie ist gebürtige Russin, halten sie nicht davon ab, der sprühende und unterhaltsame Mittelpunkt des Tisches zu sein.

An jenem Abend hielt die Blavatsky-Loge ihre wöchentliche Versammlung ab, und gegen halb acht hatte sich in dem Heiligtum, in das auch wir nach dem Dinner gingen, eine kleine Gruppe von Männern und Frauen eingefunden. Das Diskussionsthema waren Träume. Das Mädchen hatte die runde Tabakdose mit Tabak aufgefüllt, der Präsident in Abendgarderobe neben Madame Platz genommen, und der Sekretär der Loge begann, Fragen zu stellen, die auf einem Blatt Papier standen.

H.P. Blavatskys Wohnhaus in der Lansdowne Road 17 in London

20D. FRED J. DICK
DEZEMBER 1888, LONDON

[Tingley 1921, 35-6]

Bevor ich 1888 Madame H. P. Blavatsky in London traf, war ich während meiner Irland-Reise in Dublin, gemeinsam mit einigen anderen, von William Q. Judge als Mitglied in die Theosophische Gesellschaft aufgenommen worden. Damals kannte ich bereits die Einzelheiten der vielen berüchtigten Angriffe auf die Ehre und Integrität von HPB.

Die Kleingeistigkeit und Schwäche dieser Anschuldigungen standen im klaren Gegensatz zu der geistigen Würde ihrer schriftstellerischen Arbeit in der *Isis Entschleiert* und den von ihr herausgegebenen Zeitschriften. Die Anklage diente nur dazu, die Begeisterung für die großartigen Grundsätze zu stärken, die der Vorstellung von der eigentlichen Zusammengehörigkeit der Menschen zugrunde liegen – für deren philosophisches Grundprinzip sie mit ihrer Arbeit und ihren Hinweisen auf die Überlieferung und das Wissen unzähliger, im Laufe der Zeitalter aufgetretener Lehrer ihre Lebensenergien und ihr Herzblut hingegeben hatte.

Solche Angriffe schmerzten sie immer wieder, da sie die Sache, für die sie arbeitete, betrafen. Uns Anfängern in der Wissenschaft des Lebens zeigten sie jedoch, wie schwach unsere komplexe Natur war und halfen uns, die ungeheure Bedeutung der theosophischen Botschaft zu verstehen – einer Botschaft, die H. P. Blavatsky in einer ganz bestimmten Form überbrachte, mit einer Energie, einer Beredtheit und einer Fülle an historischen und philosophischen Einzelheiten, wie es in der Geschichte seinesgleichen nicht mehr gibt. Einer Bilderstürmerin gleich die allgemein akzeptierten wissenschaftlichen oder anderweitigen Glaubensüberzeugungen und Dogmen in Stücke zerreißend, offenbart sie sich in ihren schriftstellerischen Arbeiten als meisterhafte Erbauerin, der eine praktische Lebensphilosophie ebenso zu eigen ist wie die Philosophie der Kosmogenese und Anthropogenese.

Ihr Hauptziel bestand darin, die Welt mit den Vorstellungen und der Lehre der *uralten Weisheitsreligion* zu durchdringen, der Urquelle aller Weltreligionen. Es diente sicherlich nicht dazu, den Spiritismus zu fördern, Wunderdinge zu vollbringen oder Übersinnliches zu suchen. Ihre Schriften bürgen dafür.

Sie brachte sowohl dem Osten als auch dem Westen die so lange verdunkelten Wahrheiten hinsichtlich der erhabenen Gesetze von Karma, Reinkarnation und der dualen Natur des Menschen, verbunden mit einer solch hohen Geistesphilosophie, dass sie den Schlüssel für die Bemühungen vieler zukünftiger Leben bilden können.

20E. BERTRAM KEIGHTLEY
1888, LONDON

[Keightley 1931, 25-7]

Nach einer Weile lernte man zu erkennen, dass es nur „aufgesetzt" war, wenn HPB wütete, „fluchte" und ganz allgemein Krach schlug und ein Auslass- und Sicherheitsventil für den Überdruck der Energie bildete, die ihr gesamtes Wesen mit einer ungeheuren Stärke durchströmte.

Ich erinnere mich an einen Vorfall, der mich tief berührte und der mich eine unvergessliche Lektion lehrte. Die Arbeit war seit einiger Zeit schwer und anstrengend gewesen. Hinzu kam, dass mich viele persönliche Sorgen und Schwierigkeiten beschäftigten, was meine Nerven erheblich strapazierte. Eines Tages ließ mich HPB vor dem Frühstuck rufen. Als ich zu ihr kam, legte sie los, beleidigte, beschimpfte und verletzte mich, indem sie genau in meine schwächsten und empfindsamsten Punkte hieb, jede Schwäche und jeden Fehler hervorkehrte und „mir Bescheid stieß", bis sie mich schließlich „auf die Palme brachte" und glühender Ärger in mir aufstieg. Ich muss erwähnen, dass ich mit der ganzen Angelegenheit, derentwegen mich HPB ausschimpfte und so ärgerlich, fast bösartig angriff, nichts zu tun hatte und nicht einmal etwas davon wusste. Aber es war mir unmöglich, sie in irgendeiner Weise zu unterbrechen, um die Sache zu klären. Die Wut übermannte mich, und meine Augen funkelten. In diesem Moment hielt HPB, die vor Zorn zu rasen schien, plötzlich inne und wurde absolut ruhig. Nicht die geringste Spur von Ärger seitens HPB schwang in der Luft. Sie schaute nur an mir auf und ab und meinte kalt: „Und du willst ein Esoteriker sein!" Da erkannte und begriff ich und ging tief beschämt fort, denn ich hatte eine wichtige Lektion gelernt.

20F. EDMUND RUSSELL
1888, LONDON

[Russell 1918, 262-4]

In ihren letzten Lebensjahren habe ich HPB gut gekannt und sie oft in ihrem Haus in der Lansdowne Road besucht.

Die ganze Welt schrie nach einem Bild von ihr. Ich überredete sie, mit mir zu einem Photographen zu gehen. Welch ein Tag! Wind, Regen und treibende Herbstblätter. Sie besaß keine Kleidung für draußen. Alles war weggegeben worden, sobald man es ihr gebracht hatte.

Ohne die Hilfe von Gräfin Wachtmeister hätte ich das Unternehmen niemals zustande gebracht. Der Termin war festgelegt, das Taxi wartete stundenlang. Da sie es nicht gewohnt war auszugehen, bewegte sie sich nicht. „Ihr wollt meinen Tod. Ich kann nicht auf die nassen Steine treten." Tücher, Schals, Pelze wurden aufeinandergetürmt; eine Art russischer Turban mit einem Schleier auf ihrem Kopf befestigt; Teppiche von der Tür zum Wagen gelegt. Der Sturm blies diese hoch, so dass die Gräfin sie mit Hilfe des Kutschers niederdrücken musste, während ich den Schirm über HPB hielt und ihr in den Wagen half. Die Gräfin erzählte mir später, als sie, die Frau eines schwedischen Gesandten, zum ersten Mal nach London kam, folgten ihr zwei gepuderte Diener in Livree auf Schritt und Tritt. „Wenn mein armer Mann gewusst hätte, dass ich eines Tages den Teppich für eine andere Frau halten würde, damit sie darüber gehen konnte, hätte er sich im Grab umgedreht." Dies nur als Randbemerkung – sie hätte sich selbst für Madame niedergelegt.

Van der Weyde war ein Freund von mir. Der Ausstieg dort, noch schrecklicher! In der Regent Street wird kein roter Teppich für nichts entrollt! „Kommen sie, eure Majestät!", sagte ich, um die Illusion aufrecht zu erhalten.

Als sie oben war, lehnte sie es doch glatt weg ab, sich photographieren zu lassen. Sie war keine Schauspielerin. Warum hatte ich sie an einen solchen Ort geschleppt? Schließlich fesselte sie, wie ich es mir gedacht hatte, die Geschichte von Van der Weydes eigenen Experimenten, die Elektrizität auf die Photographie anzuwenden.

„Ich werde mich für sie hinsetzen – nur eins – rasch – nehmen sie mich auf, wie ich bin." Ich beugte mich über sie und flüsterte: „Lassen sie den ganzen Teufel in ihnen aus diesen Augen leuchten."

„Warum, Kind, da ist kein Teufel in mir."

Sie lachte, und die Aufnahme wurde verdorben, aber dann ging alles gut, und wir erhielten das berühmte Bild. Es gefiel ihr. Ich hätte mir eins an ihrem Schreibtisch gewünscht – zufällig aufgenommen – in den langen Falten ihres nahtlosen Gewands, mit Lichtschwingungen überall.

Ich glaube, sie hatte tatsächlich Spaß an diesem Abenteuer, denn sie sprach noch lange davon, „kommandiert", wie „ein Bündel getragen" worden zu sein, vor allem aber von dem „Kommen sie, eure Majestät".

20G. VIOLET TWEEDALE
1888-1889, LONDON

[Tweedale 1919, 51, 56-61]

Ich werde niemals die erste Begegnung mit einer viel geschmähten Frau [Madame Blavatsky] vergessen, die ich bald gut kennenlernen und sehr gern haben sollte. Sie saß in einem riesigen Sessel. Neben ihr stand ein Tisch mit einer Tabakdose und Zigarettenpapier. Während sie sprach, rollten ihre ungewöhnlich schlanken Finger Zigaretten. Sie war mit einem losen schwarzen Gewand bekleidet und trug über ihrem grauen Kraushaar ein schwarzes Tuch. Ihr Gesicht war rein kalmückisch und von einem Netzwerk feiner Falten überzogen. Ihre großen, blass-grünen Augen dominierten die Erscheinung – wunderbare Augen, in ihrer fesselnden, geheimnisvollen Verträumtheit.

Ich habe häufig gehört, dass man H.P. Blavatsky als Gauklerin bezeichnete und muss gestehen, dass ihr koboldhaftes Benehmen dieser Beschreibung gerecht wird. Sie konnte die klugen "West End-Damen" nicht ertragen, die scharenweise kamen und Geister, Meister oder Elementarwesen, eigentlich alles Phänomenale, sehen wollten.

Madame Blavatsky war eine geborene Zauberkünstlerin. Ihre wunderschönen, wie für die Taschenspielerei geschaffenen Finger habe ich oft dabei beobachtet. Ich erinnere mich noch sehr genau an meine Überraschung, als ich sie das erste Mal ihre okkulten Kräfte zum Schein und echt zur Schau stellen sah.

Eines Nachmittags saß ich bei ihr, als ihr die Visitenkarten von Jessica, Lady Sykes, der verstorbenen Herzogin von Montrose und der ehrenwerten

Frau S…(sie lebt noch) gebracht wurden. Sie war bereit, die Damen sofort zu empfangen, die man daraufhin hereinführte. Diese erklärten, sie hätten von ihrer neuen Religion und ihren wundersamen, übernatürlichen Kräften gehört und hofften, sie würden eine kleine Vorführung ihrer Künste sehen.

Madame Blavatsky hatte sich nicht aus dem Sessel bewegt. Sie war die Freundlichkeit in Person, und während sie sich unterhielt, rollte sie für ihre Besucherinnen Zigaretten und lud sie zum Rauchen ein. Sie folgerte, dass sie nicht sonderlich an dem alten Glauben, den der Westen neu nannte, interessiert waren; was sie wirklich wollten, waren Phänomene.

Die Damen bejahten, und die stämmige Herzogin fragte, ob Madame Tipps für Pferderennen oder Glückszahlen für Monte Carlo gebe.

Madame verneinte, da ihr das Wissen dazu fehlte, war aber gewillt, ihnen ein paar amüsante Augenblicke zu bescheren und fragte, was die Damen gerne sehen möchten.

Lady Sykes holte ein Päckchen Karten aus ihrer Tasche und hielt sie Madame Blavatsky entgegen, die den Kopf schüttelte.

„Entfernen sie zuerst die gezinkten Karten", meinte sie.

Lady Sykes lachte und fragte: „Welche sind es?"

Ohne zu zögern, nannte Madame Blavatsky sie.

Das gefiel den Damen. Es schien ein guter Beginn zu sein.

„Lassen sie diesen Tabakkorb umher springen", schlug eine von ihnen vor. Im nächsten Moment war der Korb verschwunden. Ich weiß nicht, wohin. Ich weiß nur, dass er durch einen Trick entschwand, die Damen überall nach ihm suchten, selbst unter Madame Blavatskys weiten Röcken, bis er plötzlich wieder an seinem alten Platz auftauchte. Dann folgten noch einige Taschenspielertricks und ein wenig Psychometrie. Anscheinend sehr zufrieden mit den Darbietungen, verabschiedeten sich die Damen.

Als ich wieder mit Madame Blavatsky alleine war, wandte sie sich mir mit einem gequälten Lächeln zu und meinte: „Soll ich Perlen vor die Säue werfen?"

Ich fragte sie, ob alles Taschenspielerei gewesen sei.

„Nicht alles, aber das meiste", erwiderte sie ohne zu zögern. „Aber jetzt werde ich dir etwas Schönes und Echtes zeigen."

Sie schwieg einen Moment und bedeckte die Augen mit der Hand. Da vernahm ich einen Klang. Ich kann das, was ich hörte, nur als Elfenmusik bezeichnen, sehr zart und originell. Sie schien von irgendwoher zwischen dem Fußboden und der Decke zu kommen und bewegte sich in verschiedene Zimmerecken. Es lag eine kristallklare Unbefangenheit in der Musik, die auf fröhlich tanzende Kinder schließen ließ.

„Nun werde ich dich die Musik des Lebens hören lassen", meinte Madame Blavatsky.

Einen Augenblick lang herrschte eine der Trance ähnliche Stille. Die Dämmerung kroch ins Zimmer und schien eine prickelnde Erwartung mit sich zu bringen. Dann hatte ich den Eindruck, als ob etwas von außen hereintrat und einen völlig neuen Zustand, etwas Unglaubliches, Unvorstellbares, das jenseits der Grenzen der Vernunft lag, mitbrachte.

Es sang jemand. Eine ferne Melodie kam näher. Gleichzeitig erkannte ich, dass sie niemals entfernt gewesen war, nur lauter wurde.

Plötzlich fürchtete ich mich vor mir selbst. Um mich herum und scheinbar über und hinter mir vibrierte die Luft in einer seltsamen, unirdischen Musik. Man konnte sie nicht lokalisieren. Mein ganzer Körper zitterte vor Erregung und einem Gefühl des Unvorstellbaren.

Es lag Rhythmus in dieser Musik, aber ich hatte noch niemals dergleichen gehört. Sie klang wie eine Pastorale, und mein ganzes Sein reagierte wild auf ihren Ruf.

Wer spielte sie; und auf welchem Instrument? Vielleicht war es ein Flötenspieler, der einen fröhlichen Klang hervorzauberte, eine verschwenderische Fülle, eine Inkarnation der Natur. Die Musik trug mich plötzlich zu den grünen Hügeln Siziliens, wo die Flöten unsichtbarer Spieler ins Tal hinab klangen wie einst die Panflöten durch die zerklüfteten Schluchten und violetten Täler von Hellas und Thrakien.

So verzaubernd und voller Lebensfeuer die Musik auch war, es lag ein Grauen in ihr. Ihre Süße war überladen, ihre Zärtlichkeit sinnlich. Ein balsamischer Duft von wildem Thymian, Kräutern, Narzissen und dem Muskateller der Weinpresse durchdrang das Zimmer. Er umhüllte mich wie eine Dunstwolke.

Die Klänge begannen, Gestalt anzunehmen und sich in Worte zu formen. Ich wusste, ich wurde sanft gedrängt, aus meinem Lebenshaus zu fliegen.

Meine Seele schien an der Leine zu zerren. Sollte ich loslassen? Die Verlockung umgarnte mich wie ein starkes Opiat, doch eine kleine Stimme flüsterte beharrlich: „Vorsicht! Wohin wirst du geführt werden; wenn sich dein Wille fügt, wird er dann jemals wieder dein eigener sein?"

Mein Gehirn wurde von einem Gefühl der Panik und der Schwäche ergriffen. Die Musik schien plötzlich vor fröhlicher Sündhaftigkeit und anmaßender Eroberung zu strotzen. Sie erzählte die Geheimnisse, die der Mythos der Natur so oft zu jenen murmelt, die inmitten der großen Stille leben, von jenen grauenvollen Mysterien des Geistes, der sie dennoch mit Herrlichkeit und Staunen umgibt.

Wilde Furcht bäumte sich in mir auf, und ich erhob mich unvermittelt. In diesem Augenblick verlosch die gesamte Szene. Ich befand mich wieder in Blavatskys Zimmer mit der herein kriechenden Dämmerung und dem fernen Tosen von London, das durch das offene Fenster drang. Ich blickte auf Madame Blavatsky. Eingehüllt in tiefe Trance, war sie in ihren Sessel gesunken. Sie war mit der Musik in ein Meer irdischen Vergessens geglitten. Zwischen ihren Fingern hielt sie ein kleines russisches Kreuz.

Ich wusste, sie hatte mich in die Welt zurückgestoßen, die noch Anspruch auf mich erhob. Still ging ich aus dem Haus in die Straßen Londons.

Als ich ein anderes Mal mit Madame Blavatsky alleine war, brach sie die Unterhaltung plötzlich ab und glitt in eine andere Sprache, die ich für Hindi hielt. Sie schien jemanden anderen anzusprechen, und als ich über meine Schulter blickte, sah ich, dass wir nicht mehr alleine waren. Ein Mann stand mitten im Raum. Ich war mir sicher, dass er nicht durch die Tür, das Fenster oder den Kamin hereingekommen war. Erstaunt schaute ich ihn an. Sich vor Madame Blavatsky verbeugend, antwortete er ihr in derselben Sprache, in der sie ihn angeredet hatte.

Ich erhob mich sofort, um zu gehen. Als ich mich verabschiedete, flüsterte sie mir zu: „Sage nichts davon." Der Mann schien meine Anwesenheit nicht zu bemerken; er nahm keine Notiz davon, dass ich das Zimmer verließ. Er war dunkelhäutig und blickte sehr traurig. Er war mit einem langen schwarzen Mantel und einem weichen schwarzen Hut bekleidet, den er nicht abnahm und der seine Augen überschattete. Niemandem der üblichen Angestellten war seine Ankunft aufgefallen, und ich habe ihn nie wieder gesehen.

G.R.S. Mead

Kapitel 21

LONDON
EINE ZEIT DER ERFÜLLUNG
1888 – 1889

Blavatskys Jahre in London zeichneten sich durch eine beachtliche Fülle an Veröffentlichungen aus sowie durch tiefen Einfluss, den sie auf diejenigen ausübte, die ihr begegneten. Eine der wichtigsten von ihnen war Annie Besant. Der Sozialist William T. Stead, Herausgeber der *Pall Mall Gazette*, der ein Rezensionsexemplar der *Geheimlehre* erhalten hatte, beauftragte AnnieBesant damit, die Kritik zu schreiben. Die Folge war ihre Aufnahme in die Theosophische Gesellschaft, eine völlige Umkehr ihrer persönlichen Lebensrichtung – und ihr rascher Aufstieg in der Gesellschaft.

Das Jahr 1889 war für HPB ein Jahr der Erfüllung. Am 10. Mai trat AnnieBesant der Theosophischen Gesellschaft bei. Im Juli wurde *Der Schlüssel zur Theosophie*, „eine klare, in Form von Fragen und Antworten gegebene Darstellung der Ethik, Wissenschaft und Philosophie, zu deren Studium die Theosophische Gesellschaft gegründet worden ist", veröffentlicht. Im selben Monat machte HPB in Fountainebleau, in Frankreich, Urlaub. Dort schrieb sie den Hauptteil ihres Klassikers *Die Stimme der Stille*, die sich auf Auszüge einer östlichen Schrift, *The Book of the Golden Precepts*, stützte, die sie während ihrer Ausbildung im Osten auswendig gelernt hatte. Ende Juli und Anfang August weilte sie auf der Insel Jersey und bat G. R. S. Mead, der dort als ihr Sekretär arbeitete, den letzten Teil von *Die Stimme der Stille,* der dann im September veröffentlicht wurde, Korrektur zu lesen.

Im August überschrieb AnnieBesant der Zentrale der Britischen Zweigniederlassung der Theosophischen Gesellschaft ihr Eigentum in der Avenue

Road 19 in London. Ende des Jahres ernannte HPB Oberst Olcott als ihren Repräsentanten für die Esoterische Schule in Asien.

Annie Besant

21A. WILLIAM T. STEAD
1888, LONDON

[Zusammengestellt aus Stead 1909, 1:130-1 und Stead 1891]

1887 nahm Madame Blavatsky ihren Wohnsitz in London. Madame Olga Novikov bewunderte sie wegen ihres machtvollen Intellekts und maßte sich an, das verwirrende Labyrinth der okkulten Welt erforscht zu haben. Sie war übrigens eine glühende russische Patriotin.

Eines Tages schrieb sie mir: „Ich bat Madame, den beigefügten Brief für sie zu übersetzen, da ich ihn für sehr interessant halte. Sind sie nicht auch der Meinung? Sie möchte sie unbedingt sehen. Wollen wir sie nicht einmal gemeinsam besuchen?"

Ich antwortete nicht. Mein Interesse am Studium des Okkulten, das durch eine seltsame Voraussage bei der ersten Séance, an der ich 1881 teilnahm, entfacht wurde, war aufgrund weltlicher Inanspruchnahme erlahmt. Madame Novikov wiederholte ihre Einladung noch dringender als zuvor. Selbst dann hätte ich nicht eingewilligt, wäre Madame Blavatsky nicht eine Russin gewesen. Um eine lange Geschichte kurz zu machen – ich ging hin. Ich war entzückt von Madame, gleichzeitig aber auch etwas von ihr abgestoßen. Mit ihrer ungehobelten, plumpen Kraft besaß sie eher das Benehmen eines Mannes, eines sehr unkonventionellen Mannes, als das einer Dame. Aber wir kamen sehr gut miteinander zurecht. Madame Blavatsky schenkte mir ihr Bild und erklärte, sie wisse, dass ich ein guter Theosoph sei, egal wie ich mich selbst nennen würde.

Die auf diese Weise entstandene freundliche Verbindung zu Madame Blavatsky zeigte unerwartete Folgen. Als die *Geheimlehre* zur Rezension im Büro der *Pall Mall* erschien, schrak ich entsetzt vor der Bewältigung des Inhalts zurück. Ich ging damit zu Annie Besant hinunter, die an Séancen teilgenommen hatte und sich für die andere Welt interessierte, und bat sie, die Rezension vorzunehmen. Sie schlug sich mit der Aufgabe herum und war begeistert von dem Inhalt, und als die Buchbesprechung abgeschlossen war, bat sie mich, sie der Autorin vorzustellen. Es war mir ein Vergnügen.

Es gibt Leute, die denken, weil sie Witze über eine Teetasse reißen können, sind sie mit der Theosophie fertig. Sie behaupten, Madame Blavatsky „sei eine Schwindlerin, eine gewöhnliche Betrügerin. Sie wäre von den Coulombs bloßgestellt worden und von der *Society for Psychical Research* entlarvt." Trotz allem bleibt die Persönlichkeit dieser Frau von Interesse und für diejenigen, die hinter die Dinge blicken, ein Wunder.

Madame Blavatsky war eine großartige Frau. Sie war riesig in ihrer Statur und ihrem Charakter, der mit seinen Stärken und Schwächen das Gigantische eines Rabelais besaß. Knorrig wie eine Eiche, fehlte es ihr nicht an deren Kraft; und falls ihr die Verdrehungskunst einer Sybille zu eigen war, verfügte sie auch über etwas von deren Inspiration.

Ich wusste nichts von der Wunder wirkenden Madame Blavatsky; ich ging nicht zu ihr, um Zeichen zu sehen, die sie mir auch nicht bot. In meiner Gegenwart vervielfältigte sie weder eine Teetasse noch hörte ich die berühmten Klopfzeichen. Alle diese Manifestationen schienen nur Äußerlichkeiten zu sein, sozusagen die Späne, die flogen, während sie den Zedernholzstamm zu einer Säule des Tempels der Wahrheit schnitzte. Ich erinnere mich nicht, während unserer Unterhaltungen jemals davon gesprochen zu haben, und ich kann mir kaum vorstellen, dass irgendjemand ernsthaft annimmt, dass sie es wert sind.

Was Madame Blavatsky bewirkte, überstieg bei weitem die Vervielfältigung von Teetassen. Sie machte es möglich, dass einige der gebildetsten und skeptischsten Männer und Frauen dieser Generation nicht nur glaubten – mit einer Inbrunst, die sie gegen Verlachen und Schmähungen feite – dass es in der unsichtbaren Welt, die uns umgibt, Intelligenzen gibt, die uns mit ihrem Wissen von der Wahrheit weit überlegen sind, sondern dass der Mensch mit diesen im Verborgenen und in der Stille lebenden Wesen in Verbindung zu treten vermochte, damit sie ihn die göttlichen Geheimnisse von Zeit und Ewigkeit lehren konnten. Madame Blavatsky, eine Russin, die man der Spionage verdächtigte, bekehrte führende Anglo-Inder zum leidenschaftlichen Glauben an ihre theosophische Mission.

Madame Blavatsky lehrte nicht nur die Existenz der Mahatmas, sondern auch, dass sie gewillt waren, mit dem Menschen direkt in Kontakt zu treten. Sie erklärte sich selbst zum unmittelbar beauftragten Boten der himmlischen Hierarchie, um den Pfad zu offenbaren, auf dem jeder, der würdig und bereit war, direkte Verbindung zu diesen hohen Intelligenzen aufzunehmen vermochte. Ich war nur ein Außenseiter, ein Heide, ein neugieriger Beobachter – und niemals ein Schüler. Ich kann nichts über diese inneren Mysterien sagen, zu denen nur die Eingeweihten Zutritt besitzen.

Aber ich kann aus eigener Erfahrung sagen, dass sie zweifellos eine begab-
te und originelle Frau war, ein feuriges, impulsives, leidenschaftliches Geschöpf, voller Schwächen und das genaue Gegenteil von schön. Weder in
Russland noch in England bin ich jemals einer solch wunderbaren und starken Persönlichkeit begegnet. Sie war einzigartig, aber unwahrscheinlich
menschlich.

2b. Annie Besant
Frühjahr 1889, London

Besant 1893, 308-13]

Seit 1886 war ich allmählich zu der Überzeugung gelangt, dass meine Philosophie nicht ausreichte, weil Leben und Geist mehr waren, als ich erträumt
hatte. Die Psychologie ging mit mächtigen Schritten voran; hypnotische Experimente offenbarten eine ungeahnte Vielschichtigkeit des menschlichen
Bewusstseins. Ich studierte die verborgenen Seiten des Bewusstseins, Träume
und Halluzinationen. Man entdeckte, dass es sich bei den Phänomenen der
Hellsichtigkeit, Hellhörigkeit und des Gedankenlesens um Tatsachen handelte. Schließlich war ich überzeugt, dass es irgendetwas Verborgenes geben
musste, eine verborgene Kraft, nach der ich so lange suchen wollte, bis ich sie
gefunden hatte; und im Frühjahr 1889 war ich fest entschlossen, sie um
jeden Preis zu finden. Als ich eines Abends, nach Sonnenuntergang, wie gewöhnlich allein und tief in Gedanken versunken war, erfüllt von einem fast
hoffnungslosen Verlangen, das Rätsel von Leben und Geist zu lösen, vernahm ich eine Stimme, die später für mich der heiligste Klang der Erde
werden sollte und die mir gebot, Mut zu fassen, denn das Licht sei nahe.
Vierzehn Tage später legte mir W. T. Stead zwei Bücher mit den Worten vor:
„Können Sie diese rezensieren? Meine jungen Männer scheuen sich davor,
aber Sie sind doch ganz versessen auf solche Dinge, machen Sie also etwas
daraus." Ich nahm die Bücher. Es handelte sich um die beiden Bände der
Geheimlehre, verfasst von H. P. Blavatsky.

Ich trug meine Bürde nach Hause und begann zu lesen. Die Lektüre
fesselte mich. Wie vertraut alles zu sein schien; wie mein Geist vorwärts stürmte,
um den Schluss vorherzusagen; wie natürlich, zusammenhängend, subtil und

doch so verständlich alles klang. Ich war verwirrt, geblendet von dem Licht, in dem sich die zusammenhanglosen Fakten als Teile eines mächtigen Ganzen offenbarten, und alle meine Rätsel, Verwirrungen und Probleme schienen zu verschwinden.

Ich schrieb die Kritik und bat Stead, mich der Verfasserin vorzustellen. Ich verfasste ein paar Zeilen, in denen ich bat, sie aufsuchen zu dürfen. Ich erhielt eine herzliche Einladung, und an einem lauen Frühlingsabend wanderten Herbert Burrows – der meine Bestrebungen teilte – und ich von der Notting Hill Station zur Haustür von Lansdowne Road Nr. 17, und wir fragten uns, was uns dort wohl erwartete. Ein kurzes Verweilen, ein rasches Durchschreiten von Flur und Eingangszimmer und durch offene Falttüren; dann eine Gestalt in einem riesigen Sessel an einem Tisch, eine Stimme, laut, schallend, zwingend: „Meine liebe FrauBesant, ich habe mir schon so lange gewünscht, sie zu sehen", und ich stand da, meine Hand in ihrem festen Griff, und blickte zum ersten Mal in diesem Leben in die Augen von HPB. Ich spürte mein Herz plötzlich hüpfen – war es ein Wiedererkennen? – und dann, ich schäme mich es zu sagen, ein wildes Aufbäumen, ein wütendes Zurückweichen, wie ein wildes Tier, das die Hand des Herrn fühlt. Ich setzte mich nach einigen nichtssagenden Einführungen und hörte zu. Sie erzählte von Reisen in verschiedenen Ländern. Schillernde Berichte, ihre Augen verschleiert, ihre zarten Finger unablässig Zigaretten rollend. Als gäbe es nichts Besonderes zu berichten, kein Wort von Okkultismus, nichts Geheimnisvolles, eine weltliche Frau, die mit ihren abendlichen Gästen plauderte. Wir erhoben uns, um zu gehen. In diesem Augenblick hob sich der Schleier, und zwei strahlende, durchdringende Augen begegneten meinen und mit einem sehnsuchtsvollen Beben in der Stimme: „Oh, meine liebe Frau Besant, wenn sie nur zu uns kämen!" Unter dem Zwang dieser seufzenden Stimme und den unwiderstehlichen Augen verspürte ich den fast unkontrollierbaren Wunsch, mich zu verbeugen und sie zu küssen, aber mein aufflammender unbeugsamer Stolz und der innere Hohn über meine eigene Torheit ließen mich nur ein paar allgemeingültige, höfliche Abschiedsworte hervorbringen, und ich wandte mich mit ein paar leeren Ausflüchten ab. Sehr viel später meinte sie einmal zu mir: „Kind, dein Stolz ist schrecklich; du bist genauso stolz wie Luzifer selbst."

Erneut ging ich und fragte nach der Theosophischen Gesellschaft, wünschte ihr beizutreten, kämpfte aber dagegen an. Denn ich sah deutlich und klar – wirklich mit schmerzlicher Deutlichkeit – was dieser Beitritt bedeuten würde. Ich hatte das öffentliche Vorurteil gegen mich durch meine Arbeit bei der Londoner Schulbehörde weitgehend ausgeräumt. War ich dabei, in einen neuen Streitwirbel zu tauchen und mich lächerlich zu machen – was schlimmer ist, als gehasst zu werden – und erneut den Kampf gegen eine ungeliebte Wahrheit auszufechten? Musste ich mich gegen den Materialismus wenden und der Schande ins Auge blicken, öffentlich zu bekennen, dass ich Unrecht gehabt hatte, irregeführt vom Intellekt, um die Seele zu ignorieren? Mit welchem Blick würde Charles Bradlaugh mich anschauen, wenn er erfuhr, dass ich Theosophin geworden war? Es war ein heftiger, wütender Kampf. Wieder ging ich in die Lansdowne Road und erkundigte mich über die Theosophische Gesellschaft. H. P. Blavatsky schaute mich einen Moment lang durchdringend an. „Haben sie den Bericht über mich gelesen, den die Society for Psychical Research veröffentlicht hat?" „Nein, soviel ich weiß, habe ich niemals davon gehört." „Gehen sie und lesen sie ihn, und wenn sie wiederkommen – nun gut." Mehr sagte sie zu dem Thema nicht, sondern erging sich in ihren Erlebnissen in fremden Ländern.

Ich lieh mir eine Kopie dieses Berichts aus und las ihn immer wieder. Rasch erkannte ich die dürftige Grundlage, auf der sich das eindrucksvolle Gebäude erhob, die endlosen Mutmaßungen, auf denen sich die Schlussfolgerungen stützten, die unglaubliche Art der Behauptungen und – die vernichtendste Tatsache überhaupt – der gemeine Ursprung der Beweise. Alles hing von der Wahrheitsliebe der Coulombs ab, die sich als Partner des angeblichen Schwindels selbst charakterisiert hatten. Konnte ich diesen Umstand gegen die offene, furchtlose Natur eintauschen, von der ich einen flüchtigen Eindruck gewonnen hatte, gegen die stolze, feurige Aufrichtigkeit, die mir aus den klaren blauen Augen entgegen leuchtete, ehrlich und furchtlos, wie die eines edlen Kindes? War die Verfasserin der *Geheimlehre* diese armselige Schwindlerin, die Komplizin solcher Gauner, diese gemeine und widerliche Betrügerin, diese Taschenspielerin mit Fall- und Schiebetüren? Ich lachte laut auf angesichts dieser Absurdität und warf den Bericht mit dem angemessenen Zorn einer ehrlichen Natur beiseite, die ihresgleichen erkannte und vor der Gemeinheit und Niedrigkeit einer Lüge zurückschrak. Am folgenden Tag fand ich mich im Büro des Theosophischen Verlags ein, in der Duke Street 7, in Adelphi, wo Gräfin Wachtmeister – eine der treuesten Freundinnen von HPB – arbeitete und unterschrieb einen Antrag, um in die Theosophische Gesellschaft aufgenommen zu werden.

Nachdem ich mein Diplom erhalten hatte, begab ich mich in die Lansdowne Road, wo ich HPB allein vorfand. Ich ging auf sie zu, beugte mich nieder und küsste sie wortlos. „Sind sie der Gesellschaft beigetreten?" „Ja." „Haben sie den Bericht gelesen?" „Ja." „Nun?" Ich kniete vor ihr nieder, nahm ihre Hände und blickte ihr in die Augen. „Meine Antwort lautet: Wollen Sie mich als Ihre Schülerin annehmen und mir die Ehre gewähren, Sie vor der ganzen Welt als meine Lehrerin zu verkünden?" Ihr strenges Gesicht blickte sanft, ein Tränenschimmer trat in ihre Augen; dann, mit einer mehr als königlichen Würde, legte sie die Hand auf meinen Kopf. „Sie sind eine edle Frau. Möge der Meister sie segnen."

21C. HERBERT BURROWS
FRÜHJAHR 1889, LONDON

[HPB: In Memory 1891, 36-7]

Umgeben von den Alltags- und geistigen Problemen, die unser Materialismus nicht zu lösen vermochte, intellektuell mit den unerfreulichen Aussichten des Agnostizismus beschäftigt, sehnten sich Annie Besant und ich immer mehr nach dem Licht. Wir lasen *The Occult World,* und im Laufe der Jahre hatten wir – wer hatte es nicht? – von jener seltsamen Frau gehört, deren Leben im Widerspruch zu unseren am meisten geschätzten Theorien zu stehen schien. Doch bis jetzt war ihre Philosophie für uns nur eine Behauptung, das Leben dieser Frau eine Laufbahn, die wir nicht untersuchen konnten. Skeptisch, kritisch, geschult in jahrelangem öffentlichen Meinungsstreit stets die strengsten wissenschaftlichen Beweise für die außerhalb unseres Erfahrungsbereichs liegenden Dinge zu fordern, war uns die Theosophie unbekannt und, wie es damals schien, ein unbetretbares Gebiet. Dennoch faszinierte H.P.B., denn sie verhieß viel, und durch Lesen und Gespräch wuchs die Faszination. Gleichzeitig wuchs der Wunsch, endlich zu wissen. So kam es, dass wir an jenem unvergesslichen Abend, mit einem Empfehlungsschreiben von W. T. Stead, dem Herausgeber der *Pall Mall Gazette,* in der Hand, im Salon der Lansdowne Road 17 der Frau gegenüberstanden, die wir später als die wunderbarste Frau ihrer Zeit kennen und lieben lernen sollten.

Ich war nicht so töricht, nach Wunderdingen Ausschau zu halten. Ich erwartete nicht, Madame Blavatsky dahingleiten zu sehen und sehnte mich auch nicht nach manifestierten Teetassen. Ich wünschte, etwas über die Theosophie zu erfahren, hörte aber nicht viel. Die Frau, die wir sehen wollten, war eine stämmige, schwerfällige Dame, die russische „Patience" spielte und sich mit uns über fast alles unterhielt, nur nicht über das Thema, das uns am nächsten lag. Kein Versuch, uns zu bekehren, kein Versuch, uns zu „fixieren" (wir waren *nicht* hypnotisiert!), aber die ganze Zeit über funkelten die wunderbaren Augen, und trotz der körperlichen Schwäche, die bereits damals schon schmerzlich sichtbar war, strahlte sie eine Kraft aus, die uns den Eindruck vermittelte, nicht die wirkliche Frau zu sehen, sondern nur den oberflächlichen Charakter von jemandem, der viel durchgestanden hatte und viel wusste.

Ich bemühte mich, offen und unparteiisch zu sein, was mir wohl auch gelang. Ich spürte das aufrichtige Verlangen, etwas zu lernen, nahm mich aber in Acht vor dem leisesten Versuch, hinters Licht geführt zu werden. Als ich später HPB's außergewöhnliche Fähigkeiten entdeckte, überraschte es mich nicht, dass sie bei unserem ersten Besuch meine geistige Einstellung genau abgeschätzt hatte, eine Einstellung, die sie niemals wirklich entmutigte. Wenn diejenigen, die so töricht behaupten, sie magnetisiere die Leute, doch wissen könnten, wie sie uns unaufhörlich die Verantwortung einprägte, alles zu prüfen und nur an dem Guten festzuhalten!

Einmal zu gehen bedeutete, wieder zu gehen, und so geschah es, dass ich nach einigen Besuchen begann, Licht zu sehen. Ich erhaschte Einblicke von einer hohen Moral, einer sich selbst aufopfernden Hingabe, einer zusammenhängenden Lebensphilosophie, einer klaren, eindeutigen Wissenschaft vom Menschen und seiner Beziehung zu einem geistigen Universum. Dies war es, was mich anzog – nicht Phänomene, denn ich erlebte keine. Zum ersten Mal in meinem geistigen Werdegang hatte ich einen Lehrer gefunden, der die losen Fäden meiner Gedanken aufnehmen und sie zufriedenstellend zusammenzufügen vermochte; und das unfehlbare Geschick, das umfangreiche Wissen, die liebevolle Geduld der Lehrerin wuchsen mir immer stärker ans Herz. Rasch erkannte ich, dass es sich bei der so genannten Schwindlerin und Gauklerin um eine edle Seele handelte, deren Alltag aus selbstloser Arbeit bestand und deren ganzes Leben rein und einfach wie das eines Kindes war. Sie scheute keine Mühe, wenn es um das Voranschreiten der Sache ging, der sie ihre gesamte Energie widmete. Offen wie der Tag, bis zu einem bestimmten Punkt, war sie die Inkarnation von Freundlichkeit – schweigend wie das Grab, wenn nötig, zeigte sie sich beim geringsten Zeichen der Treulosigkeit gegenüber ihrer Lebensarbeit als die Strenge in Person. Dankbar, unendlich dankbar für jede aufmerksame Zuneigung, sorglos, so sorglos, was sie selbst betraf, band sie uns an sich, nicht nur als weise Lehrerin, sondern auch als liebevolle Freundin. Einmal hatten mich körperliche und geistige Anspannung fast gebrochen, und mein Lebensrad wäre beinahe zum Stillstand gekommen. Ihre Sorge war unermüdlich und ein besonderer Beweis dafür – allzu persönlicher Natur, um an dieser Stelle erwähnt zu werden. Sie wäre vielleicht nur einem unter einer Million in den Sinn gekommen.

Vollkommen – nein; Fehler – ja; am meisten verabscheute sie das kritiklose Lob ihrer Persönlichkeit. Aber wenn ich erklärt habe, dass sie manchmal ungestüm wie ein Wirbelwind reagierte, wie ein richtiger Orkan, wenn sie wirklich aufgebracht war, besagt dies alles. Ich habe mir oft überlegt, ob derartige Ausbrüche nicht einen bestimmten Zweck verfolgten. Seit einiger Zeit sind sie nahezu verschwunden. Ihre Feinde bezeichneten sie oft als grob und ungehobelt. Wir, die wir sie kannten, wussten, dass es wohl kaum eine unkonventionellere Frau gab. Ihre absolute Gleichgültigkeit allen äußeren Dingen gegenüber basierte auf ihrem tiefen inneren Wissen um die Wahrheiten des Universums. Das Erstaunen der Fremden zu beobachten, die aus allen Teilen der Welt kamen und einer Frau begegneten, die immer sagte, was sie dachte, wirkte oft sehr belustigend. Einen Prinzen hätte sie wahrscheinlich geschockt, einem armen Teufel aber ihren letzten Schilling und ihr freundlichstes Wort gegeben.

21D. ANNIE BESANT
JULI 1889
FONTAINEBLEAU, FRANKREICH

[Zusammengestellt aus Besant 1893, 321-3 und Besant 1969, 32-3]

Gemeinsam mit Herbert Burrows nahm ich an dem großen Arbeiterkongress in Paris teil, der vom 15.-20. Juli stattfand, und verbrachte ein oder zwei Tage in Fontainebleau bei H. P. Blavatsky, die dort für einige Wochen weilte, um sich zu erholen. Sie übersetzte gerade die wunderbaren Fragmente aus

„The Book of the Golden Precepts", heute überall bekannt unter dem Titel *Die Stimme der Stille*. Sie schrieb sie rasch und ohne materielle Vorlage nieder. Ich saß im Zimmer, während sie daran arbeitete. Ich weiß, dass sie schrieb, ohne irgendwelche Bücher heranzuziehen – unablässig, Stunde um Stunde, so als ob sie aus dem Gedächtnis oder aus einer nicht vorhandenen Vorlage abschrieb. Am Abend musste ich alles laut vorlesen und schauen, ob es „ordentliches Englisch" war. Herbert Burrows und Frau Candler, eine treue amerikanische Theosophin, saßen bei HPB, während ich vorlas. Die Übersetzung war in fehlerfreiem und schönem Englisch, fließend und melodisch. Es gab nur ein, zwei Wörter, die wir ändern mussten, und sie schaute uns wie ein überrraschtes Kind an, verwundert über unser Lob – ein Lob, das jeder mit ein wenig literarischem Gespür bei der Durchsicht dieser hervorragenden schriftstellerische Leistung bestätigt hätte.

Etwas früher an jenem Tag befragte ich sie über die bei den spiritistischen Séancen ununterbrochen hörbaren Klopfzeichen. „Man bedient sich keiner Geister, um Klopfzeichen hervorzurufen", erwiderte sie. „Schau her." Sie hielt ihre Hand über meinen Kopf, ohne ihn zu berühren, und ich fühlte und hörte ein leichtes Klopfen auf meinem Schädelknochen, jedes Mal begleitet von einer elektrischen Spannung, welche die Wirbelsäule hinunter lief. Dann erklärte sie, auf welche Weise solche Klopfzeichen überall hervorgerufen werden konnten und wie die Wechselwirkung der Strömung, auf die sie zurückzuführen sind, anders als durch die bewusste Willensäußerung des Menschen verursacht werden konnte. Auf diese Weise demonstrierte sie ihre Lehren und bewies anhand von Experimenten ihre Behauptungen hinsichtlich der Existenz unsichtbarer Kräfte und deren Beherrschung durch den geschulten Geist. Alle Phänomene gehörten zu der wissenschaftlichen Seite ihrer Lehren, und sie beging niemals die Torheit, ihre philosophischen Aussagen durch die Behauptung zu erhärten, eine Wundertäterin zu sein. Sie betonte immer wieder, dass es keine „Wunder" gebe, dass alle die von ihr bewirkten Phänomene aufgrund von Naturerkenntnissen hervorgebracht worden waren, die eine tiefere Grundlage aufwiesen als jene, über die der Durchschnittsmensch verfügte. Dazu kam die Kraft eines gut geschulten Geistes und Willens. Einiges davon nannte sie auch „psychologische Tricks", die Schaffung von Bildern aufgrund der Vorstellungskraft, die anderen Leuten als „kollektive Halluzination" eingeprägt wurden. Manche Phänomene, wie das Verrücken von festen Gegenständen, entstanden durch die Projektion einer Astralhand, um sie heranzuziehen, oder mittels eine Elementals; wieder andere durch das Lesen im Astrallicht und so fort.

21E. G. R. S. MEAD
AUGUST 1889 – 1891
LONDON

[HPB: In Memory 1891, 31-4]

Erst Anfang 1889 begann ich, ununterbrochen mit HPB zusammenzuarbeiten. Sie hielt sich auf der Insel Jersey auf und telegraphierte mir mit einer Dringlichkeit, die mich sofort nach Jersey reisen ließ. Welch ein herzliches Willkommen auf der Veranda jenes mit Geißblatt überwucherten Hauses und welch ein Wirbel, um es dem Neuankömmling möglichst angenehm zu gestalten!

Es hat mich oft überrascht, dass man HPB vor allem der Betrügerei und der Verheimlichung angeklagt hat. Meiner Erfahrung nach zeigte sie sich anderen gegenüber stets überaus vertrauensvoll und begegnete ihnen äußerst offen. Kurz nach meiner Ankunft überließ sie mir alle ihre Papiere und beauftragte mich mit der Erledigung ihrer Korrespondenz, die ansonsten bis zum Jüngsten Tag unbeantwortet geblieben wäre; denn wenn sie irgendetwas verabscheute, war es die Beantwortung von Briefen. Daraufhin wurde ich in die Geheimnisse des *Lucifer* eingewiesen und hatte bald alle Hände voll zu tun mit der Übermittlung von Anweisungen, Veränderungen und Korrekturen an Bertram Keightley, der als Redakteur wirkte; denn in jenen Tagen durfte im *Lucifer* kein einziges Wort veröffentlicht werden, das HPB nicht gesehen und überprüft hatte. Bis zum letzten Moment arbeitete sie an den Korrekturfahnen.

Eines Tages, kurz nach meinem Eintreffen, trat HPB unerwartet mit einem Manuskript in mein Zimmer. Sie reichte es mir mit den Worten: „Lies das, alter Mann, und sage mir, was du davon hältst." Es handelte sich um das Manuskript des dritten Teils von *Die Stimme der Stille*. Während ich darin las, saß sie neben mir, rauchte ihre Zigaretten und klopfte mit dem Fuß auf den Boden, wie es oft ihre Angewohnheit war. Ihre Anwesenheit völlig vergessend, versenkte ich mich in die Schönheit und Erhabenheit der Lektüre, bis sie mein Schweigen unterbrach: „Nun?" Ich erwiderte, es sei das bisher Größte in unserer theosophischen Literatur und versuchte, entgegen meiner Gewohnheit, mit Worten etwas von meiner Begeisterung, die ich empfand, zu übermitteln. Doch selbst dann war HPB nicht mit ihrer Arbeit zufrieden und brachte ihr Unbehagen darüber zum Ausdruck, dass es ihr ihrer Meinung nach nicht gelungen war, dem Original mit ihrer Übersetzung gerecht zu werden und ließ sich nur schwerlich vom Gegenteil überzeugen. Darin lag eines ihrer Hauptmerkmale. Sie war niemals von ihrer schriftstellerischen Arbeit überzeugt und hörte sich gerne jede Kritik an, selbst von Leuten, die besser ruhig geblieben wären. Seltsamerweise zeigte sie sich immer sehr zaghaft in Bezug auf ihre besten Artikel und Arbeiten und vollkommen sicher, wenn es um ihre polemischen Schriften ging.

Als wir in die Lansdowne Road zurückkehrten, reisten Dr. Archibald Keightley und Bertram Keightley ins Ausland, ersterer, um die Welt zu bereisen und letzterer, um in den Vereinigten Staaten Vorträge zu halten. Dadurch fielen ihre Aufgaben mir zu, und bald sah ich sie sehr viel allein bei ihrer jeweiligen Arbeit.

Vielleicht kann ich einen Einblick vermitteln, wie die Arbeit ablief.

Zunächst gab es da den *Lucifer*, deren alleinige Herausgeberin sie war. HPB las niemals ein Manuskript, sie verlangte, die Korrekturfahne zu sehen und teilte dann deren Inhalt auf. In Bezug auf die Länge war sie sehr genau und pflegte die Anzahl der Wörter selbst zu zählen. Meiner Zählung schien sie nicht zu trauen. Wenn ich sie von der Schnelligkeit meiner Methode zu überzeugen versuchte, erzählte sie mir irgendetwas über Oxford und Cambridge Erziehung, und ich dachte oft, sie behalte diese primitive Methode arithmetischer Rechnung bewusst bei, um mich von meiner Ungeduld und meiner Überheblichkeit zu heilen. Eine weitere große Sache stellte die Anordnung der verschiedenen Artikel dar. Sie überließ es keiner anderen Hand, und das Abmessen der Einzelheiten gestaltete sich zu einem quälenden Unterfangen.

Den *Lucifer* in Druck zu geben, bedeutete unweigerlich Eile, denn den Leitartikel schrieb sie gewöhnlich als letzten, und gewöhnt daran, lag es natürlich an den Druckern, wenn das Blatt nicht rechtzeitig erschien.

Ich werde mich stets gerne an die erste Morgenstunde nach dem Frühstück erinnern. Alles war so unkonventionell. Ich pflegte auf der Lehne ihres riesigen Sessels zu hocken und gehorsam die angebotene Zigarette zu rauchen, während sie die Briefe öffnete, mir sagte, was sie erledigt haben wollte, und Diplome und Zertifikate unterzeichnete, letzteres allerdings nur unter Druck, denn sie verabscheute solche mechanischen Arbeiten.

Obwohl HPB einen großen Teil ihrer Korrespondenz mir überließ, geschah dies nicht mit einer bestimmten Überwachung, denn manchmal verlangte sie ohne Vorwarnung nach einer Beantwortung, die noch nicht erfolgt war, oder nach der Kopie eines alten Briefes; und die Lektion, die sie mir bei etwaigen Fehlern erteilte, wirkte nicht sehr aufmunternd. Besonders großen Wert legte sie auf die Entwicklung eines Gespürs für die „Angemessenheit der Dinge", und sie zeigte sich gnadenlos, wenn dieses Gesetz der Harmonie gebrochen wurde. Sie duldete keine Ausflüchte und hörte auf keine Entschuldigung, doch mit der Übermacht ihrer Vernunft und ihres Wissens gelangte sie trotz des scheinbar zusammenhanglosen Ausdrucks immer ans Ziel. Eine Minute später war sie wieder der gütige Freund und ältere Bruder, der Kamerad, wie es nur sie zu sein wusste.

21F. Anonym
September 1889, London

[„Visit to Madame Blavatsky" 1889]

Vor einigen Tagen hatte die Verfasserin das Glück, Madame Blavatsky in ihrem Heim in London besuchen zu dürfen. Es regnete, wie das immer in London der Fall ist, und die Fahrt von Charing Cross nach Holland Park wäre in dem zweirädrigen Taxi alles andere als angenehm gewesen, hätte nicht der Geist den Körper für eine Weile vergessen und sich an die langen Jahre geduldigen Wartens erinnert, seit in ihm der Wunsch, sie zu sehen, zum ersten Mal erwachte. Der Pilger nach Mekka, der Gläubige, dem eine Audienz beim Papst gewährt wird, der Amerikaner, dem die Ehre zuteil wird, bei Hof empfangen zu werden, der Tourist, der zum ersten Mal den Mont Blanc erblickt, alle sinken sie zur Bedeutungslosigkeit herab angesichts der emotionalen Erfahrung. Dieser wird noch ein geheimnisvolles Etwas hinzugefügt, rollt man die Hauptverkehrsstraßen Londons auf dem Weg zu Madame Blavatsky entlang.

Der Regen wurde stärker, und nach zwanzig Minuten mühsamer Fahrt hielt der Wagen in der Lansdowne Road Nr. 7 an. Es regnete nicht mehr, es schüttete, und der Pilger stürzte durch den Regen, um festzustellen, dass es nicht die Nummer 7, sondern 17 war. Für die Auskunft dankend, verbunden mit der Erkenntnis, dass die Dame wohl bekannt sein musste, rannte man weiter durch den Regen und suchte die Hausnummer. Die Lansdowne Road ist eine jener breiten, schönen Straßen in der Nähe des Hyde Parks, wo jedes Haus ein Zuhause ist, das Heim vornehmer Leute. Gepflegte Gärten mit Büschen unterstreichen den Charme der in dieser Gegend üblichen Steinhäuser. „Ja, Madame, treten Sie bitte ein", lautete die herzliche Antwort auf die Frage: „Ist Madame Blavatsky zu Hause, und kann ich sie sehen?"

In den ersten Raum zur Linken geführt, in dem ein riesiger Tisch und Möbel standen – vielleicht als Speisezimmer benutzt, vielleicht als Empfangszimmer und manchmal auch als Arbeitszimmer, da auf dem Tisch verschiedene Papiere und Schriften lagen – wartete ich auf weitere Anordnungen. Einige Augenblicke später wurde die Flügeltür geöffnet, und vor mir stand ein stattlicher Herr mit freundlichem Gesicht und einem wundervollen Bart, ein Herr, so einzigartig in seiner Erscheinung und seiner Art, dass ich sofort unwillkürlich ausrief: „Oberst Olcott!"

„Genau der, und sie sind meine Landsmännin. Setzen sie sich." Er war erst vor wenigen Tagen aus Indien in London eingetroffen. Die Zeit verflog, als er von der Arbeit sprach und erst durch das Öffnen einer Tür, was das Eintreten von Madame Blavatsky ankündigte, unterbrochen wurde.

Wie soll ich sie beschreiben? Es wäre unmöglich. Ein allgemeiner Eindruck von Freundlichkeit, Kraft und wunderbaren Gaben sind das Einzige, was mir im Moment einfällt. Jede Bewegung fiel ihr schwer, denn sie litt erheblich unter Rheumatismus. Als sie sich in ihrem Sessel niederließ, meinte sie lachend: „Ich habe die Ärzte und den Tod schon so oft betrogen, dass ich hoffe, diesem Rheumatismus auch ein Schnippchen zu schlagen, aber es ist nicht so einfach."

„Aber sie schreiben doch noch, Madame?"

„Natürlich schreibe ich, so viel wie immer", und Oberst Olcott unterbrach: „Was bedeutet schon ein bisschen Rheumatismus, solange er nicht in ihren Geist oder ihre Schriften kriecht?" Wir alle lachten. Als ich erklärte: „*Lucifer* ist in Amerika recht bekannt", meinte sie: „In London haben sie ihn boykottiert, und er darf nicht an den Zeitungsständen verkauft werden." Dies konnte ich nicht begreifen, und sie erläuterte lachend: „Es gibt Leute, die glauben, ich bin der Teufel mit Hörnern und Hufen", und wieder lachten wir.

Wir sprachen über die Theosophie und ihre rasche Verbreitung. „Ist ihnen diese Arbeit aufgefallen, Madame?" Sie legte mir die verbesserten Blätter ihres neuen Buches, *Der Schlüssel zur Theosophie*, vor. Es war mir nicht aufgefallen. Sie meinte, es werde bald veröffentlicht werden, zusammen mit einem kleineren, soeben erst fertiggestellten Buch mit dem Titel *Die Stimme der Stille*. Als ich mich überrascht zu der Fülle ihrer schriftstellerischen Arbeiten und ihrem ungeheuren Wissen äußerte, bemerkte Oberst Olcott: „Ich habe viele Jahre mit Madame Blavatsky zusammengearbeitet und kenne mich aus. Sie gleicht einer Dampfmaschine, wenn sie schreibt. Als sie die *Entschleierte Isis* schrieb, standen ihr nur wenige Bücher zur Verfügung, denen sie die vielen Auszüge hätte entnehmen können, aber glauben sie mir, sie liest im Astrallicht ebenso klar wie in einem aufgeschlagenen Buch."

Die ganze Zeit über war ich mir der Augen bewusst, die meine Gedanken lasen, und eines Gesichts, das jeden Augenblick so unbeweglich wie das der Sphinx werden konnte, sich im Moment aber sehr freundlich und lebendig zeigte. Ich kann mir keine zweite Persönlichkeit von solch unbezähmbarer Willenskraft vorstellen wie Madame Blavatsky.

Der Raum, in dem wir saßen, wurde von ihrer Individualität bestimmt. Er war angefüllt mit allem, was auf Geist, Kultiviertheit, literarisches Wirken sowie das Interesse an Freunden schließen ließ, aber über keinen Platz für Sinnlosigkeiten verfügte. Der Tisch, an dem Oberst Olcott auf der einen und sie auf der anderen Seite saßen, war mit Papieren und Büchern überladen. An den Wänden hingen Fotos, und hier, im Herzen der geschäftigen Großstadt, lebte und arbeitete die Begründerin der Theosophischen Gesellschaft, die in Amerika zur Zeit mehr als dreißig Zweigstellen zählt. All das wurde in kaum mehr als einem Jahrzehnt erreicht.

Als ich mich zum Gehen erhob, ergriff Madame Blavatsky liebevoll meine Hand und verabschiedete sich mit herzlichen Grüßen an die amerikanischen Freunde. „Amerika ist das beste und schlimmste, freundlichste und beleidigendste Land der Welt."

Es goss immer noch, als Oberst Olcott den Fremdling mit den Worten zum Wagen begleitete: „Wir hoffen, Madame wird bald vollkommen wiederhergestellt sein." Die Tür schloss sich, und wieder eine halbe Stunde im strömenden Regen über das Londoner Pflaster in einem zweirädrigen Wagen verstärkte nur die Eindrücke, die der Besuch bei der wunderbarsten Frau dieses Zeitalters hinterließ.

21G. James Bernhard Old
November 1889, London

[Old 1941, 107-9]

Meine erste Erinnerung an HPB verbindet sich mit meinem Bruder Walter („Sepharial", so sein astrologischer Schriftstellername). Er zeigte großes Interesse an der Theosophie. Walter gab seine Stellung bei der Bank auf und ging nach London, um in der theosophischen Zentrale zu helfen. Meine Mutter war über seine Verbindung mit der Theosophischen Gesellschaft sehr besorgt und dachte natürlich, dass er einen großen Fehler begangen hatte, die einträgliche Stelle bei der Bank für einen unbezahlten Posten als Sekretär aufzugeben. Daher wurde ich ausgeschickt, um nachzusehen, was man mit ihm machte.

Ich habe eine Beschreibung von HPB's persönlicher Erscheinung, wie sie mir bei meiner ersten Begegnung in der Lansdowne Road, im November 1889, auffiel. Sie ist meinem Tagebuch entnommen, das ich zu schreiben pflegte.

Nach meiner Ankunft in London gingen wir in die Lansdowne Road, und mein Bruder stellte mich Mme. H. P. Blavatsky vor. Man stelle sich eine ältere Frau vor, stämmig und phlegmatisch, in einem unkonventionellen Sessel, umwickelt mit einem losen schwarzen Gewand, das ihre ungeheuren Proportionen verbarg. Ein großer, in seiner Linienführung fast löwenartiger und maskuliner Kopf. Man stelle sich zwei graue Augen vor, sanft wie die einer Gazelle, sehr hervorstechend und mit einem in die Ferne schweifenden Blick. Eine weitere Eigenart der Persönlichkeit von HPB waren ihre Hände, lange, zarte Finger, weich und flink; an den Enden nach außen gebogenen, besaßen die dünnen Nägel eine schöne Form.

Als ich nach Hause kam, erzählte ich meiner Mutter von meinem ersten Besuch und dass mit Walter alles in Ordnung war. Wenn er auch kein Gehalt erhielt, so sicherlich Weisheit und Glück. Seinen ausgedehnten astrologischen Studien konnte er sich in einer ausgezeichneten Atmosphäre und Umgebung widmen.

Sie war wirklich eine bemerkenswerte Person, die über ungewöhnliche Kräfte verfügte, die sie gelegentlich einsetzte. Bei einer solchen Gelegenheit durfte ich ein schweigender Zeuge sein, und mein Bruder war das Objekt. Er hatte über ein astrologisches Problem nachgegrübelt und betrat mit ernstem und gequältem Blick das Wohnzimmer. HPB und ich unterhielten uns gerade. Offensichtlich spürte sie etwas und befahl ihm, sich auf dem Sofa auszuruhen. Dann wandte sie sich an mich und meinte wohlmeinend: „Seien sie nicht beunruhigt, ich werde ihm zeigen, was er wissen will." Sie berührte bloß seinen Daumen mit dem Ring, den sie am Finger trug, und er schlief sofort ein, vergleichbar mit einer Trance. Bald darauf wurde er geweckt, und sie fragte ihn: „Verstehst du, was du gesehen hast?" Er antwortete: „Ja, und es ist die Antwort auf mein astrologisches Problem in feurigen hebräischen Buchstaben." „Ja, das ist richtig. Aber im Moment musst du nicht alleine hinüber gehen." Erneut zu mir gewandt, bemerkte sie, dass sie selbst dreimal ihren Körper verlassen hatte, während mein Bruder in Trance lag.

Die letzte Fotografie von H.P. Blavatsky

Kapitel 22

AVENUE ROAD, ST. JOHN'S WOOD
DER ABSCHLUSS
1890–1891

Am 3. Juli 1890 wurde Annie Besants Haus in St. John's Wood, in der Avenue Road 19, als neues Zentrum der theosophischen Arbeit eingeweiht und beherbergte die Europäische Zentrale der Theosophischen Gesellschaft. Zugleich diente es HPB als Wohnsitz. Das Haus wurde auch zum Treffpunkt von HPB's innerem Zirkel, der zwölf Schüler, die ein intensiveres Studium anstrebten, als dies bei größeren, öffentlichen Versammlungen machbar gewesen wäre. HPB, der es am Herzen lag, dass die esoterische Seite ihrer Arbeit nach ihrem Tod fortgesetzt wurde, betrachtete diese Gruppe wahrscheinlich als den Schulungsort für einen Nachfolger.

Im Februar 1891 zog die Britische Abteilung der Zentrale in das Nachbarhaus um, in die Avenue Road Nr. 17. Im März oder April wurde die zweite Auflage vom *Schlüssel zur Theosophie* herausgegeben, einschließlich eines Glossars. Im April überbrachte Annie Besant dem in diesem Jahr in Boston stattfindenden Kongress der Theosophischen Gesellschaft Amerikas den letzten Brief von HPB. Im selben Jahr brach in London eine Grippe-Epidemie aus, und die meisten Angestellten der Avenue Road erkrankten zum Teil schwer. HPB bekam sehr hohes Fieber und litt unter Atemnot. Am 8. Mai, nachmittags um 2.25 Uhr, schlief sie in Anwesenheit einiger ihrer Schüler friedlich ein. Olcott, der sich auf einer Vortragsreise in Australien befand, ahnte an diesem und am folgenden Tag ihren Tod, bevor ihn die Nachricht telegraphisch erreichte. HPB's Körper wurde am 11. Mai im Krematorium von Surrey verbrannt.

Vor dem Hintergrund ihrer Schriften, ihrer Lehren, ihres Lebens und ihres Charakters, ihrer Mission und ihrer inneren Kräfte war H. P. Blavatsky die größte Esoterikerin in der Geschichte der westlichen Zivilisation und bildete ein Bindeglied zu der Überlieferung und den Adepten des Ostens.

22A. HENRY S. OLCOTT
JULI 1890, LONDON

[Olcott 1931, 4:254-6]

Im Juli 1890 ließen sich HPB und ihre Mitarbeiter in der „Zentrale" in der Avenue Road 19, im Londoner Stadtteil St. John's Wood, nieder. Dort starb sie im darauffolgenden Jahr. Das geräumige Haus stand in einem Garten mit ein wenig Rasen, einigen Büschen und vereinzelten hohen Bäumen. Stieg man die Eingangstreppe hinauf, gelangte man zunächst in ein Vestibül und eine kleine Halle, von der zu allen Seiten Türen zu den Räumen führten. Das Vorderzimmer zur Linken diente als HPB's Arbeitszimmer, an das sich ihr kleines Schlafzimmer anschloss. Von diesem inneren Raum führte ein kurzer Gang in ein recht geräumiges Zimmer, das die Esoterische Schule beherbergte. Auf der rechten Seite der Eingangshalle lag ein geschmackvoll eingerichtetes Esszimmer, in dem auch die Gäste empfangen wurden. Dahinter befand sich ein kleinerer, allgemeiner Arbeitsraum. Eine Tür in der Nordwand des Esszimmers führte in die neue Halle der Blavatsky-Loge und eine in der Südwand von HPB's Zimmer gesetzte Tür in das Büro des Generalsekretärs der Europäischen Abteilung. Im oberen Stockwerk des Hauses lagen die Schlafräume. Der Versammlungsraum der Blavatsky-Loge bestand aus Wellblech, die Wände und die Decke mit ungestrichenem Holz verkleidet. Der Künstler R. Machell hatte die beiden schrägen Deckenhälften mit Symbolen der sechs großen Religionen und den Sternkreiszeichen dekoriert. An der Südwand befand sich ein niedriges Podest für den Vorsitzenden und den Redner des Abends. Die Halle umfasste zweihundert Sitzplätze. Am Eröffnungsabend, am 3. Juli 1890, war sie überfüllt, und einige mussten abgewiesen werden. Die Sprecher waren Annie Besant, A.P. Sinnett, ein Herr Woolff (aus Amerika) und Bertram Keightley. HPB war anwesend, sprach aber aufgrund ihres kritischen Gesundheitszustands kein Wort.

HPB's Arbeitszimmer war mit Möbeln vollgestopft, und an den Wänden hingen Unmengen von Fotos ihrer persönlichen Freunde und von Mitgliedern der Esoterischen Schule. Ihr riesiger Schreibtisch stand vor einem Fenster, durch das sie das vordere Rasenstück mit ein paar Bäumen sehen konnte. Der Blick auf die Straße wurde durch eine hohe Ziegelsteinmauer verdeckt. Avenue Road glich einem emsigen Bienenstock, ohne Platz für Drohnen. HPB selbst setzte ein Beispiel für unermüdliche schriftstellerische Plackerei, während ihr starker aurischer Einfluss alle, die sie umgaben, einhüllte und anregte.

22B. ALICE L. CLEATHER
JULI 1890 – MAI 1891, LONDON

[Cleather 1923, 21-4]

Im Juli 1890 zogen HPB und der Lansdowne Road Haushalt in Annie Besants Haus in der Avenue Road um. Man hatte für die Versammlungen der Blavatsky-Loge, für die öffentlichen wie für die privaten, (im Garten) einen freistehenden Vortragssaal gebaut. Dort fanden auch die Treffen der Esoterischen Schule statt. Der Saal lag von den Räumen, die HPB bewohnte, am weitesten entfernt, seitlich des Hauses. Sie erschien nicht so häufig und war weniger leicht zugänglich als dies in der Lansdowne Road der Fall gewesen war. Ihr Gesundheitszustand ließ eine Teilnahme kaum noch zu, doch bevor sie völlig an ihr Zimmer gefesselt war, erschien sie hin und wieder bei den Begegnungen der Loge. Bei einer solchen Gelegenheit bewirkte ihre Anwesenheit Inspiration und „Schrecken". Annie Besant führte den Vorsitz, und ein ziemlich umfangreiches und langweiliges Schriftstück wurde vorgelesen, als man im ganzen Raum HPB gequält flüstern hörte: „Lasse sie aufhören, Annie – *lasse sie aufhören!*"

Die ES-Treffen besuchte HPB selten, wenn überhaupt (persönlich, jedenfalls); und nach der Bildung des inneren Zirkels [im August 1890] sah man sie noch weniger außerhalb ihrer eigenen Räume, es sei denn in ihrem Rollstuhl, im Garten oder hinter dem Haus.

Der innere Zirkel setzte sich aus sechs Männern und sechs Frauen zusammen: Gräfin [Constance] Wachtmeister, Isabel Cooper-Oakley, Emily Kislingbury, Laura Cooper, Annie Besant, [Alice Cleather selbst], Dr. Archibald

Keightley, Herbert Coryn, Claude Wright, G.R.S. Mead, E.T. Sturdy und Walter Old.

Diese Gruppe wurde in der Avenue Road 19 gebildet, wo auch die wöchentlichen Treffen in einem Raum stattfanden, der im Anschluss an HPB's Schlafzimmer eigens zu diesem Zweck gebaut worden und allein ihr und ihren zwölf Schülern vorbehalten war. Jeder hatte seinen persönlichen Platz und seinen eigenen Stuhl. Während unserer Unterweisungen saßen wir im Halbkreis, mit HPB in der Mitte, die sechs Männer zu ihrer Rechten und die sechs Frauen zu ihrer Linken.*

H.P. Blavatsky in ihrem Rollstuhl mit James Pryse und G.R.S. Mead

*[Die vollständige und ungekürzte Version der Instruktionen von HPB an den inneren Zirkel wurde unter dem Titel *The Inner Group Teachings of H. P. Blavatsky to Her Personal Pupils* (1890-91)]veröffentlicht, zusammengestellt und kommentiert von Henk J. Spierenburg, zweite überarbeitete und erweiterte Ausgabe (San Diego, CA; Point Loma Publications, 1995). - DHC]

22C. ESTHER WINDUST
JULI 1890 – MAI 1891, LONDON

[Windust 1950, 1-2]

Meine erste Begegnung mit HPB hat einen unauslöschlichen Eindruck in mir hinterlassen. Eine Bekannte lud mich ein, gemeinsam mit ihr zu einem Mitgliedertreffen in der Avenue Road zu gehen. Es handelte sich um eine reguläre Abendversammlung. „Man muss diese Frau gesehen haben", meinte sie. „Es wird so viel über sie geredet, Gutes und Schlechtes; die meisten Leute betrachten sie als Betrügerin."

Ich ging also mit – ohne große Begeisterung – um eine interessante Frau zu sehen und entschlossen, gut achtzugeben. Der Saal war nicht sehr voll, und wir saßen etwa in der Mitte und konnten das Podium gut überschauen, auf dem zwei Sessel und seitwärts ein Rednerpult standen. Bald darauf erschienen zwei Damen, Annie Besant, die erst kürzlich zur Präsidentin der Blavatsky-Loge ernannt worden war, und eine andere Dame, nicht groß, aber stämmig. „Sehen sie, das muss Mme. Blavatsky sein", flüsterte meine Fremdenführerin. Ich konnte nur erwidern: „Scht!" und rückte ein wenig zur Seite.

Ich hatte viele Leute in meinem Land gesehen, Sterne an ihrem eigenen Firmament, in Kunst, Theater, Politik, Literatur – aber so etwas noch niemals! Diese einfache Frau mit dem Tuch über den Schultern, die den großen Sessel ausfüllte, sah aufgrund ihres stämmigen Körpers kleiner aus, als sie war. Aber im Moment sah ich nur ihr Gesicht mit diesen klaren blauen Augen und den Händen im Schoß. Damals studierte ich Kunst und hatte noch niemals solche vollkommenen Hände gesehen. Aber das war es nicht. Was mich überwältigte, waren die Kraft und die unpersönliche Liebe, die sie umgaben und die sie ausstrahlte und die mir den Eindruck von sich bewegendem hellen Licht vermittelten, in dem Gesichter und Gestalten erschienen und wieder verschwanden und sogar Szenen, die auftauchten und verblassten. Später, viel später glaube ich, erkannte ich viele dieser Gesichter. Damals wusste ich nichts von Auren und saß nur fasziniert da. Ich wusste nur, dass ich mich in der Gegenwart einer Person aufhielt, die größer, bedeutend größer war, als ich es erträumt hatte.

Szenen aus Ägypten tauchten auf und verschwanden, ebenso aus anderen südlichen oder östlichen Ländern, die ich niemals gesehen hatte. Ich erinnere mich, sie für eine lebendige Sphinx gehalten zu haben, die in Verbindung, in bewusster enger Verbindung zu den okkulten Mysterien uralter Zeit stand. Das Licht blieb, auch wenn sich die geheimnisvollen Bilder sich auflösender Personen wandelten. Ich hatte niemals dergleichen gesehen und war zutiefst beeindruckt. Ich hörte nur wenig von dem Vortrag. Walter Old sprach über die Sonne, und nach dem Vortrag konnte man Fragen stellen, und als die Zuhörerschaft schwieg, stellte der Sprecher selbst Fragen an HPB.

In der Folge nahm ich an mehreren Vorträgen teil, aber jener Abend blieb einzigartig. Ich trat der Theosophischen Gesellschaft bei und wurde Mitglied der Blavatsky-Loge. Mein Leben hatte sich geändert, es konnte nicht mehr dasselbe sein. Ich hatte in eine andere Welt geblickt. Wäre ich nicht so furchtbar schüchtern gewesen, hätte ich HPB geschrieben und sie besucht, um ihr Fragen zu stellen. Aber ich wagte es nicht, und als ich einige Monate später auf den Kontinent gehen musste, war ich sehr froh, eine Einladung in die Avenue Road zu erhalten, die mir die Gelegenheit gab, mich vor meiner Abreise nach Frankreich zu verabschieden. Aber sobald ich in dem Zimmer war, nahm ich einen Stuhl direkt neben der Tür. Als HPB eintrat, war ich sehr glücklich, konnte aber nur sitzen und schauen, überwältigt von der Erinnerung an das, was ich an jenem ersten Abend gesehen hatte und nun von dem Gefühl der ungeheuren Majestät dieser kleinen Gestalt, des Boten, den die große Weiße Loge gesandt hatte, um der leidenden Menschheit des Westens zu helfen.

Ich glaube, ich wäre bis zum Ende des Abends auf meinem Stuhl sitzen geblieben, ohne mit irgendjemandem zu sprechen, hätte sich nicht Gräfin Wachtmeister meiner angenommen und mich sanft drängend zu HPB geführt, um mit ihr zu reden.

Als ich mich schließlich, beeindruckt von ihrem Charme, verabschiedete, blickte sie mich freundlich an und meinte, nachdem sie mir alles Gute für meine Reise gewünscht hatte: „Kommen sie mich besuchen, sobald sie wieder zurück sind!" Ich war erfreut, doch den Tränen nahe wusste ich sofort, dass ich sie niemals mehr in diesem Körper wiedersehen würde.

22D. JAMES MORGAN PRYSE
AUGUST 1889, LOS ANGELES UND 1890-91, LONDON

[Pryse 1935, 1-4]

Als Person war „die alte Dame", wie wir sie liebevoll nannten, wie eine Mutter zu mir. Sollten sich meine Erinnerungen aber auf diesen persönlichen Aspekt, auf die Geschehnisse und das Tun in der physischen Welt beschränken, wären sie wohl kaum von großem Interesse und würden einen völlig falschen Eindruck von der wirklichen HPB vermitteln. Daher möchte ich diese Geschichte von zwei Welten erzählen, wie seltsam und unglaublich sie vielen auch erscheinen mag.

Die für Eindrücke empfänglichsten Kindheitsjahre verbrachte ich in einer walisischen Gemeinschaft in Minnesota unter Leuten, die an Naturgeister glaubten, bisweilen Geister sahen und andere übersinnliche Erfahrungen machten, über die sie offen sprachen. Aus demselben Umfeld stammend, machte ich ähnliche Erfahrungen.

Damals noch ein kleiner Junge, trat ich in geistigen Kontakt, wenn auch verschwommen, mit HPB. In der Bibliothek meines Vaters stand ein altes „Lexikon der Lebensbeschreibungen" von Goodrich, sofern ich mich richtig erinnere. Es enthielt kurze biographische Überblicke über große und weniger große Persönlichkeiten der Vergangenheit, bebildert mit zahlreichen kleinen Holzschnittportraits. Darunter befand sich auch das des Paracelsus, des großen Schweizer Okkultisten, das mich so sehr faszinierte, dass ich es oft und lange betrachtete. Er wurde als Scharlatan und Betrüger dargestellt; aber während ich den Text las, wusste ich, dass dies nicht zutraf und er einer der edelsten Männer war, die jemals gelebt hatten. Dabei handelte es sich nicht bloß um einen psychometrischen Eindruck, wie ich ihn von einigen anderen Portraits aus dem Buch auffing. Ein seltsames Gefühl der Vertrautheit erfasste mich, eine Überzeugung, ihn gekannt zu haben, als er auf der Erde weilte und dass ich ihn wiedersehen würde, wenn er sich wieder inkarniert hatte. Jahre später arbeitete ich bei einer Zeitung in Nebraska und las eines Tages eine kurze Depesche, in der es hieß, dass Mme. Blavatsky und Oberst Olcott eine Gesellschaft zum Studium orientalischer Literatur ins Leben gerufen hätten. Wieder erfasste mich dieses seltsame Gefühl von Vertrautheit, und ich wollte Mme. Blavatsky schreiben (deren Namen ich damals zum ersten Mal las); auf der Depesche war keine Adresse angegeben. Später begegnete ich in Philadelphia Frau Verplanck („Jasper Niemand"), die eng mit Herrn Judge für den *Path* zusammenarbeitete, einer sehr interessanten und lehrreichen Zeitschrift. Sie erzählte mir von der Theosophischen Gesellschaft und brachte mich dazu, die *Isis,* den *Esoteric Buddhism* und andere damals erhältliche theosophische Werke zu lesen. Jahrelang korrespondierte ich mit ihr, gelegentlich auch mit Herrn Judge, den ich „auf astraler Ebene" näher kennenlernte, nachdem ich mich 1886 in Los Angeles niedergelassen hatte.

In jenen Tagen besaßen viele Theosophen den Ehrgeiz, „Chela" oder „Laien-Chela" zu werden, indem sie mit den Meistern, die HPB vertrat, in Kontakt zu treten versuchten. Im Hinblick darauf, dass die Meister von so vielen Anwärtern belästigt wurden, bemühte ich mich nicht, HPB oder ihren Meister zu erreichen oder ihre Aufmerksamkeit auf mein unwichtiges Selbst zu lenken. Aber ich musste immer wieder an Paracelsus denken und konnte mich des Eindrucks nicht erwehren, dass er wieder inkarniert war. Ich beschloss, ihn zu finden und konzentrierte mich in meinen täglichen Meditationen auf ihn. Als ich 1889 eines Abends meditierte, tauchte das Gesicht von HPB plötzlich vor mir auf. Ich erkannte es anhand des in der *Isis* abgebildeten Portraits, obgleich es sehr viel älter zu sein schien. Da ich annahm, das Astralbild, für das ich es hielt, sei eine Laune der Phantasie, versuchte ich es auszuschalten. Das rief einen Ausdruck der Ungeduld in dem Gesicht hervor, und im nächsten Augenblick wurde ich aus meinem Körper gezogen und stand „auf Astralebene" neben HPB in London. Es ging bereits gegen Morgen, aber sie saß immer noch an ihrem Schreibtisch. Während sie sehr freundlich zu mir sprach, beschlich mich der Gedanke, wie seltsam es doch war, dass eine alte, beleibte Dame ein Adept sein sollte. Ich versuchte, diesen unhöflichen Gedanken zu verscheuchen, aber sie las ihn, und gleichsam darauf antwortend, wurde ihr physischer Körper durchscheinend und offenbarte einen wundervollen inneren Körper, der aus flüssigem Gold gestaltet zu sein schien. Dann erschien plötzlich der Meister M in seiner *mayavi rupa* (Astralkörper, d. Übers.) vor uns. Ich huldigte ihm, da ich in ihm eher einen Gott als einen Menschen sah. Irgendwie wußte ich, wer er war, obwohl ich ihn zum ersten Mal sah. Er redete mich liebenswürdig an und meinte: „Ich werde in sechs Monaten Arbeit für dich haben." Er entfernte sich in den hinteren Teil des Zimmers, winkte mit der Hand zum Abschied und entschwand. HPB entließ mich mit den Worten: „Gott segne dich" – und augenblicklich sah ich die Wellen des Atlantiks unter mir. Ich glitt hinunter und berührte mit den Füßen ihren Kamm. Ich durcheilte den Kontinent, bis ich die Lichter von Los Angeles erblickte und in meinen Körper zurückkehrte, der so im Sessel saß, wie ich ihn verlassen hatte. Nach Paracelsus Ausschau haltend und entschlossen, mich HPB und Meister M nicht aufzudrängen, fand ich sie alle. Denn HPB war Paracelsus, und in meiner Unwissenheit hinsichtlich dieser Tatsache war ich glücklicherweise zufällig über ein Erlebnis gestolpert, das weit jenseits meiner Erwartungen lag.*

Sechs Monate später erfüllte sich das Versprechen des Meisters. Mein Bruder John und ich kehrten von einer Südafrikareise zurück und landeten in New York City. W.Q. Judge bemühte sich gerade, ein schwieriges Problem zu lösen. HPB hatte ihn beauftragt, ihre Anweisungen an alle amerikanischen Mitglieder der Esoterischen Schule zu versenden, ihm aber nur eine einzige Kopie geschickt. Er besaß keine Möglichkeit, diese zu vervielfältigen. Wir lösten das Problem für ihn, indem wir die Aryan-Druckerei einrichteten und die Instruktionen in Buchform druckten. Einem Telegramm von HPB zufolge, reiste ich nach London und erfüllte dort die gleiche Aufgabe, indem ich die HPB-Druckerei einrichtete. Als ich HPB begegnete, brauchten wir

---

*[Über dieses außerkörperliche Erlebnis und die „Vision" von HPB schrieb James Pryse an William Q. Judge. Judge bezog sich in seiner Anwort vom 3. September 1889 an Pryse auf diese Erlebnisse:

Mein lieber Pryse,

Ich erhielt Ihren Brief und verstehe durchaus Ihre Gefühle, da ich es ebenso empfinde. Ich halte Ihre Lage nicht für so seltsam oder merkwürdig, dass sie sich unserer Kenntnis entzieht, noch betrachte ich Ihre Erlebnisse als rein medialer Natur oder den Traum oder die Vision als unlösbar. Im Moment kämpfen Sie mit ihrem persönlichen Selbst in den frühen Stadien und können sich glücklich schätzen, den anfänglichen Kampf überstanden zu haben.

1. Sie neigen dazu – wie jeder – Ihre eigenen Erfahrungen zu betonen. Betrachten Sie diese zunächst als wertlos, erst dann sind Sie in der Lage, sie zu verstehen.

2. Ihre Vision, in HPB nicht eine alte Frau, sondern einen Gott gesehen zu haben, ist zutreffend. Sie durften die Wahrheit erkennen – denn die Wesenheit in dem alten Körper, genannt H. P. Blavatsky, ist ein mächtiger Adept, der auf seiner eigenen Ebene in der Welt wirkt. Es ist daher nicht erforderlich, nach Tibet oder Südamerika zu reisen, um eine solche Wesenheit zu finden, die so viele sehen möchten. Da Sie nun die Wirklichkeit erfahren haben, schweigen Sie besser und erledigen im Hinblick darauf ihre Arbeit. Selbst wenn Sie Ihm sagten, Sie wüssten, dass Er da wäre, würde er lächelnd warten, dass Sie innerhalb Ihrer begrenzten Sphäre Ihre Arbeit verrichten. Schmeichelei zählt nicht, und Beteuerungen sind schlimmer als wertlos. Aber es ist eine großartige Sache, so viel zu sehen, wie Sie es durften, und eine noch größere wird es sein, es nicht anzuzweifeln, denn es mag Ihnen niemals mehr widerfahren.

William Quan Judge, *Practical Occultism. From Private Letters of William Q. Judge* (Pasadena, CA., Theosophical University Press 1951, S. 162-3.]

uns nicht „bekannt zu machen". Es war, als hätten wir uns schon immer gekannt. Sie lud Dr. Keightley und mich zum Weihnachtsessen (1890) ein. Nach dem Essen spielten wir Whist.

Eines Abends beim Dinner warf die Nachricht, dass es um HPB so schlecht bestellt sei, dass die Ärzte nicht annahmen, sie werde den nächsten Morgen erleben, einen Schatten über die Belegschaft der Londoner Zentrale. Nachdem ich mich in mein Zimmer zurückgezogen hatte, dachte ich traurig darüber nach und beschloss, ein bestimmtes Experiment auszuprobieren. In den vergangenen Jahren hatte ich Hunderte von mesmerischen Experimenten an verschiedenen Personen durchgeführt und manchmal dabei mein Prana als Heilungskraft eingesetzt. Da HPB aus Mangel an dieser Lebenskraft im Sterben lag, während ich junger Mann genügend davon besaß, beschloss ich, mittels eines mesmerischen Vorgangs die Hälfte meines Prana auf HPB zu übertragen. Auf physischer Ebene könnte man den Prozess mit einer Bluttransfusion vergleichen. Sobald ich mich darauf zu konzentrieren begann, hörte ich HPB auf mentaler Ebene deutlich widersprechen: „Tue es nicht; es ist schwarze Magie." Unerschrocken rief ich zurück: „Schon gut, alte Dame, schwarze Magie oder nicht; ich mache es trotzdem" – und begann. Am nächsten Morgen fühlte ich mich recht schwach; es dauerte jedoch nur wenige Tage, bis ich mich erholt hatte. Beim Frühstück erfuhren wir dann die gute Nachricht, HPB war im Begriff, sich zu erholen, nachdem eine unerwartete Besserung ihres Gesundheitszustands eingetreten war, was die Ärzte verblüffte.

22E. Gräfin Constance Wachtmeister
März-April 1891, London

[Wachtmeister 1929]

Alles läuft recht gut hier in der Avenue Road 19. Die Donnerstagabende werden fortgeführt, obwohl HPB nur selten daran teilnimmt; eigentlich sehen wir sie im Moment kaum. Sie zieht sich tagelang zurück. Von ihrem eigenen Zimmer aus lässt sie einen Raum in den Garten hinaus bauen, und ich vermute, dann wird sie sich vollständig zurückziehen. Mit zunehmender Schwäche fällt es ihr sehr schwer, allzu viele Menschen um sich herumschwirren zu haben.

HPB wird immer schwächer, und um überhaupt irgendeine Arbeit leisten zu können, bevorzugt sie es, alleine zu sein, damit sie ihre Energien konzentrieren kann. Ihr augenblickliches Wohnzimmer bildet den Durchgang zur Esoterischen Schule, was ihr nicht die Ruhe und Einsamkeit bietet, die sie benötigt. Das neu gebaute Zimmer wird alle ausschließen. Sie sagt, ihr Körper sei inzwischen so gebrochen und erschüttert, dass sie ihn nur zusammenzuhalten vermöge, wenn sie viel alleine sei. Ich denke, der Tag wird kommen, an dem sie sich vollkommen zurückzieht und nur ab und zu die Hausbewohner sieht. Bis auf die Abende, gehen wir niemals in ihre Nähe.

22f. G.R.S. Mead
April 1891, London

[HPB: In Memory, 3-4]

Für mich war einer der größten Beweise für HPB's außergewöhnliche Gaben und Fähigkeiten die Art und Weise, in der sie ihre Artikel und Bücher schrieb, insofern ein Beweis angesichts der Aufrichtigkeit ihrer Lebensarbeit nötig ist. Ich kannte jedes Buch, das in ihrer kleinen Bibliothek stand, und trotzdem schuf sie Tag für Tag Unmengen an Manuskriptblättern, die vor Zitaten überquollen und nur sehr selten inkorrekt waren. Ich erinnere mich an einen der letzten Tage, an dem sie an ihrem Schreibtisch saß. Ich ging zu ihr, um zwei griechische Wörter eines Zitats in Frage zu stellen, da sie meiner Meinung nach nicht korrekt waren. Obwohl HPB in früheren Jahren die moderne griechische Sprache gesprochen und von ihrer Großmutter in Altgriechisch unterrichtet worden war, hatte sie die sprachlichen Einzelheiten längst vergessen, und die Berichtigung der Wörter, gegen die ich Einwand erhob, bedurfte der Fachkunde. „Woher haben sie es, HPB?", fragte ich. „Ich weiß es nicht, mein Lieber", lautete ihre etwas entmutigende Antwort. „Ich sah es!", fügte sie hinzu und war sicher, dass sie Recht hatte, denn nun erinnerte sie sich, wann sie den entsprechenden Abschnitt geschrieben hatte. Dennoch bestand ich auf der Fehlerhaftigkeit, bis sie schließlich erklärte: „Natürlich, sie sind ein großer griechischer Pandit, ich weiß, aber sie werden mir nicht immer aufs Dach steigen. Ich werde versuchen, ob ich es nochmals sehen kann, und nun machen sie, dass sie raus kommen", was bedeuten sollte, dass sie weiter arbeiten wollte oder zumindest genug von mir hatte. Etwa zwei Minuten später rief sie mich und zeigte mir ein Stück Papier, auf dem sie die beiden Wörter korrekt niedergeschrieben hatte, mit den Worten: „Nun, ich nehme an, jetzt werden sie ein noch größerer Pandit sein!"

22G. LAURA M. COOPER
21. APRIL – 8. MAI 1891, LONDON

[HPB: In Memory, 3-7]

Am Dienstag, dem 21. April, ging ich die Zentrale, um dort einige Tage zu verbringen, aus denen angesichts der folgenden unerwarteten Umstände einige Wochen wurden. HPB schien sich in ihrem üblichen Gesundheitszustand zu befinden und nahm am Donnerstag, dem 23., am Logen-Treffen teil und unterhielt sich hinterher noch eine Weile mit ihren Freunden. Anschließend zog sie sich in ihr Zimmer zurück, wohin ihr, wie gewöhnlich, einige Mitglieder, die in der Zentrale wohnten, folgten und bei ihr saßen, während sie vor dem Zubettgehen ihren Kaffee trank. Am Samstag strahlte sie. Meine Schwester, Isabel Cooper-Oakley, und ich sowie ein oder zwei andere Personen unterhielten uns mit ihr bis elf Uhr, als sie sich mit einem fröhlichen „Gute Nacht allerseits" zurückzog. Am folgenden Morgen kam ihr Mädchen sehr früh in mein Zimmer und berichtete mir, dass HPB eine ruhelose, von Schüttelfrostschüben unterbrochene Nacht verbracht hatte. Man schickte sofort nach dem Doktor. Den ganzen Tag über lag HPB entweder in einem Dämmerzustand oder wurde von Ruhelosigkeit ergriffen. Am späten Abend erschien Dr. Mennell und erklärte, sie habe Influenza. Das Fieber war sehr hoch. Von diesem denkwürdigen Sonntag an, dem 26. April, reihten sich die unglücklichen Umstände aneinander. Es erkrankte ein Mitglied des Haushalts nach dem anderen, und schließlich entschlief unsere geliebte HPB. Am Donnerstag, dem 30. April, begann gegen Abend HPB's Hals furchtbar zu schmerzen, und das Schlucken bereitete ihr zunehmend Schwierigkeiten. Der Husten quälte sie, und der Atem ging schwer. Am Freitagmorgen war noch keine Besserung eingetreten, und als Dr. Mennell eintraf, stellte er eine rechtsseitige Halsentzündung fest. Heiße Umschläge brachten ein wenig Linderung. Am Sonntagmorgen, dem 3. Mai, war HPB sehr krank. Die Schluckbeschwerden machten es unmöglich, genügend Nahrung aufzunehmen, weshalb ihre Schwäche zunahm. Wie tapfer sie gegen ihre Krankheit ankämpfte, können nur diejenigen ermessen, die bei ihr weilten. Am Mittwoch, dem 6. Mai, kleidete sie sich teilweise an und ging in den Salon, blieb dort zum Lunch und ruhte sich ein wenig auf dem Sofa aus. Am Abend fand Dr. Mennell sie in recht ordentlichem Zustand vor; sie war fast völlig fieberfrei, aber die große Schwäche und die Schwierigkeit beim Atmen besorgten ihn zutiefst. Jene Mittwochnacht brachte den Wendepunkt. Am Donnerstag, dem 7. Mai, raffte sich HPB auf, kleidete sich gegen drei Uhr nachmittags an und ging mit nur wenig Unterstützung in den Salon. Sie bat um ihren großen Sessel und den Kartentisch. Man brachte ihr beides. Sie versuchte, eine Patience zu legen. Trotz dieser tapferen Bemühungen war es ersichtlich, wie stark sie litt. Dr. Mennell kam kurz nach fünf Uhr und zeigte sich überrascht, sie sitzend zu sehen. Er gratulierte und lobte sie. Sie erwiderte: „Ich tue mein Bestes, Doktor." Ihre Stimme klang kaum stärker als ein Flüstern, und die Anstrengung des Sprechens erschöpfte sie, da sie unter Atemnot litt. Sie gab Dr. Mennell eine Zigarette, die sie unter großen Schwierigkeiten für ihn gerollt hatte. Es war die letzte, die sie drehte. In der folgenden Nacht, der letzten bei uns, litt sie unsagbar. Aufgrund der zunehmenden Atemnot konnte HPB in keiner Lage Ruhe finden. Jedes Mittel wurde probiert, und schließlich war sie gezwungen, mit Kissen gepolstert, in ihrem Sessel sitzen zu bleiben. Gegen vier Uhr früh schien sie Erleichterung zu finden. Aber gegen halb elf Uhr morgens holte mich Herr Wright, da es ihr sehr viel schlechter ging und die Krankenschwester ihr nur noch wenige Stunden gab. Als ich eintrat, erkannte ich sofort ihren kritischen Zustand. Sie saß in ihrem Stuhl. Ich kniete mich vor sie und bat sie, die Medizin zu nehmen. Sie war zu schwach, um das Glas selbst zu halten. Ich führte es an ihre Lippen, und sie trank. Danach konnten wir ihr nur teelöffelweise ein wenig Nahrung einflößen. Plötzlich trat eine erneute Veränderung ein. Als ich ihre Lippen zu befeuchten versuchte, sah ich, wie ihre lieben Augen bereits trübe zu werden begannen, obwohl sie bis zuletzt bei vollem Bewusstsein blieb. Im Leben besaß HPB die Angewohnheit, einen Fuß zu bewegen, wenn sie intensiv dachte, und sie behielt diese Bewegung fast bis zum letzten Atemzug bei. Als alle Hoffnung vergebens war, verließ die Krankenschwester das Zimmer. C. F. Wright, W. R. Old und ich blieben bei unserer geliebten HPB. Die beiden knieten vor ihr nieder und hielten jeder eine ihrer Hände, während ich neben ihr saß, den Arm um sie gelegt, um ihren Kopf zu stützen. Minutenlang verharrten wir bewegungslos in dieser Weise, und HPB entschlief so ruhig, dass wir kaum den Augenblick wahrnahmen, in dem sie aufhörte zu atmen. Ein tiefer Friede erfüllte das Zimmer, und wir knieten dort noch eine Weile schweigend.

22H. HENRY S. OLCOTT
9.-10. MAI 1891, SYDNEY, AUSTRALIEN

[Olcott 1931, 4:300]

Die erste Andeutung von HPB's Tod erhielt ich „telepathisch" von ihr selbst, gefolgt von einer zweiten, ähnlichen Botschaft. Zum dritten Mal erfuhr ich davon durch einen der Reporter, die bei meinem letzten Vortrag in Sydney anwesend waren. Ich wollte gerade das Podium verlassen, als er mir mitteilte, dass eine Pressemeldung aus London gekommen war, die ihren Tod bekannt gab. Meine Tagebucheintragung vom 9. Mai 1891 lautet: „Hatte eine unan-

H.P. Blavatsky und H.S. Olcott in London, 1888

374

genehme Vorahnung von HPB's Tod." Am folgenden Tag heißt es: „Heute Morgen fühle ich, dass HPB tot ist"; und die letzte Eintragung an diesem Tag: „Telegramm, HPB tot." Nur diejenigen, die uns zusammen sahen und das enge, mystische Band zwischen uns kannten, können die Trauer verstehen, die mich bei dieser schrecklichen Nachricht befiel.

Julia Keightley

221. JULIA KEIGHTLEY
MAI 1891, PENNSYLVANIA

[Wachtmeister 1893, 127]

Einige Tage nach ihrem Tod weckte mich HPB eines Nachts. Ich erhob mich, ohne überrascht zu sein, nur mit dem Gefühl gewohnter Freude. Sie hielt meine Augen in ihrem Löwen-Blick. Dann wurde sie dünner, größer und ihre Gestalt männlich. Ihre Züge verwandelten sich allmählich, bis ein großer, kraftvoller Mann vor mir stand. Die letzten Spuren ihrer Gesichtszüge lösten sich in seinen auf, bis nur der Löwen-Blick, die Ausstrahlung, blieb. Der Mann erhob sein Haupt und sprach: „Lege Zeugnis ab!" Dann verließ er das Zimmer und legte im Vorbeigehen die Hand auf HPB's Portrait. Seither ist er mir mehrere Male mit Anweisungen erschienen, bei hellem Tageslicht, während ich arbeitete, und einmal stieg er aus dem Bild von HPB.

22 J. ANONYM
MAI 1891, NEW YORK CITY

[„Madame Blavatsky" 1891]

Wenige Frauen unserer Zeit sind hartnäckiger falsch dargestellt, verleumdet und verunglimpft worden als Madame Blavatsky; aber obwohl Böswilligkeit und Unwissenheit ihr arg zusetzten, gibt es eine Fülle von Anzeichen, dass ihr Lebenswerk sich selbst rechtfertigen, überdauern und für das Gute wirken wird. Sie begründete die Theosophische Gesellschaft, eine inzwischen gut ausgebaute Organisation mit Zweigniederlassungen in vielen Ländern des Ostens und Westens. Nahezu zwanzig Jahre lang widmete sie sich der Verbreitung einer Lehre, deren grundlegende Prinzipien einen hohen ethischen Charakter aufweisen.

Madame Blavatsky vertrat die Meinung, dass sich die Erneuerung der Menschheit auf der Entwicklung von Altruismus gründen müsse. Mit diesem Gedanken stand sie auf gleicher Ebene mit den größten Denkern aller Zeiten.

Auch in anderer Richtung leistete sie wesentliche Arbeit. Niemand dieser Generation hat sich stärker dafür eingesetzt, die lange verschlossenen Schätze der Weisheit des Ostens wieder zugänglich zu machen. Gewiss hat sich niemand so sehr wie sie darum bemüht, die tiefgründige Weisheitsreligion zu erläutern und die uralten literarischen Werke des Orients ans Licht zu bringen, deren Weite und Tiefe die westliche Welt in Erstaunen versetzten. Ihre eigenen Kenntnisse der orientalischen Philosophie und Esoterik waren umfassend. Kein aufrichtiger Geist kann dies nach der Lektüre ihrer Hauptwerke bezweifeln. Der Ton und die Tendenz ihrer Schriften zeigten sich kraftvoll, erfrischend und anregend. Die Lektion, die sie unablässig betonte, war mit Sicherheit diejenige, derer die Welt am meisten bedurfte und immer bedürfen wird, nämlich die Notwendigkeit, das eigene Selbst zu unterwerfen und für andere zu arbeiten.

Das Werk von Madame Blavatsky hat bereits Früchte getragen und ist dazu bestimmt, in Zukunft noch bemerkenswertere und heilsamere Wirkungen hervorzubringen. Auf diese Weise hat Madame Blavatsky die Zeit geprägt, und ihre Werke werden ihr folgen. Der Tag wird kommen, an dem die Erhabenheit und Reinheit ihrer Ziele, die Weisheit und das Ausmaß ihrer Lehren wirklich erkannt werden. In einer späteren Würdigung wird ihr die Ehre zuteil werden, die ihr zu Recht gebührt.

Biographien

Arundale, Francesca (18?? – 1924), Engländerin, die zur Kirche von England und später zur römisch-katholischen Kirche übertrat. Nachdem sie sich schließlich aufgrund ihrer zunehmenden Skepsis von der orthodoxen Religion abwandte, erforschte sie den Spiritismus. Als sie 1881 von der Theosophie hörte, trat sie der Britischen Theosophischen Gesellschaft bei und wurde 1884 internationale stellvertretende Schatzmeisterin. [*Arundale, My Guest: H. P. Blavatsky*]

Ballard, Anna, amerikanische Journalistin und lebenslanges Mitglied des New Yorker Presseclubs. Keine weiteren biographischen Daten erhältlich.

Besant, Annie (1847-1933), englische Sozialreformerin, Theosophin, Anführerin der Unabhängigkeitsbewegung in Indien und eine der größten Rednerinnen ihrer Tage. Das Christentum ablehnend, trat Annie Besant 1874 der National Secular Society bei und schloss sich dem atheistischen Freidenker Charles Bradlaugh an. In den Achtziger Jahren entwickelte sich ihr Interesse für den Sozialismus, und sie arbeitete mit George Bernard Shaw in der Fabian-Society. Im März 1889 begegnete sie Madame Blavatsky und trat der Theosophischen Gesellschaft bei. Nach HPB's Tod stand sie gemeinsam mit W. Q. Judge an der Spitze der Esoterischen Schule. 1893 ging sie nach Indien, wo sie in späteren Jahren für die indische Freiheitsbewegung kämpfte und (1916) die Liga für die indische Autonomie gründete. Von 1907 bis zu ihrem Tod war Annie Besant die Präsidentin der Theosophischen Gesellschaft (Adyar). Sie verfasste mehrere hundert Bücher, darunter, *Die Uralte Weisheit* (1897) und *Esoterisches Christentum* (1901). [Nethercot, *The First Five Lives of Annie Besant* and *The Last Four Lives of Annie Besant*].

Brown, William Tourney (1857-?), Schotte mit einer Jura-Ausbildung an der Universität Glasgow. Während seines Aufenthalts in London (1883) erwachte in Brown das Interesse für die Theosophie. Nach einer Indien-Reise, von September 1883 bis Januar 1885, ließ er sich 1886 in den Vereinigten Staaten nieder. Im darauffolgenden Jahr trat er zum christlichen Glauben über und vertrat die Ansicht, dass Madame Blavatsky „sich an den Teufel verkauft habe". Er schrieb zwei Broschüren über seine theosophischen Erlebnisse: *Some Experiences in India* (1884) und *My Life* (1885). [Blavatsky, *Collected Writings* 6:31-2, 428-30.]

Burrows, Herbert (1845-1922), englischer Staatsbeamter. Sohn eines Methodisten-Pfarrers und an der Cambridge Universität ausgebildet, ergriff er sprachgewaltig Partei für den Sekularismus, die irische Unabhängigkeit und die Frauenrechte. Als Mitbegründer der sozialdemokratischen Föderation nahm Burrows gemeinsam mit Annie Besant aktiv an der Leitung des "Match-Girl-Streiks" von 1888 teil. 1908 und 1910 kandidierte er für das Parlament.

Chetty, Grandhi Soobiah (1858-1946). Geboren in Südindien, hatte er mehrere Ämter im Zollamt der Regierung Madras inne. Als er Madras im Frühjahr 1882 besuchte, begegnete er Madame Blavatsky und wurde ein lebenslanges Mitglied der Theosophischen Gesellschaft (Adyar). Chetty schrieb eine Reihe von Berichten über seine Erlebnisse mit Madame Blavatsky und den Mahatmas.

Cleather, Alice Leighton (1846-1938), englische Theosophin, Buddhistin und Musikerin. Nachdem sie 1885 der Theosophischen Gesellschaft beigetreten war, wurde Alice Cleather ein Mitglied der inneren Gruppe von HPB's Esoterischer Schule. 1918 ging sie mit ihrem Sohn, Graham Gordon Cleather, und Basil Crump nach Indien und 1925 nach Peking, wo sie dem Panchen Lama von Tibet begegneten. Auf Bitten des Panchen Lama veröffentlichten Cleather und Crump HPB's *Die Stimme der Stille* erneut (Peking, 1928). Sie gründete die H.P.B.-Bibliothek (jetzt in Toronto, in Kanada) und stand in Verbindung mit der Blavatsky-Gesellschaft in London. Zu Alice Cleathers Veröffentlichungen gehören *H. P. Blavatsky: Her Life and Work for Humanity* (1922) und *H. P. Blavatsky As I Knew Her* (1923). [Blavatsky, *Collected Writings* 14:518-21.]

Conway, Moncure Daniel (1832-1907), amerikanischer Schriftsteller, Reformer und Minister. Nach dem Besuch der Harvard Divinity School wurde er ein umstrittener Geistlicher der Unitarier, der die Wunder des Neuen Testaments und sogar die Göttlichkeit Jesu Christi in Frage stellte. 1863 siedelte Conway mit seiner Familie nach England über, wo er von 1864 bis 1884 als Geistlicher der South Place Chapel in London wirkte. Er profilierte sich als Schriftsteller, indem er östliche und andere Weltreligionen in englischen und amerikanischen Zeitschriften bekannt machte. Zu seinen Veröffentlichungen gehören eine Biographie und *My Pilgrimage to the Wise Men of the East* (1906).

Cooper, Laura Mary (18??-1924), die jüngere Schwester von Isabel Cooper-Oakley. Laura gehörte zur inneren Gruppe von HPB's Esoterischer Schule. Aus ihrer Feder stammt der Augenzeugenbericht von HPB's Tod: „How She Left Us." 1899 heiratete sie G.R.S. Mead.

Cooper-Oakley, Isabel (1854-1914), englische Theosophin. Geboren in Amritsar, in Indien, trat Isabel 1881 in das Girton College in Cambridge ein, wo sie ihren späteren Ehemann, Alfred J. Oakley, kennenlernte. Im März 1884 trat sie der Theosophischen Gesellschaft und 1889 dem Mitarbeiterstab in der Lansdowne Road bei. Sie war ebenfalls Mitglied der inneren Gruppe der Esoterischen Schule. Zu ihren Veröffentlichungen gehören *Mystical Traditions* (1909) und *The Comte de St. Germain* (1912). [Blavatsky, *Collected Writings* 12:730-3.]

Corson, Eugene Rollin (1855-19??), Arzt, Sohn von Professor Hiram Corson. Eugene veröffentlichte HPB's Briefe an seinen Vater in *Some Unpublished Letters of Helena Petrovna Blavatsky* (1929).

Corson, Hiram (1828-1911), amerikanischer Erzieher und berühmt als Professor für englische Literatur an der Cornell Universität, Ithaca, New York (1870-1903). Er galt als Fachmann in Mathematik und klassischen Sprachen. Seit Anfang 1874 bekannte er sich öffentlich zu seinem Glauben an den Spiritismus. Zu den in den Achtzigern von Professor Corson veröffentlichten Arbeiten gehören Bücher über Robert Browning und William Shakespeare. [Blavatsky, *Collected Writings* 1:450-3.]

Coulomb, Emma, eine Engländerin, die HPB 1872 zum ersten Mal in Kairo, in Ägypten, begegnete. Mitte 1879 erhielt HPB, die damals in Bombay lebte, einen Brief von Emma Coulomb. Im März des darauffolgenden Jahres trafen Emma und ihr französischer Ehemann Alexis, ohne einen Pfennig Geld, in der theosophischen Zentrale in Bombay ein. Während der nächsten vier Jahre arbeitete Emma dort als Haushälterin und Alexis als Mann für alles, vorrangig als Schreiner und Mechaniker. Im Mai 1884 wurde das Paar wegen Diebstahls, versuchter Erpressung und Verleumdung aus der Theosophischen Gesellschaft ausgewiesen. Der theosophische Historiker Walter Carrithers Jr. schreibt: „Gewisse grobe, nicht betriebsfähige und neu angefertigte Fall- und Schiebetüren wurden in HPB's Privaträumen gefunden, die zum damaligen Zeitpunkt der alleinigen Obhut der Coulombs unterstanden. Nach Ablauf einiger Monate verpflichtete sich Emma Coulomb, den ortsansässigen christlichen Missionaren ein paar Dutzend angeblich von HPB selbst geschriebene Briefe zukommen zu lassen. Falls echt, verwickeln sie einige Briefe und verschiedene Aussagen in anderen eindeutig in eine Verschwörung, mit den Coulombs betrügerische „okkulte Phänomene" bewirkt zu haben." [Gomes, „The Coulomb Case, 1884-1984"; Hastings, Defence of Madame Blavatsky; Waterman, Obituary: The „Hodgson Report" on Madame Blavatsky.]

Dharmapala, Anagarika (1864-1933), buddhistischer Reformator, geboren in Colombo, in Ceylon. Im Dezember 1884 begleitete er HPB und Olcott nach Adyar. HPB ermunterte ihn, den buddhistischen Pali-Kanon zu studieren. Im Mai 1893 gründete er die „Maha-Bodhi-Gesellschaft" in Kalkutta, in Indien. 1893 sprach Dharmapala vor dem Weltparlament der Religionen in Chicago. Bis zu seinem Tode unterstützte er den Buddhismus und arbeitete im Namen der "Maha-Bodhi-Gesellschaft". [Fields, How the Swans Came to the Lake.]

Dick, Frederick J. (1856-1927), Bauingenieur und Theosoph. Fred Dick arbeitete als Leiter des Hafen- und Leuchtturmamts für Irland. Im Dezember 1888 trat er in Dublin der Theosophischen Gesellschaft bei. 1905 ging er nach Point Loma, in der Nähe von San Diego, wo er als Professor für Mathematik und Astronomie wirkte. [Blavatsky, Collected Writings 11:571-2.]

Eglinton, William (1857-1933), englisches Medium. Eglinton war bekannt für seine Materialisationen und das Schreiben auf Schiefertafeln. Ende 1881 und zu Beginn des Jahres 1882 besuchte er als Gast von J. G. Meugens, eines wohlhabenden indischen Kaufmanns, Kalkutta. Dort hielt er sich auch bei Oberst William und Alice Gordon in Howrah auf. In seinem späteren Leben wirkte Eglinton als Herausgeber der Zeitschift *New Age* und als Direktor einer britischen Exportfirma. [Melton, *Encyclopedia of Occultism and Parapsychology* 1: 388-91]

Fadejew, Nadjeschda Andrejewna de (1829-1919), HPB's Lieblingstante, Schwester ihrer Mutter. Nadjeschda war nur zwei Jahre älter als ihre Nichte. Ihr Briefwechsel im Laufe der siebziger und achtziger Jahre wird im Archiv der Theosophischen Gesellschaft (Adyar) aufbewahrt. Sie starb in Prag.

Gebhard, Rudolf Ernst (1857-1935), deutscher Theosoph, Sohn von Gustav und Mary Gebhard. Er war der vierte von sechs Söhnen und einer Tochter. Rudolf ging im Oktober 1884 mit Oberst Olcott nach Indien und nahm im Oktober 1884 am Theosophischen Kongress in Adyar teil. Madame Blavatsky hielt sich zweimal im Haus der Gebhards in Elberfeld auf.

Gordon, Alice, englische Spiritistin, Theosophin und Frau von William Gordon (1831-1909), dem Generalmajor der indischen Armee. Alice Gordon, die im indischen Howrah lebte, besuchte im Dezember 1879 A. P. Sinnett in Allahabad, um dort Madame Blavatsky und Oberst Olcott zu treffen. 1890 hielt sie in London einen Vortrag über HPB und ihre okkulten Phänomene. [Gordon, „*Some Experiences of the Occult*".]

Hartmann, Franz (1838-1912), deutscher Arzt, Theosoph und Schriftsteller. 1865 siedelte er in die Vereinigten Staaten über. Nachdem er *The Occult World* (1881) von A. P. Sinnett gelesen hatte, interessierte sich Hartmann für die Theosophie. Zu seinen Büchern gehören *Magie, Weiß und Schwarz* (1886), *The Life of Paracelsus* (1887) und *Occult Science in Medicine* (1893). [Blavatsky, *Collected Writings* 8: 439-57.]

Hodgson, Richard (1855-1905), australischer Forscher des Paranormalen. 1882 trat er in die Society for Psychical Research ein. Bekannt für seine

„Entlarvungen" der Madame Blavatsky und des italienischen Mediums Eusapia Palladino, untersuchte Hodgson auch das Medium Leonora Piper aus Boston und gelangte zu der Überzeugung, dass sie nicht nur über echte, paranormale Kräfte verfügte, sondern dass auch Verstorbene durch sie Verbindung aufnahmen. [Berger, *Lives and Letters in American Parapsychology*, 11-33, Waterman, *Obituary: The „Hodgson Report" on Madame Blavatsky.*]

Halloway, Laura Carter (1848-1930), amerikanische Schriftstellerin und Journalistin. Von ihrem ersten Buch, *Ladies of the White House* (1870), wurden mehr als 100.000 Exemplare verkauft. Laura Holloway war Mitherausgeberin (1870-1884) des *Brooklyn Daily Eagle*. Im Frühjahr 1884 begegnete sie Madame Blavatsky in Paris.

Holt, Elisabeth G. K., keine biographischen Informationen erhältlich.

Johnston, Charles (1867-1931), irischer Theosoph, Sanskrit-Forscher und Orientalist. 1885 trat Johnston der Theosophischen Gesellschaft bei. Im Herbst 1888 heiratete er HPB's Nichte Vera V. de Zhelihovsky (1831-1909). 1896 siedelten die Johnstons für immer in die Vereinigten Staaten um. In seinem späteren Leben war Johnston einer der Herausgeber der Encyclopedia Britannica. Er übersetzte mehrere indische Schriften ins Englische, unter anderem *The Bhagavad-Gita* (1908), *The Yoga Sutras of Patanjali* (1912) und *The Great Upanishads* (1927). [Blavatsky, *Collected Writings* 9:422-6.]

Johnston, Vera Vladimirovna (1864-1923), Tochter von HPB's Schwester Vera Petrovna de Zhelihovsky. Im Herbst 1888 heiratete Vera Charles Johnston.

Judge, William Quan (1851-1896), Rechtsanwalt und Theosoph. Geboren in Dublin, wanderten Judge und seine Familie 1864 nach New York aus. Er studierte Rechtswissenschaft und wurde 1872 als Anwalt zugelassen. Judge gehörte zu den Begründern der Theosophischen Gesellschaft. 1886 begann er mit der Herausgabe von *The Path*, einer monatlich erscheinenden theosophischen Zeitschrift, die er bis zu seinem Tode veröffentlichte. Ebenfalls 1886 wurde Judge zum Generalsekretär der amerikanischen Niederlassung der Theosophischen Gesellschaft gewählt. 1888 unterstützte er HPB bei der

Gründung ihrer Esoterischen Schule. Nach HPB's Tod teilte er sich mit Annie Besant die äußere Leitung der Esoterischen Schule. Zu seinen Schriften gehören *Das Meer der Theosophie* (1893) und *Echoes of the Orient* (drei Bände; 1975-87). [Eek and Zirkoff, *William Quan Judge*.]

Keightley, Archibald (1859-1930), englischer Arzt, Theosoph und einer von HPB's treuesten Freunden. Im Frühjahr 1884 trat er der Theosophischen Gesellschaft bei. 1887-8 organisierte er mit Hilfe seines Onkels Bertram Keightley und Gräfin Wachtmeister HPB's Haushalt in London. Während derselben Zeiten bereiteten Archibald und Bertram HPB's Manuskript der *Geheimlehre* zur Veröffentlichung vor. 1891 heiratete Archibald Julia ver Planck aus Pennsylvania. [Blavatsky, *Collected Writings* 9:427-32]

Keightley, Bertram (1860-1945), englischer Theosoph und enger Mitarbeiter HPB's. Erzogen in Cambridge, begann sich Bertram Keightley1883 für die Theosophie zu interessieren. Im Frühjahr 1884 nahm Oberst Olcott Bertram und seinen Neffen Archibald in die Theosophische Gesellschaft auf. 1887 baute er gemeinsam mit Archibld und der Gräfin Wachtmeister HPB's Haushalt in London auf. Beide Keightleys arbeiteten mit HPB an der Vorbereitung des Manuskripts für die Herausgabe der *Geheimlehre*. Keightley, *Reminiscences of HPB*; [Blavatsky, *Collected Writings* 9:432:5.]

Keightley, Julia Campbell ver Planck, Schriftstellername *Jasper Niemand* (185?-1915), amerikanische theosophische Schriftstellerin, Tochter eines bekannten Rechtsanwalts und Kongressabgeordneten. Julias erste schriftstellerische Arbeiten wurden in *Harper's Magazine* und *Galaxy* veröffentlicht. 1886 trat sie der Theosophischen Gesellschaft bei und schrieb bald des öfteren für W. Q. Judges Zeitschrift *The Path*. 1891 heiratete sie Archibald Keightley. [Blavatsky, *Collected Writings* 9: 435-8.]

Kingsland, William (1855-1936), englischer Elektroingenieur und theosophischer Schriftsteller. 1923 unterstützten Kingsland und Alice Cleather die Bildung der Blavatsky-Vereinigung zum Fortbestand und zur Verteidigung des Namens und Werkes von HPB. Zu seinen Schriften gehören *The Real H. P. Blavatsky* (1928) und *The Gnosis or Ancient Wisdom in the Christian Scriptures* (1937). [Blavatsky, *Collected Writings* 10:419-24.]

Kislingbury, Emily, englische Lehrerin, Spiritistin und Theosophin. Kislingbury wurde 1870 Spiritistin und arbeitete später als Sekretärin der Britischen Nationalvereinigung der Spiritisten. Im Juni 1878 wurde sie zur ersten Sekretärin der Britischen Theosophischen Gesellschaft gewählt. 1890 wurde sie Mitglied der inneren Gruppe von HPB's Esoterischer Schule.

Leadbeater, Charles Webster (1854-1934), englischer Geistlicher und theosophischer Schriftsteller. C. W. Leadbeater trat 1883 in die Theosophische Gesellschaft ein. Er wurde theosophischer Schriftsteller und Redner und arbeitete gemeinsam mit Annie Besant an mehreren hellseherischen Studien. (*Gedankenformen*, 1901 und *Okkulte Chemie*, 1908). Zu seinen Schriften gehören *Der sichtbare und der unsichtbare Mensch* (1902) und *Die Chakras* (1927). Shearman, *Charles Webster Leadbeater*; Tillett, *The Elder Brother*; Michel, *Charles W. Leadbeater*.

Machell, Reginald Willoughby (1854-1927), englischer Maler, Illustrator und Theosoph. Reginald Machell ist bekannt für seine mystischen Gemälde, wie *The Path* in der Theosophischen Gesellschaft in Pasadena. 1893 wurde er als Mitglied in die Royal Society of British Artists gewählt. 1900 verließ Machell England, um für die Theosophische Gesellschaft in Point Loma zu arbeiten und dort zu wohnen. [Blavatsky, *Collected Writings* 12:755-7.]

Maitland, Pelham James (1847-1935), englischer Militäroffizier. 1880-1 war Kapitän Maitland stellvertretender Generalquartiermeister (einer Abteilung des englischen Nachrichtendienstes) in Simla. Er wirkte als Militärsekretär (1896-1901) für die indische Regierung. Zu seinen Schriften gehören *Modern Military Organizations and the British Army* (1906)

Massey, Charles Charleton (1838-1905), englischer Rechtsanwalt, Metaphysiker, Spiritist und Theosoph. 1878 wurde Massey zum ersten Präsidenten der Britischen Theosophischen Gesellschaft gewählt. 1882 beteiligte er sich an der Gründung der Society for Psychical Research (London). 1884 trat er aus der Theosophischen Gesellschaft aus. [Blavatsky, *Collected Writings* 1:497-9.]

Mavalankar, Damodar K. (1857-?), Hindu, Mitglied der Theosophischen Gesellschaft und Schüler von Mahatma KH. Als Sohn einer wohlhabenden Brahmanen-Familie trat Damodar 1879 in die Theosophische Gesellschaft ein. Er wurde Mitglied des Mitarbeiterstabs der Theosophischen Zentrale und wirkte als Geschäftsführer der Publikationsabteilung und beteiligte sich an der Veröffentlichung des *Theosophist*. Im Frühjahr 1885 verließ Damodar Indien und ging nach Tibet. [Eek, *Damodar and the Pioneers of the Theosophical Movement*.]

Mead, George Robert Stowe (1863-1933), in Cambridge erzogen, Theosoph und Kenner der Gnosis und des frühen Christentums. 1884 trat Mead in die Theosophische Gesellschaft ein. 1887 begegnete er HPB zum ersten Mal und wurde während ihrer letzten Lebensjahre ihr Privatsekretär. Zu seinen Schriften gehören *Pistis Sophia: A Gnostic Gospel* (1896, 1921) und *Fragments of a Faith Forgotten* (1909). [Blavatsky, *Collected Writings* 13:393-7.]

Nagnath, Martandrao Babaji, ein Brahmane und Mitglied der Theosophischen Gesellschaft. Nagnath arbeitete als Angestellter im Wirtschaftsprüfungsamt in Bombay in Indien. Ab 1880 wirkte er einige Jahre als Schatzmeister der Theosophischen Zentrale in Bombay.

Olcott, Henry Steel (1832-1907), amerikanischer Journalist, Herausgeber, Rechtsanwalt, Mitbegründer und erster Präsident der Theosophischen Gesellschaft. Auf dem landwirtschaftlichen Sektor war Olcott Mitherausgeber der *New York Tribune* (1859-1861). Im Bürgerkrieg diente er als Sonderbeauftragter (1862-6) in der Kriegsmarine-Abteilung zur Aufdeckung von Korruption und Betrügerei in den Militärarsenalen und den Marinewerften. Von 1868 bis 1878 war Oberst Olcott in New York City als Jurist tätig. 1875 wurde er zum Präsidenten der Theosophischen Gesellschaft gewählt, ein Amt, das er bis an sein Lebensende inne hatte. Asien, Europa, Australien und zahlreiche weitere Länder bereisend, wirkte er unermüdlich für die Theosophische Gesellschaft. Olcott setzte sich auch für eine Neubelebung des Buddhismus in Ceylon ein, indem er beim Aufbau von drei Colleges und zweihundertfünfzig Schulen half. Er schrieb unter anderem *People from the Other World* (1875), *Der Buddhistische Katechismus* (1881) und *Old Diary Leaves* (1895-1935), eine sechsbändige Geschichte der Theosophischen Gesellschaft. [Murphet, *Yankee Beacon of Buddhist Light*; Prothero, *The White Buddhist*.]

Old, James Bernhard (1866-?), Bruder von Walter Old und Geistlicher. Keine weiteren biographischen Informationen.

Old, Walter Richard (1864-1929), englischer Schriftsteller und professioneller Astrologe. Old schrieb unter dem Namen „Walter Gorn Old" und dem Pseudonym „Sephariel". Er studierte Medizin und die Kabbala und wurde Mitglied der inneren Gruppe der Esoterischen Schule von HPB. Zu seinen Schriften gehören *Second Sight* (1911) und *The Kabala of Numbers* (1913).

Padshah, Sorab J., ein parsischer Dichter und Mitglied der Theosophischen Gesellschaft. Er absolvierte die Universität von Bombay und war 1880-1 Protokollsekretär der Theosophischen Gesellschaft. Anfang der Achtziger Jahre brachte Padshah das Wochenblatt *Indian Spectator* heraus.

Pashkov, Gräfin Lydia Alexandrovna de, russische Schriftstellerin und Reisende. Gräfin Pashkov war Mitglied der Geographischen Gesellschaft von Frankreich und verfasste mehrere Reisebücher, darunter *En Orient, Drames et Paysages* (1879). Im April 1878 besuchte sie auf einer Reise nach New York ihre alte Freundin Madame Blavatsky. [Blavatsky, *Collected Writings* 1:521-2.]

Pillari, R. Casava, Hindu Polizeibeamter in Nellore, in Indien. 1881 trat Pillari der Theosophischen Gesellschaft bei. In dem darauffolgenden Jahr war er Sekretär deren Zweigniederlassung in Nellore. Theosophische Gesellschaft: *Report of the Result of an Investigation into the Charges against Madame Blavatsky*, 87-91.

Pryse, James Morgan (1859-1942), amerikanischer Theosoph, Schriftsteller und Drucker. Nach seinem Beitritt zur Theosophischen Gesellschaft, im Jahre 1886, traf Pryse Ende 1889 W. Q. Judge in New York. Aufgrund seiner Kenntnisse im Druckereiwesen half er Judge, noch im selben Jahr die Aryan-Druckerei zu gründen. 1890 ging Pryse nach London in die Theosophische Zentrale und richtete dort die HPB-Druckerei ein, in der Anfang 1891 HPB's *"Esoteric Instructions"* gedruckt wurden. In späteren Jahren zog er nach Los Angeles. Zu sein Büchern gehören *Reinkarnation im Neuen Testament* (1900), *Die entschleierte Apokalypse* (1910) und *The Restored New Testament* (1916). [Blavatsky, *Collected Writings* 12:761-5.]

Rakowitza, Prinzessin Helene von (1844-19??), eine deutsche Prinzessin. Sie war eine geborene Helene von Donnings. 1864 verlor der deutsche Sozialist Ferdinand Lassalle in einem ihretwegen ausgetragenen Duell sein Leben. Ihre Autobiographie wurde 1910 veröffentlicht.

Rajamiengar, T. C., Richard Hodgson beschrieb Rajamiengar als „einheimischen Arzt". Weitere biographische Informationen stehen nicht zur Verfügung.

Ramaswamier, S. (18??-1893), ein Brahmane, der für die englische Regierung als Sicherheitsbeamter im indischen Distrikt Tinnevelly arbeitete. Ramaswamier trat 1881 der Theosophischen Gesellschaft bei. [Barborka, *The Mahatmas and Their Letters*, 320- 32.]

Roy, Parbati Churn (1840-?), ein im Westen ausgebildeter Hindu. Roy begegnete Blavatsky zum ersten Mal 1882 in Darjeeling und sah sie im Frühjahr 1888 in London wieder. 1896 beschrieb er sich selbst mit den Worten: „Ich wurde als Hindu geboren, wurde dann Brahmo, Agnostiker und Skeptiker. Jetzt bin ich wieder Hindu." (*From Hinduism to Hinduism*, Vorwort).

Russell, Edmund, ein weit gereister amerikanischer Künstler, der jahrelang in Paris lebte. Keine weiteren biographischen Einzelheiten verfügbar.

Saxon, Elizabeth Lyle (1832-1915), amerikanische Schriftstellerin und Befürworterin des Frauenstimmrechts. Saxon schrieb Gedichte und Kurzgeschichten. Sie war Sozialaktivistin und in der Wahlrechts- und christlichen Frauenbewegung gegen Alkoholmissbrauch tätig. Sie interessierte sich für die verschiedenen Aspekte der Religion und forschte über die Adventisten, Mormonen, Shaker, Quäker und andere religiöse Gruppen. Ihr Interesse galt auch dem Spiritismus, und sie besaß selbst einige übernatürliche Fähigkeiten.

Sen, Norendro Nath (1843-?), Besitzer und Herausgeber des *Indian Mirror*, einer in Kalkutta erscheinenden Tageszeitung. Nach Boris de Zirkoff „wurde sie unter Sens Leitung das führende Blatt in Indien, das die politischen Ansichten der Inder wiedergab."[Blavatsky, *Collected Writings* 6:257.]

Shankar, Bhavani (1859-1935), ein Brahmane und Schüler des Meisters KH. Bhavani Shankar begegnete HPB 1879, kurz nach ihrer Ankunft in Bombay. Er arbeitete viele Jahre für die Theosophische Gesellschaft. In den ersten Jahren nach 1930 hielt Shankar unter der Schirmherrschaft der United Loge of Theosophists (Bombay) eine Reihe von Vorträgen über die Bhagavad-Gita. Sein Buch *The Doctrine of the Bhagavad-Gita* wurde 1966 veröffentlicht.

Sidgwick, Henry (1838-1900), englischer Philosoph und Erforscher des Paranormalen. Er arbeitete als Professor für Moralphilosophie an der Universität Cambridge (1883-1900). Sidgwick war Gründungsmitglied und der erste Präsident (1882-1885) der Society for Psychical Research (London). Er schrieb unter anderem *The Methods of Ethics* (1824). Gauld, *The Founders of Psychical Research*.

Sinnett, Alfred Percy (1840-1921), englischer Journalist, Herausgeber des *Pioneer* (Allahabad, Indien) und theosophischer Schriftsteller. A.P. Sinnett wurde als Empfänger von Briefen von zwei Adepten bekannt, die später unter dem Titel *Die Mahatma Briefe* veröffentlicht wurden. Sinnetts *Occult World* (1881) und *Esoteric Buddhism* (1883) machten die Theosophie populär. [Linton und Hanson, *Readers' Guide to The Mahatma Letters to A.P. Sinnett*, 349-56; Hanson, *Masters and Men: The Human Story in The Mahatma Letters*.]

Smith, John (1821-1885), in Schottland geboren, Professor für Chemie und experimentelle Physik. Smith lehrte, von 1852 bis zu seinem Tode, an der Universität Sydney. In seinen späteren Jahren widmete er sich bürgerlichen Angelegenheiten und der Förderung der Erziehung. 1882 trat er der Theosophischen Gesellschaft bei. [Australian Dictionary of Biography 6:148-50.]

Solowjow Vsevolod Sergejewitsch (1849-1903), russischer Romanschriftsteller und Bruder des russischen Philosophen Vladimir Solowjow. Vsevolod Solowjow begegnete HPB im Frühjahr 1884 in Paris. Die zunächst freundliche Beziehung zwischen den beiden beendete Solowjow, indem er sich gegen HPB wandte und ein Buch schrieb mit dem Titel *A Modern Priestess of Isis* (russische Ausgabe: 1893; gekürzte englische Fassung: 1895), in dem er HPB als Betrügerin darzustellen versuchte. [Blavatsky, *Collected Writings* 6:446; Hasting, *Solowjows Fraud*.]

Stead, William Thomas (1849-1912), englischer Journalist, Herausgeber und Spiritist. 1883 wurde Stead Herausgeber der Londoner *Pall Mall Gazette*. 1890 begann er mit der Herausgabe der renommierten, monatlich erscheinenden *Review of Reviews*. Aufgrund seines Interesses für den Spiritismus, die Erforschung des Paranormalen und die Theosophie gründete W. T. Stead *Borderland*, eine Zeitschrift, die sich besonders diesen Themen widmete (1893-1897). Auf dem Weg nach New York kam Stead auf der Titanic ums Leben.

Tweedale, Violet (1862-1936), englische Romanschriftstellerin. Violet Tweedale, selbst medial veranlagt, konnte Auren sehen. Sie interessierte sich für den Spiritismus und wohnte Séancen mit dem englischen Staatsmann Lord Richard Haldane (1856-1928) und dem Premierminister von England, William E. Gladstone (1809-1898), bei. Sie schrieb annähernd dreißig Bücher, darunter *Ghosts I Have Seen* (1919) und *The Cosmic Christ* (1930).

Wachtmeister, Constance (1838-1910), Theosophin und Witwe des schwedischen Grafen Karl Wachtmeister (1823-1871). Nachdem sie Ende der Siebziger Jahre den Spiritismus erkundet hatte, begann sie sich für die Theosophie zu interessiern und trat 1880 der Theosophischen Gesellschaft bei. Im April 1884 begegnete sie HPB bei einem Besuch in London zum ersten Mal. Ihr Buch *Reminiscences of H. P. Blavatsky and „The Secret Doctrine"* (1893) berichtet von HPB's Aufenthalten in Würzburg und Ostende (1885-1887). [Blavatsky, *Collected Writings* 6:448.]

Wiggin, James Henry (1836-1900), amerikanischer Geistlicher der Unitarier und Herausgeber. In Boston geboren, zog Wiggin 1875 nach New York, um den *Liberal Christian* herauszugeben, kehrte aber im darauffolgenden Jahr nach Boston zurück. Agnostiker geworden, gab er 1881 das geistliche Amt auf. Von 1885 bis 1891 unterstützte Wiggin Mary Baker Eddy (Begründerin der Christian Science) bei der Vorbereitung mehrerer ihrer Werke.

Wilder, Alexander (1823-1908), amerikanischer Arzt, Schriftsteller, Herausgeber und Platon-Forscher. 1850 erhielt Wilder seinen medizinischen Grad. Er gehörte zum Herausgeberstab mehrerer medizinischer und philosophischer Zeitschriften. Außerdem lehrte er an verschiedenen medizinischen Schulen. Wilder schrieb zahlreiche Essays zu religiösen und metaphysischen Themen sowie zur platonischen Philosophie. Zu seinen veröffentlichten Werken gehören *New Platonism and Alchemy* (1869) und *History of Medicine* (1901). [Blavatsky, *Collected Writings* 1:531-3.]

Windust, Esther, keine biographischen Informationen verfügbar.

Wolff, Hannah M., Ehefrau von John B. Wolff, Präsident der First Spiritual Society von Washington, DC. Keine weiteren biographischen Informationen.

Wyld, George (1821-1906), schottischer Arzt, Spiritist und Theosoph. Nachdem Wyld im Jahre 1851 seinen medizinischen Doktortitel erlangt hatte, begann er mit dem Studium der Homöopathie, des Mesmerismus und des Spiritismus. 1879 trat er der Theosophischen Gesellschaft bei, trat aber 1882 wieder aus. Er gehörte zu den ursprünglichen Begründern der Society for Psychical Research im Jahre 1882. Er schrieb unter anderem *Clairvoyance* (1883) und *Theosophy, or Spiritual Dynamics and the Divine and Miraculous Man* (1894). [Blavatsky, *Collected Writings* 3:538-9.]

Zhelihovsky, Vera Petrovna de (1835-1896), HPB's jüngere Schwester. Vera heiratete zweimal und hatte sechs Kinder. Sie schrieb Kindergeschichten und lieferte Beiträge an verschiedene russische Zeitschriften. Zu ihren Berichten über HPB's Leben gehören *When I was Small* (2nd ed., 1894), *My Adolescense* (1893), „*The Truth about Helena Petrovna Blavatsky*", Rebus [St. Petersburg] (1883) und „*Helena Petrovna Blavatsky*", Lucifer [London] (Nov., 1894 - April, 1895). Vera reiste in den Achtziger Jahren mehrmals nach Westeuropa, um HPB zu besuchen. [Blavatsky, *Collected Writings* 1:534-7.]

Quellenangaben

Arundale, Francesca. 1932. My *Guest: H. P. Blavatsky*. Adyar, Madras, India: Theosophical Publishing House. Kapitel 15f, 16a.

Australian Dictionary of Biography. 1966. 14 vols. Melbourne: Melbourne University Press.

Barborka, Geoffrey. 1973. *The Mahatmas and Their Letters*. Adyar, Madras, India: Theosophical Publishing House.

Berger, Arthur S. 1988. *Lives and Letters in American Parapsychology: A Biographical History, 1850-1987*. Jefferson, NC: McFarland.

Besant, Annie. 1893. *Annie Besant: An Autobiography*. London: T. Fisher Unwin. Kapitel 21b, 21d.

– 1969. The *Masters*. 3d ed. Adyar, Madras, India: Theosophical Publishing House. 1st ed. 1912. Kapitel 21d.

Besterman, Theodore. 1934. *Mrs. Annie Besant: A Modern Prophet*. London: Kegan Paul, Trench, Trubner. Kapitel 7b.

Blavatsky, H. P. 1966-1991. *Collected Writings*. 15 vols. Ed. Boris de Zirkoff. Wheaton, IL: Theosophical Publishing House.

Brown, William T. 1884. *Some Experiences in India*. London: London Lodge of the Theosophical Society. Kapitel 13h.

Chetty, G. Soobiah. 1928. „Master M.'s Visit to Madras in 1874." *Adyar Notes* and *News* 1 (October 25): 2. Kapitel 13c.

Cleather, Alice Leighton. 1923. *H. P. Blavatsky As I Knew Her*. Calcutta: Thacker, Spink. Kapitel 19c, 20a, 22b.

„A Coming Buddhist Book. 'The Veil of Isis' and the Lady Who Is Writing It – A Double Attack upon Science and Dogmatic Theology." 1877. *World* (New York) 17 (January 23): 5. Kapitel 7a.

Conway, Moncure D. 1884. „The Theosophists." *Religio-Philosophical Journal* (Chicago, IL), May 10, p. 1. Kapitel 14c.

Corson, Eugene Rollin, ed. 1929. *Some Unpublished Letters of Helena Petrovna Blavatsky*. London: Rider & Co. Kapitel 5c.

Coulomb, Emma. 1884. *Some Account of My Intercourse with Madame Blavatsky from 1872 to 1884, with Additional Letters and a Full Explanation of the Most Marvellous Theosophical Phenomena.* Madras, India: Higginbotham and Co.; reprint London: Published for the Proprietors of the „Madras Christian College Magazine" by Elliot Stock, 1885. Kapitel 3c, 13d.

Dharmapala, Anagarika. 1927. „On the Eightfold Path: Memories of an Interpreter of Buddhism to the Present-Day World." *Asia* (New York), September 1927, pp. 720-7, 769-70. Kapitel 9d.

Eek, Sven, and Boris de Zirkoff. 1969. *William Quan Judge, 1851 - 1896: The Life of a Theosophical Pioneer and Some of His Outstanding Articles.* Wheaton, IL: Theosophical Publishing House.

Eglinton, William. 1882. „Spiritualism and Theosophy." *Light* (London) 2 (June 24): 301-2. Kapitel 11e.

– 1886. „Mr. Eglinton and 'Koot Hoomi'. Letter to the Editor. *Light* (London) 6 (January 30): 50-1. Kapitel 11e.

Fields, Rick. 1981. *How the Swans Came to the Lake: A Narrative History of Buddhism in America.* Boulder, CO: Shambhala.

Gauld, Alan. 1968. *The Founders of Psychical Research.* New York: Schocken Books.

Gomes, Michael. 1984-5. „The Coulomb Case, 1884-1984" *Theosophist* (Adyar, Madras, India) 106 (Dec. 1984, Jan. 1985, Feb. 1985): 95-102, 138-47, 178-86.

Gordon, Alice. 1882. „Instantaneous Transmission of Another Letter." *Psychic Notes* (Calcutta, India) 1 (March 30): 60-1. Kapitel 11f.

– 1890. „Some Experiences of the Occult." *Light* (London) 10 (November 29): 575-7. Kapitel 10e.

Hanson, Virginia. 1980. *Masters and Men: The Human Story in The Mahatma Letters.* Wheaton, IL: Theosophical Publishing House.

Hartmann, Franz. 1884. „Phenomenal." Supplement to *Theosophist* 5 (April): 65. Kapitel 14e.

– 1884. *Report of Observations Made during a Nine Months' Stay at the HeadQuarters of the Theosophical Society at Adyar (Madras), India.* Madras, India: Printed at the Scottish Press by Graves, Cookson, and Co. Kapitel 14e.

Hastings, Beatrice. 1934. *Defence of Madame Blavatsky.* Vol. 2: The „*Coulomb Pamphlet.*" Worthing, England: Beatrice Hastings.
– 1943-4. *Solovyoff's Fraud.* Reprint Edmonton, Alberta, Canada: Edmonton Lodge of the Theosophical Society in Canada, 1988. Orig. pub. serially. Kapitel 16c.

Hodgson, Richard. 1885. „Account of Personal Investigations in India, and Discussion of the Authorship of the 'Koot Hoomi' Letters." *Proceedings of the Society for Psychical Research* (London) 3:207-380. Kapitel 16i.

Holloway, Laura C. 1889. „Blavatsky's Mesmerism." *Current Literature* (New York) 1 (March): 243-4. Kapitel 16d.

Holt, Elizabeth G. K. 1931. „A Reminiscence of H. P. Blavatsky in 1873." *Theosophist* 53 (December): 257-66. Kapitel 4b.

„H. P. Blavatsky's Adieux: The Ci-Devant Countess Ready to Depart for the East." 1878. *Daily Graphic* (New York), December 10, p. 266. Kapitel 7g.

HPB: *In Memory of Helena Petrovna Blavatsky.* 1891. By some of her pupils. London: Theosophical Publishing Society. Kapitel 7d, 15f, 16f, 16h, 18a, 19b, 21c, 21e, 22f, 22g.

Hume, A.O. 1882. *Hints on Esoteric Theosophy, No. 1: Is Theosophy a Delusion? Do the Brothers Exist?* 2d ed. Calcutta, India: Calcutta Central Press. Kapitel 8d, 11a, 11d.

Jinarajadasa, C., ed. 1977. *Letters from The Masters of Wisdom,* Second Series. Adyar, Madras, India: Theosophical Publishing House. Kapitel 3a.

Johnston, Charles. 1900. „Helena Petrovna Blavatsky." *Theosophical Forum* (New York) 5-6 (Apr.-Jul.). Reprint in Blavatsky, *Collected Writings* 8:392-409. Kapitel 18e.
– 1907. „The Theosophical Movement." *Theosophical Quarterly* (New York) 5 (July): 16-26. Kapitel 17a.

Judge, William Q. 1889. „Blavatsky Still Lives and Theosophy Is in a Flourishing Condition." *New York Times,* January 6, p. 10. Reprint in Judge, *Echoes of the Orient: The Writings of William Quan Judge,* comp. Dara Eklund, 3:138-43. Kapitel 20b.
– 1890. „The Headquarters at Adyar." *Path* (New York) 5 (April): 8. Reprint in Judge, *Echoes of the Orient: The Writings of William Quan Judge,* comp. Dara Eklund, 1:131, Kapitel 13b.

– 1892. „Habitations of H.P.B." *Path* (New York) 7 (June): 71-75. Reprint in Judge, *Echoes of the Orient: The Writings of William Quan Judge,* comp. Dara Eklund, 1:245-9. Kapitel 13b.

– 1912. „Extracts from Letters Written by William Q. Judge from Paris to a Long-time Friend." *Word* (New York) 15 (April): 17-24. Kapitel 15a.

– 1975, 1980, 1987, 1993. *Echoes of the Orient: The Writings of William Quan Judge.* Comp. Dara Eklund. 4 vols. San Diego, CA: Point Loma Publications. Kapitel 13b, 15a, 15d, 20b.

Keightley, Archibald. 1892. „From Ostende to London." *Path* (New York) 7 (November): 245-8. Kapitel 18b.

– 1910. „Reminiscences of H.P. Blavatsky." *Theosophical Quarterly* (New York) 8 (October): 109-22. Kapitel 15c, 19a.

Keightley, Bertram. 1931. *Reminiscences of H.P.B.* Adyar, Madras, India: Theosophical Publishing House. Kapitel 19e, 20e.

Kingsland, William. 1928. *The Real H. P. Blavatsky: A Study in Theosophy, and a Memoir of a Great Soul.* London: John M. Watkins. Kapitel 19f.

Kislingbury, Emily. 1877. „Spiritualism in America." *Spiritualist Newspaper* (London) 11 (December 14): 277-9. Kapitel 7d.

Langford, Laura C. 1912. „The Mahatmas and Their Instruments." *Word* (New York) 15 (July): 200-6. Kapitel 15g.

Lazenby, Charles. 1910. „Isis Unveiled." *Path* (Hale, England) 1 (July): 9. Kapitel 5d.

Leadbeater, C. W. 1948. *How Theosophy Came to Me.* Adyar, Madras, India: Theosophical Publishing House. 1st ed. 1930. Kapitel 16e, 16g.

Linton, George E., and Virginia Hanson, eds. 1988. *Readers' Guide to the Mahatma Letters to A.P. Sinnett.* 2nd ed. Adyar, Madras, India: Theosophical Publishing House.

„Madame Blavatsky." 1891. *Tribune* (New York) May 10, p. 6. Kapitel 22j.

The Mahatma Letters to A. P. Sinnett from the Mahatmas M. & K. H. 1962. Transcribed and compiled by A. T. Barker. 3rd ed. by Christmas Humphreys and Elsie Benjamin. Adyar, Madras, India: Theosophical Publishing House.

Massey, Charles C. 1884. Quoted in „Mr. C. Reimers, Mrs. Hollis Billing, and Madame Blavatsky." *Light* (London) 4 (August 30): 360. Kapitel 8a.

Mavalankar, Damodar K. 1883-4. „A Great Riddle Solved." *Theosophist* 5 (December-January): 61-2. Reprint in Mavalankar, *Damodar and the Pioneers of the Theosophical Movement,* comp. Sven Eek, 332-7. Adyar, Madras, India: Theosophical Publishing House, 1965. Kapitel 14b.

– 1907. „Echoes from the Past." *Theosophist* 28 (May): 633-4. Reprint in Mavalankar, *Damodar and the Pioneers of the Theosophical Movement,* comp. Sven Eek, 307-9. Adyar, Madras, India: Theosophical Publishing House, 1965. Kapitel 13e.

– 1965. *Damodar and the Pioneers of the Theosophical Movement,* comp. Sven Eek. Adyar, Madras, India: Theosophical Publishing House. Kapitel 9e, 9g, 13e, 14b.

Melton, J. Gordon, ed. 1996. *Encyclopedia of Occultism & Parapsychology,* 4th ed. 2 vols. Detroit, MI: Gale.

Michel, Peter. 1998. *Charles W. Leadbeater: Mit den Augen des Geistes.* Grafing, Aquamarin Verlag.

Murphet, Howard. 1988. *Yankee Beacon of Buddhist Light: Life of Col. Henry S. Olcott.* Wheaton, IL: Theosophical Publishing House. 1st ed. as *Hammer on the Mountain,* 1972.

Nethercot, Arthur H. 1960. *The First Five Lives of Annie Besant.* Chicago: University of Chicago Press.

– 1963. *The Last Four Lives of Annie Besant.* Chicago: University of Chicago Press.

Olcott, Henry Steel. 1876. Letter to Stainton Moses and C. C. Massey, transcribed in the Francis G. Irwin and Herbert Irwin manuscript commonplace book, *Rosicrucian Miscellany* (1878), 68-79, United Grand Lodge of England Library, Freemason's Hall, London. Kapitel 6b.

– 1890. „The First Leaf of T. S. History." *Theosophist* 12 (November): 65-70. Kapitel 6a.

– 1895. *Old Diary Leaves: The True Story of the Theosophical Society.* Vol. 1(1874-1878). New York: G. P. Putnam's Sons. Kapitel 4a, 4d, 4e, 6c, 7c.

– 1896. A *Historical Retrospect –1875-1896 – of the Theosophical Society.* Adyar, Madras, India: Theosophical Society. Kapitel 6a.

– 1900. *Old Diary Leaves: The Only Authentic History of the Theosophical Society.* Vol. 2 (1878-1883). London: Theosophical Publishing Society. Kapitel 8b, 8d, 9b, 9c, 9f, 12a, 13f.

– 1929. *Old Diary Leaves: The Only Authentic History of the Theosophical Society.* Vol. 3 (1883-1887). Adyar, Madras, India: Theosophical Publishing House. Kapitel 13f, 14a.

– 1931. *Old Diary Leaves: The Only Authentic History of the Theosophical Society.* Vol. 4 (1887-1892). Adyar, Madras, India: Theosophical Publishing House. Kapitel 22a, 22h.

– 1932. „Letters of H. S. Olcott to Francesca Arundale." *Theosophist* 53 (September): 727-35. Kapitel 16j.

Old, James Bernard. 1941. „Memories of H.P.B. – Over 50 Years Ago." *Theosophist* 63 (November): 107-10. Kapitel 21g.

Pashkov, Lydia A. de. 1878. Quoted in „Ghost Stories Galore: A Night of Many Wonders at Second Hand in the Eighth Avenue Lamasery." *World* (New York), April 21, p. 9. Kapitel 3d.

Pillai, R. Casava. 1885. „How a Hindu of Madras Interviewed a Mahatma at Sikkim" *Indian Mirror* (Calcutta) 25 (March 3): 2 and (March 7): 2. Kapitel 12b.

Prothero, Stephen. 1996. *The White Buddhist: The Asian Odyssey of Henry Steel Olcott.* Bloomington: Indiana University Press.

Pryse, James Morgan. 1935. „Memorabilia of H.P.B." *Canadian Theosophist* 16 (March 15): 1-5. Kapitel 22d.

Racowitza, Helene von. 1902. [Selected extracts translated into English from Racowitza's *Wie ich mein Selbst fand* (1901)1 *Theosophical Review* (London) 29 (January): 386-8. Kapitel 7f.

Rajamiengar, T. C. 1884. „Theosophy." *Indian Mirror* (Calcutta) 24 (September 30): 2. Kapitel 13g.

Ramaswamier, S. 1882. „How a 'Chela' Found His Guru." *Theosophist* 4 (December): 67-9. Kapitel 12d.

Roy, Parbati Churn. 1896. *From Hinduism to Hinduism.* Calcutta, India: Printed by W. Newman. Kapitel 12c.

Russell, Edmund. 1918. „Isis Unveiled: Personal Recollections of Madame Blavatsky." *Occult Review* (London) November, pp. 260-9. Kapitel 20f.

Saxon, Elizabeth L. 1877. „Madam Blavatsky: Her Opinions and Her Book." *Daily Picayune,* (New Orleans, Louisiana), November 4, p. 2. Kapitel 7e.

Sen, Norendra Nath. 1882. „Theosophy in Calcutta." *Indian Mirror* (Calcutta) 22 (April 14): 2. Kapitel 11g.

Shearman, Hugh. 1980. *Charles Webster Leadbeater: A Biography.* London: St. Alban.

Sidgwick, Arthur, and Eleanor M. Sidgwick. 1906. *Henry Sidgwick: A Memoir.* By A.S. and E.M.S. London: Macmillan. Kapitel 15h.

„Silence in the Lamasery: Madame Blavatsky and the Hierophant Off for India." 1878. *Sun* (New York), December 19, p. 1. Kapitel 7h.

Sinnett, A. P. 1881. *The Occult World.* London: Trubner. Kapitel 8f, 10a, 10b, 10c, 10d.

– ed. 1886. *Incidents in the Life of Madame Blavatsky, Compiled from Information Supplied by her Relatives and Friends.* London: George Redway. Reprint New York: Arno Press, 1976. Kapitel 1a, 1b, 1c, 1d, 2b, 2c, 2d, 3b, 5a, 8f, 11c, 13a, 15e, 16b, 17b.

– 1922. *The Early Days of Theosophy in Europe.* London: Theosophical Publishing House. Kapitel 15b, 17b.

Stead, William T., 1891. „Madame Blavatsky." *Review of Reviews* (London) 3 (June): 548-50. Kapitel 21a.

– ed. 1909. *The M. P. for Russia: Reminiscences and Correspondence of Madame Olga Novikoff.* London: Andrew Melrose. Kapitel 21a.

Theosophical Society. 1885. *Report of the Result of an Investigation into the Charges against Madame Blavatsky Brought by the Missionaries of the Scottish Free Church of Madras, and Examined by a Committee Appointed for that Purpose by the General Council of the Theosophical Society.* Madras, India: Theosophical Society, 1885. Kapitel 3a, 11b, 14d.

„Theosophic Thaumaturgy – A Startling Story (Communicated)." 1879. *Bombay Gazette*, March 31, p. 3. Kapitel 8e.

„Theosophy and Theosophists: An Interview with Madame Blavatsky and an Evening with the Brethren." 1888. *Star* (London) December 18, p. 7. Kapitel 20c.

Tillett, Gregory. 1982. *The Elder Brother: A Biography of Charles Webster Leadbeater.* London: Routledge & Kegan Paul.

Tingley, Katherine, ed. 1921. *Helena Petrovna Blavatsky: Foundress of the Original Theosophical Society in New York 1875.* Point Loma, CA: The Woman's International Theosophical League. Kapitel 19d, 20d.

Tweedale, Violet. 1919. *Ghosts I Have Seen and Other Psychic Experiences.* New York: Frederick A. Stokes. Kapitel 20g.

„A Visit to Madame Blavatsky." 1889. *Commercial Gazette* (Cincinnati, Ohio) October 13, p. 3. Kapitel 21f.

„Voyage with Mme. Blavatsky: The Summary Manner in Which She Silenced a Skeptical First Officer." 1891. *Philadelphia Inquirer,* May 11, p.5. Reprint in *Canadian Theosophist* 70 (January-February 1990): 121-3. Kapitel 9a.

Wachtmeister, Constance. 1893. *Reminiscences of H. P. Blavatsky and the Secret Doctrine.* London: Theosophical Publishing Society. 2nd ed., Wheaton, IL: Theosophical Publishing House, 1976. Kapitel 2a, 17c, 17d, 17e, 18a, 18c, 18d, 22i.

– 1929. „Extracts from Countess Wachtmeister's Letters as to H.P.B.'s Last Days." *Theosophist* 50 (May): 124-5. Kapitel 22e.

Waterman, Adlai E. 1963. *Obituary: The „Hodgson Report" on Madame Blavatsky,* 1885-1960. Adyar, Madras, India: Theosophical Publishing House.

Wiggin, James H. 1875. „Rosicrucianism in New York," *Liberal Christian* (New York) 30 (September 4): 4. Kapitel 5b.

Wilder, Alexander. 1908. „How *Isis Unveiled* Was Written." *Word* 7 (May): 77-87. Kapitel 6d.

Windust, Esther. 1950. „Personal Reminiscences of H.P.B." *Eirenicon* (Hyde, Cheshire, England), no. 97 (Winter Solstice): 1-3. Reprint in *Canadian Theosophist* 32 (May 15, 1951): 33-5. (The *Canadian Theosophist* indicated this artide was "written for... *Theosofische Beweging,* Rotterdam, in 1938.") Kapitel 22c.

Wolff, Hannah M. 1891. „Madame Blavatsky." *Two Worlds* (Manchester, England) 4 (December 11): 671-2. Kapitel 4c.

Wyld, George. 1903. *Notes of My Life.* London: Kegan, Paul, Trench, Trubner. Kapitel 8c.

Zhelihovsky, Vera P. de. 1894-5. „Helena Petrovna Blavatsky." *Lucifer* (London) 15-16 (November-April): 202-8, 273-9, 361-4, 469-77, 44-50, 99-108. Kapitel 1b, 2b, 3b.

Index

HELENA PETROVNA BLAVATSKY

H.P. Blavatsky
Der Schlüssel zur Theosophie

Adyar-Studienausgabe
ungekürzte, neu bearbei-
tete deutsche Ausgabe
406 Seiten, gebunden
ISBN 3-89427-199-X

Das letzte Werk der
großen Eingeweihten und
zugleich ihr Vermächtnis
an die Nachwelt. Die
Ausgabe enthält präzise
Informationen über die
praktischen, ethischen
und philosophischen
Lehren der Theosophie. In
der Form von Fragen und
Antworten geht H.P.
Blavatsky umfassend,
tiefschürfend und leicht
verständlich auf alle
wesentlichen Lehren und
Probleme der esoteri-
schen Philosophie ein. Ein
unverzichtbares
Grundlagenwerk!

H.P. Blavatsky
Praktischer Okkultismus

Herausgegeben von
Hank Troemel
4. erweiterte Auflage
145 Seiten, Paperback
ISBN 3-89427-202-3

Die Sammlung enthält
Texte aus Blavatskys
ursprünglich als „streng
vertraulich" gekennzeich-
neten „Esoterischen
Lehrbriefen" sowie einer
Reihe kleinerer Aufsätze,
die bisher nur teilweise
greifbar waren.

H.P. Blavatsky
Grundlehren der Esoterischen Philosophie

Herausgegeben von
Ianthe H. Hoskins
3. Auflage, 114 Seiten,
Paperback
ISBN 3-89427-198-1

Eine Zusammenfassung
der wesentlichsten
Punkte, der von H.P.
Blavatsky überlieferten
Lehren: Die Einheit des
Lebens – Der zyklische
Charakter der Evolution
und deren Lenkung durch
innere Mächte.

HPB

DIE MAHATMA-BRIEFE

Die Mahatma-Briefe

Band 1 • ISBN 3-89427-203-1, 334 Seiten, Paperback
Band 2 • ISBN 3-89427-204-X, 317 Seiten, Paperback
Band 3 • ISBN 3-89427-205-8, 373 Seiten, Paperback,

Diese Gesamtausgabe von Dokumenten, deren Originale im Britischen Museum aufbewahrt werden, enthält alle von A.P. Sinnett und A.O. Hume empfangenen Briefe der Meister Morya und Koot Hoomi.
Das dreibändige Werk zeichnet ein abgerundetes Bild der esoterischen Weltauffassung der Mahatmas – eine Philosophie, die auch westlichen Menschen eine wertvolle Hilfe zur Bewältigung ihrer Lebensprobleme an die Hand gibt.

S. Cranston/ C. Williams
Leben und Werk der Helena Blavatsky

Mit einer Einleitung von
Johannes von Buttlar
Neu bearbeitete und
erweiterte Ausgabe!
Geb., 712 Seiten,
3-89427-191-4

HELENA PETROVNA BLAVATSKY

Silvia Cranston · Carey Williams

Leben und Werk der

HELENA BLAVATSKY

Begründerin der Modernen Theosophie

Mit einer Einleitung von Johannes von Buttlar

Edition ADYAR

Als Autorin epochaler Werke der Spiritualität und Begründerin der Theosophischen Bewegung betrat Helena Blavatsky die kulturelle und gesellschaftliche Bühne des 19. Jahrhunderts, einer viktorianisch gehemmten, religiös intoleranten und vom wissenschaftlichen Materialismus beherrschten Zeit. Sie war ein historisches Ereignis, das Grundfesten einer Gesellschaft erschütterte, die von der Unfehlbarkeit und gottgewollten Vorherrschaft westlich-christlicher Werte überzeugt war.

In dieser umfassenden Biographie wird nicht nur das Leben einer großen Kämpferin für Freiheit und Toleranz geschildert, sondern auch die Geschichte einer geheimnisvollen Eingeweihten, die ihre Geisteskraft in zahllosen Abenteuern ausbilden musste. In rastloser Suche bereiste sie die Welt und erhielt Zugang zu den verborgensten Lehren der ältesten Weisheitstradition der Menschheit.

Wie ihr dieses Geheimwissen vermittelt wurde, wie Helena Blavatsky die empfangenen Lehren unter dem Schutz ihrer Meister trotz der Anfeindungen und Intrigen einer verblendeten Gesellschaft lehren und verbreiten konnte und welchen immensen Einfluss ihre Schriften auf die Welt ausübten – all dies beschreibt diese in 14-jähriger Arbeit seriös recherchierte, aus bisher unveröffentlichten Dokumenten, Briefen und anderen Quellen schöpfende Biographie.

HELENA PETROVNA BLAVATSKY

Die Stimme der Stille

Adyar-Studienausgabe
Herausgegeben von Hank
Troemel
3. erweiterte Auflage
264 Seiten, 3 Abb., Paperback
ISBN 3-89427-200-7

Die klassische Darlegung der
„Lehre des Herzens" – eines
der Hauptwerke H.P.
Blavatskys – in einer Neuüber-
setzung, in der die Unmittel-
barkeit und magische Aussa-
gekraft des Originals bewahrt
wird. Ein idealer
Orientierungs- und
Meditationstext für Menschen,
die einen Weg zur spirituellen
Erneuerung suchen.
Neu in dieser Ausgabe:
Raimon Panikkars Nachwort –
Die Macht des Schweigens

Die Stimme der Stille

Bibliophile Leinenausgabe
Format 10,5 x 14,5
136 Seiten, geb.
ISBN 3-89427-201-5

Dieser kostbare kleine
Band enthält das Vorwort
des Dalai Lama und die
Texte der drei Fragmente.
Ein ideales Geschenk-
bändchen, das sich auch
als tägliche Meditations-
hilfe eignet.

Annie Besant
Die Lehre des Herzens

Geb., 160 Seiten
ISBN 3-89427-227-9

Dieses Buch ist ein unvergleichlicher Ratgeber auf dem Pfad ins Licht. Ein Schlüssel, um die Pforte des Herzens zu öffnen, durch die allein der Weg ins LICHT führt.

Annie Besant
Der Pfad zum Tempel der Weisheit

Geb., 200 Seiten
ISBN 3-89427-238-4

Einer der unsterblichen Klassiker von Annie Besant in neuer Bearbeitung in der Reihe „Perlen der Weisheit"!
Annie Besant beschreibt in ihrer kraftvollen und bildreichen Sprache die Stationen des inneren Weges, welchen die geistig strebende Seele durchlaufen muss, ehe sie am Portal zum „Tempel der Weisheit" anklopfen darf. Sie durchschreitet die Stufen der Läuterung, der Gedankenbeherrschung und der Charakterbildung, bis sie nach einer gleichsam alchemistischen Verwandlung reif geworden ist, um in die zeitlosen göttlichen Geheimnisse eingeweiht zu werden.

Mabel Collins
Licht auf den Pfad

7. erweiterte Auflage,
186 Seiten, Gebunden
ISBN 3-89427-206-6

Dieser Klassiker der theosophischen Literatur zählt mit zum Wertvollsten, was das spirituelle Schrifttum der letzten einhundertfünfzig Jahre hervorgebracht hat. Seine Entstehung verdankt es einem jener großen „Meister", die hinter dem Schleier der Zeit über der Entwicklung der Menschheit wachen.
Eines der ganz besonderen Juwelen der esoterischen Tradition, das unverkennbar von der Inspiration der „Meister der Weisheit" geprägt ist!